Reinhold Hedtke

Wirtschaftssoziologie

Eine Einführung

UVK Verlagsgesellschaft mbH · Konstanz
mit UVK/Lucius · München

Online-Angebote oder elektronische Ausgaben sind erhältlich unter
www.utb-shop.de.

Bibliografische Information der Deutschen Bibliothek
Die Deutsche Bibliothek verzeichnet diese Publikation in der Deutschen Nationalbibliografie; detaillierte bibliografische Daten sind im Internet über <http://dnb.ddb.de> abrufbar.

Einbandgestaltung: Atelier Reichert, Stuttgart
Lektorat: Marit Borcherding, Göttingen
Satz und Layout: Claudia Wild, Konstanz
Druck: fgb · freiburger graphische betriebe, Freiburg

UVK Verlagsgesellschaft mbH
Schützenstr. 24 · D-78462 Konstanz
Tel.: 07531-9053-0 · Fax 07531-9053-98
www.uvk.de

UTB-Band Nr. 4128
ISBN 978-3-8252-4128-5

Inhalt

Vorwort

Wirtschaftliche Phänomene, Prozesse und Probleme erfreuen sich in der Öffentlichkeit bereits seit Längerem einer beträchtlichen Aufmerksamkeit, sie gelten als politisch und lebenspraktisch besonders relevant. Auch die Soziologie wendet sich seit mehr als 20 Jahren verstärkt »der Wirtschaft« zu, die Zahl wirtschaftssoziologischer Veröffentlichungen wächst und wächst, zunächst im englischen Sprachraum, dann auch in Französisch und Deutsch. Zugleich kann die Wissenschaft auf eine lange Tradition zurückblicken, die bis weit ins 19. Jahrhundert zurückreicht und bis heute wirkt.

Allerdings hatte die Soziologie zu dem, was man gemeinhin Wirtschaft nennt, ein widersprüchliches und wechselhaftes Verhältnis. In der deutschen soziologischen Einführungsliteratur der 1990er-Jahre findet sich oft nichts oder wenig zu den Themenbereichen Wirtschaft oder Wirtschaftssoziologie. Andererseits erschienen seitdem zahlreiche wirtschaftssoziologische Publikationen, etwa theoretische Analysen und empirische Untersuchungen über Auktionen, Börsen und Finanzmärkte, über Netzwerke von Unternehmen, von Managern und von Beschäftigten, über Industriedistrikte, regionale Ökonomien und globale Warenketten, über die Vielfalt der Kapitalismen, die Konkurrenz der kapitalistischen Systeme oder den neuen Geist des Kapitalismus im 21. Jahrhundert.

Blickt man weiter in die Vergangenheit, brachten vor allem die 1970er-Jahre viele soziologische Arbeiten zu wirtschaftlichen Themen hervor, die von der marxistischen Politischen Ökonomie inspiriert sind. Und wenn man eine »typisch soziologische« Bewegung macht und zu den Klassikern der Soziologie zurückgeht, erweist sich Wirtschaft als seit mehr als einem Jahrhundert selbstverständlicher Gegenstand der Soziologie. Zu den weiterhin aktuellen wirtschaftssoziologischen Klassikern gehören Karl Marx, Max Weber, Werner Sombart, Joseph Schumpeter oder Karl Polanyi, um nur einige zu nennen.

Mit ihren Forschungsergebnissen trägt die Wirtschaftssoziologie wesentlich zur Aufklärung über die Wirtschaft *in der Gesellschaft* bei. Sie belegen, dass auf Wirtschaft gerichtete Politik wirtschaftssoziologische Erkenntnisse benötigt, denn die Wirtschaftssoziologie liefert mithilfe soziologischer Denkweisen *eigenständige* Beschreibungen und Erklärungen der Wirtschaft. Das will dieses Buch belegen und zugleich zeigen, dass wirtschaftssoziologisch angelegte Konzepte die *besseren* Ansätze sind. Besonders gilt dies für die Phänomene, die als Kern der Wirtschaft gelten, etwa Märkte, Preise und Geld.

Wirtschaftssoziologie beschäftigt sich heute beispielsweise mit der großen Diversität wirtschaftlichen Handelns; seinen unterschiedlichen Rationalitäten und spezifischen Praktiken; mit der Frage, wie Akteure mit der ungeheuren Ungewissheit, vor der sie stehen, fertig werden; was individuelles Handeln wechselseitig koordiniert; wie

Märkte hergestellt, gestaltet und stabilisiert werden; wie Unternehmen Aktivitäten auf Märkten und in Netzwerken kombinieren; warum Geld gilt und was die sozialen Grundlagen der Geldwirtschaft sind; wie Geld und Gewalt zusammenhängen; wie voraussetzungsvoll die Konstruktion eines gemeinsamen Güterverständnisses auf einem Markt ist; wie Preise und Profit von sozialen Konstellationen abhängen; wie sich wirtschaftliche Konkurrenz und Kooperation miteinander verschränken; was wirtschaftliche Institutionen wie Haftungsrecht oder Arbeitsmärkte entstehen, bestehen und sich wandeln lässt und nicht zuletzt wie sich Marktwirtschaften und Kapitalismen in der Gesellschaft entwickeln und wie sie darauf zurückwirken.

Zu den weiteren Feldern wirtschaftssoziologischer Forschung zählen beispielsweise Interesse und Macht, Klassen und Kapital, Unternehmensstruktur und Unternehmenskontrolle, Staat, Verbände und (Wirtschafts-)Politik, Eigentum und Recht, Gender, Ethnien und Migration, Globalisierung und Wirtschaftskulturen sowie Haushalte und Konsum.

Wirtschaftssoziologie im doppelten Sinne des Wortes zu *studieren* ist also nicht nur gesellschaftlich und politisch relevant, sondern auch interessant. Dieses Buch will der Leserin eine in mehrfacher Hinsicht besondere Beschäftigung mit wirtschaftssoziologischen Themen anbieten (die weibliche Form verwendet der Text als mit der männlichen synonym).

Zunächst erfordern der endliche Raum des Buches und die begrenzte Zeit der Leserin ein exemplarisches Vorgehen. Diese Einführung konzentriert sich deshalb zum einen auf die theoretischen und konzeptionellen Grundlagen der Wirtschaftssoziologie. Zum anderen greift sie besonders relevante wirtschaftssoziologische Felder und Themen auf, die sie vertieft behandelt. Vollständigkeit beansprucht sie also nicht.

Das Buch verfolgt dezidiert einen offenen und pluralistischen Ansatz, der zu einer eigenständigen Auseinandersetzung anregt. Für jemanden, der sich sozialwissenschaftliche Denkweisen aneignen oder sie anwenden will, ist das ein absolutes Muss. Wissenschaftlicher Pluralismus ist ein Grundmerkmal der Sozialwissenschaften. Auch für jemanden, der über angemessene Beschreibungen und mögliche Lösungen wirtschaftlicher Probleme nachdenken will, ist es unumgänglich, unterschiedliche Perspektiven einzunehmen und ihre Leistungsfähigkeit zu prüfen. Ganz abgesehen davon verbürgt die Multiperspektivität in Theorien, Modellen und Methoden die Freiheit des wissenschaftlichen und politischen Denkens. Und schließlich macht das Selbst-Denken in Vielfalt auch mehr Spaß als das Nach-Denken in Einfalt.

Diese Überlegungen schlagen sich zum einen in der Vielfalt der hier präsentierten Programmatiken und Positionen nieder. Der Rahmen dieses Buches bedingt, dass es die paradigmatische, theoretische und thematische Breite nur exemplarisch verdeutlichen und nicht vollständig vortragen kann.

Zum anderen soll die Form der Präsentation die selbstständige Leserin motivieren und unterstützen. Die Einführung versteht sich insofern auch als Studienbuch. Der wichtigste Punkt betrifft die wissenschaftliche Literatur: Es gibt differenzierte Lektürevorschläge für jeden größeren Abschnitt sowie häufige und genaue Referenzen im Text, die ein eigenständiges Nachprüfen und Vertiefen durch die Leserin erlauben und sie so weniger vom Autor des Buches abhängig machen. Weiter legt das Buch Wert darauf, Positionen – auch in längeren Passagen – wörtlich zu zitieren, um damit im kleinen Rahmen Originalbegegnungen mit wirtschaftssoziologisch einschlägigen Autorinnen zu arrangieren. Um diesen *Einstieg* zu erleichtern, sind alle umfangreicheren Zitate in Deutsch wiedergegeben; ein Studium der Wirtschaftssoziologie verlangt allerdings gute Englischkenntnisse.

Die Leserin findet im Übrigen immer wieder Einladungen zu »Denk-Pausen«, die sie anregen, über wirtschaftssoziologische Probleme und eigene Antworten auf Fragen nachzudenken. Auch die aus dem Fließtext herausgehobenen Elemente mit den Überschriften »Begriffe«, »Methoden«, »Abbildung«, »Fall« und »Position« motivieren zu Selbststudium und Reflexion. Sie werden durch »►« hervorgehoben; »>« kennzeichnet die zahlreichen Querverweise auf andere Kapitel oder Abschnitte.

Als Lehrbuchautor sehe ich mich einerseits zu Pluralismus und einer gewissen Distanznahme verpflichtet. Andererseits – und dies sei vorab vermerkt, auch wenn es sich im Laufe der Lektüre sicher erschließt – soll klar erkennbar sein, dass ich als Wissenschaftler eher Positionen einer verstehend vorgehenden Soziologie, die Sinn-orientierte Akteurperspektiven in ihren handlungstheoretischen Zugängen – beides im Plural zu verwenden! – ernst nimmt und konsequent konstruktivistischen Denkweisen nahesteht. Das Buch bewilligt ihnen deshalb gelegentlich mehr Raum und Resonanz als anderen. Meine Offenheit gegenüber Alternativen belegt, hoffentlich, die Gesamtdarstellung im Buch. Mir scheint, dass die Wirtschaftssoziologie insbesondere das Potenzial in den Werken von Karl Marx und Max Weber bisher nicht hinreichend aufgearbeitet hat.

Im Übrigen kann ich zwar nachvollziehen, dass manche auf eine *Einheit* der Sozialwissenschaften etwa in Form einer gemeinsamen Handlungstheorie von Soziologie und Wirtschaftswissenschaften hinarbeiten wollen. Allein, mir fehlt die Einsicht, welchen Nutzen dies haben soll. Dagegen erscheint es mir fruchtbarer, mit einer *begrenzten* Vielfalt von theoretischen Ansätzen zu arbeiten, weil erst sie analytische und pragmatische Perspektivenwechsel ermöglicht.

Nicht zuletzt enttäuscht mich der eher funktionalistische und in politischer Hinsicht optimistische Grundton, der heute in vielen Bereichen der Wirtschaftssoziologie herrscht. An seiner Stelle wünsche ich mir eine *auch* distanzierte, politische und kritische Wirtschaftssoziologie, eine öffentliche Wirtschaftssoziologie, eine *public economic sociology*.

Medien, Politik und Wirtschaft schreiben den Wirtschaftswissenschaften und insbesondere der Volkswirtschaftslehre meist ein Alleinvertretungsrecht für die Analyse, Erklärung und Prognose wirtschaftlicher Erscheinungen zu. Die Besetzung von Beiräten in der Politik oder von Talkrunden in den Medien möge dies illustrieren. Wissenschaftsintern herrschen vor allem in der Volkswirtschaftslehre der Alleinvertretungsanspruch samt dem faktischen Monopol der institutionenökonomisch erweiterten neoklassischen Orthodoxie – ein paradoxer Zustand für eine Disziplin, die in ihrer Theorie Markt, Wettbewerb und das freie Spiel der Kräfte über alles stellt.

Dieses politisch-wissenschaftliche Doppelmonopol mindert massiv die Möglichkeiten sozialwissenschaftlicher Aufklärung und daran anschließender politischer und gesellschaftlicher Optionen und Gestaltungschancen. Es fordert und fördert den Ökonomismus in Wirtschaft, Gesellschaft und Politik. Eine selbstbewusste und leistungsfähige Wirtschaftssoziologie kann dem in allen einschlägigen Feldern eine ernsthafte wissenschaftliche Alternative entgegensetzen – mit einer Ausnahme, dem engeren Bereich der Makroökonomik. Das kann alternative Politiken freisetzen, zunächst mental, später auch material.

Neben ihrer Kernaufgabe, der Weiterentwicklung und Vertiefung der soziologischen Denkweise für das ökonomische Feld, liegt eine Doppelaufgabe für die Wirtschaftssoziologie darin, das angedeutete ökonomistische Monopol sowohl in der Wissenschaft als auch in Öffentlichkeit und Politik zu brechen. Durch eine kritisch reflektierende und zu selbstständigem Denken ermutigende Einführung in die Wirtschaftssoziologie möchte dieses Werk in aller Bescheidenheit ein wenig dazu beitragen.

Wesentlich zu dessen Zustandekommen beigetragen hat meine Mitarbeiterin Eva-Maria Walker, die nicht nur einen wichtigen Textteil zu diesem Buch beigetragen hat, sondern der auch ich zahlreiche kompetente und kritische Kommentare sowie höchst hilfreiche Hinweise verdanke. Für die unermüdliche Begleitung des Gesamtprozesses möchte ich ihr deshalb sehr herzlich danken. Ohne die sorgfältige Lektüre und das präzise professionelle Korrekturlesen von Gabi Schulte hätte der Text nicht die Form, die man erwarten kann; auch ihr meinen ganz herzlichen Dank. Nicht zuletzt möchte ich kollektiv allen, die in der langen, immer wieder unterbrochenen Schreibphase auf professionelle oder persönliche Zuwendung verzichten mussten, meine große Dankbarkeit für ihre Geduld aussprechen.

1 Einführung

Das einführende Kapitel stellt zunächst die möglichen Bestimmungen des Gegenstandsbereiches Wirtschaft vor (> 1.1). Dann skizziert es die herkömmlichen und die gegenwärtigen Selbstverständnisse von Wirtschaftssoziologie (> 1.2) und präsentiert ihre wissenschaftlichen Werkzeuge (> 1.3). Auf dieser Grundlage diskutiert es schließlich die Erwartungen, mit denen sich die Disziplin mit Blick auf Aufklärung, Politik und Prognosen konfrontiert sieht (> 1.4). Die Leitfrage des Kapitels lautet also »Was ist und wozu Wirtschaftssoziologie?«.

1.1 Was ist Wirtschaft? Gegenstandsbereiche

Wirtschaftssoziologie wendet soziologische Konzepte auf wirtschaftliche Phänomene an (Swedberg 1987: 62). Im weitesten Sinne kann man Wirtschaftssoziologie als Wissenschaft der Beziehungen zwischen gesellschaftlichen und ökonomischen Phänomenen definieren (Trigilia 2002: 1). Zu klären ist dann, was man unter »ökonomisch« und dem vielgestaltigen Phänomenkomplex »Wirtschaft« verstehen soll. Um daraus einen wissenschaftlich handhabbaren Gegenstandsbereich zu machen, bietet es sich an, Wirtschaft als Realitätsbereich, als Problemstruktur, als Handlungstyp, als Grundfunktion oder als Teilsystem der Gesellschaft zu beschreiben.

Im ersten Abgrenzungsversuch definiert man einen *Realitätsbereich* Wirtschaft in einer Gesellschaft dadurch, dass man bestimmte Organisationen, Institutionen, Handlungen und Prozesse als »wirtschaftlich« versteht, etwa weil sie das Leben materiell sicherstellen sollen, und dadurch zugleich von anderen abgrenzt. In modernen Gesellschaften zählen dazu z. B. private und öffentliche Unternehmen, Märkte, Wirtschaftsregionen, Zentralbank, Kartellbehörde, Welthandelsorganisation, Gewerkschaften, Arbeitgeber- und Branchenverbände, Konsumentinnen, Buchführung, Geld, Gewerbefreiheit, Arbeitsmarkt oder Vertragsrecht. Mit dieser sektoralen und funktionalen (Produktion, Konsum, Verteilung) Abgrenzung definiert man einen *materialen* Begriff von Wirtschaft.

In der Regel bildet sich ein gesellschaftlich langfristig stabiler Kern dessen heraus, was als »Wirtschaft« betrachtet und behandelt wird. So gesehen ist »Wirtschaft« eine kollektiv geteilte Vorstellung (soziale Repräsentation), die den darunter zusammengefassten Phänomenen einen gemeinsamen »ökonomischen« Sinn zuschreibt, etwa den der Wohlstandsproduktion, des Einkommenserwerbs oder der Rationalisierung. Dieser Sinn ist nicht objektiv gegeben, sondern er entsteht erst, wie Max Weber (1864–1920) zeigt, wenn ein Phänomen eine spezifische Kulturbedeutung erhält, durch die man es als wesentlich ökonomisch interpretiert und nicht oder nur nachrangig als religiös, künstlerisch oder familiär einordnet (Weber 1973a/1922: 161–163).

Zugleich verändern sich im Laufe der Zeit Inhalt und Umfang von »Wirtschaft«. Solche Änderungen werden im öffentlichen Diskurs teils als »natürlich« interpretiert und hingenommen, etwa wenn sie aus anscheinend selbstlaufenden Marktprozessen resultieren, teils als »problematisch« bewertet und politisch kontrovers diskutiert. Beispiele sind die »Privatisierung« und »Ökonomisierung« von kommunalen Einrichtungen wie Kindertagesstätten oder erzieherische Konzepte, die Jugendliche zum möglichst rational-berechnenden Handeln bei der privaten Altersvorsorge anhalten sollen (> 5.1.3). Andererseits zeigen wirtschaftssoziologische Studien auch die Widerstandsfähigkeit sozialer Beziehungen gegenüber ökonomischer Rationalisierung und Monetarisierung (Zelizer 1997; > 3.4).

1.1.1 Knappheit und Vorsorge

Ein zweiter Ansatz grenzt »Wirtschaft« durch die sozial und subjektiv definierte und interpretierte *Problemstruktur* von Knappheit und Vorsorge von anderen gesellschaftlichen Bereichen ab (► Abbildung 2). Nicht zweckrationales Handeln, sondern der »spezifisch ökonomische Sachverhalt« Knappheit samt dem »wirtschaftlichen Sachverhalt« »subjektiv erkannte Notwendigkeit der wirtschaftlichen Vorsorge« dient Max Weber zur Abgrenzung von Wirtschaft (vgl. Weber 1980/1921: 31–36, 199–201, Swedberg 2010: 32–37). Als Knappheit definiert er die Relation zwischen einem oder mehreren Bedürfnissen und der subjektiven Einschätzung des Handelnden, dass die für diese Bedürfnisbefriedigung verfügbaren Mittel und Handlungsmöglichkeiten knapp sind. Wirtschaften heißt für ihn deshalb immer auch, zwischen unterschiedlichen Bedürfnissen oder Zielen zu wählen und nicht nur zwischen Mitteln, mit denen man diese erreichen kann (► Begriffe 3). Aus der Knappheit resultiert »die (keineswegs immer durchgreifende) Tendenz nach Rationalisierung des wirtschaftlichen Handelns« (Weber 1958/1923: 2; > 2.1.3, 5.1.3). Soweit Weber die Knappheitsrelation als zentrales Merkmal heranzieht, verwendet er einen *formalen* Begriff von Wirtschaft; er arbeitet aber auch mit dem materialen Wirtschaftsbegriff.

Weber macht zugleich den *temporalen* Aspekt stark, nämlich dass es um Vorsorge für zukünftige Bedürfnisbefriedigung geht. Niklas Luhmann (1927–1998), Begründer der soziologischen Systemtheorie, sieht die »eigentliche Funktion« der Wirtschaft »in der Erzeugung und Regulierung von Knappheiten zur Entproblematisierung künftiger Bedürfnisbefriedigung. Das Bezugsproblem der Wirtschaft ist [...] die je gegenwärtige Zukunft« (Luhmann 1989a: 65).

Es gibt keine »natürliche« Knappheit. Von Wirtschaft(en) spricht Weber dann, wenn subjektiv *wahrgenommene* Knappheit und Vorsorgeaufgabe ein für die Versorgung vorsorgendes Verhalten wie Arbeiten, Produzieren, Investieren oder Sparen auslöst, das sich subjektiv an der Knappheitsrelation orientiert, sei es auf traditionale oder rational-kalkulierende Weise. Erst durch den Sinn, den Individuen ihren Interaktionen und sozialen Beziehungen, einem Prozess oder einem Objekt zuschreiben, werden diese als »wirtschaftlich« ausgezeichnet, erkennbar und verstehbar sowie zugleich von z. B. »rechtlich« oder »technisch« unterschieden (▶ Methoden 1). Um unterschiedliche *wirtschaftliche* Umgangsweisen mit Knappheit zu vergleichen, formuliert Weber typische Regeln des »*rationalen* Wirtschaftens«; dies ist für ihn keine Tautologie (> 2.1.4, 3.1). Nach Weber ist wirtschaftliches Handeln dann *soziales* Handeln, wenn es sich aus der Sicht der Handelnden auf das Verhalten anderer bezieht und in seinem Ablauf daran orientiert (Weber 1980/1921: 1; > 2.1). Soziales Handeln bezeichnet also eine subjektive soziale Bezugnahme, die insofern zunächst formal und inhaltlich offen bleibt, als sie z. B. aus egoistischen, altruistischen oder anderen Motiven entspringen kann.

Mit Weber kann man – nach dem subjektiven Sinn des Handelns – Haushalten als Wirtschaften, um den eigenen Bedarf zu decken, von Erwerben als Agieren, um Gewinn zu erzielen, unterscheiden (▶ Abbildung 1). Wirtschaften als Erwerben för-

Abbildung 1: Haushalten und Erwerben nach Max Weber

	Grundtyp Haushalt(en)	**Grundtyp Erwerb(en) (im Erwerbsbetrieb)**
allgemeines Ziel	kontinuierliche Verwendung und Beschaffung von Gütern zur Eigenversorgung: Bedarfsdeckung	kontinuierlicher Einsatz von Gütern zwecks Einkommenserwerb: Gewinnerzielung
dynamisches Ziel	Vermögensbildung zwecks besserer Versorgung und Wohlstand	Kapitalbildung zwecks Rentabilität und Kapitalvermehrung
allgemeines Wirtschaften	primär wirtschaftlich orientiertes Vorsorgen für Mittel zur Versorgung der Haushaltsmitglieder	zweckrationale, d. h. planvolle wirtschaftlich orientierte Verfügung über Güter zwecks (Geld-)Erwerb
rationales Wirtschaften	Haushaltsplan: vorgesehene Deckung der absehbaren Bedürfnisse durch erwartetes Einkommen (mittels Bedarfstausch oder Erwerbsarbeit)	Kapitalrechnung: Schätzung oder Kalkulation von erwartbarem Gewinn oder Verlust einer geplanten Maßnahme
wirtschaftliche Tätigkeit	Produktion oder Tausch von Gütern zur Eigenversorgung	Produktion zwecks (Markt-) Tausch zwecks Erwerb zwecks Rentabilität
Ende der Tätigkeit	durch Konsum	durch Verkauf

Quelle: Eig. Darstellung auf der Grundlage von Weber 1980/1921: 28, 44–54, 60–64; vgl. Swedberg 2010: 22–24.

dert eine Orientierung auf materielles Wachstum, sofern man sich darauf konzentriert, die Mittel zur Befriedigung der Bedürfnisse nicht nur zu bewirtschaften, sondern auch zu vermehren, oder Mittel für vermehrte Bedürfnisse zu beschaffen. Bedürfnisse und Mittel sind gesellschaftlich geprägt oder geschaffen, Verteilung und Nutzung der Mittel folgen gesellschaftlichen Regeln, Knappheit wird also sozial konstituiert – und kontinuiert, auch indem Bedürfnisse fortlaufend produziert werden (> 3.4, 5.2). Der französische Klassiker der Wirtschaftssoziologie Gabriel Tarde (1843–1904) zeigt, dass sich Knappheit als gesellschaftlich konstruierter Zustand laufend durch die »rivalisierende Imitation« reproduziere, die bewirke, dass »die Akteure immer ausgerechnet das für knapp halten und deswegen haben wollen, was andere bereits haben als knapp bezeichnen« (Baecker 2006: 27).

Die Funktion der Knappheitsbearbeitung

Ähnlich wie Weber betont auch der systemtheoretische Ansatz von Niklas Luhmann die Aspekte von Knappheit und Vorsorge, schreibt ihre Bearbeitung aber als Funktion dem Wirtschaftssystem zu. Luhmann definiert Wirtschaft als ein *Funktionssystem* der modernen Gesellschaft neben anderen wie Politik, Recht, Wissenschaft oder Massenmedien. Für ihn erfüllt die Wirtschaft die Funktion, gegenwärtige Knappheiten von Gütern und Geld so zu erzeugen und zu regulieren, dass man zukünftige Bedürfnisbefriedigung sicherstellen kann (Luhmann 1989a: 65; > 3.4). Das Vorsorgebedürfnis entsteht daraus, dass man seine Bedürfnisse nicht individuell isoliert, sondern in einem sozialen Kontext definiert und befriedigt, in dem jeder den anderen stimuliert und stört: »Jeder muss, weil auch andere interessiert sind und interferieren werden, langfristig vorsorgen, und dieses Vorsorgen macht alle Güter knapp, denn jeder möchte für seine Zukunft reservieren, was ein anderer schon gegenwärtig braucht« (S. 64).

Auch in dieser Perspektive ist Knappheit sozial konstituiert. Luhmann zeigt, dass auf der Systemebene Knappheit erst durch individuelle, exklusive Zugriffe auf Güter entsteht – etwa für die Güterproduktion zwecks Minderung von Knappheit; durch ihren Zugriff produzieren die einen zugleich Knappheit für alle anderen, weil dadurch für sie ein eigener Zugriff ausgeschlossen ist (Knappheitsparadox; S. 178–182). Das zentrale Problem ist nicht Knappheit als (formale) Beziehung zwischen Zwecken und Mitteln, sondern die »Identität von Knappheitsreduktion und Knappheitssteigerung« (Baecker 2006: 26). Knappheit wird aber nicht nur durch Handlung bearbeitet, sondern auch von Dritten erlebt und geduldet, weil der Zugreifende zahlt und die Zahlung den Beobachter motiviert, nach eigener Zahlungsfähigkeit zwecks späteren Zugriffs auf Knappes zu streben (Luhmann 1989a: 69, 252). Das unterstellt allerdings, dass es keine absolute Knappheit gibt und man mit materialen oder ökologischen Totalverlusten von Ressourcen nicht rechnen muss.

In der Geldwirtschaft tritt neben die Güterknappheit die künstliche Knappheit von Geld (Luhmann 1989a: 197–200; > 3.4.4). Nach Luhmann orientiert sich wirtschaftliches Handeln an Geldzahlungen, und das Wirtschaftssystem besteht aus immer wieder neuen Zahlungen. Wirtschaftliches Handeln fasst er als eine spezifische Form sozialen Handelns, die sich dadurch als »wirtschaftlich« auszeichnet, dass man mithilfe des Mediums Geld in Form von Zahlungen kommuniziert. Der Kernbegriff Kommunikation tritt bei Luhmann an die Stelle des Handlungsbegriffs und Institutionenbegriffs (> 1.3). Das Funktionssystem Wirtschaft entsteht und besteht durch Geldzahlungen; die Gründe dafür liegen aber in seiner Umwelt, etwa in Bedürfnissen oder im Profitstreben der Akteure.

Der dritte Ansatz versucht »Wirtschaft« mittels eines besonderen *Handlungstyps* abzugrenzen (> 2.1.2, 2.1.3). Danach umfasst Wirtschaft alles planvoll-kalkulierende, auf Maximierung oder Optimierung zielende und im weitesten Sinn eigennützige Handeln von Akteurinnen und dessen Hervorbringungen wie Unternehmen und Produktionsanlagen, Güter und Dienstleistungen, allgemeiner Organisationen und Institutionen. Wirtschaft ist dann das Feld, in dem individuelle Akteure »ökonomisch« handeln, d. h. zweckrational prüfen, welche Alternative die beste ist und diese auch wählen, sei es im Haushalt, im Unternehmen oder auf Märkten (instrumentelles Rationalhandeln). Man kann dieses Handeln als *ein* Lösungsmuster für das Problem der Knappheit auffassen, insoweit die Handelnden darin den Sinn dessen sehen, was sie tun, unterlassen oder dulden (Webers Begriff von Handeln als subjektiv *sinnorientiertes* Verhalten). Wählen muss man aber nicht nur in der Knappheit (z. B. das sparsamste Mittel), sondern auch im Überfluss (z. B. ein Mittel aus den beliebig vielen Mitteln) (vgl. Polanyi 1992/1957: 33–34).

Wenn man auf diese Weise wirtschaftliches Handeln – enger als bei Weber – als den Typus des *zweckrationalen* Handelns definiert, ohne weiter festzulegen, worauf sich diese Zweckrationalität bezieht, kann man es nicht nur auf »die Wirtschaft« eingrenzen. Vielmehr kommt dieser Handlungstyp dann in *beliebigen* Bereichen der Gesellschaft vor, also z. B. in Politik, Religion, Erziehung usw. Damit ist der dritte Abgrenzungsversuch gescheitert, da er das Feld oder System Wirtschaft nicht von allen anderen unterscheiden kann. Denn dieser *formale* Begriff von Wirtschaft umfasst *alle* Arten von Handlungen, die auf eine optimale Allokation knapper Ressourcen zielen, also darauf, mit verfügbaren Mitteln ein bestmögliches Ergebnis (Wirtschaftlichkeitsprinzip in Form des Maximalprinzips) oder ein definiertes Ziel mit möglichst wenig Mitteln zu erreichen (Minimalprinzip). Dann aber wäre »Wirtschaft« überall (vgl. Weber 1980/1921: 199).

Man nennt diese zweckrationale Perspektive auch *formale* Rationalität, weil sie sich ganz auf die quantitativ ausgedrückte *Relation* von Zweck und Mitteln konzentriert und dabei die Zwecke und die Mittel nicht hinterfragt (> 3.1). Die reinste Form formaler Rationalität ist die Geldrechnung, bei der man die jeweilige Zweck-Mittel-Relation ausschließlich monetär berechnet (Weber 1980/1921: 45; > 3.4.1).

Die Unterscheidung, welche Kosten in dieses formale Zweck-Mittel-Kalkül eingehen und welche nicht und wer welche Kosten wieweit und in welcher Form tragen soll, erfolgt nach gesellschaftlichen Zurechnungs- und Haftungsregeln. Beispiele sind etwa die Anerkennung oder Nichtanerkennung von Berufskrankheiten und daraus folgende Entschädigungs- oder Versorgungsansprüche, die von den Betreibern zu kompensierenden potenziellen Schäden und die daraus resultierende Höhe von Versicherungsprämien für Reaktorunfälle oder die Folgen des Klimawandels. Erst diese gesellschaftlichen Unterscheidungen und Abgrenzungen *ermöglichen* überhaupt ein ökonomisches Zweck-Mittel-Kalkül. Deshalb ist rationales wirtschaftliches Handeln kein naturgegebenes Phänomen, sondern von Anfang an gesellschaftlich konstituiert.

Wenn man sämtliches menschliche Handeln als zweckrational interpretiert, wird in diesem Sinne »wirtschaftliches« Handeln zum universalen und letztlich einzigen Handlungstyp (> 1.3.2). Dann verliert der »wirtschaftliche« oder »ökonomische« Handlungstyp jedoch seine Unterscheidungskraft für »Wirtschaft«, da er beispielsweise als auch für »Politik« typisch zu betrachten wäre. Ebenso kann man das Knappheitsproblem verallgemeinern und etwa in der Politik auf Wählerstimmen, öffentliche Aufmerksamkeit oder Machtressourcen beziehen. Die Universalisierung des wirtschaftlich-zweckrationalen Handlungstyps gehört zu den Kernannahmen der Rational-Choice-Theorien, die in den Sozialwissenschaften und auch in der Wirtschaftssoziologie stark verbreitet sind (> 2.1.4).

Normen und Regeln einer Gesellschaft begrenzen und steuern individuelles wirtschaftliches Handeln. So kann man beispielsweise auf dem Markt viele Dienstleistungen von Privaten gegen Geldzahlungen kaufen, während dies in der Familie in den meisten Fällen als nicht legitim gilt. Risikolebensversicherungen für Kinder waren in den Vereinigten Staaten am Ende des 19. Jahrhunderts zugleich stark nachgefragt und politisch und moralisch hoch umstritten (Zelizer 2005).

Andererseits können sich Muster rationalen Denkens und Handelns im Zuge langfristiger gesellschaftlicher Prozesse in mehreren Sphären der Gesellschaft wie Politik, Wirtschaft oder Recht ausbreiten. Max Weber diagnostiziert eine umfassende Rationalisierung aller Lebensbereiche, indem sich etwa Rechtsstaat, Bürokratisierung, Spezialisierung, Versachlichung, Verwissenschaftlichung, rationale Rechnungs- und kapitalistische Unternehmensführung, Marktförmigkeit und bürokratischer Staat verbreiten (Weber 2006/1920; Kaesler 2006: 49–51). Enger fasst Jürgen Habermas (geb. 1929) das Eindringen des rationalen wirtschaftlichen Handlungstyps aus dem Wirtschaftssystem in das Privatleben, das sich so zunehmend monetären und marktorientierten Erwägungen unterwerfe und einseitig rationalisiere, als Kolonialisierung der Lebenswelt auf (Habermas 1981: 171–294; Habermas 1984: 562–567).

1.1.2 Materielle Reproduktion der Gesellschaft

Im Anschluss an Karl Polanyi (1886–1964) kann man vom formalen einen *materialen* Begriff von Wirtschaft unterscheiden (vgl. zum Folgenden Polanyi 1992/1957). Der von Polanyi bevorzugte materiale Begriff von Wirtschaft umfasst die materielle Reproduktion als *Grundfunktion* einer jeden Gesellschaft. Durch diese beschafft und sichert sie sich die Güter und Dienstleistungen, die sie in einer konkreten historischen Situation als notwendig und angemessen betrachtet, um ihre Mitglieder zu versorgen (► Abbildung 2). Der Aspekt der gesellschaftlichen Grundfunktion begründet den vierten Abgrenzungsversuch von Wirtschaft neben Realitätsbereich, Knappheit und Handlungstyp. Polanyi fasst Wirtschaft damit als einen kollektiven Prozess (Sicherung der gesellschaftlichen Reproduktion), während Weber sie – zunächst! – über eine individuelle Sinnzuschreibung begründet (Vorsorge für künftige Bedürfnisse). Moderne, funktional ausdifferenzierte Gesellschaften gewährleisten ihre materielle Reproduktion, indem sie ein gesondertes *Teilsystem* Wirtschaft entwickeln.

Wirtschaft bezieht sich dann auf das Produzieren, Verteilen und Tauschen von Gütern und Dienstleistungen, das die Mitglieder einer Gesellschaft nach bestimmten Regeln und mit bestimmten Zielen betreiben. In diesem Sinne denkt Polanyi Wirtschaft als einen gesellschaftlich eingerichteten Prozess, der in einer Gesellschaft bestimmte Strukturen entstehen lässt, mit denen sie den Austausch zwischen den Menschen und ihrer natürlichen und gesellschaftlichen Umwelt so organisiert, dass man die Mittel zur Befriedigung der materiellen Bedürfnisse produzieren kann. Wirtschaft wird als ein institutionalisierter, das heißt von relativ stabilen Mustern, Regeln und Vorstellungen gelenkter, Interaktionsprozess zwischen Mensch und

Abbildung 2: Knappheit, Reproduktion und Institution als Kern von »Wirtschaft«

	Problembearbeitung:	
Problem:	**Wirtschaft**	**Institution**
Knappheit (formal)	wirtschaftliches Handeln als Wahlentscheidung über die Allokation von Ressourcen zwecks Bedarfsdeckung oder Erwerb	individuelle Regelbildung und Organisieren von Regeln zwecks ökonomischer Optimierung
Reproduktion (material)	Wirtschaft als Arbeit, Aneignung und Austausch zwischen Menschen und mit der Natur	gesellschaftlich institutionalisierter Prozess der Bedürfnisbefriedigung

Quelle: Eigene Darstellung.

Natur aufgefasst, und wirtschaftliches Handeln ist deshalb Handeln im Rahmen von Institutionen (> 2.2). Neben Institutionen prägen Organisationen wie Unternehmen, Verbände oder Behörden die materielle Produktion moderner Gesellschaften (> 2.2.4, 4.1).

Eine Gesellschaft kann ihre materielle Produktion samt deren Verteilung in Form von Reziprozität, Redistribution oder (Markt-)Tausch institutionell integrieren und ihrer Wirtschaft so Stabilität zu verleihen suchen (vgl. Polanyi 1992/1957). Wirtschaften gewinnen ihre spezifische Gestalt, Einheit und Stabilität, indem sie diese drei Integrationsformen kombinieren. Dabei kann jeweils eine Form dominieren, während die anderen beiden sie unterstützen.

Reziprozität bezeichnet Bewegungen von Gütern und Werten zwischen sich entsprechenden Punkten gleichgeordneter sozialer Gruppierungen. Sie setzt Strukturen sozialer Symmetrie wie Verwandtschaft, Nachbarschaft, Berufsgruppen oder Religionsgemeinschaften voraus, in denen sich reziproke Einstellungen hinsichtlich räumlich, zeitlich oder sachlich definierter Beziehungen ausbilden.

Redistribution dagegen meint einen Integrationstyp, bei dem sich ein Zentrum die gesellschaftlich produzierten Güter und Werte aneignet und von dort aus in die Gesellschaft zurückverteilt. Hier liegt die Allokation der Güter zentral in einer Hand, die sie auf der Basis von Gewohnheit, Gesetz oder Ad-hoc-Entscheidungen vollzieht. Es herrscht nicht – eher lokal verstandene – Symmetrie, sondern ein Zentralitätsprinzip, das zentrale Strukturen voraussetzt.

Beim *(Markt-)Tausch* finden wechselseitige Bewegungen von Gütern und Werten zwischen deren Besitzern im Rahmen eines Marktsystems statt. Institutionell setzt die Integration durch Tausch ein System preisbildender und miteinander verbundener Märkte voraus, das in der Lage ist, Wertgleichheiten zu definieren. Ein System von Wertgleichheiten (Tauschraten) entsteht entweder durch gesetzte oder durch ausgehandelte Preise; nur letztere ermöglichen die Integration durch Markttausch. Marktinstitutionen umfassen Mehrheiten von Besitzern, die eine Nachfragemenge und/oder eine Angebotsmenge bilden. Tausch kann man aber nicht mit Markt gleichsetzen (> 4.2).

Denk-Pause 1

Welche Bedeutung haben Geld und Zahlungen in den drei Polanyi'schen Integrationsformen Reziprozität, Redistribution und Markttausch? ■ Setzen diese drei Formen der materiellen Reproduktion die Existenz von Knappheit voraus? ■ Wovon hängt es ab, welche Form in einem gesellschaftlichen Bereich oder für einen Typ von wirtschaftlichen Aktivitäten vorherrscht?

Was die institutionalisierte materielle Reproduktion einer Gesellschaft in der Wirtschaft charakterisiert, unterscheidet sich wesentlich danach, wie sie die ebenso vielfältigen wie zahlreichen Reproduktionsaktivitäten organisiert und koordiniert. Wirtschaftssoziologen arbeiten heute meist weniger mit den drei Polanyi'schen Verteilungsprinzipien, sondern untersuchen die drei grundlegenden Koordinationsformen Markt, Unternehmen (Hierarchie) und Netzwerk. Es macht einen wichtigen Unterschied, ob sich wirtschaftliches Handeln im Familienverband, in straff organisierten Großunternehmen, in abgegrenzten Regionen, in ethnischen Netzwerken oder in privatkapitalistisch selbstregulierten Massenmärkten vollzieht (> 4.1). Auch kapitalistische Marktwirtschaften samt den Mustern der Staatstätigkeit, etwa bei der Regulierung von Arbeitsmärkten, unterscheiden sich stark voneinander, wie die Forschung über Spielarten des Kapitalismus zeigt (*Varieties of Capitalism*, > 5.2.3).

Insgesamt zeigt sich, dass die Frage, was man unter Wirtschaft verstehen und wie man sie wissenschaftlich definieren und von anderen Sphären wie Recht oder Politik abgrenzen soll, nicht einheitlich beantwortet werden kann (vgl. Swedberg 2010: 38). Deshalb kommt es in theoretischen und empirischen wirtschaftssoziologischen Arbeiten darauf an, den dort jeweils verwendeten Begriff explizit zu erläutern und seine Eignung für die konkrete Fragestellung zu begründen. Aus meiner Sicht kann man eine sozialkonstruktivistische Auffassung von Wirtschaft als der gesellschaftlich ausgestalteten Grundfunktion der materiellen Reproduktion mit einem pluralistischen Set von Handlungstypen *in der* Wirtschaft kombinieren, unter denen der zweckrationale zunehmend dominiert.

Kapitel kompakt

Begriffe von Wirtschaft: Wirtschaft als der Bereich der Gesellschaft, … ■ (1) in dem sie ihre materielle Reproduktion durch Güter und Dienstleistungen organisiert und sichert ■ (2) dem sie die Bearbeitung des gesellschaftlich konstruierten Problems der Knappheit zuweist ■ (3) in dem der ökonomische, formal an Zweck-Mittel-Relationen orientierte Handlungstyp herrscht ■ (4) der als Funktionssystem gegenwärtige Knappheiten so erzeugt und reguliert, dass dies zukünftige Bedürfnisbefriedigung sichert ■

Weiterlesen

Basis: Hedtke 2008: 11–32 ■ *Vertiefend:* Baecker 2006, Kap. I ■

1.2 Was ist Wirtschaftssoziologie? Selbstverständnisse

Soziologinnen sehen ökonomische Sachverhalte und Handlungen als gesellschaftliche Sachverhalte und Handlungen und rechnen sie damit zum Kernbereich der Soziologie. Sie betonen, dass die Wirtschaft, ihre Institutionen, Akteure und Handlungen sozial konstruiert und weder naturgegeben noch universal unabhängig von Zeit und Raum sind. Sie zeigen, wie soziale Vorstellungen, mentale Gewohnheiten und sozialer Sinn den Kern von wirtschaftlichen Institutionen und Organisationen prägen. Diese Grundorientierungen leiten die gegenwärtige Wirtschaftssoziologie, die sich in den letzten 20 Jahren »zu einem der am stärksten beachteten Bereiche soziologischer Forschung« entwickelt hat (Beckert/Deutschmann 2010a: 7).

Für die Klassiker der Soziologie war der aufkommende Kapitalismus und der damit verbundene tiefgreifende Wandel ein zentrales Thema, und insofern »war die Soziologie ganz selbstverständlich Wirtschaftssoziologie« (Lamla 2009: 663). Von Anfang an stellte sie sich meist in Opposition zu den Wirtschaftswissenschaften. Die Wirtschaftssoziologie entwickelte sich wesentlich aus der soziologischen Kritik an der neoklassischen Volkswirtschaftslehre (neoklassische Ökonomik), und diese Auseinandersetzung prägte viele Publikationen bis in die 1980er-Jahre. Durch diese starke, wenngleich kritische Fixierung auf die Ökonomik gewinnt diese als Gegenbild und Ausgangspunkt indirekt erheblichen Einfluss auf die wirtschaftssoziologische Theoriebildung (vgl. Joas 1996: 57–66; > 1.3.2). Schon in der ersten Hälfte des 19. Jahrhunderts hat Auguste Comte (1798–1857) die Ökonomik vehement als metaphysisch und unwissenschaftlich attackiert – die ihrerseits erwiderte, die Soziologie sei eine nutzlose Disziplin und solle die wissenschaftliche Analyse der Wirtschaft besser den Ökonomen überlassen (Swedberg 1987: 14–17).

Die soziologischen Klassiker betrachteten dagegen die Analyse ökonomischer Phänomene als selbstverständlichen Teil ihrer Disziplin. So sah etwa Emile Durkheim (1858–1917) den Gegenstandsbereich der Wirtschaftssoziologie in den ökonomischen Institutionen, die sich in den Sphären der Wirtschaft wie Produktion (z. B. Fabriken), Tausch (z. B. Märkte) oder Verteilung (z. B. Lohneinkommen) entwickelt haben, und in den spezifischen Formen der Arbeitsteilung.

1.2.1 Abarbeiten an der Volkswirtschaftslehre

Abgesehen von Durkheim haben alle klassischen Wirtschaftssoziologen sowohl soziologisch als auch wirtschaftswissenschaftlich gearbeitet. Es ging ihnen darum, eine Theorie ökonomischer Institutionen und eine Theorie wirtschaftlichen Handelns zu entwickeln; auch heute zählt die Wirtschaftssoziologie dies zu ihren Hauptaufgaben (> 2.1, 2.2). Ihre Position zum Verhältnis von Wirtschaftssoziologie und Wirtschaftstheorie teilte schon die Klassiker in zwei Lager (vgl. Gislain/Steiner 1995: 15, 48, 57 f.). Zugespitzt formuliert agierten die einen als soziologische Innovatoren nach der Vorstellung, die Volkswirtschaftslehre als reine Wirtschaftstheorie durch den neuen Ansatz der Wirtschaftssoziologie zu erweitern, ergänzen oder vervollständigen – auch mit grundsätzlich anderen Herangehensweisen wie der Weber'schen Methodologie des Verstehens – nicht aber ganz zu ersetzen (▶ Methoden 1). Diese Grundposition vertraten etwa Max Weber, Joseph Schumpeter (1883–1950) und Vilfredo Pareto (1848–1923). Dagegen verstanden sich die anderen als radikale Kritiker der Ökonomik, unter ihnen François Simiand (1873–1935), Thorstein Veblen (1857–1929) und auch Emile Durkheim. Sie hielten die reine Wirtschaftstheorie für falsch und wollten sie deshalb durch die Wirtschaftssoziologie ersetzen. Beide Richtungen motivierten sich politisch und praktisch durch das Ziel, die im Kapitalismus entfesselte

Wirtschaft zu bändigen und zu gestalten. Anhänger beider Strömungen – vor allem Pareto, Schumpeter, Simiand und Weber – arbeiteten unabhängig voneinander an einer eigenständigen soziologischen Theorie wirtschaftlichen Handelns als Gegenentwurf zum durch und durch rational-kalkulierenden Homo oeconomicus (> 2.1.4). Eine Abgrenzung der Zuständigkeiten von Wirtschaftssoziologie und Ökonomik nach Gegenstandsbereichen gab es damals noch nicht.

Die Grundlagen der Wirtschaftssoziologie als Disziplin wurden in ihrer klassischen Phase etwa zwischen 1890 und 1920 gelegt, vor allem in Deutschland, Frankreich, Großbritannien, Österreich und der Schweiz (Gislain/Steiner 1995). Zwei wichtige Werke markieren diese wirtschaftssoziologische Gründerzeit: Durkheims »Über die Teilung der sozialen Arbeit. Studie über die Organisation entwickelter Gesellschaften« von 1893 (Durkheim 1996/1902) und Webers »Wirtschaft und Gesellschaft« von 1921 (Weber 1980/1921). In Anwendung von Webers Soziologiebegriff will Wirtschaftssoziologie soziales, d. h. auch an anderen orientiertes, wirtschaftliches Handeln von Akteuren, die materiale und ideelle Interessen haben, »deutend verstehen und dadurch in seinem Ablauf und seinen Wirkungen ursächlich erklären« (Weber 1980/1921: 1).

In der Wissenschaft profitierte die Wirtschaftssoziologie damals von der Krise der Volkswirtschaftslehre, die sich heute erneut in einer Krise befindet. Denn der wissenschaftliche Kern der lange unangefochten dominierenden Neoklassik – autonome, sozial unbeeinflusste Präferenzen der Akteure, universale Rationalität, wirtschaftliches Gleichgewicht – hat sich als theoretisch und empirisch unhaltbar erwiesen.

In jüngster Zeit verliert die Volkswirtschaftslehre auch durch ihre systematischen Schwierigkeiten, die Finanz- und Wirtschaftskrisen nach 2007/2008 zu erklären, etwas an Einfluss auf Öffentlichkeit und Politik. In ihrer klassischen Zeit kam der Wirtschaftssoziologie die große Dynamik zugute, mit der sich damals Kapitalismus, Globalisierung und ökonomische Institutionen entwickelten. Dass diese Entwicklungen heute erneut die öffentliche und wissenschaftliche Aufmerksamkeit bestimmen, stärkt auch die Wirtschaftssoziologie.

Zu den Klassikern, die die Wirtschaftssoziologie nachhaltig geprägt haben, zählen neben Durkheim und Weber auch Simiand (> 2.1.2), Pareto, Schumpeter und Veblen sowie Karl Marx (1818–1883), Alfred Marshall (1842–1924), Gustav Schmoller (1838–1917), Werner Sombart (1863–1941) und Georg Simmel (1858–1918) (Gislain/Steiner 1995: 16f.; Swedberg 2009: 39–55). Nur Max Weber gilt uneingeschränkt als »Klassiker der Wirtschaftssoziologie«; er benennt die Disziplin auch so (Weber 1980/1921: 34, 41); die anderen kann man als wirtschaftssoziologisch relevante Klassiker bezeichnen.

1.2.2 Amerikanische Arbeitsteilung

In den Vereinigten Staaten versuchte die Soziologie am Ende des 19. und Anfang des 20. Jahrhunderts, sich als eigenständige Disziplin an den Universitäten zu etablieren und stieß dabei auf heftigen Widerstand seitens der Volkswirtschaftslehre. Deshalb akzeptierten führende amerikanische Soziologen wie Talcott Parsons (1902–1979) als Kompromiss eine *komplementäre* Arbeitsteilung zwischen den Disziplinen, die später Wirtschaft-und-Gesellschaft-Paradigma genannt wurde (Beckert/Deutschmann 2010a: 9; ► Abbildung 3). Danach überließ man der Soziologie von der Ökonomik nicht beanspruchte Restgegenstände wie Handlungsziele, Werte und Institutionen als *Rahmenbedingungen* der Wirtschaft, während deren ökonomischer *Kern* als rationale Allokation knapper Mittel und damit verbundener Strukturen, Prozesse und Handlungsweisen allein den Wirtschaftswissenschaften vorbehalten bleiben sollte (Velthuis 1999: 630–636; Swedberg 1987: 17 f.). Dies verstärkte zugleich ältere Abgrenzungsregeln von Pareto oder Durkheim, die letztlich darauf hinausliefen, Volkswirtschaftslehre für das Logisch-Rationale und Soziologie für das Normativ-Soziale zuständig zu erklären (Mikl-Horke 2008b: 52–54).

Als Preis für ihre akademische Etablierung begnügte sich die Wirtschaftssoziologie weitgehend damit, die orthodoxe neoklassische Volkswirtschaftslehre zu ergänzen. Erst im letzten Viertel des 20. Jahrhunderts wandte sich die von Mark Granovetter 1985 so benannte »New Economic Sociology« wieder auf breiter Front ökonomischen Kernthemen wie Markt, Wettbewerb, Geld und Preis zu und drang damit auf bisher der Volkswirtschaftslehre zugesprochenes Terrain vor. Seitdem beansprucht die Wirtschaftssoziologie zunehmend auch, volkswirtschaftliche Erklärungen zu ersetzen. Zugleich entwickelt sich in der jüngeren Vergangenheit teilweise ein etwas entspannteres Verhältnis zwischen Ökonomik und Wirtschaftssoziologie (Maurer 2008c; Schmid 2008: 102 f.). Weite Teile der Volkswirtschaftslehre bekräftigen allerdings nach wie vor ihren exklusiven Erklärungsanspruch für den Gegenstandsbereich Wirtschaft und für »rationales Handeln« im Allgemeinen.

Zu Beginn der 1930er-Jahre endete die erfolgreiche klassische Phase der Wirtschaftssoziologie, in der viele bis heute wichtige Konzepte entstanden (> 2), ohne dass sie traditionsbildend wirkten. Zu dieser Zeit lebten Durkheim, Weber, Pareto und Veblen nicht mehr, Schumpeter musste in die USA emigrieren und Simiand fand wenig Resonanz (Gislain/Steiner 1995: 198–200). Während die Volkswirtschaftslehre große methodische, theoretische und disziplinpolitische Fortschritte verbuchte, schien die Wirtschaftssoziologie zu stagnieren. Bei genauerer Betrachtung zeigt sich jedoch, dass Teildisziplinen wie Arbeits- oder Industriesoziologie klassische Konzepte wie Geld, Kapital, Arbeit, Arbeitsvertrag, Arbeitsmarkt oder Unternehmerherrschaft aufgriffen (vgl. Deutschmann 2002: 53–110).

Auch erschienen zwischen 1930 und 1970/80 wichtige, wenngleich wenige Arbeiten (Swedberg 2009: 55–62). Zu den Nach-Klassikern, wie Richard Swedberg sie

Abbildung 3: Das »1920er-Gebietskartell« von Soziologie und Volkswirtschaftslehre

	Volkswirtschaftslehre	**(Wirtschafts-)Soziologie (Parsons)**
Gegenstand	Kern der Wirtschaft	gesellschaftliche Rahmenbedingungen der Wirtschaft
Handlungstyp	autonomes zweckrationales Handeln	normativ geprägtes soziales Handeln
Anspruch	Erklärung der Wirtschaft	Ergänzung zur Erklärung wirtschaftlicher Phänomene
Hoheitsgebiet	Monopol für »Wirtschaft«	Monopol für »Gesellschaft« unter Ausschluss von »Wirtschaft«

Quelle: Eigene Darstellung.

nennt, gehören Joseph Schumpeter mit »Capitalism, Socialism and Democracy« (1942, dt. Schumpeter 1993/1950), Karl Polanyi mit »The Great Transformation. The Political and Economic Origins of our Time« (1944, dt. Polanyi 1978) sowie Talcott Parsons und Neil Smelser mit »Economy and Society. A Study in the Integration of Economic and Social Theory« (1956, Parsons/Smelser 2010/1956).

1.2.3 Erneuerte Wirtschaftssoziologie

Eine Renaissance der Wirtschaftssoziologie zeichnete sich in den 1970er- und 1980er-Jahren zunächst in den USA ab, in Deutschland gewann sie an Dynamik in der Dekade seit Mitte der 1980er-Jahre, in Frankreich entfaltete sie sich verstärkt seit Mitte der 1990er-Jahre (Beckert/Besedovsky 2010: 28; Steiner/Vatin 2009b: 44f.). Es belegt die Bedeutung der Wirtschaftssoziologie, dass in den letzten vier Jahrzehnten ein Viertel aller Artikel in wichtigen soziologischen Fachzeitschriften Deutschlands und der USA die Erklärung ökonomischer Phänomene behandelt; dabei standen die Themenfelder Arbeit und industrielle Beziehungen, Unternehmen (Arbeitsorganisation, Organisationsstruktur) und wirtschaftliche Makrostrukturen wie Globalisierung, Entwicklung, Transformation und Kapitalismus sowie schließlich Märkte im Mittelpunkt der Forschung (Beckert/Besedovsky 2010).

Die thematische Breite und Vielfalt dieser »neuen« Wirtschaftssoziologie spiegelt sich exemplarisch in den Themen und Forschungsfeldern der ersten Auflage des Handbook of Economic Sociology von 1995 (2. Aufl.: Smelser/Swedberg 2005): Kultur, Institutionen, Transaktionskosten, Organisationstheorie, wirtschaftlicher Wandel, Entwicklung, Internationale Wirtschaft, Märkte, kapitalistische Arbeit, Arbeitsmärkte, Geld, Bankwesen und Finanzmärkte, Handel, Transport und räumliche

Verteilung, Netzwerke, Konsum, Lebensstile, informelle Wirtschaft, Unternehmensgruppen, Unternehmertum, Management, Löhne, Leistungsanreize, Leistungsmessung, Bildung, Gender, Religion, Ethnizität, Freizeit, Staat, Wohlfahrtsstaat, Verteilung, Umwelt.

Heute beschäftigt sich die Wirtschaftssoziologie mit den Kerngegenständen der Wirtschaftswissenschaften, zum Beispiel mit Geld, Markt, Wettbewerb, Preisbildung, Unternehmensführung, Wirtschaftspolitik und Wirtschaftssystemen (vgl. Granovetter 1990: 95). Sie tritt den Wirtschaftswissenschaften mit großem Selbstbewusstsein und dem Anspruch gegenüber, eine *eigenständige* soziologische Erklärung ökonomischer Phänomene zu liefern. Sie zielt auf die »Denaturalisierung der Wirtschaftsbeziehungen« und zeigt in vielen Studien die soziale Konstruktion wirtschaftlicher Vorstellungen und Einrichtungen auf (Eymard-Duvernay u.a. 2011: 207). Allerdings unterstellen viele Wirtschaftssoziologen ähnlich wie die allermeisten Ökonomen ein – zumindest in der Absicht der Akteure – zweckrationales Handeln; hier fehlt es wohl noch an soziologischem Mut zur Abweichung (> 2.1.3, 2.2.3).

Mit der Entwicklung eigenständiger Ansätze antwortet die Wirtschaftssoziologie auch auf den sogenannten »ökonomischen Imperialismus« der vergangenen drei Jahrzehnte, in denen Ökonomen ihre Erklärungsansätze auf fast alle sozialen Phänomene ausdehnten. Die Volkswirtschaftslehre, so der Anspruch, liefere die universale Grammatik der Sozialwissenschaften, da ihre Analysekonzepte wie Knappheit, Kosten, Präferenzen, Opportunitäten, rationale Wahlhandlung nicht auf die Wirtschaft begrenzt, sondern universal anwendbar seien, also etwa auch auf Politik, Krieg, Familie oder Religion (Hirshleifer 1985: 53). Es überrascht nicht, dass die Soziologie dies als Expansionsbewegung in das eigene Terrain erlebte und eine Gegenbewegung auslöste, die den Grundstein für den Aufschwung der Wirtschaftssoziologie legte (vgl. Granovetter 1990: 95).

Ihr Selbstbewusstsein unterscheidet die gegenwärtige Wirtschaftssoziologie zwar von der Zwischenphase, nicht aber von den Klassikern selbst. Diese hatten den »ökonomischen Kern« zum Gegenstand soziologischer Analyse gemacht und sind dabei tief in das Terrain der Ökonomik eingedrungen. Die theoretischen Beiträge der Klassiker zu ökonomischem Handeln und ökonomischen Institutionen gelten als nach wie vor einschlägig und maßgeblich (Swedberg 2009: 35–63).

Weder die wirtschaftssoziologische Klassik noch die neue Wirtschaftssoziologie verfügen über eine geschlossene Theorie. Dies unterscheidet sie grundsätzlich von der relativen Geschlossenheit der herrschenden volkswirtschaftlichen Lehrmeinung (Orthodoxie). Dieser Unterschied relativiert sich ein wenig, wenn man pluralistisch geprägte Teildisziplinen wie Makroökonomik und Wirtschaftspolitik betrachtet sowie die durch jahrzehntelange Machtpolitik der Mehrheit marginalisierten heterodoxen, d.h. von der herrschenden Lehre abweichenden Ansätze wahrnimmt (Fullbrook 2008; Jens/Romahn 2010). Da die Soziologie wie andere Sozialwissenschaften eine multiparadigmatische Disziplin ist, kann man wohl auch von der Wirtschaftssoziologie *eine* »einheitliche Theorie« (Beckert/Deutschmann 2010a: 8) in *wissenschaftlicher* Hinsicht nicht erwarten, *mehrere*, mehr oder weniger in sich geschlossene Theorien dagegen schon.

Position 1: Eine pluralistisch integrative Wirtschaftssoziologie

Ich »befürchte zwei Dinge für die Wirtschaftssoziologie. Eines ist, dass eine Sichtweise eine Monopolstellung bekommt, sei es nun Bourdieu, die strukturelle Soziologie oder was auch immer. Es sind nicht ihre Inhalte, die mir Sorge bereiten, sondern dass keine ein Wahrheitsmonopol hat. Die andere Gefahr ist, dass die Wirtschaftssoziologie keinen festen Kern haben könnte, dass alles erlaubt wäre und alles in regelmäßigen Abschnitten wiederkehrt, da niemand weiß, was die anderen tun.«

Man muss versuchen, die Soziologie »in pluralistischer und offener Weise zusammenzuhalten. Wir brauchen so etwas wie *Social Theory and Social Structure* auch in der Wirtschaftssoziologie, und deshalb denke ich, dass wir für viele verschiedene Perspektiven in der Wirtschaftssoziologie offen sein müssen, die Kulturperspektive ebenso wie die Beiträge von Bourdieu, die Netzwerktheorie, den Marxismus und vieles mehr. Keine dieser Theorien ist einfach von der Hand zu weisen. Und deshalb brauchen wir eine pluralistische Soziologie und eine pluralistische Wirtschaftssoziologie.«

In seinem Buch *Social Theory and Social Structure* versuchte Robert Merton (1949/1968), »all die Theorien in der amerikanischen Soziologie, und auch die weltweit gemachten Vorschläge, zu summieren und zu integrieren.«

Quelle: Swedberg 2009: 324 f.

Für die Weiterentwicklung der Wirtschaftssoziologie braucht man keine umfassende Einheitstheorie (Portes 2010: 1). Das Problem liegt weniger im herrschenden Pluralismus als darin, dass sich die unterschiedlichen Ansätze nicht hinreichend aufeinander beziehen und dass multiperspektivisch-vergleichende Arbeiten fehlen (Beckert/Deutschmann 2010a: 18). Trotz ihrer immanenten Pluralität verbindet alle wirtschaftssoziologischen Konzeptionen, dass sie mit einem sozialkonstruktivistischen Verständnis von Institutionen (> 2.2) und – deutlich seltener – auch von Akteuren arbeiten. In Letzterem läge der grundsätzliche Unterschied gegenüber der Ökonomik und der Neuen Institutionenökonomik, die den Akteur als natürlich gegeben betrachten (> 2.1).

Kapitel kompakt

Selbstverständnis und Entwicklung der Wirtschaftssoziologie beziehen sich bisher immer, aber nicht immer gleich auf die Wirtschaftswissenschaften ■ Die thematische Abgrenzung von Volkswirtschaftslehre und Wirtschaftssoziologie verschwimmt, Wirtschaftssoziologie untersucht alle wirtschaftlichen Phänomene ■ Die klassische und die neue Wirtschaftssoziologie beschäftigen sich intensiv mit dem Phänomen Kapitalismus ■ Der Wirtschaftssoziologie fehlt noch eine mehr oder weniger geschlossene Wirtschaftstheorie ■

Weiterlesen

Basis: Lamla 2009 ▪ *Vertiefend:* für die klassische Wirtschaftssoziologie: Mikl-Horke 2008a, für die neuere Wirtschaftssoziologie: Swedberg 2009 Kap. II ▪

1.3 Wie arbeitet Wirtschaftssoziologie? Werkzeuge

Einschlägigen Einführungen und Handbüchern der Wirtschaftssoziologie fehlt meist ein Kapitel zu Methodologie und Methoden (vgl. z. B. Maurer 2008b; Smelser/Swedberg 2005; Steiner/Vatin 2009b). In den Mittelpunkt stellen sie vielmehr wirtschaftssoziologische Theorien, Themenfelder und Probleme. Dies mag sich aus dem anhaltenden Bemühen der Wirtschaftssoziologie um ein eigenes Profil durch eigenständige *Theorie*bildung erklären. Auch gehören Theorien, Kategorien und Konzepte zu den wirtschaftssoziologischen Werkzeugen, mit denen Wirtschaftssoziologinnen arbeiten. In deren Forschung findet man zwar ein vielfältiges Methodenspektrum, jedoch noch wenig methodologische Reflektion über profilbildende, besonders für wirtschaftssoziologische Fragestellungen grundlegende Verfahren des Verstehens und Erklärens sowie über geeignete konkrete Methoden. Auf beide Aspekte gehen die folgenden Abschnitte kurz ein.

1.3.1 Erklären durch Verstehen

Max Weber konzipiert Wirtschaftssoziologie als verstehende Soziologie. Aus dieser Perspektive gibt es keine objektive Logik der Situation, sondern die Akteure selbst interpretieren eine Situation als wirtschaftlich oder nichtwirtschaftlich und geben ihren eigenen Handlungen und sozialen Beziehungen dementsprechend einen wirtschaftlichen oder einen nichtwirtschaftlichen Sinn (vgl. Weber 1973c/1922: 100–102, 127–131). Danach kann man wirtschaftliches als soziales Handeln (nur) aus seiner subjektiven Sinnhaftigkeit heraus verstehen und erklären, die *subjektiv* wahrgenommenen sinnhaften Gründe, die Motive, betrachtet Weber als *Ursachen* eines Handelns (Weber 1980/1921: 5). Erklären heißt dann »Erfassung des *Sinnzusammenhangs*, in den, seinem subjektiv gemeinten Sinn nach, ein aktuell verständliches Handeln hineingehört«; ein realer Handlungsablauf ist also erklärt, wenn man seinen Sinnzusammenhang verstanden, d. h. deutend erfasst hat (S. 4; ▶ Methoden 1). Dies müssen zum einen die Akteure in ihren alltäglichen Interaktionen hervorbringen, wenn sie versuchen, das Handeln des anderen und seine Motive zu verstehen; zum anderen muss eine wissenschaftliche Beobachtung dies leisten. Empirisch sieht sich dieses Verfahren mit dem Problem konfrontiert, dass Akteure ihre Motivation gezielt verschleiern können.

Denk-Pause 2

Können Akteure in der Wirtschaft wechselseitig ihr Handeln verstehen? ▪ Womit erklären Akteure im Alltag ihr eigenes Handeln und das anderer? ▪ Welche Vorteile hat es, wenn man auf alle menschlichen Aktivitäten ein einziges Erklärungsmuster wie z. B. das der individuellen rationalen Wahlhandlung anwenden kann? ▪ Welche Vorteile bringt es, mit mehreren Erklärungsmustern zu arbeiten?

Als heuristisches, methodisches Mittel – nicht als empirische Generalannahme – konstruiert eine verstehende Wirtschaftssoziologie *Idealtypen*, etwa das streng zweckrationale Handeln, das rein auf Gewinnmaximierung kalkulierende Unternehmen, den vollkommenen Markt oder die kapitalistische Wirtschaftskultur. Idealtypen erarbeitet man durch Herausheben charakteristischer Elemente »durch *gedankliche* Steigerung bestimmter Elemente der Wirklichkeit« »zu einem in sich einheitlichen *Gedanken*gebilde« (Weber 1973a/1922: 190 f.). Sie dienen der Veranschaulichung und der Forschung und erlauben durch Abstraktion gewonnene idealtypische Aussagen wie »dass, *wenn* streng zweckrational gehandelt *würde, so und nicht anders* gehandelt werden *müsste*« (Weber 1980/1921: 9). Da sie aus methodischen Gründen den Idealtypus der unmittelbar verständlichen, d. h. von außen nachvollziehbaren strengen Zweckrationalität des Handelns als Nullpunkt verwendet, um das davon meist abweichende reale Handeln zu erforschen, kann man »die Methode der ›verstehenden‹ Soziologie ›rationalistisch‹ nennen« (S. 3). Ähnlich zu den Idealtypen des Handelns lassen sich auch unterschiedliche objektive Situationen konstruieren, in denen Handeln stattfinden kann.

Hier ist ein wichtiger Unterschied hervorzuheben (zum Folgenden Schluchter 2009a: 239–243, 267): Anders als Positionen wie die Rational-Choice-Theorien, welche die individuelle Nutzenmaximierung oder Zweckrationalität als einziges Handlungsprinzip annehmen, kennt das Weberianische Forschungsprogramm einer verstehenden Soziologie *mehrere* Handlungsprinzipien: regelgeleitetes, d. h. zweckrational-erfolgsorientiertes oder wertrational-eigenwertorientiertes, gewohnheitsmäßiges (habituelles) und affektuelles Handeln (> 2.1.1, 2.1.3, 2.1.4). Rationales, d. h. regelgeleitetes Handeln nimmt die Form erfolgsorientierten oder eigenwertorientierten Handelns an, Weberianische Erklärungen behandeln beide Formen als *gleichrangig*. Während man den Sinn rationalen Handelns verstehen kann, lässt er sich bei habituellem Handeln nur schwierig, bei affektuellem Handeln fast gar nicht rekonstruieren (Weber 1980/1921: 12).

Am Beispiel der Zweckrationalität zeigt sich, dass die verstehende Soziologie Idealtypen des Handelns als theoretisch herausgearbeiteten und *nicht* normativen Vergleichsmaßstab an die empirisch beschreibbare wirtschaftliche Wirklichkeit legt. Sie untersucht das »reale, durch Irrationalitäten aller Art (Affekte, Irrtümer) beeinflusste Handeln als ›Abweichung‹« von diesem Idealtyp und betont, das »reale Handeln verläuft nur in seltenen Fällen (Börse) und auch dann nur annäherungsweise so, wie im

Idealtypus konstruiert« (Weber 1980/1921: 3 f.). Selbst der vielen als Verkörperung von einheitlicher Effizienz geltende Finanzmarkt bietet ein Exempel für die Diversität von Rationalitätsvorstellungen (Walker 2013: 29–46).

In diesem Forschungsprogramm ist die Rationalität des Handelns weder, wie in der neoklassischen Wirtschaftstheorie und daran anschließenden »ökonomischen Theorien« (s. u.), eine unumstößliche Annahme noch eine empirische Aussage, sondern eine Variable; Handeln kann in der sozialen Realität von diesem Idealtypus mehr oder weniger stark abweichen; es kann sich ihm aber auch in allgemeinen gesellschaftlichen Prozessen der Rationalisierung sowie konkreter z. B. durch die Entwicklung und Verbreitung von Rechnungswesen und Kalkulationsinstrumenten annähern (Norkus 2010: 59). Auf diesem Wege prägen theoretisch abstrakte, normative Idealtypen wirtschaftlichen Handelns aus der Volks- und Betriebswirtschaftslehre zunehmend das reale wirtschaftliche Handeln und gewinnen so an empirischer Geltung. Beispiele sind der Fokus auf die Eigenkapitalrendite in Unternehmen (shareholder value), monetäre Anreizsysteme zwecks Leistungssteigerung oder die Betrachtung der eigenen Bildung und Ausbildung als Humankapitalinvestition. Insofern stehen sich Webers Wirtschaftssoziologie und die Akteur-Netzwerk-Theorie durchaus nahe (Norkus 2010: 62; > 2.1.5). Im Übrigen können kommunizierte wissenschaftliche Daten und Methoden die wirtschaftliche Realität wesentlich prägen und dazu instrumentalisiert werden (vgl. Streeck 2009).

Eine verstehende Wirtschaftssoziologie erarbeitet »generelle Regeln des Geschehens« als »durch Beobachtung erhärtete typische *Chancen* eines bei Vorliegen gewisser Tatbestände zu *gewärtigenden* Ablaufes von sozialem Handeln, welche aus typischen Motiven und typisch gemeintem Sinn der Handelnden *verständlich* sind« (Weber 1980/1921: 9). Das Eintreten einer Regelhaftigkeit ist dann am verlässlichsten zu erwarten, wenn man tatsächlich oder idealtypisch von rein zweckrational motiviertem Handeln ausgehen kann. In empirischer Hinsicht, so Weber, gilt aber: »Das reale Handeln verläuft in der großen Masse seiner Fälle in dumpfer Halbbewusstheit oder Unbewusstheit seines ›gemeinten Sinns‹« (S. 10). Zweckrationales Handeln ist also ein Spezialfall des Handelns.

Methoden 1: Erklären durch Verstehen

Vier Schritte einer interpretativen Wirtschaftssoziologie

1. *Beginne mit verstehendem Deuten:*

Ermittle die Motive der Akteure durch direktes beobachtendes Verstehen und durch erklärendes Verstehen; falls nötig, nutze Idealtypen (und beginne dabei *zunächst* mit dem Schema streng zweckrationalen Handelns). Nachprüfbare Gewissheit oder Evidenz ergibt sich aus rationalem Verstehen und emotionalem oder konstruiert nachvollziehendem Einfühlen, um den Sinn der Akteure herauszufinden.

2. *Wende dich dann dem sozialen wirtschaftlichen Handeln zu:*

Erforsche dann den Sinn, der im Verhalten angelegt ist und die Handlung konstituiert. Bedenke dabei, dass nicht nur der individuelle Sinn, sondern auch allgemeinere Sinnkontexte wie der durchschnittliche, idealtypisch rekonstruierte Sinn zu berücksichtigen sind. In ähnlicher Weise musst du sowohl den Faktor der Orientierung auf andere als auch an Ordnungen betrachten, denn dies macht eine Handlung zu einer sozialen Handlung.

3. *Schreite zur kausalen Erklärung (Ursachen):*

Was sich als Ergebnis der sozialen Handlung ereignet, hängt davon ab, ob Intention und Handlung zusammenpassen (sinnhafte Angemessenheit); außerdem braucht es eine gewisse Wahrscheinlichkeit, dass die jeweilige beabsichtigte Handlung typischerweise die erwünschte Folge bewirkt (angemessene Kausalität; diese ist für jeden Fall zu ermitteln).

4. *Erkläre intendierte Wirkungen, sekundäre Wirkungen und wirklich unbeabsichtigte Folgen:*

Neben dem im engen Sinne beabsichtigten Ergebnis der sozialen Handlung gibt es oft auch sekundäre Folgen, die ebenso zu berücksichtigen sind wie tatsächlich nicht intendierte Konsequenzen, auch auf der Makroebene.

Quelle: Leicht verändert und ergänzt aus Swedberg 2007: 1051 und Swedberg 2010: 37, dort als Zusammenfassung von Max Weber (Weber 1980/1921: Kap. I u. II). Übers. RH.

1.3.2 Erklären durch Gesetze

Anders als diese verstehende Soziologie verfahren Ansätze einer *erklärenden* Soziologie. Im Grundsatz versuchen sie, sich an der Methodologie der Naturwissenschaften zu orientieren, die Erklärungen auf der Grundlage allgemeiner Gesetzmäßigkeiten liefern wollen. Danach muss ein zu erklärender Sachverhalt (Explanandum) aus wahren Annahmen (Explanans), das sind bestimmte reale Anfangs- oder Randbedingungen und mindestens eine empirische Gesetzmäßigkeit (Hypothese), logisch abgeleitet werden können (deduktiv-nomologische Erklärung). Gesetzmäßigkeit heißt, dass eine Konstellation in der Wirklichkeit, die den definierten Annahmen entspricht, immer genau diesen Sachverhalt zur Folge hat. Der genaue Wirkungszusammenhang, der das Explanans mit dem Explanandum ursächlich verbindet, kann dabei völlig offenbleiben und verschwindet bei diesem Erklärungstyp, bildlich gesprochen, oft in einer Blackbox (vgl. Hedström/Swedberg 1998: 8–11). Die schwärzeste Blackbox beherbergt die gesetzesförmigen Erklärungen, die sich allein auf statistische Zusammenhänge zwischen Variablen stützen.

Das Gesetz von Angebot und Nachfrage – grob formuliert: »Steigt der Preis für ein Gut auf einem Markt, sinkt die Nachfrage danach, sofern die übrigen relevanten Faktoren unverändert bleiben« – gehört zu den wenigen gut begründeten Gesetzen, die es in den Sozialwissenschaften gibt. Es handelt sich meist um *schwache* Gesetze, die zwar die Richtung vorhersagen können, in die sich die abhängige Variable ändert –

die preisabhängige Nachfrage sinkt –, nicht aber das genaue Ausmaß der Veränderung (Elster 2007: 36).

Sie halten die Annahme der Rationalität der Akteure für nötig, um deren wirtschaftliches als soziales Handeln erklären zu können; sie gehören deshalb zu den Rationalhandlungstheorien, die man auch »ökonomische« Handlungstheorien nennt (vgl. zum Folgenden Schmid 2008). Ökonomische oder Rationalhandlungstheorien leiten Rationalität als universalen und formalen »Sinn« wirtschaftlichen Handelns theoretisch ab. Rationalität setzen sie immer voraus und fragen nicht weiter danach, welchen Sinn einzelne Akteure oder Gruppen ihrem Handeln in unterschiedlichen Situationen tatsächlich zuschreiben. Damit weist die Theorie mittels ihrer Rationalitätsannahme den Handlungen der Akteure einen fest vorgegebenen, formalen Sinn zu.

Da man annimmt, dass Handeln aus individuellem Abwägen und Entscheiden folgt, braucht diese Handlungstheorie eine allgemeine Entscheidungstheorie als Grundlage; danach wählen Akteure rational zwischen Handlungsalternativen (▶ Methoden 2). Dieses Theoriekonzept will »die Effekte des aufeinander bezogenen Handelns einzelner Akteure aus den individuellen und situationalen Bedingungen erklären, unter denen ihr Handeln abläuft« (Schmid 2011: 217). Es kann sich deshalb nicht mit einer Typologisierung mit Bezug auf Handlungsmotive begnügen, sondern muss auf der Basis von Annahmen über das individuelle Handeln und die spezifische Handlungssituation beide systematisch miteinander verknüpfen, um wechselseitig aufeinander bezogenes Handeln (Interdependenz) und seine Folgen (Kollektiveffekte) und Rückwirkungen auf das Handeln zu erklären.

Dadurch, dass sich Akteure aneinander orientieren und insofern voneinander abhängig sind, können sich Abstimmungsprobleme ergeben, die das von beiden erwünschte Handeln blockieren und z. B. einen anonymen Markttausch oder eine Kreditvergabe wegen fehlenden Vertrauens verhindern (> 2.2.1, 3.1). Mit Blick darauf wollen Soziologie und Wirtschaftswissenschaften erklären, wie Abstimmungs- oder Koordinationsmechanismen entstehen und bestehen, die solche Beeinträchtigungen und Blockaden von Transaktionen zwischen rationalen Akteuren überwinden, etwa durch transparente Bewertungsverfahren, Vertragsrechtssysteme oder Reputationsaufbau. Orthodoxe wirtschaftswissenschaftliche Theorien gehen dabei davon aus, dass sich diese Probleme nicht nur lösen lassen, sondern dass es die rationalen Akteure selbst sind, die dies auf den Märkten und in ähnlichen Tauschsituationen lösen können, indem sie untereinander die Regeln freiwillig aushandeln, vereinbaren und durchsetzen, die ihnen wechselseitige Vorteile bringen.

Methoden 2: Erklären durch Annahmen über die Rationalhandlung

Erklärung sozialer Phänomene als Resultat von individuellen Entscheidungen

Sozialwissenschaftliche Erklärungen »erklären soziale Phänomene oder Sachverhalte als Resultat eines zielgerichteten Handelns von Akteuren, die sich angesichts ihrer materiellen Knappheiten und bedrängt durch ihre (begrenzten) Handlungsfähigkeiten zwischen verschiedenen Handlungsmöglichkeiten *entscheiden müssen* und *können*.«

Für eine sozialwissenschaftliche Erklärung braucht man vier Typen von Annahmen: »Zum einen Annahmen über die akteursinternen, *handlungsgenerierenden Größen* und *Prozesse*, die man als ›Handlungsprämissen‹ bezeichnen kann; sodann benötigt man Annahmen über die *Situation*, innerhalb derer ein Akteur sein Handeln organisieren muss« (Interdependenzen). Weiter braucht man Thesen darüber, mit welchen *Handlungseffekten* »ein Akteur zu rechnen hat, wenn er (aus seiner Sicht) situationsangemessen handelt, weshalb wir Thesen darüber einführen müssen, welche Folgen seine Handlung haben kann; und endlich benötigen wir zusätzliche Vorstellung darüber, wie diese Effekte seines Handels auf seine weiteren Entscheidungen selektiv *zurückwirken*« (Rückwirkungen).

Handlungsannahmen sollten »die *innerpsychischen Prozesse* angeben [..], die eine Entscheidung verursachen oder hervorbringen. [...] Jeder Akteur verfügt über eine bestimmte Menge von *Handlungskapazitäten*, die ihn dazu in die Lage versetzen, sich für *eine* Handlungsalternative zu entscheiden. [...]

Sodann besitzt jeder Akteur die Fähigkeit, *Präferenzen* zu bilden, d.h., er kann Umweltzustände dem Grade ihrer Erwünschtheit nach bewerten. Das sollte so geschehen, dass er Widersprüche und Zirkel ebenso zu vermeiden weiß, wie Gleichbewertungen oder Indifferenzen. [...] Zudem unterstellt die Theorie des entscheidungsgeleiteten Handelns, dass der Akteur seine Erwartungswahrscheinlichkeiten und seine Präferenzen so miteinander verbindet, dass er jeder seiner Handlungsalternativen einen sogenannten ›*Nutzenwert*‹ zuschreiben kann. Diesen bildet er im einfachsten Fall so, dass er jede Folge einer einzelnen Handlung danach beurteilt, in welchem Verhältnis der mit ihrem Erfolg verbundene Zugewinn zu den erwartbaren Kosten steht, und über die so gewonnenen Werte aller Handlungsfolgen die Summe bildet. Dieser Nutzenerhebung wird jede der in Betracht gezogenen Handlungen unterzogen.

Nach dieser Operation kann der Akteur im nächsten Schritt jene Handlungsalternative auswählen, die ihm den vergleichsweise höchsten Nutzen erbringt. In diesem Sinne wählt er sein Handeln mithilfe einer *Nutzenmaximierungsregel* aus.«

Quelle: Schmid 2008: 88–90

Im Laufe der Zeit erfuhren die strengen Annahmen dieser Rationalhandlungstheorien Kritik, sowohl aus dieser Strömung selbst als auch von Vertretern anderer Theoriekonzepte, was zu ihrer schrittweisen Abschwächung führte. Die Annahme autonomer individueller Präferenzen schwindet dahin, weil man sieht, dass Sozialisation, soziale Umwelt und die anderen Akteure sie prägen. Vollständige Rationalität schrumpft zu begrenzter oder intentionaler Rationalität, weil Informationen oder Informationsverarbeitungskapazitäten fehlen. Maximierung als Handlungsziel verwässert zu Optimierung oder verschwimmt zum vagen Ziel einer Verbesserung der

Lage. In diesen abgeschwächten Formen verwenden zwar die meisten Forscher immer noch die Hintergrundannahme der intendierten Zweckrationalität des Handelns. Sie gilt aber zunehmend weniger als die einzige und die natürliche menschliche Eigenschaft, sondern *auch* als historisch spezifisches Resultat des Lebens in modernen westlichen Gesellschaften. Andere Motivtypen wie Gerechtigkeit, Fairness oder Machtgewinn sickern in das Modell wirtschaftlichen Handelns ein, abweichende Entscheidungsregeln wie Konformität, Routine oder Imitation greifen Platz.

Wirtschaftssoziologische Arbeiten zur Handlungstheorie nehmen zur Kenntnis, dass die Handlungssituationen oft unübersichtlich bleiben. Sie können die Akteure sogar mit völliger Ungewissheit konfrontieren, sodass diese nicht mehr in der Lage sind, ihre Handlungsoptionen zu kalkulieren. Zweckrationalität verliert dann ihre Grundlage, rationales Entscheiden wird unmöglich und damit auch die Prognose wirtschaftlichen Verhaltens. Die Annahme einer selbst gesteuerten Bildung von Regeln überfordert die Akteure, externe Regulation von Märkten und Unternehmen erscheint notwendig. Man hebt hervor, dass Märkte sozial eingebettete und sozial konstruierte Einrichtungen sind, in denen es nicht nur – wenn überhaupt – um Effizienz geht, sondern auch um Macht, Tradition, Legitimität und Gerechtigkeit. Die Zielvielfalt akzeptiert auch die moderne Mikroökonomik, sie beharrt aber auf dem rationalen Zweck-Mittel-Kalkül.

Kurz: in diesen relevanten Aspekten attackieren Wirtschaftssoziologen und andere Sozialwissenschaftler die Rationalhandlungstheorie seit Jahrzehnten. Insgesamt, so fasst Michael Schmid die Auseinandersetzung zusammen, »möchte die Wirtschaftssoziologie die ökonomische Theorie somit zwar nicht vom Thron stürzen, unterbreitet ihr aber das dringliche, selbstbewusst vorgetragene Angebot, Erklärungen durch die ›Einbeziehung soziologischer Parameter‹ zu verbessern« (Schmid 2008: 102). Diese Kritik von außen trägt dazu bei, dass Rationalhandlungstheoretiker ihre Konzepte zum Teil modifizieren und revidieren, nicht aber gänzlich aufgeben. Allerdings greifen sie auch aufgrund theorieinterner Debatten seit geraumer Zeit soziale Erklärungselemente auf, etwa Institutionen, Nicht-Rationalität, Regeln, Normen, Herrschaft, Vertrauen, Konventionen und Evolution (> 1.4). Weiter gehend schlagen etwa aus der Soziologie Andrea Maurer und Michael Schmid vor, dass Soziologie und Ökonomik eine einheitliche, integrierte Handlungstheorie entwickeln, die eine *Rational*handlungstheorie sein soll (Schmid/Maurer 2003; > 2.1.3).

1.3.3 Erklären durch Mechanismen

Aus individuellem Verhalten entstehende kollektive soziale Phänomene will Jon Elster mithilfe sozialer *Mechanismen* erklären, die er auf einer mittleren Erklärungsebene zwischen allgemeinen sozialen Gesetzen und konkreten Beschreibungen von sozialer Realität ansetzt (vgl. zum Folgenden Elster 2007: 35–51). Unter Mechanismen versteht Elster häufig vorkommende und leicht erkennbare ursächliche Muster, die unter allgemein unbekannten Bedingungen oder mit unbestimmten Folgen ausgelöst werden. Dazu gehören etwa Markt – den wir später als Institution und Organisation behandeln (> 4.2) –, Imitation oder Maximierungshandeln. So kann man zwar erklären, indem man ein einzelnes Phänomen auf ein allgemeineres Ursachenmuster zurückführt, nicht aber vorhersagen. Zugleich kann man wohl angeben, dass Akteure – etwa Beschäftigte in Betrieben oder Konsumentinnen beim Kaufen – sich beispielsweise meistens nach den Mustern Konformismus oder Antikonformismus verhalten, seltener nach dem Muster Autonomie, nicht aber, unter welchen Bedingungen sich das eine oder das andere Verursachungsmuster durchsetzt.

Hinzu kommt das Problem, dass die meisten sozialen Phänomene ursächlich von mehreren oder vielen, sich womöglich noch wechselseitig beeinflussenden Faktoren abhängen. Muster des Konsumverhaltens werden beispielsweise von Preisen, Einkommen, Güterangebot, Güterinformationen, Bezugsgruppenverhalten, Konsumerfahrungen und Zukunftserwartungen geprägt. Angesichts solch komplexer Herausforderungen schlägt Elster vor, eher bescheidene Erwartungen an die grundsätzlich erreichbare Leistungsfähigkeit sozialwissenschaftlicher Erklärungen zu richten (Elster 2007: 50).

Mit mechanismischen Ansätzen leuchtet man in die oben erwähnte Blackbox gesetzesartiger Erklärungen hinein, um die dort wirkenden Mechanismen zu erhellen und so ein Bild der ursächlichen sozialen Zusammenhänge zeichnen zu können. Unter Mechanismen versteht man verallgemeinerte Wirkungszusammenhänge, die als ursächliche Muster eines sozialen Phänomens wiederholt auftreten. Die Blackbox des Nachfragegesetzes kann man vor allem durch Rückgriff auf Maximierungshandeln, Konkurrenz und Markt als ursächliche, teils auch interdependente Mechanismen aufklären (z. B.: Wer seinen Gewinn maximieren will, muss seine Konkurrenten ausstechen).

Ein klassisches Beispiel für einen Mechanismus der Überzeugungsbildung ist die selbsterfüllende Prophezeiung. Robert Merton hat sie in einer einflussreichen Analyse untersucht und u. a. am Bank Run (Ansturm auf die Bank) illustriert (▶ Fall 1). Für moderne Märkte, insbesondere für weltweit zeitgleich vernetzte Wertpapiermärkte, spielt dieser Selbsterfüllungsmechanismus zusammen mit dem Imitationsmechanismus eine wichtige Rolle. Das Thomas-Theorem bringt die soziale Relevanz der subjektiven Situationsdefinition auf den Punkt: »Wenn die Menschen Situationen als real definieren, so sind auch ihre Folgen real« (Thomas/Thomas 2010: 28; orig. 1928).

Fall 1: Die soziologische Parabel eines Bankenkrachs

»Wir schreiben das Jahr 1932. Die Last National Bank ist ein florierendes Unternehmen. Ein großer Teil ihrer Ressourcen ist flüssig, auch ohne ständigen Zufluss. Cartwright Millingville hat allen Grund, stolz auf das Bankunternehmen zu sein, dem er präsidiert. Bis zum Schwarzen Mittwoch. Als er seine Bank betritt, bemerkt er, dass das Geschäft ungewöhnlich lebhaft ist. Das immerhin ist seltsam, werden doch die Männer vom A.M.O.K.-Stahlwerk und der K.O.M.A.-Matratzenfabrik gewöhnlich erst am Sonnabend ausgezahlt. Und doch stehen da zwei Dutzend ganz offensichtlich aus den Fabriken kommende Männer vor dem Kassenschalter Schlange.«

Er »hat seine gestochen scharfe Unterschrift noch unter keine zwanzig Papiere gesetzt, als er dadurch aufgestört wird, dass etwas Vertrautes fehlt und etwas Fremdes an sein Ohr dringt. Das diskret-verhaltene Gemurmel des Bankbetriebs ist einem merkwürdigen und lästigen Gezeter vieler Stimmen gewichen. Eine Situation ist als real definiert worden. Und damit beginnt, was als Schwarzer Mittwoch endet – der letzte Mittwoch, sollte man vielleicht festhalten, der Last National Bank.

Cartwright Millingville hatte noch nie etwas vom Thomas-Theorem gehört. Aber es fiel ihm nicht schwer, zu erkennen, wie es wirkt. Er wusste, dass trotz der relativen Liquidität des Vermögens der Bank das Gerücht über ihre Zahlungsunfähigkeit, wenn es nur bei genug Anlegern Glauben fand, eben diese Zahlungsunfähigkeit der Bank herbeiführen würde. Und am Ende des Schwarzen Mittwochs (…), als die langen Schlangen angstvoller Kunden, die alle fieberhaft versuchten, ihre jeweiligen Schäfchen ins Trockene zu bringen, zu immer längeren Schlangen immer angstvollerer Kunden anwuchsen, stellte sich heraus, dass er recht hatte.

Die stabile Finanzstruktur der Bank war abhängig von einer ganz bestimmten Situationsdefinition gewesen: von dem Glauben an die Verlässlichkeit jenes Systems der ineinandergreifenden ökonomischen Versprechungen, von dem die Menschen leben. Hatten die Anleger die Situation erst einmal anders definiert, stand die Wahrscheinlichkeit, diese Versprechungen erfüllt zu sehen, infrage, waren die Folgen dieser irrealen Definition real genug.«

Quelle: Merton 2010/1948: 89f.

Gemeinsam beziehen sich Weberianische verstehende Wirtschaftssoziologie, rationalhandlungstheoretische erklärende Soziologie und mechanismische Ansätze auf das Prinzip des *methodologischen Individualismus*, das in den Sozialwissenschaften mehrheitlich Zustimmung findet. Unterschiede im Verständnis dieses Prinzips bleiben aber bestehen. Dieses Erklärungsprinzip verlangt, dass kollektive Phänomene wie Haushalt, Aktiengesellschaft, Unternehmen und Staat »aus dem *Handeln der Einzelnen* […] heraus deutend *verstanden* werden müssen«, weil es »keine ›handelnde‹ Kollektivpersönlichkeit« gibt, sondern nur *einzelne* Menschen »verständliche Träger von sinnhaft orientiertem Handeln sind« (Weber 1980/1921: 6f., 9; vgl. Hedström/Swedberg 1998: 11–13). Im Mittelpunkt steht das Verstehen und Erklären kollektiver Erscheinungsformen – etwa auch Markt, Inflation, Arbeitslosigkeit, Marktwirtschaft usw. –, dieses soll aber letztlich möglichst weitgehend auf Annahmen über *individuelles* Handeln in bestimmten Situationen zurückgeführt werden können. In einer gemäßigten Variante dieses Prinzips kann man auch einzelne Körperschaften wie Unternehmen oder Behörden als kollektive Akteure auf der Mikroebene individuellen Handelns auffassen. Darin, dass das individuelle Handeln als *soziales*, auf das Verhalten anderer orientiertes Handeln definiert wird, liegt ein wesentlicher Unterschied zwischen Soziologie einerseits, Psychologie und herkömmlicher Volkswirtschaftslehre andererseits.

Im Makro-Mikro-Makro-Modell der soziologischen Erklärung gilt das Handeln der Einzelnen (Mikroebene) samt seinen beabsichtigten und unbeabsichtigten Folgen als das ursächliche Verbindungsstück zwischen einer sozialen Ausgangslage (Makroebene) und einem sozialen Folgezustand (Makroebene). Das individuelle Handeln auf der Mikroebene gilt als Ursache des Kollektiven auf der Makroebene, deshalb spricht man von Aufwärtskausalität. Da aber die kollektiven Phänomene, etwa die Institution der Mitbestimmung in Unternehmen oder die Ablaufmuster von Tarifverhandlungen, eine lange und komplexe Entstehungsgeschichte haben, erlaubt eine gemäßigte Form des methodologischen Individualismus, diese Phänomene als gegeben vorauszusetzen, statt auch sie wieder auf Muster individuellen Verhaltens zurückführen zu müssen.

Politisch folgt aus dem methodologischen Individualismus, dass man Versuche, gesellschaftliche und insbesondere wirtschaftliche Verhältnisse zu ändern, als Maßnahmen konzipieren muss, die das erwünschte kollektive Ergebnis auf dem »Umweg« über die direkte oder indirekte Beeinflussung des individuellen Verhaltens oder Handelns zu erreichen suchen.

Ein konsequenter methodologischer Individualismus führt zu einer interdisziplinären Öffnung: Psychologie und Biologie gewinnen an Relevanz für eine handlungstheoretische Erklärung von sozialen und damit ökonomischen Phänomenen (Elster 2007: 36), viele Soziologen lehnen dies prinzipiell als »reduktionistisch« ab, weil man damit soziale Phänomene insofern verkürzt auf individuelles Handeln zurückführe, als dieses überwiegend psychologisch oder biologisch erklärt würde. In den Wirtschaftswissenschaften drückt sich dies bereits in Strömungen wie Verhaltensökonomik und Neuroökonomik aus, die ihre Erkenntnisse über wirtschaftliches Verhalten und Handeln wesentlich aus psychologischen und biologischen Forschungen und Experimenten gewinnen.

Die *systemtheoretische Sicht* der Wirtschaft trifft dies nicht, da sie das Wirtschafts*system* analysiert und Menschen samt ihren Bedürfnissen als wesentliche Handlungsmotive zur relevanten *Umwelt* des Wirtschaftssystems zählt (zum Folgenden Luhmann 1989a: 14–17). Nach Luhmann ist es das Wirtschaftssystem selbst, das durch systemspezifische Kommunikationen in Form von Zahlungen mittels des Mediums Geld die Handlungen bestimmt und zurechnet. Zahlungen, nicht Handlungen individueller Akteure sind die letzten, nicht weiter auflösbaren Elemente, auf denen das Wirtschaftssystem basiert und die es aus sich selbst heraus produziert und reproduziert (autopoietisches System). Fasst man Wirtschaft in diesem Sinne als soziales System auf, macht das Prinzip des methodologischen Individualismus keinen Sinn.

Der methodologische Individualismus lehnt es ab, Kollektive wie z. B. soziale Klassen als einen Akteurtyp aufzufassen, zählt aber die empirisch vorhandene *Vorstellung*, es gäbe kollektive Akteure, zu den legitimen Forschungsgegenständen. Diese Vorstellung wirkt real handlungsprägend, weil Akteure ihr Handeln an ihren Vorstellungen von handelnden *Kollektiven* orientieren, sei es als Beobachtung oder als Wunsch, z. B.

»die Deutsche Bank«, »die Finanzmärkte« und »der Staat«. Diese Vorstellungen erzeugen soziale Realität (Thomas-Theorem), etwa indem sich Protestbewegungen gegen »die Finanzmärkte« formieren, von »dem Staat« verlangen, diese zu zähmen und Politiker dazu bringen, mit Gesetzesinitiativen zu reagieren.

Tatsächlich beschäftigt sich Max Weber in seinen Forschungen, etwa über Ursprünge und Geist des modernen westlichen Kapitalismus, aber auch mit kausalen Wirkungen von Phänomenen der Makroebene auf das individuelle Handeln, also mit Abwärtskausalität (vgl. Schluchter 2009b: 302–308). So prägen beispielsweise Makrophänomene wie der allgemeine gesellschaftliche Rationalisierungsprozess oder die religiösen Dogmen des asketischen Protestantismus die Sinnorientierungen der Individuen und darüber auch ihr Handeln und verursachen die Verbreitung des zweckrational-erfolgsorientierten Handlungstypus, etwa in der Wirtschaft oder der Politik. Insofern kann man die Forschungsarbeiten Webers auch einem gemäßigten methodologischen Holismus zuordnen.

Ob man Handeln monokausal als ausschließlich zweckrational oder multikausal fasst, hat gravierende Konsequenzen dafür, welcher Typ von Antworten auf die soziologische Kernfrage »Wie ist Ordnung möglich?« in Frage kommt. Die empirische Geltung, wahrgenommene Legitimität und soziologische Erklärung von Ordnungen wie z. B. Eigentumsordnungen, Marktordnungen, Tarifordnungen oder Betriebsordnungen können Rational-Choice-Theorien *nur* mit Bezug auf die individuellen Interessen der sich ihnen Fügenden, also zweckrational-erfolgsorientiert, fassen. Ein verstehend erklärendes Forschungsprogramm dagegen kann Ordnung zusätzlich auch mit Blick auf gelebte Tradition, emotionale Verbundenheit oder Glauben an verbindliche Werte untersuchen (Weber 1980/1921: 16–20). Peter L. Berger und Thomas Luckmann zeigen darüber hinaus, wie Ordnung aus mehr oder weniger zufälliger Habitualisierung von Handlungen als deren nicht intendierter Effekt entstehen kann (Berger/Luckmann 1980: 56–72).

Schließlich unterscheiden sich die beiden Forschungsprogramme in einem wesentlichen Punkt. Während jene erklärende Soziologie den zweckrational maximierenden Akteur als *allgemeingültige* Figur ableitet und als unabhängig von Raum, Zeit und Gesellschaft auffasst, stellt Weber ihn als *gesellschaftliches* Produkt in den historischen Zusammenhang der kapitalistischen Epoche, aus dem heraus sich sein Handeln überhaupt und zunehmend als zweckrational formatiere, und begreift ihn als einen gesellschaftlich *spezifischen* Akteurtyp (> 2.1). Erst diese gesellschaftliche Rahmung ermöglicht es, sich als ein zweckrational Handelnder zu verstehen und zu verhalten, der individuelle, freie Entscheidungen als fortlaufende Wahl zwischen Alternativen trifft und diese an nichts als seinen persönlich gedachten Präferenzen orientiert. Weber lehnt die Ableitung der Wirklichkeit aus gesetzesartigen theoretischen Annahmen über menschliches Verhalten ab (Weber 1973a/1922). Menschen sind nicht natürlicherweise Akteure, sondern werden erst dazu gemacht.

Denk-Pause 3

Mit welchen »Methoden« erfassen wirtschaftliche Akteure wie Arbeitnehmerin, Konsumentin, Sparerin oder Unternehmerin im Alltag ihre wirtschaftliche Umwelt? ■ Welche Forschungsmethoden eignen sich besonders gut für die Untersuchung wirtschaftlicher Phänomene? ■ Welche Methoden sind dafür weniger oder gar nicht geeignet?

1.3.4 Methoden in der Wirtschaftssoziologie

Wie für andere Teildisziplinen der Soziologie, gibt es auch keinen spezifisch wirtschaftssoziologischen Werkzeugkasten. Mit welchen Mitteln Wirtschaftssoziologie empirische Forschung betreibt, kann man exemplarisch an einigen jüngeren Werken sehen, die als stilbildend oder als Meilensteine der Forschung gelten. Zu den bevorzugten Methoden i. w. S. zählen dann beispielsweise Netzwerkanalyse, Institutionenanalyse und Institutionenvergleich, Fallstudie, teilnehmende Beobachtung oder ethnografische Studien.

Fall 2: Sinnbildung in der Federal Reserve

Anhand von Wortprotokollen nichtöffentlicher Sitzungen der wichtigsten geldpolitischen Kommission der amerikanischen Zentralbank rekonstruiert Mitchel Abolafia, wie deren Mitglieder in Prozessen kollektiver Sinnbildung pragmatisch versuchen, angemessene Interpretationen von und Reaktionen auf Indikatoren für eine kommende Rezession zu finden, um daraus eine Direktive für geldpolitische Aktivitäten der Zentralbank zu formulieren.

Abolafia zeigt, dass die Vorstellung, man könne »objektive« Indikatoren und Prognosen mittels eines bewährten geldpolitischen Modells auswerten und daraus Handlungsempfehlungen ableiten, unrealistisch ist. In der Kommission gehe es vielmehr darum, dass man eine bestimmte Interpretation in den Daten verankern könne, z. B. eine Geldmengendefinition und Zielvorgaben für die Geldmenge, bei der Deutung der Realität verhandlungsbereit und mit Blick auf Entscheidungen für Kompromisse offen sei, um einen Konsens zu formulieren. Dabei sei insbesondere zu berücksichtigen, wie eine sich abzeichnende gemeinsame Interpretation nach außen kommuniziert werden könne.

Aus dieser Perspektive erscheint die Zentralbank als eine Organisation, die als »master sensemaker« im Netzwerk der Finanzmarktakteure agiert. Der kollektive konstruierte geldpolitische Sinn entsteht aus Gesprächen in der Kommission.

Deren Mitglieder wissen, dass es schwierig ist, die komplexe wirtschaftliche Umwelt zu interpretieren, dass sie nur vorläufig entscheiden, nicht über wirtschaftswissenschaftliche Wahrheiten verfügen, sich immer wieder verständigen, improvisieren und korrigieren müssen. Vor allem aber müssen sie versuchen, ein Bild zu konstruieren und zu kommunizieren, das die Stabilität der Finanzmärkte aufrechterhält und die Legitimität der Zentralbank fördert.

Quelle: Abolafia 2005: 223 f.

Empirisch überprüfen lassen sich Sinnzuschreibungen mit Methoden wie Befragungen oder standardisierten Interviews, vor allem aber mittels interpretativer Verfahren wie Gruppendiskussion, Textinterpretation oder Feldforschungsprotokollen, mit deren Hilfe man den Alltag der Akteure zu rekonstruieren versucht (vgl. Bohnsack 2010). Ein Beispiel für interpretativ angelegte Forschung bietet Mitchel Abolafias Studie über Prozesse der Meinungsbildung und Entscheidung in einer Zentralbank (▶ Fall 2).

So vertreten etwa Luc Boltanski und Laurent Thévenot die methodische Position, »so nah wie möglich an den Argumentationsgängen der Akteure zu bleiben« (Boltanski/Thévenot 2007: 466). Sie erheben Intentionen mittels dokumentierter Äußerungen in Krisensituationen, in denen Akteure ihr Handeln rechtfertigen (müssen) und deshalb ihre Motive und Ziele aussprechen, beispielsweise bei Streiks, Entlassungen oder öffentlicher Kritik an Preisgestaltung, Einkommensverteilung oder ineffizienten Strukturen (▶ Methoden 3). Diese Vorgehensweisen unterscheiden sich von vornherein von am Homo oeconomicus oder Homo sociologicus orientierten Ansätzen, die meist auf Abstraktion und Verallgemeinerung setzen.

Methoden 3: Pragmatisches Verstehen

Reflexionen über das Handeln in Krisensituationen aufspüren

»Unser Interesse richtet sich auf Handlungen, die rechtfertigbar sind, wobei wir sämtliche Schlussfolgerungen aus der Tatsache ziehen, dass die Personen der Notwendigkeit ausgesetzt sind, ihre Handlungen zu begründen. [...] Man muss nur [...] den Rechtfertigungen, die die Personen in ihrem Reden und Tun entwickeln, die gebührende Aufmerksamkeit zukommen lassen, um zu erkennen, dass es [...] im Alltagsleben unablässiger Bemühungen bedarf, um Situationen, die zu entgleisen drohen, wieder in Ordnung zu bringen und sie auf diese Weise zu stabilisieren.«

»[...] lässt sich das Handeln analysieren, ohne dass man zwangsläufig auf die Probleme des Zugangs zu nach außen hin nicht greifbaren Intentionen durch Introspektionen oder der mechanistischen Objektivierung in geregelten Systemen stößt. Krisen und Urteile sind nämlich Momente, in denen die Akteure ihr Handeln verbal ausführen und darlegen. Sie sind darum bemüht, mit sprachlichen Mitteln Verallgemeinerungen vorzunehmen und Fakten zu schaffen [...]. Wenn die Akteure sich in einem solchen Prozess befinden, dann gehen sie der Aufgabe der Ermittlung und Zurechnung von Intentionen nach, wobei sie die gleichen Kategorien anwenden wie diejenigen, die bei der Analyse von Handlungen verwendet werden. Deshalb erschien uns unsere Forschungsstrategie, die darin bestand, dass wir uns auf den Moment der Prüfung konzentrierten, in dem das Unausgesprochene explizit wird, als besonders angebracht.

[...] nur wenn wir uns auf den Augenblick der Rechtfertigung konzentrieren, finden wir einen Zugang zum Handeln, der die Bedeutung, die der zurückschauenden Reflexion dabei zukommt, angemessen berücksichtigen kann.«

»Wenn sie in der Welt bestehen wollen, müssen die Personen ständig zwischen Reflexion und Handeln hin und her wechseln, wobei sie unablässig zwischen Momenten der bewussten Beherrschung und Momenten, in denen die Anforderungen der Gegenwart sie mit Haut und Haaren in den Lauf der Dinge hineinzieht, schwanken.«

Quelle: Boltanski/Thévenot 2007: 61, 476–477, 478.

Netzwerkanalyse

Wirtschaftliche Netzwerke genießen in der jüngeren Wirtschaftssoziologie hohe Aufmerksamkeit (vgl. zum Folgenden Holzer 2009; Mützel 2008; > 4.1.2, 4.3.2). Die Analyse sozialer Netzwerke untersucht, wie individuelle Akteurinnen in soziale Beziehungen eingebettet sind, und betreibt insofern eine relationale Soziologie; man erfasst diese Relationen und stellt sie grafisch als Netz aus Linien, die Knoten (z. B. Akteure) verbinden, oder tabellarisch als Soziomatrix dar und analysiert, wie stark, wie häufig oder wie dicht diese Verbindungen sind. Man untersucht nicht die einzelnen Akteurinnen für sich, sondern ihre relative Position zueinander im Netz der sozialen Beziehungen und erfasst so methodisch die Ebene zwischen Individuum und Gesellschaft. Mithilfe der so aufgedeckten Netzstrukturen kann man dann soziale Phänomene erklären, etwa die relational-sozialstrukturell begründete Macht bestimmter Akteurinnen, die z. B. auf einer zentralen Position in Netzwerken von Konzernaufsichtsräten, Industrieregionen oder Umsatzsteuerhinterziehern basiert.

Mark Granovetter plädierte in einflussreichen Arbeiten wie »The strength of weak ties« (1973) oder »Getting a job. A study of contacts and careers« (1974) für sozialstrukturelle Netzwerkanalyse und demonstrierte ihre Leistungsfähigkeit (Granovetter 1973; Granovetter 1995/1974). Damit eng verbunden legte er mit dem Konzept der sozialen Einbettung wirtschaftlichen Handelns zugleich das zentrale theoretische Fundament für die wirtschaftssoziologische Renaissance (> 3.2). Auf der Basis von Interviews und schriftlichen Befragungen konnte er beispielsweise die wirtschaftswissenschaftliche Vorstellung widerlegen, man finde üblicherweise eine neue Arbeitsstelle über den anonymen Arbeitsmarkt. Er wies nach, dass es meist persönliche Kontakte sind, die über schwache Netzwerkbeziehungen zwischen eher entfernten Bekannten zum Erfolg bei der Jobsuche führen.

Im Fall der Netzwerkanalyse zeigt sich exemplarisch, wie eng Methode (empirische Netzwerkanalyse statt abstrakter Modellbildung), Theorieentwicklung (sozio-individuelle Strukturen statt anonymer Markt) und neue Forschungsergebnisse zusammenhängen. Erst die Methode ermöglicht es, den sozialen Charakter wirtschaftlichen Handelns nachzuweisen und stärkt damit die zugleich theoretische Fundierung des soziologischen Zugangs zu wirtschaftlichen Phänomenen. In einer »Netzwerkgesellschaft« (Manuel Castells), in einer »projektbasierten Polis«, für deren »Netzmenschen« »die Welt ein Netz potenzieller Kontakte« für neue Projekte ist (Boltanski/Chiapello 2003: 160, 171), oder einfach angesichts der wirkungsmächtigen Vernetzungspotenziale der neuen Informations- und Kommunikationstechnologien gewinnen netzwerkanalytische Methoden auch vom wirtschaftssoziologischen Gegenstandsbereich her an Bedeutung.

1.3.5 Arbeiten mit Methoden

Am Beispiel der Marktsoziologie kann man sehen, dass alternative Denkansätze unterschiedliche Schwerpunkte in der Methodenwahl bedingen. Neben der eben skizzierten Auffassung als soziale, netzwerkartige Strukturen kann man Märkte theoretisch etwa als soziale Institutionen konzipieren und sie dann mit institutionenanalytischen Methoden untersuchen. So führt die Spielarten-des-Kapitalismus-Forschung grundlegende Unterschiede der Arbeitsmärkte in verschiedenen Ländern auf die jeweils spezifische Ausgestaltung und Wechselwirkung von Institutionen wie Berufsausbildung, Arbeitsbeziehungen, Produktmarktregulierung, soziale Sicherung oder Unternehmensfinanzierung und -kontrolle zurück (z. B. Hall/Gingerich 2004).

Eine andere marktsoziologische Strömung versteht Märkte dagegen als wesentlich von den Wirtschaftswissenschaften beeinflusst, die durch ihre Denk- und Handlungsweisen Marktakteure konstruieren und sich mittels Techniken wie Möblierung von Börsen- und Handelsräumen, Preisinformationssystemen, Gewinnermittlungsverfahren oder vollautomatisierten Handelsplattformen in Marktrealität umsetzen (Performativität der Ökonomik; > 3.3.1; ▶ Fall 7). Aus dieser Perspektive braucht man Methoden, die die Technik eines Marktes analysieren, seine Akteurinnen im Alltag beobachten (teilnehmende Beobachtung, ethnografische Beschreibung) und ihre Vorstellungen und Interpretationen erfassen, etwa durch offene oder halbstrukturierte Interviews (z. B. MacKenzie u. a. 2007; MacKenzie 2009; Kalthoff 2010).

Sieht man Märkte als politische Projekte von Regierungen und/oder einflussreichen Unternehmen, braucht man Instrumente, um die Interessenlagen (Ziele, Strategien, Ressourcen, Verbandspositionen usw.), politischen Entscheidungsprozesse (Diskurse, Verhandlungen, Übereinkünfte, Technologieförderung, Subventionen usw.) und ihre Resultate (Gesetze, Gerichtsurteile, geteilte Praktiken usw.) zu untersuchen (z. B. Fligstein 2011: 73–77 Kap. 1.3; Fligstein/Stone Sweet 2002). Geeignet wären dann etwa im Rahmen von einzelnen oder vergleichenden Fallstudien Methoden wie z. B. Inhalts- und Diskursanalysen, teilnehmende Beobachtung, Experteninterviews und Gruppendiskussion oder quantitative Längsschnittanalysen von Gesetzgebungsaktivitäten, Urteilsbegründungen oder Verteilungsstrukturen unter Marktakteuren.

Kapitel kompakt

Die wirtschaftssoziologische Forschung zielt auf Erklärung wirtschaftlicher Phänomene ■ Wie die Soziologie bezieht sie sich dabei auf verstehend, gesetzesförmig oder mechanismisch erklärende Methodologien ■ Die Mehrheit vertritt dabei das Prinzip des methodologischen Individualismus ■ Wirtschaftssoziologie arbeitet mit den üblichen sozialwissenschaftlichen Methoden ■ Deren Wahl hängt von der gewählten Theorie und Fragestellung ab ■ Wirtschaftssoziologisch stilbildend wirkten Methoden wie Netzwerkanalysen, Fallstudien, teilnehmende Beobachtung, ethnografische Beschreibung und Institutionenvergleich ■

1.4 Wozu Wirtschaftssoziologie? Erwartungen

Wirtschaftssoziologie soll mit ihren Ansätzen die ökonomischen Wirklichkeiten verstehen, erklären und womöglich auch zukünftige Entwicklungen prognostizieren. Sie soll, wie Wissenschaft überhaupt, über ökonomische Zusammenhänge aufklären und womöglich zur Lösung von Problemen in der Wirtschaft beitragen. Wie der Mainstream der Soziologie, hat sich allerdings auch die Wirtschaftssoziologie bisher oft als eher politikferne Reflexionswissenschaft verstanden und nicht vorrangig als Lieferantin von Problemlösungen für die soziale Praxis (vgl. Opp 2005: 232–250).

Für die wissenschaftliche Weiterentwicklung verlangt Alejandro Portes von der Wirtschaftssoziologie Präzisierungen in dreifacher Hinsicht: (a) ihrer theoretischen Grundpfeiler (Basisannahmen) wie gesellschaftlich orientiertes wirtschaftliches Handeln, unbeabsichtigte Nebenfolgen intentionalen Handelns oder Macht, (b) ihrer Erklärungsansätze mittlerer Reichweite (Konzepte) wie Sozialkapital, Institutionen, Klassen oder Einbettung im Sinne Polanyis und (c) ihrer Forschungsfelder wie Unternehmen, Märkte, informelle Wirtschaft oder Globalisierung (Portes 2010: 1–9). Auch Jens Beckert und Christoph Deutschmann erwarten, dass die Wirtschaftssoziologie *spezifische* Erklärungen ökonomischer Strukturzusammenhänge und darauf basierend von wirtschaftswissenschaftlichen Ansätzen unterscheidbare Lösungsvorschläge für Probleme liefert (Beckert/Deutschmann 2010a).

1.4.1 Konkurrierende Erklärungen zwecks Aufklärung

Die Aufgabe der Erklärung zwecks Aufklärung besteht zunächst darin, die wirtschaftliche Realität nachzuzeichnen, die hinter unterschiedlichen Beschreibungen, z. B. der Wirkung von Besteuerung, der Vermögensverteilung oder der Armut, stehenden Interessen aufzudecken, Wissen über historische »Fälle« und in der Vergangenheit gemachte ökonomische Erfahrungen bereitzustellen, Mythen etwa der »unsichtbaren Hand« der Selbstregulation von Märkten sowie der reinen Rationalität von Unternehmen zu zerstören und Wirkungszusammenhänge etwa zwischen ökonomischen Institutionen und politischer Macht darzustellen (vgl. Streeck 2009). Hinzu kommt das Ziel, reale wirtschaftliche Phänomene als Resultate gesellschaftlicher Konstruktionsprozesse und spontaner Evolution zu erklären und damit nicht als beliebig, aber als veränderlich und änderbar aufzufassen. Schon Emile Durkheim betonte, dass die Soziologie historische Institutionen »mit Respekt, aber ohne Fetischismus« behandelt und herausarbeitet, »was sie Notwendiges und gleichzeitig Vergängliches haben, ihre Widerstandskraft und ihre unendliche Variabilität« (Durkheim 1984/1895: 220).

Soweit solche Beschreibungen außerhalb der Wissenschaft wahrgenommen und damit mehr oder weniger wirksam werden, wirkt Wirtschaftssoziologie schon dadurch gewollt oder ungewollt an der Konstruktion der gesellschaftlichen Wirklichkeit mit und interveniert in Wirtschaft und ihre sozialen Repräsentationen (> 1.1). Mit den Wirtschaftswissenschaften konkurriert sie um einen Platz in der gesellschaftlichen Wissensordnung, etwa um die vorrangige Zuständigkeit für Forschung über Wirtschaft und die damit mobilisierbaren Fördermittel sowie um die Anerkennung ihrer Expertise für die Politikberatung und den darauf gründenden Einfluss auf Institutionenpolitik in Feldern wie private Altersvorsorge, Mitbestimmung oder Finanzmarktordnung (Wissenspolitik; vgl. Stehr 2003).

Bisher aber wurde in Gesellschaft, Politik und Öffentlichkeit der wirtschaftswissenschaftliche Anspruch auf das »Kompetenzmonopol über das Feld der Wirtschaft [...] in keiner Weise in Frage gestellt«, Wirtschaftswissenschaft gilt vielmehr als allzuständige Problemlösungsdisziplin (Beckert/Deutschmann 2010a: 19). Diese Hierarchie der Disziplinen und ihres Wissens sowie die daraus begründeten Alleinvertretungsansprüche schlagen sich übrigens auch in Bildungspolitik und öffentlichen Debatten nieder; dort trifft z. B. die Forderung nach einem rein wirtschaftswissenschaftlichen Schulfach Ökonomie als dem einzigen legitimen Ort für ökonomische Bildung auf relativ hohe Akzeptanz.

In politischer Hinsicht sollten sich wirtschaftssoziologische Ansätze in der Öffentlichkeit selbstbewusst als bessere Alternative zu fragwürdigen Politiken präsentieren, die auf der theoretischen Volkswirtschaftslehre beruhen, wie etwa Privatisierung, Deregulierung, Vermarktlichung oder monetäre Anreizsteuerung (vgl. Portes 2010: 233–235). Dies schließt ein, gegenüber der dominanten Norm der ökonomischen Effizienz alternative normative Positionen stark zu machen, die die Wirtschaft als Teilsystem der Gesellschaft sehen und erwarten, dass sie zu Normen wie Gleichheit, Gerechtigkeit und Solidarität beiträgt (Beckert/Deutschmann 2010a). Zugleich aber sollte die empirische wirtschaftssoziologische Forschung formelhafte Behauptungen, etwa privatwirtschaftliche Organisationsformen seien »effizient«, an konkreten Fällen kritisch auf ihren ideologischen, Machtstrukturen und Ungleichheit legitimierenden Charakter prüfen.

1.4.2 Wirtschaftssoziologie als politische Wissenschaft

Damit stellt sich die Frage, ob die Wirtschaftssoziologie nicht nur analytisch den engen Konnex von Wirtschaft und Politik aufzeigen soll, den Neil Fligstein programmatisch mit dem Titel »Markets as Politics« formuliert (Fligstein 1996), sondern ob sie selbst als *public sociology* eine politische Wissenschaft werden soll (Swedberg 2009: 314–318). Volkswirte sehen sich seit jeher als Agenten der politischen Wissenschaft Volkswirtschaftslehre, genießen international und national institutionalisierte Anerkennung als »Wirtschaftsweise« in Sachverständigenräten und intervenieren vielfach selbst in tagespolitische Auseinandersetzungen. Auch die Soziologie hat von Anfang an einen gewissen politischen Impetus, etwa bei Emile Durkheim, der die wissenschaftlichen Erkenntnisse über die Gesetzmäßigkeiten der Gesellschaft nutzen will, um sie politisch rational zu gestalten und ihre Probleme zu lösen (Tenbruck 1981: 342–347). In Durkheims Denken, das anders als das Webers keine Zweifel an der Rationalität der Akteure kennt, findet die rationalistische Strömung der Soziologie einen Ursprung (> 2.1.3, 2.2.2).

Weiter gehend ist zu fragen, ob man eine kritische Wirtschaftssoziologie haben kann und will. Diese könnte die herrschenden wirtschaftlichen Verhältnisse der Gesellschaften (wie z. B. Kapitalismus und ihn stützender Staat, Marktwirtschaft, Wachstums-, Wettbewerbs- und Beschleunigungsökonomie) daraufhin analysieren, ob und wie weit sie es erlauben oder verhindern, die vorherrschenden Vorstellungen von einem guten Leben zu realisieren (vgl. Rosa 2010: 90–98, 124 f.; > 5.2.5). Als Soziologie der Kritik kann sie die meist realistische, selten radikale Kritik der »Alltagsmenschen« oder »Leute« an wirtschaftlichen Verhältnissen und Verteilungen beobachten, interpretieren und erklären, die sich etwa auf Gerechtigkeit, Sicherheit oder Autonomie beruft (vgl. Boltanski 2010: 45–61; Vobruba 2009: 121–140). Sie könnte kritisch untersuchen, wie wirtschaftlicher Tausch auch täuscht, wie Gesellschaften dieses Problem bearbeiten und wie sie mit systematischer Enttäuschung und Enttäuschten umgehen (Baecker 2006: 49). Sie könnte zudem »soziologische Fantasie« entwickeln (Oskar Negt), wie man die als unzureichend beobachteten Verhältnisse den normativen Vorstellungen annähern kann. Von einer solchermaßen kritischen Wissenschaft ist die Wirtschaftssoziologie aber mehrheitlich weit entfernt (anders etwa Deutschmann 2009c; Streeck 2012a).

Mit Bezugnahme auf Polanyi lassen sich zwei unterschiedliche, in ihren Differenzen recht politikträchtige Grundauffassungen von Volkswirtschaftslehre und Wirtschaftssoziologie stilisiert gegenüberstellen. Die zur einen Gruppe gehörenden Strömungen betonen die Eigengesetzlichkeit der Wirtschaft und des Wirtschaftens, bevorzugen tendenziell einen höheren Grad an Autonomie (Entbettung) für die Wirtschaft – meist mit Effizienzargumenten – und liefern damit faktisch zugleich die Legitimationsmuster für eine anhaltende Ökonomisierung der Gesellschaft (> 5.1.3). Dagegen unterstreichen die Positionen der anderen Gruppe die gesellschaftliche Einbettung der Wirtschaft in die Gesellschaft, beobachten Prozesse der Autonomisierung der Wirtschaft und der Ökonomisierung der Gesellschaft eher kritisch, neigen zur Diagnose einer faktisch politisch gesteuerten Wirtschaft und dazu, diese Steuerung theoretisch und normativ zu legitimieren.

1.4.3 Probleme mit Prognosen und unausweichlicher Ungewissheit

Neben der Erklärung von realen ökonomischen Phänomenen und Problemen kann man erwarten, dass die Wirtschaftssoziologie auch Prognosen liefert. Ob Sozialwissenschaften auf der Basis von erkannten Gesetzmäßigkeiten zuverlässige Prognosen zu liefern in der Lage sind oder nicht, wird mit wissenschaftstheoretischen und methodologischen Argumenten kontrovers diskutiert (z. B. optimistisch Opp 2005: 76–90; skeptisch Streeck 2009).

Erstens sei wirtschaftliche Realität genuin geschichtlich, damit auch regional geprägt und weise insofern singuläre Züge auf; deshalb sei jede reale Wirtschaft einzigartig, was Gesetze und Prognosen gravierend erschwere. Dagegen kann man einwenden, dass zum einen »trotzdem« viele sozialwissenschaftliche, raum-zeitlich begrenzte Prognosen mittlerer Reichweite wie die Vorhersage von ökonomischen Trends oder der Kontinuität etablierter institutioneller Arrangements zuträfen, z. B. hinsichtlich konkreter Industriemarktstrukturen, industrieller Beziehungen oder kollektiv geteilter Vorstellungen wie der spezifischen Inflationsphobie in Deutschland.

Zweitens gehöre Wirtschaft im Gegensatz zu verbreiteten Vorstellungen von Rationalität, Kohärenz, Effizienz und Gesetzmäßigkeit zum Typus komplexe Systeme, deren Eigenleben unvorhersehbare Effekte hervorbringe, die auf das System Wirtschaft zurückwirkten und es wesentlich ändern könnten. Die dominante Denkfigur der Volkswirtschaftslehre »mit ihrem vom rationalen Egoismus autistischer Kalkulationsautomaten getriebenen Maschinenmodell einer sozialen Welt« passe nicht dazu (Streeck 2009: 22). Andererseits kann man auf den Fortschritt in der komplexen dynamischen Modellierung solcher Systeme setzen und hoffen, dass sich demnächst zumindest abgrenzbare Teilbereiche davon mithilfe anspruchsvoller Simulationsmethoden darstellen lassen (z. B. Bornmann 2010). Da es aber in solchen Modellen oft zu *zufälligen* sowie *einmaligen* Entwicklungen kommt, sind präzise Prognosen kaum zu erwarten.

Drittens sei Wirtschaft ein durch und durch soziales Phänomen mit intentional handelnden, sich wechselseitig aneinander orientierenden Akteuren, die Steuerungsversuche durchschauen, sie unterlaufen oder gegen sie arbeiten können und deshalb zumindest teilweise unberechenbar bleiben. Dagegen stünde die provokante Entgegnung, dass ein solide ausgearbeitetes sozialwissenschaftliches Gesetz diese Reaktionsmuster eben einschließen müsse und könne. Andererseits gilt die allgemeine Ungewissheit auch für mögliche Reaktionen von Akteuren, die damit schlecht prognostizierbar bleiben.

Viertens schließlich steht wirtschaftliches Handeln immer vor dem strukturellen Problem der Ungewissheit der Handlungsfolgen, der Offenheit der wirtschaftlichen Zukunft und der unbeabsichtigten Nebenfolgen. Deshalb braucht man Theorien, die diese grundlegende Unbestimmtheit als ihren Ausgangspunkt und Mittelpunkt wählen (Ganßmann 2010: 173 f.; > 3.1). Statt auf eine auf Prognose zielende Erklärung setzt man dann auf sozialwissenschaftliche Deskription und das Herausarbeiten der historischen Bedingtheit von situationsbezogenen Interpretationsmustern, sozialen Repräsentationen, institutionellen Arrangements und Ausdifferenzierungsprozessen in der Wirtschaft.

Sozialwissenschaft der Wirtschaft

Wenn sie die Erklärung ökonomischer Phänomene vorantreiben will, kann Wirtschaftssoziologie nicht auf den laufenden wissenschaftlichen Dialog mit Ökonominnen und den Wirtschaftswissenschaften verzichten (Swedberg 2008: 52). In Frankreich gilt dieser Dialog als eher selbstverständlich wie etwa die Entwicklung der Konventionenökonomik zeigt (> 3.3; Diaz-Bone 2011a; Steiner/Vatin 2009a). Käme es dazu, dass sich die Volkswirtschaftslehre zunehmend »sozialisiert«, d. h. sozialwissenschaftliches Wissen adaptiert und integriert – auf eine solche Aufweichung der ökonomischen Orthodoxie deutet aber auch nach den Wirtschaftskrisen wenig hin –, würde die Wirtschaftssoziologie womöglich wieder geschwächt (Ganßmann 2010: 162; Hasse/Krücken 2012: 26f.). Dem kann die Wirtschaftssoziologie wohl nur vorbeugen, wenn sie auch *allgemeine* theoretische Aussagen entwickelt, die auf ihren empirisch begründeten Einsichten basieren; dazu mögen auch wirtschaftssoziologische Beiträge zur Gesellschaftstheorie gehören (vgl. Aspers/Beckert 2008: 242; ► Position 2). Das bedeutet nicht, dass sie auf eine allumfassende *Einheits*theorie setzen sollte, damit wiederholte sie nur den Kardinalfehler der Volkswirtschaftslehre. Die Stärke der Wirtschaftssoziologie könnte gerade in einer programmatischen und paradigmatischen Multiperspektivität liegen, die bewusst auf Vielfalt und dabei *auch* auf das Verfahren des Verstehens setzt.

Position 2: Wirtschaftssoziologie als Gesellschaftstheorie

»Eine auf Gesellschaftsentwicklung gerichtete wirtschaftssoziologische Forschung leistet über die Erklärung wirtschaftlicher Ordnung aus nicht ökonomischen Voraussetzungen und den politischen sowie sozialen Aushandlungsprozessen im Feld der Wirtschaft hinaus noch zweierlei: Zum einen stellt sie die Untersuchung der Strukturen der Handlungskoordinierung in wirtschaftlichen Kontexten in einen historischen und gesellschaftsvergleichenden Zusammenhang. Sie stellt sich der Aufgabe, historische Entwicklungslinien der institutionellen, sozialstrukturellen und kulturellen Einbettung des Wirtschaftssystems zu erkennen und in ihrer Genese zu erklären. Insoweit die Strukturierung von Märkten als Resultat politischer Auseinandersetzungen vor dem Hintergrund ideeller und materieller Interessen verstanden wird, ist dies nicht mit einer geschichtsteleologischen Vorstellung der Entwicklung kapitalistischer Wirtschaftsordnungen verbunden. Zum anderen thematisiert die Wirtschaftssoziologie, wie das Wirtschaftssystem gesellschaftliche Dynamiken erzeugt. Damit ist die Wirtschaftssoziologie nicht einfach eine Bindestrichsoziologie, sondern Teil einer auf die Erklärung von Gesellschaftsentwicklung gerichteten soziologischen Theorie.«

Quelle: Beckert 2009c: 194.

Ein anderes Szenario böte sich, wenn sich aus interdisziplinären oder thematisch-integrativen Ansätzen in Soziologie und Wirtschaftswissenschaften eine »Sozialwissenschaft der Wirtschaft« herausbildete. Aus meiner Position betrachtet liegen ähnliche konzeptionelle und methodische Ansätze aus unterschiedlichen Disziplinen oft weniger weit auseinander als unterschiedliche Ansätze innerhalb einer einzelnen Disziplin. Geht man mutig weiter in diese Richtung, kann sich eine Mehrzahl von *transdisziplinären* Ansätzen herauskristallisieren, die eine je partielle Einheit der Sozialwissenschaften herstellen und zugleich deren paradigmatische Vielfalt erhalten.

Ich fürchte aber, dass die Erfahrung einerseits zeigt, wie sehr einer multiparadigmatisch integrativ angelegten Sozialwissenschaft Professionspolitiken und Statusinteressen entgegenstehen, die auf disziplinäre Abgrenzung setzen (Mikl-Horke 2008b: 57). Andererseits kann man darauf setzen, dass Wirtschaftssoziologen und heterodoxe Ökonomen in Richtung einer »sozialwissenschaftlichen Wirtschaftstheorie« arbeiten, allerdings eher aus Minderheitspositionen an den Rändern der Disziplin heraus (Ganßmann 2010: 173 f.). Ob man, wenn dies gelänge, für den Erkenntnisfortschritt noch zwei separate Disziplinen Wirtschaftssoziologie und Wirtschaftsökonomik *braucht*, bleibe hier dahingestellt. Institutionell weiterbestehen werden sie wohl auf jeden Fall.

Kapitel kompakt

Die Auffassungen dazu, was Wirtschaftssoziologie leisten soll, unterscheiden sich ■ Konsens: Beschreibung, Analyse und Erklärung; umstritten: Aufklärung, Prognose ■ Vergleich von gesellschaftlichen Normen und wirtschaftlichen Realitäten ■ Forschungsergebnisse nur in Form von Analysen oder auch als Empfehlungen ■ Selbstverständnis als Soziologie, Soziologie der Kritik, Kritische Soziologie oder Produzentin soziologischer Fantasie ■ disziplinäre Autonomie samt Abgrenzung oder integrative Sozialwissenschaft der Wirtschaft ■

Weiterlesen

Basis: Beckert/Deutschmann 2010a ■ *Vertiefend:* Swedberg 2009: 299–318; Jagd 2011; Maurer 2008c ■

2 Theoretische Grundlagen der Wirtschaftssoziologie

Dieses Kapitel widmet sich den grundlegenden theoretischen Konzepten, mit denen man aus wirtschaftssoziologischer Sicht die wirtschaftliche Welt beobachten kann und auf denen die einschlägige Forschung aufbaut. Solche Grundlagen liefern zum einen Theorien über die wirtschaftlichen Akteure und über wirtschaftliches Handeln (> 2.1), zum anderen Theorien über wirtschaftliche und wirtschaftlich relevante Institutionen und deren Wechselwirkungen mit Akteuren und Handeln (> 2.2). Zu den zentralen Fragen zählt, was ein Handeln als spezifisch *wirtschaftliches* Handeln auszeichnet (> 2.1.1, 2.1.2) und was man sinnvollerweise unter rationalem Handeln verstehen kann (> 2.1.3). Ein weiterer wichtiger Fragenkomplex betrifft die Konzipierung und Modellierung eines *typischen* wirtschaftlichen Akteurs und den wissenschaftlich sinnvollen Umgang mit unterschiedlichen Akteurmodellen (> 2.1.4, 2.1.5, 2.1.6). Die Darstellung der Institutionentheorie starten wir mit einer Skizze des Ausgangsproblems der Ungewissheit, der die Akteure ausgesetzt sind (> 2.2.1). Wir stellen zwei recht unterschiedliche Auffassungen von Institutionen vor, eine ökonomisch-rationalistische, die Institutionen als gezielt konstruierte, auf Effizienz zielende Problemlösungen sieht (> 2.2.2), und eine interpretativ-konstruktivistische, die Institutionen als Ausdruck gesellschaftlicher Überzeugungen, Normen, Praxen und auch zufälliger Entwicklungen konzipiert (> 2.2.3). Dann skizzieren wir kurz und exemplarisch, wie Institutionen mit Organisationen zusammenhängen (> 2.2.4) und geben schließlich einen Einblick in Ansätze, die Entstehung, Wandel und Funktion von Institutionen thematisieren (> 2.2.5).

2.1 Wie handeln ökonomische Akteure? Akteur- und Handlungstheorien

Was man mit Handeln und was mit sozialem Handeln meint, ob und wann man sinnvoll von Akteuren sprechen kann und wie man Akteure und Handlungen einander zuzuordnen hat, sind Fragen, um die sich in den Sozialwissenschaften, aber auch in Philosophie und Naturwissenschaften traditionsreiche und weit verzweigte Debatten ranken. Aus ihnen ist bis heute weder ein intradisziplinärer noch ein interdisziplinärer Grundkonsens hervorgegangen.

Hinter der theoretischen Auseinandersetzung mit Akteur (Menschen, Gruppen, Organisationen), Handlung und Rationalität stehen zwei unterschiedliche Erkenntnisinteressen: zum einen das Verstehen und Erklären individueller Handlungen (Handlungsproblem), etwa Preisabsprache oder Erwerbstätigkeit, zum anderen die

Erklärung des Zusammenwirkens individueller Handlungen mehrerer oder vieler Akteure, etwa beim Warentausch oder im Arbeitsverhältnis, und dessen Folgen (Koordinationsproblem; > 3.1), etwa als Tauschblockaden oder Leistungszurückhaltung. Hier geht es also um die Wechselwirkungen des sozialen Handelns der Akteure, insbesondere um die Aggregation der individuellen Aktivitäten und die daraus entstehenden kollektiven Phänomene (Schimank 2011: 23 f.). Wie sich das schwierige Problem einer zufriedenstellenden Abstimmung des Verhaltens vieler Akteure lösen lässt, ist »eine gemeinsame Fragestellung von Soziologie und Wirtschaftswissenschaft«, der sie sich jedoch mit unterschiedlichen Zugängen nähern (Eymard-Duvernay u. a. 2011: 208).

Soziologisch interessant und relevant sind Akteurmodell und Handlungstheorie nicht an sich, sondern vor allem als Basis für die Erklärung von kollektiven Phänomenen oder Aggregationswirkungen, d. h. für die Frage, »wie handelndes Zusammenwirken soziale Strukturen aller Art schafft, erhält, verändert oder zerstört« (Schimank 2011: 41). Hier geht es darum zu beschreiben und zu erklären, wie soziale Strukturen entstehen, etwa Eigentumsordnungen, Märkte, Marktwirtschaften oder Kapitalismen (Ordnungsproblem). Letztlich steht die (wirtschafts-)soziologische Grundfrage nach dem Verhältnis von Handeln und Struktur im Mittelpunkt.

Im Rahmen dieser Einführung kann ich nur akteur- bzw. handlungstheoretische Grundüberlegungen skizzieren. Dabei gehe ich davon aus, dass die Wirtschaft als Teilsystem der Gesellschaft *nicht* nach einer system*spezifischen* Handlungstheorie verlangt (vgl. Hasse/Krücken 2012: 27). Zunächst geht es um soziologische Handlungsbegriffe, dann ist zu klären, was man unter wirtschaftlichem Handeln und unter Rationalität versteht, und schließlich diskutiere ich soziologische Akteurmodelle und ihre Reichweite.

2.1.1 Soziales Handeln

Die zentralen soziologischen Forschungsprogramme oder Theorien arbeiten mit unterschiedlichen Handlungstheorien (▶ Begriffe 1). Zunächst skizzieren wir exemplarische Varianten des Begriffs Handeln, gefolgt von einem allgemeinen handlungstheoretischen Strukturierungsversuch.

Denk-Pause 4

Erstellen Sie eine Liste unterschiedlicher Typen wirtschaftlichen Handelns und suchen Sie typische Situationen, in denen diese Handlungstypen vorkommen! ■ Wo sehen Sie Gemeinsamkeiten und Unterschiede von sozialem und wirtschaftlichem Handeln? ■ Ist es sinnvoll, von »wirtschaftlichem« Handeln zu sprechen, wenn dies, etwa bei gemeinwirtschaftlichen Unternehmen, auf die Erhöhung des Gemeinwohls zielt?

Handlungsbegriffe

Für eine auf Max Weber basierende *verstehend-erklärende Soziologie* wird ein Verhalten dann zum Handeln, wenn es aus Sicht der Handelnden auf Sinn orientiert ist. Der subjektiv gemeinte Sinn ist der tatsächliche Sinn des Handelns in einem individuellen Einzelfall oder im näherungsweisen Durchschnitt einer großen Anzahl Handelnder oder der idealtypische, durch Abstraktion konstruierte reine Sinn, den ein als typisch gedachter Handelnder meint (Weber 1980/1921: 1; > 1.3.1). Sinn entsteht, indem Handelnde Erlebnisse reflektieren und mit anderen Erlebnissen verknüpfen, sodass sie subjektiv überzeugende Bedeutungen erhalten. Dabei können die einzelnen Handelnden den subjektiven Sinn durchaus aus kollektiv geteilten Vorstellungen beziehen, etwa aus der normativen Erwartung eines rationalen Handelns in Form von Sparsamkeit oder Gewinnmaximierung (s. u.; Weber 1980/1921: 2). Sinnbildend wirkt vor allem die soziale Interaktion, nicht die individuell-selbstbezügliche Reflexion.

Begriffe 1: Erleben, Verhalten, Handeln, Handlung

Weber: Der subjektive Sinn des Handelns

»›Handeln‹ soll […] ein menschliches Verhalten (einerlei ob äußeres oder innerliches Tun, Unterlassen oder Dulden) heißen, wenn und insofern als der oder die Handelnden mit ihm einen subjektiven *Sinn* verbinden. ›Soziales‹ Handeln aber soll ein solches Handeln heißen, welches seinem von dem oder den Handelnden gemeinten Sinn nach auf das Verhalten *anderer* bezogen wird und daran in seinem Ablauf orientiert ist.« (Weber 1980/1921: 1)

Schütz: Handeln als Entwurf

»Der Begriff ›Handeln‹ soll hier menschliches Verhalten bezeichnen, das vom Handelnden im voraus [sic!] geplant ist, also ein auf einen vorgefassten Entwurf gegründetes Verhalten. Der Begriff ›Handlung‹ soll das Ergebnis dieses ablaufenden Vorgangs bezeichnen, also das abgeschlossene Handeln. Handeln kann verdeckt sein, (zum Beispiel als intellektueller Versuch einer wissenschaftlichen Problemlösung) oder es ist offenbar, auf die Außenwelt gerichtet; Handeln kann als Durchführung oder als Unterlassung auftreten, wobei eine bewusste Enthaltung vom Handeln selbst als Handeln betrachtet wird.

Jedes Entwerfen besteht im phantasierenden, vorstellenden Erwarten zukünftigen Verhaltens; es setzt jedoch nicht bei dem ablaufenden Prozess des Handelns an, sondern beginnt mit der als abgeschlossen phantasierten Handlung. Ich muss mir erst den Stand der Dinge verdeutlichen, die durch mein zukünftiges Handeln entstehen sollen, bevor ich die einzelnen Schritte planen kann, in denen jenes Ziel erreicht werden soll.« (Schütz 2010/1953: 350)

Luhmann: Handeln als Reaktion auf Erwartungen

»Soziologen orientieren sich […] an der Differenz von Verhalten (behavior) und Handlung – und nicht an der Differenz von Handlung und Entscheidung. Bei der Unterscheidung von Verhalten und Handeln geht es um die Frage, ob Eigenbewegung ohne oder mit Rücksicht auf den ›gemeinten Sinn‹ beobachtet wird. Bei der Unterscheidung von Handlung und Entscheidung wird darauf abgestellt, ob der Sinn des Handelns nur verstanden oder zusätzlich als Wahl zwischen Alternativen und nach Maßgabe von Kriterien auch beurteilt wird.« (Luhmann 1989a: 272)

»Unsere Analyse legt es nahe, den Entscheidungsbegriff von Präferenz auf Erwartung umzustellen. […] Der Vorschlag lautet: *eine Handlung immer dann als Entscheidung anzusehen, wenn sie auf eine an sie gerichtete Erwartung reagiert.* […] Zu entscheiden ist dann, ob die Handlung der Erwartung folgen will oder nicht. […]

Theoriesystematisch gesprochen setzen wir hiermit den Begriff der Verhaltenserwartung an die Stelle, die in der Entscheidungstheorie üblicherweise der Begriff der Präferenz besetzt hält. Es genügt – deshalb ›Verhaltens‹erwartung –, dass eigenmotiviertes Geschehen erwartet wird. Die Sinngebung braucht nicht unbedingt einbezogen zu werden. […]

Bei einer Präferenz geht es um die Differenz von besser und schlechter. Bei einer Verhaltenserwartung geht es um die Differenz von konform und abweichend. Wir behaupten, dass die zuletzt genannte Differenz diejenige ist, die den Tatbestand des Entscheidens konstituiert.« (Luhmann 1989a: 278–281)

»Handlungen wären danach möglich, wenn sich für sie aufgrund der Erwartung von Anschlussverhalten ein definierender Kontext ergibt. Sie ließen sich als Einheiten aus dem Verhaltensstrom herausheben, wenn feststellbar ist, wie vorherige Handlungen in sie einmünden und wo Folgehandlungen anschließen können. Zur Entscheidung über ein Handeln käme es immer dann, aber auch nur dann, wenn das Handeln erwartet wird und dies in Rechnung stellt. Damit tritt das Leitproblem der Rationalität und des Ausmaßes an Verwirklichung der eigenen Präferenzen zurück, und vorrangig hätte man die Frage zu klären, was überhaupt dazu führt, dass Erwartungen auf das erwartete Handeln zurückgelenkt werden.« (Luhmann 1989a: 293)

Weber unterscheidet Zweckrationalität, Wertrationalität, Traditionalität und Affektualität als die vier Grundmotive, die soziales Handeln antreiben und anleiten (► Begriffe 2). Wirtschaftliches Handeln ist eine Form sozialen Handelns, dem Weber für moderne Gesellschaften den *Idealtypus* rationalen, vorwiegend zweckrationalen Handelns zuordnet (> 2.1.2, 2.1.3).

Begriffe 2: Die Bestimmungsgründe sozialen Handelns bei Max Weber

»Wie jedes Handeln kann auch das soziale Handeln bestimmt sein 1. *zweckrational*: durch Erwartungen des Verhaltens von Gegenständen der Außenwelt und von anderen Menschen und unter Benutzung dieser Erwartungen als ›Bedingungen‹ oder als ›Mittel‹ für rational, als Erfolg, erstrebte und abgewogene eigene *Zwecke*, – 2. *wertrational*: durch bewussten Glauben an den – ethischen, ästhetischen, religiösen oder wie immer sonst zu deutenden – unbedingten *Eigen*wert eines bestimmten *Sichverhaltens* rein als solchen und unabhängig vom Erfolg, – 3. *affektuell*, insbesondere *emotional*: durch aktuelle Affekte und Gefühlslagen, – 4. *traditional*: durch eingelebte Gewohnheit.«

»Zweckrational handelt, wer sein Handeln nach Zweck, Mitteln und Nebenfolgen orientiert und dabei sowohl die Mittel gegen die Zwecke, wie die Zwecke gegen die Nebenfolgen, wie endlich auch die verschiedenen möglichen Zwecke gegeneinander rational *abwägt*: also jedenfalls *weder* affektuell, insbesondere nicht emotional, *noch* traditional handelt. Die Entscheidung zwischen konkurrierenden und kollidierenden Zwecken und Folgen kann dabei ihrerseits *wert*rational orientiert sein: dann ist das Handeln nur in seinen Mitteln zweckrational.«

»Sehr selten ist Handeln, insbesondere soziales Handeln, *nur* in der einen *oder* der andren Art orientiert.«

Quelle: Weber 1980/1921: 12 f.

Man kann die Handlungsorientierungen bei Weber in zwei Gruppen unterscheiden, regelgeleitetes und nicht regelgeleitetes Handeln (► Abbildung 4). Weber betrachtet ein von wertorientierten Motiven gespeistes Handeln ebenso wie ein nutzenorientiertes als *regelgeleitetes* Handeln (vgl. Schluchter 2009a: 242–244): Das erste folgt einer Geltungsregel wie z. B. »Sorge für eine gerechte Verteilung des Ergebnisses!«, das zweite einer Erfolgsregel wie z. B. »Maximiere deinen Anteil am Ergebnis!«. Im ersten Fall orientiert man sein Handeln an der Geltung eines Wertes, im zweiten an der Verfolgung eines Zwecks. In beiden Fällen folgt man subjektiven Normvorstellungen (Maximen), die das Handeln verursachen, anleiten und formen, zum einen handelt man gemäß einer Wert-Maxime (wertrational), zum anderen gemäß einer Zweck-Maxime (zweckrational). Den zweckrationalen Handlungstyp betrachtet Weber als den von außen verständlichsten Typ einer sinnhaften Struktur von Handeln.

Die *phänomenologische Soziologie* von Alfred Schütz unterscheidet Handlung und Handeln. Sie sieht Handeln als vom Akteur subjektiv vorentworfenen Erfahrungs*ablauf*; Handlung ist der *Entwurf*, nach dem der Einzelne sein konkretes Handeln

Abbildung 4: Handlungsorientierungen bei Max Weber

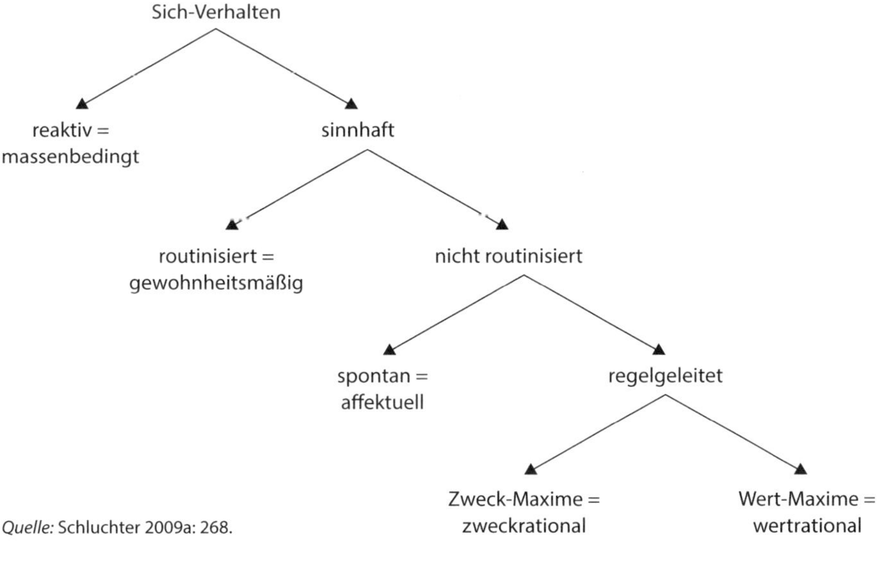

Quelle: Schluchter 2009a: 268.

gestaltet und mit diesem vorweg gedachten Handlungsentwurf dem Handeln seinen Sinn verleiht (Schütz/Luckmann 2003: 455; ► Begriffe 1). Eine Handlung drückt sich, wenngleich unvollkommen, im Verhalten im sozialen Alltag aus. Beobachten kann man nur das Verhalten und von ihm dann auf Handeln und Handlung zurückschließen. Dritte – die wiederum selbst Handelnde sind, deren Verhalten wieder andere beobachten – beobachten Verhalten und können es als ungefähren Ausdruck des subjektiven Sinns, den der Akteur intentional und reflexiv mit der Handlung verbindet, einordnen. Aus dieser theoretischen Perspektive beruht die im Alltag einigermaßen zuverlässige Zuordnung von beobachtetem Verhalten zu Zielen oder Handlungsentwürfen (oder deren Fehlen) auf einem Satz »gesellschaftlich objektivierter, im sozialen Wissensvorrat abgelagerter Regeln«, mit denen beobachtende Dritte »typischen, beobachtbaren Verhaltensabläufen auch das typische Vorhandensein oder Nicht-Vorhandensein eines Ziels, eines Handlungsentwurfs« des anderen zuordnen können (S. 455).

Die *soziologische Systemtheorie* Niklas Luhmanns dagegen vernachlässigt die Frage des subjektiven Sinns. Sie spricht dann von Handeln, wenn man eigene oder fremde Erwartungen an sein Verhalten in Erwägung zieht und sie insofern berücksichtigt; aus Verhalten wird Handeln, wenn man auf Erwartungen konform oder abweichend reagiert; diese Reaktion nennt Luhmann Entscheidung (► Begriffe 1). Insofern man fremde Erwartungen von Personen und Organisationen oder aus Normen und Rollen in Rechnung stellt, kann man aus dieser Sicht von sozialem Handeln sprechen.

Allgemeine Strukturierung von Handlungsmöglichkeiten

Wie kann man die Möglichkeiten des Handelns grundsätzlich theoretisch strukturieren (zum Folgenden Schimank 2011: 27–40)? Zunächst lassen sich grundlegende handlungstheoretische Prämissen formulieren: Menschen als individuelle oder aus Individuen zusammengesetzte kollektive Akteure produzieren in je bestimmten Kontexten Handeln als einen identifizierbaren Vorgang. Weiter kann man eine minimale anthropologische Annahme einführen (zum Folgenden Berger/Luckmann 1980: 49–60, 111 f.). Danach sind Menschen weltoffen und nicht bereits von Natur aus auf bestimmte Formen von Gesellschaftlichkeit oder auf Gesellschaftsordnungen festgelegt. Die menschliche Weltoffenheit schließt Ordnung und Chaos als Möglichkeiten ein und verlangt aus Sicht des Individuums nach einer allgemeinen Orientierung in der Welt. Eine gesellschaftlich geordnete und dadurch sinnvolle, Orientierung gebende Welt entsteht erst durch Habitualisierung und Institutionalisierung (> 2.2), sie ist ein »Produkt des Menschen«. Menschen wollen Sinn-voll handeln, sie haben ein Interesse an individueller Zielorientierung ihres Handelns (Schimank).

Grundsätzlich prägt die Sozialisation subjektive Sinngebungen und Sinn zwar vor, schreibt sie aber nicht fest. Vielmehr bleiben sie kontingent, d. h. sie könnten prinzipiell auch anders verstanden, erfahren und behandelt werden. Daraus resultiert eine grundsätzlich grenzenlose Komplexität von Situationen angesichts einer Vielzahl von jeweils alternativ möglichen Sinnsetzungen, Zielen, Entscheidungen und Handlungen. Da dies für jede Akteurin gilt, kann keine sicher sein, was eine andere Akteurin vorhat; diese Unsicherheit kann es schwierig oder gar unmöglich machen, dass es überhaupt zu Interaktionen kommt (Abstimmungsproblem; > 2.2.1).

Im Unterschied zu dieser individuellen Zielverfolgung gründet Orientierung auf Erwartungssicherheit und einer mehr oder weniger klaren Situationsdefinition, die die Komplexität so weit reduzieren, dass Akteure Ziele formulieren und verfolgen können. Aber die Akteure verfolgen ihre Ziele gegen die Welt, so wie sie ist, und wollen sie deshalb in ihrem Interesse ändern; dadurch erhöhen sie aber wieder die Komplexität, mit der sie sich konfrontiert sehen, da sie mit Widerständen aus der Welt und unerwünschten Nebenfolgen rechnen und ihre Ziele und Mittel daran fortlaufend anpassen müssen (Luhmann 1989a: 329–331).

Allgemeine Erwartungssicherheit und dadurch ermöglichte individuelle Zielverfolgung stehen in einem Spannungsverhältnis: der Grad der Reflexion bei der Wahl einer Handlung kann sich auf einem Kontinuum zwischen den beiden Polen Routine und Entscheidung bewegen (Schimank 2000: 148 f.; ► Abbildung 5). Routine bezeichnet ein festgelegtes, durchdefiniertes individuelles oder kollektives Handlungsmuster, das ganz auf Reflexion verzichtet und Alternativen ausblendet, während Entscheidung die Handlungsalternativen in einer Situation bewusst reflektiert, sich damit der Kontingenz stellt und dann eine Handlung begründet auswählt.

Abbildung 5: Das Spielfeld menschlichen Handelns

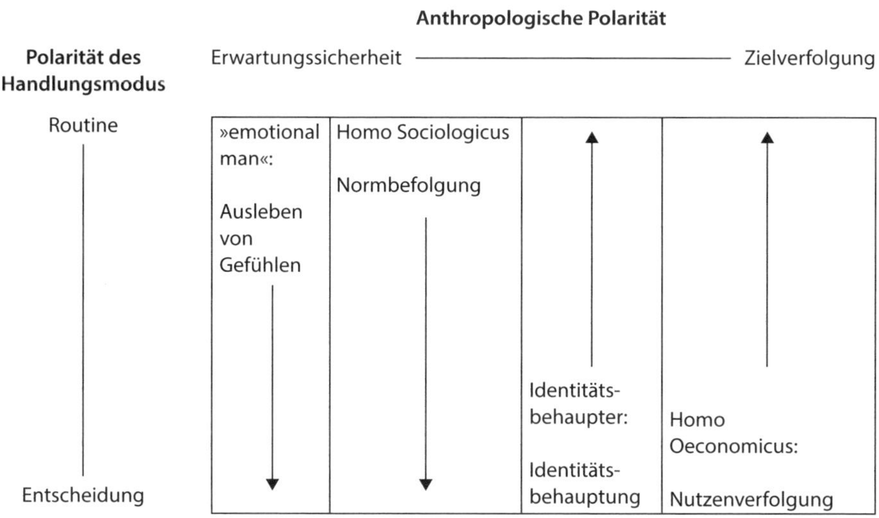

Quelle: Schimank 2011: 40.

Der Reflexionsgrad einer Handlung ist ihr kognitiver Handlungsmodus, »die Könnenskomponente der Handlungsfähigkeit«, sie bezieht sich auf die »zentrale analytische Dimension des ›Wie‹ des Verfertigens und Durchführens von Handlungen« (Schimank 2011: 33). Der kognitiven Dimension der Wahl einer Handlungswahl steht die motivationale Dimension der »Handlungsantriebe des Sollens und Wollens« gegenüber, die Schimank auf vier Motivtypen begrenzt, die zugleich den Kern seiner vier Akteurmodelle bilden: Gefühlsausleben, Normbefolgung, Identitätsbehauptung und Nutzenverfolgung (S. 33.; mit Homo sociologicus und Homo oeconomicus beschäftigt sich Abschnitt > 2.1.4). Drei der Motivtypen Schimanks entsprechen in etwa den idealtypischen Handlungsorientierungen Max Webers: affektuell, wertrational (auch traditional) sowie zweckrational motiviertes Handeln.

Die Modelle lassen sich im zweidimensionalen Raum zwischen Routine/Entscheidung und Erwartungssicherheit/Intentionalität verorten (▶ Abbildung 5). Die Diversität der Grundmotive des Handelns erlaubt es, pluralistische Handlungstheorien auszuarbeiten und zu verwenden (vgl. Gislain/Steiner 1995: 174).

Individuelle und soziale Konstruktion des Handelnden

Auch soziologische Handlungstheorien vernachlässigen oft, dass der moderne, berechtigterweise eigene und andere anerkannte Interessen verfolgende Akteur – Individuen, Organisationen, Staaten – in historischen und gegenwärtigen Prozessen kulturell konstruiert und legitimiert wird, sodass die Rede von handlungsberechtigten, handlungsfähigen und verantwortlichen »Akteuren« weder natürlich noch selbstverständlich ist (Meyer/Jepperson 2000: 101–106). Aus diesen Prozessen gehen hoch standardisierte kulturelle Vorstellungen hervor, etwa das dominante, überall ähnliche Modell des effektiven modernen Individuums, das für sich selbst und für andere handeln, für kulturelle Prinzipien eintreten sowie kollektiv handeln kann (S. 111–116).

Auch die materiellen und ideellen Interessen, die das Handeln der Menschen orientieren und beherrschen, kann man nicht einfach als gegeben voraussetzen (vgl. Swedberg 2005b). Sie gewinnen ihre konkrete Gestalt erst aus den durch Ideen geschaffenen Weltbildern, in denen sie sich verorten und aus denen sie sich legitimieren; in seinen religionssoziologischen Analysen betont Max Weber, diese Weltbilder haben »sehr oft als Weichensteller die Bahnen bestimmt, in denen die Dynamik der Interessen das Handeln fortbewegte« (Weber 1988/1915: 252). Zuspitzend kann man verallgemeinern, was »die eigenen Interessen sind, weiß ein Akteur allein aufgrund der Ideen, denen er anhängt« (Schimank 2010b: 232).

Vor diesem Hintergrund werden Akteur und Agent, Interessen und Handlungsweisen in modernen Gesellschaften tatsächlich wesentlich komplexer strukturiert, als es schlichte, nur auf die individuelle Verfolgung von Eigeninteressen abstellende Modelle annehmen (> 2.1.3, 2.1.4). In dieser Komplexität und den damit verbundenen Ambivalenzen und Widersprüchlichkeiten liegt zugleich die Quelle für Handlungsspielräume der Akteure und für Änderungen im Konstrukt von Akteur und Handlung.

Die Handlungstheorie gewinnt weiter an Komplexität, wenn man einbezieht, dass die Akteurin in Situationen nicht nur zwischen den üblichen Rollen wechseln kann, etwa von der wirtschaftlichen Rolle einer Käuferin zur politischen einer Bürgerin, die fairen Handel will, sondern auch weiter gehende Rollen übernehmen kann. Hervorzuheben sind drei solcher Rollen: eine Beobachterrolle, mit der sie sich selbst erfasst und reflektiert, eine Zuordnerrolle, aus der sie Zuschreibungen von Ursachen und Wirkungen vornimmt oder unterlässt, z. B. eine Person oder eine Situation als ursächlich annimmt und kommuniziert, etwa den opportunistischen »Missbrauch« von Sozialleistungen, und eine Kreativrolle, in der sie ambivalente Zurechnungen selbst hervorbringt (Baecker 2006: 95 f.).

Man sieht also, dass Akteure nicht nur Rollen wechseln, sondern auch Situationen umdefinieren können. Die wirtschaftliche Situation des Konsumentenkaufs als individuelle Entscheidung kann sich so in eine Situation politischen Handlungsbedarfs verwandeln, den man als individuellen oder kollektiven wahrnehmen kann. Neben den potenziellen Rollenwechsel tritt also die latente Offenheit der Situation.

Damit kommt auch die *Kreativität* des Handelns der Akteure ins Spiel, die sich in modellhaft festgeschriebenen Ursache-Wirkungs-Zusammenhängen nicht fassen lässt. Hans Joas sieht diese Kreativität im Wechsel zwischen Spontanem und Geplantem, Akzeptanz und Kritik, Intuition und strengem Denken, Wagnis und Vorsicht, Phantasie und Realisierung (Joas 1996: 373). Akteure können Handlungssituationen zwar nicht beliebig interpretieren und greifen auf durch Rollenerwartungen, Institutionen und Konventionen vorgeprägte Interpretationen zurück; aber zugleich haben sie Interpretationsspielräume, ihr Handeln nimmt teils experimentelle Züge an und im Handeln selbst verändern sich Ziele und Mittel, indem die Akteure ihr eigenes Handeln und das anderer erfahren, beobachten und reflektieren (Beckert 2011: 253 f.).

2.1.2 Wirtschaftliches Handeln

Nach Weber bezieht sich wirtschaftliches Handeln sachlich auf Knappheit und Vorsorge (> 1.1.1). Es ist interessenbezogen und nutzenorientiert, sei es zwecks Gewinnerzielung oder Bedürfnisbefriedigung, übt Verfügungsrechte (»Verfügungsgewalt«) aus, tut dies planvoll, rational und friedlich und bezieht sich auf äußere Objekte wie Güter, Dienstleistungen, Geld oder Rechte. Wenn man die »Spezifik ökonomischen Handelns« als die Orientierung »auf die Produktion und Verteilung knapper materieller Güter« und Koordinierung durch spezifische Institutionen wie Wettbewerbsmärkte (Beckert 2011: 255) definiert, dann unterscheidet man sich kaum von der Definition der neoklassisch geprägten Wirtschaftstheorie. Anders als die Neoklassik geht die Wirtschaftssoziologie aber davon aus, dass Akteure nicht in sozialer Isolation vor sich hin maximieren. Akteure beziehen sich in ihrem wirtschaftlichen Handeln vielmehr auf das Verhalten oder Handeln anderer, sie lassen sich durch diese Bezugnahme beeinflussen, indem sie sich daran orientieren, indem sie versuchen, es zu antizipieren, zu verstehen oder zu beeinflussen oder indem sie über seine Bedeutung kommunizieren.

Wirtschaftliches Handeln kann man insofern als *soziales* Handeln auffassen, als es sich sinnhaft am Verhalten anderer orientiert (Weber), zum kollektiven Repertoire (selbst-)verständlicher Verhaltens- und Handlungstypen gehört (Schütz/Luckmann), auf Erwartungen anderer reagiert (Luhmann) oder sich gegenüber anderen rechtfertigt bzw. rechtfertigen lässt (Boltanski/Thévenot) (► Methoden 3).

Im Mittelpunkt einer sozial-ökonomischen Analyse steht für *Max Weber* das reale wirtschaftliche Handeln von Menschen, insbesondere im Rahmen von Märkten (Weber 1980/1921: 181, 382; ► Begriffe 3). Wie die Wirtschaftssoziologie insgesamt betrachtet Weber wirtschaftliches Handeln ganz überwiegend als *soziales Handeln;* der nur an sich selbst orientierte, von anderen absehende und isoliert für sich selbst Wirtschaftende ist ein seltener Spezialfall (vgl. zum Folgenden Weber 1973e/1922: 429–438; Weber 1980/1921: 31). Als aktives Tun, Unterlassen oder Dulden orientiert sich soziales Handeln an dem Verhalten anderer. Immer wenn sich wirtschaftliches Handeln mit der Verwendung von Geld verbindet, ist es soziales Handeln, denn wer Geld annimmt, vertraut darauf, dass andere zukünftig seine Zahlung in Form von Geld akzeptieren, sogar in Form einer abstrakten Buchung auf einem Girokonto; wer Güter für den Markt produziert, orientiert den Sinn seines Handelns notwendigerweise am Verhalten anderer und auch Konsumenten richten sich fast unvermeidlich an Vorbildern, Modetrends, Lebensstilen oder Traditionen aus (vgl. Weber 1980/1921: 11 f.).

Herausstellen möchte ich das bisher wenig beachtete wirtschafts*soziologische* Argument Webers, den Antrieb zu wirtschaftlichem Handeln in Marktwirtschaften nicht als einheitlich vorauszusetzen, sondern *sozialstrukturell* zu differenzieren: für Nichtbesitzende als Risiko »völliger Unversorgtheit« und Internalisierung der Erwerbsarbeit als Lebensform, für durch Besitz oder Bildung Privilegierte als deren Chancen auf bevorzugte Erwerbseinkünfte, Ehrgeiz und Wertung der Arbeit als Beruf, für die an Unternehmen Beteiligten als Kapitalrisiko und Gewinnchancen und als rationale Erwerbseinstellung in Form von Leistungsorientierung, Interesse an Autonomie und Macht im Unternehmen sowie an Macht darüber hinaus (Weber 1980/1921: 60). Hier sollte wirtschaftssoziologische Forschung anschließen.

Begriffe 3: Wirtschaftliches Handeln

»›Wirtschaftlich *orientiert*‹ soll ein Handeln insoweit heißen, als es seinem gemeinten Sinne nach an der Fürsorge für einen Begehr nach Nutzleistungen orientiert ist. ›Wirtschaften‹ soll eine *friedliche* Ausübung von Verfügungsgewalt heißen, welche *primär*, ›rationales Wirtschaften‹ eine solche, welche zweckrational, also *planvoll*, wirtschaftlich orientiert ist. […] Die Definition des Wirtschaftens hat möglichst allgemein zu sein und hat zum Ausdruck zu bringen, dass alle ›wirtschaftlichen‹ Vorgänge und Objekte ihr Gepräge als solches gänzlich durch den *Sinn* erhalten, welchen menschliches Handeln ihnen – als Zweck, Mittel, Hemmung, Nebenerfolg – gibt.«

Wegen der Mittelknappheit (> 1.1.1) »bedeutet Wirtschaften stets: Vergleichen verschiedener Verwendungs*zwecke* und Auswahl unter ihnen, während das *technische* Denken es an sich mit der Auswahl der *Mittel* für einen (jeweils gegebenen) Zweck zu tun hat.«

»Wirtschaftlich *orientiert* kann jede Art von Handeln, auch gewaltsames (z. B. kriegerisches) Handeln sein (Raubkriege, Handelskriege). […] Das Pragma der Gewaltsamkeit ist dem Geist der Wirtschaft – im üblichen Wortsinn – sehr stark entgegengesetzt. Die unmittelbare aktuelle gewaltsame Fortnahme von Gütern, die unmittelbar aktuelle Erzwingung eines fremden Verhaltens durch Kampf soll also *nicht* Wirtschaften heißen.«

Quelle: Weber 1980/1921: 31 f. und Weber 1958/1923: 2.

Wirtschaftlich handelnde Akteure sind in *soziale Gruppen und Organisationen* eingebunden – z. B. Familie, Freundeskreis, Religionsgemeinschaft, Verein, Unternehmen –, die ihre individuellen, egoistischen wirtschaftlichen Ziele zugleich fördern und beschränken (vgl. zum Folgenden Portes 2010: 15 f.). Jede einzelne wirtschaftliche Interaktion wirkt insofern vergesellschaftend, als aus ihr im Laufe der Zeit ein komplexer Zusammenhang von stabilen Erwartungen, Statuspositionen und Emotionen entsteht. Alejandro Portes hebt drei Formen wirtschaftlichen sozialen Handelns hervor: durch (1) moralische Überlegungen, (2) Konflikte zwischen dem Streben nach materiellem Eigennutz einerseits, nach Anerkennung, Status und Macht andererseits sowie (3) in sozialen Beziehungen entstandene Reziprozitätserwartungen beeinflusstes wirtschaftliches Handeln.

Neben Motiven, Werten und Beziehungen rahmen und prägen schließlich kollektive Vorstellungen und *ökonomische Mentalitäten* das wirtschaftliche Handeln – ein klassisches Thema bei Max Weber (> 1.1). François Simiand entwickelt konzeptionelle Grundlagen der Wirtschaftssoziologie aus der Kritik an der reinen Ökonomik heraus, die die Mentalität des Akteurs als rein zweckrational und nicht weiter vorgeformt modelliert. Solche Kritik war und ist ein zentrales Motiv für wirtschaftssoziologische Forschung (> 1.2.1).

Auch populäre wirtschaftliche Vorstellungen der Akteure stiften Sinn für ihr konkretes Handeln, auch wenn sie ihnen meist nicht bewusst werden. Simiand und andere Soziologen in der Tradition von Emile Durkheim konzentrieren sich bei der Analyse wirtschaftlichen Handelns auf diese Vorstellung, die auch als Handlungsprinzipien wirken, weil sie auf praktische Wirksamkeit abstellen, aus langen Traditionen stammen, sich in Gewohnheiten verfestigen und sich gegenüber wissenschaftlichem Wissen meist verschließen (Gislain/Steiner 1995: 177–180; > 3.3). Aus dieser Perspektive sind ökonomisch interessiertes und normativ orientiertes Handeln eng miteinander verflochten, z. B. Gewinnstreben und Gerechtigkeitsstreben, und die kollektiven kognitiven Strukturen der Akteure beeinflussen ihr Handeln stark, z. B. ihre

Vorstellungen von Lohn und Preis, Wert und Geld (Simiand 1934; Steiner 2007: 10–13; > 3.2.1). Anders als bei Ansätzen, die dem methodologischen Individualismus folgen, nimmt diese Forschungsrichtung damit auch das *kollektive* wirtschaftliche Handeln in den Blick, das beispielsweise Akteurgruppen wie Arbeitgeber und Arbeitnehmer in konflikthaften Interaktionen wie Tarifverhandlungen oder Streik und Aussperrung praktizieren.

Auch unter dem Aspekt von *Macht* erweist sich wirtschaftliches Handeln als soziales Handeln. Macht definiert Max Weber als »jede Chance, innerhalb einer sozialen Beziehung den eigenen Willen auch gegen Widerstreben durchzusetzen« oder schärfer: »dem Verhalten anderer aufzuzwingen« (Weber 1980/1921: 28, 542). Wirtschaftliches Handeln sei (auch) machtorientiertes Handeln, Markttausch diene dazu, ökonomische Macht über andere auf friedlichem Wege zu erreichen, auf Märkten fänden Interessenkämpfe statt, weshalb zwischen den Akteuren vereinbarte Tauschakte und Marktpreise Kampfergebnisse seien, machtbedingte Interessenkompromisse (S. 385; > 4.2). Grundsätzlich herrsche ein Machtgefälle zwischen Unternehmen und Haushalten, deren Wünsche jene darüber hinaus gezielt beeinflussen. Schon der Besitz an sich sei Quelle von Macht, auch am Markt, wirtschaftliche Macht bringe außerökonomische, insbesondere politische Macht mit sich (S. 544).

Verglichen mit den Aspekten Planung und Rationalität hat die Wirtschaftssoziologie schließlich dem Merkmal der *Friedlichkeit* beim Erwerben und Verfügen bisher wenig Aufmerksamkeit gewidmet. In empirischer Hinsicht überrascht diese Lücke doppelt. Zum einen ist die gegenüber Menschen und Natur gewaltförmige und gewaltähnliche Aneignung von Ressourcen und Vermögen tatsächlich weit verbreitet; zum anderen gerät so aus dem Blick, dass viele Generationen sich mehr oder weniger erfolgreich angestrengt haben, die Gewaltförmigkeit der Produktion zu verringern, etwa durch Arbeitsrecht und Arbeitsschutz oder Umwelt- und Konsumentenschutz (vgl. Baecker 2006: 29–32). Bis heute sehen sich diejenigen, die gegen ökonomische Gewalt kämpfen, *deshalb* mit ökonomischer und physischer Gewalt bedroht (► Position 6).

2.1.3 Rationales Handeln

Schon bei der Frage, was unter Wirtschaft zu verstehen sei, diente der Typ des *rationalen* Handelns als ein Merkmal neben anderen, mit dem man Wirtschaft von anderen gesellschaftlichen Bereichen oder Systemen abgrenzen kann (> 1.1.1). Bei den *allgemeinen* Handlungsorientierungen haben wir mit Weber Zweckrationalität von Wertrationalität unterschieden; jetzt fragen wir spezifischer, wie man *wirtschaftliches* Handeln als rationales Handeln verstehen kann (> 2.1.1).

Denk-Pause 5

Woran kann ein Beobachter erkennen, dass ein anderer oder eine Organisation in der Wirtschaft rational handelt? ■ Halten Sie rationales Handeln für den Regelfall im wirtschaftlichen Alltag? ■ Kann man die Feststellung, eine Handlung sei rational, steigern (rationaler, am rationalsten)? ■ Wie kann man Rationalität berechnen oder messen?

Zunächst negativ abgegrenzt: rationales wirtschaftliches Handeln ist das Gegenteil von affektuellem Handeln und etwas anderes als traditionales Handeln, weil es plan- und entscheidungsförmig ist. Zweckrationales Handeln orientiert sich am beabsichtigten Erfolg relativ zum dafür betriebenen Aufwand und bewertet seinen Erfolg am Maßstab entweder eines minimalen Aufwands an verwendeten Mitteln für ein vordefiniertes Ergebnis oder eines maximalen Ergebnisses bei vordefiniertem Mitteleinsatz (> 1.3.1; ▶ Begriffe 5). Es ist also ein erfolgsorientiertes Handeln, das durch die Analyse und Optimierung der Zweck-Mittel-Relation charakterisiert ist. Dabei umfasst Webers Begriff von Zweckrationalität sowohl *subjektiv* zweckrationales Handeln, das die Handelnde selbst als zweckrational *versteht*, als auch *objektive*, faktische Zweckrationalität, die ein neutraler Beobachter einem Handeln attestieren kann (Richtigkeitsrationalität).

Begriffe 4: Interpretative Rationalität

»Wenn man davon ausgeht, dass die Koordination menschlicher Handlungen problematisch ist und nicht etwa Naturgesetzen oder Zwängen folgt, kann man daraus schließen, dass die menschliche Rationalität zuallererst interpretativ und nicht nur oder zumindest nicht von vornherein kalkulierend ist. Der Akteur muss zunächst mithilfe von konventionsbasierten Rahmen die Situation und das Handeln der anderen erfassen, um seine Handlungen koordinieren zu können. Dieses Erfassen ist nicht nur kognitiv, sondern auch evaluierend, wobei die Form der Evaluation über die Bedeutsamkeit und damit darüber entscheidet, was der Akteur erfasst und berücksichtigt. Hier erkennen wir den Stellenwert von kollektiven Werten und Gemeingütern in der Koordination, die nicht auf individuelle Präferenzen reduziert werden können, sondern die das Gerüst der legitimen Konventionen für die Koordination bereitstellen. Als wichtiger Bestandteil von Institutionen findet hier auch die Sprache ihren Platz.«

Quelle: Eymard-Duvernay u. a. 2011: 203.

Die Rationalität wirtschaftlichen Handelns ist also kein dichotomisches Merkmal, das entweder in der Ausprägung rational oder nicht rational vorkommt, sondern man trifft real auf ein *Kontinuum* unterschiedlicher Rationalitätsgrade. Das empirisch auffindbare wirtschaftliche Handeln kann mehr oder weniger stark rational sein (▶ Begriffe 5). Noch wichtiger ist die Einsicht: Was Akteure unter Rationalität für sich und für andere verstehen, ist offen für Interpretation, Rechtfertigung, Bewertung, Verhandlung und gegenseitige Verständigung, die Forderung nach Rationalität ist nicht natürlich, sondern begründungsbedürftig, kurz: Rationalität ist *interpretativ* (vgl. Knoll 2012: 49 f.; ▶ Begriffe 4; > 2.1.4; ▶ Methoden 3).

Weber betont, dass ein Handeln bei der Auswahl der Ziele wertrational, etwa Vermeidung von Kinderarbeit bei der Herstellung von Oberbekleidung, bei der Wahl der Mittel dagegen zweckrational oder erfolgsorientiert sein kann (Weber 1980/ 1921: 13). Wertrationalität und Zweckrationalität können also ein und dasselbe Handeln gleichzeitig prägen, sie schließen sich nicht aus. Webers Begriff von (zweck-) rationalem Handeln darf man darüber hinaus auch nicht auf rein instrumentelles Handeln reduzieren, da er die rationale Reflexion auch der *Ziele* selbst als Möglichkeit einschließt (Schnädelbach 2012: 184). Neben das Kalkül tritt also die Reflexivität. Handlungsorientierungen stellen Idealtypen dar, weshalb man in der Realität wirtschaftlichen Handelns in der Regel fließende Übergänge vorfindet. Wie oben erwähnt, kann man im Übrigen am Handeln selbst dessen Motive nicht unmittelbar ablesen, identische wirtschaftliche Handlungsweisen können unterschiedliche Motive haben (Weber 1973e/1922: 433–436; > 1.3.1)

Für den Bereich des rationalen wirtschaftlichen Handelns unterscheidet Max Weber formale von materialer Rationalität (Weber 1980/1921: 44 f.; vgl. Swedberg 2010: 24–26). *Rationales* Wirtschaften zeichnet sich ganz allgemein durch das Merkmal der *entscheidungsförmig* planmäßigen Vorsorge aus (> 1.1.1). Vorsorgeüberlegungen können in unterschiedlichem Ausmaß in Form von zahlenmäßiger Rechenhaftig-

Abbildung 6: Wirtschaftliches Handeln nach Weber

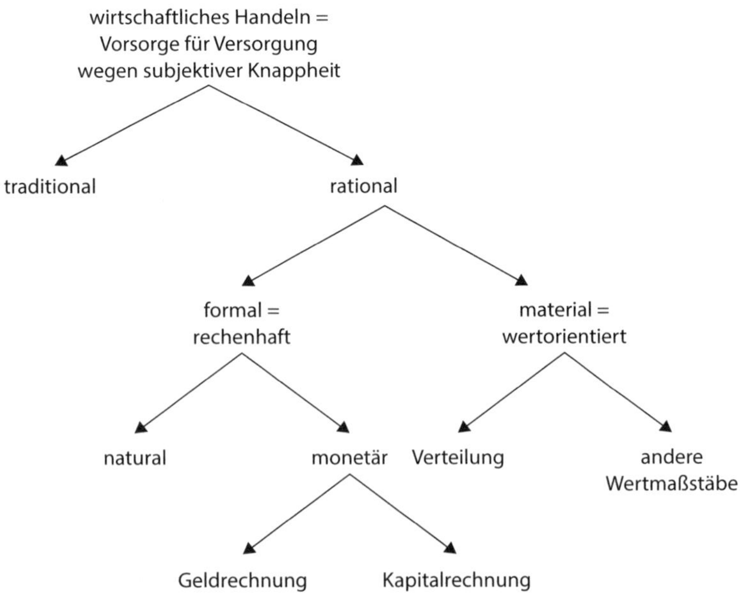

Quelle: Eigene Darstellung nach Weber 1980/1921: 44-45, 59.

keit stattfinden, meist mithilfe technischer Hilfsmittel wie z. B. Buchführung oder Rentabilitätsrechnung. Den möglichen und realisierten Grad der Rechenhaftigkeit wirtschaftlichen Handelns nennt Weber *formale* Rationalität. Rechnet man nicht mehr in Gütern, sondern in Geldeinheiten (Geldrechnung), erreicht die formale Rechenhaftigkeit ihr größtes Ausmaß an Eindeutigkeit. Von allem, was nicht in Geldgewinn oder Geldverlust resultiert, bleibt sie völlig unbeeindruckt. Kurz: Formal rational handeln heißt rechenhaft handeln und dies ist insofern ein formal-quantitativ *prozess*bezogenes Merkmal. Ein konkretes Ergebnis des Wirtschaftens, so kann man Weber weiterdenken, lässt sich am Maßstab der maximal möglichen formalen Rationalität messen. Hat man nur unvollkommen gerechnet und kalkuliert, bleibt das reale Ergebnis des Wirtschaftens (Geld, Güter, Dienstleistungen) hinter dem Erreichbaren zurück. Man trifft dann aber eine formale und *produkt*bezogene Bewertung.

Material rationales Wirtschaften dagegen begnügt sich nicht mit dieser formalen Ergebnisrationalität, sondern beurteilt, was Wirtschafts*ergebnisse* für die Versorgung von sozialen Gruppen bedeuten und bewertet dies mit Blick auf »ethische, politische, utilitarische, hedonische, ständische, egalitäre oder irgendwelche anderen *Forderungen*« (Weber 1980/1921: 45); damit thematisiert Weber auch Verteilungsfragen. Man bewertet diese ökonomischen Ergebnisse also aus material-rationaler oder, mit einem anderen Wort, wertrationaler Sicht. Damit trifft man ein materiales und produktbezogenes Urteil mithilfe von inhaltlichen, nicht quantitativ-rechenhaft definierten Maßstäben.

Unabhängig von dieser Kritik am Wirtschaftsergebnis kann man mit Bezug auf diese und ähnliche Forderungen sowohl die Wirtschaftsgesinnung als auch die Mittel des Wirtschaftens kritisieren, etwa das kapitalistische Denken, die Verschwendung endlicher Rohstoffe oder den unfreundlichen Umgang mit Nutztieren. »Formale und materiale (gleichviel an welchem Wertmaßstab orientierte) Rationalität fallen unter allen Umständen *prinzipiell* auseinander, (…) [d]enn die formale Rationalität der Geldrechnung *sagt* an sich *nichts aus* über die Art der materialen Verteilung der Naturalgüter« (Weber 1980/1921: 59). Gemessen am durchschnittlich gestiegenen Versorgungsniveau in kapitalistischen Industriegesellschaften in den letzten hundert Jahren hat allerdings die Ausbreitung formal rationalen Wirtschaftens zugleich auch die materiale Rationalität des Wirtschaftens verbessert, sofern man sie an der Summe der verfügbaren Güter misst. Grundsätzlich kann man diese wertrationale Perspektive aber auch auf Prozesse anwenden, etwa mit Blick auf die Sicherheit der Arbeitenden und die Qualität ihrer Tätigkeiten.

Begriffe 5: Rationalität in theoretischer Perspektive

Schmid: Rationalität als handlungstheoretischer Regelfall

Jedem Handlungsprojekt liegt »ein Mindestmaß an Rationalität zugrunde [..]. Dieses Maß bestimmt sich zum einen danach, dass ein Akteur nur dann erfolgreich handelt, wenn er dazu in der Lage ist, Zielzustände vergleichend zu *bewerten;* die Rationalität [s]eines Handeln[s] hängt zum anderen aber auch davon ab, dass er über Informationen oder *Erwartungen* über die Bedingungen seines Handelns verfügt, die ihm zu beurteilen erlauben, mit welcher Wahrscheinlichkeit und auf welchem Wege er seine Ziele erreichen kann. Darüber hinaus ist die Handlungsrationalität aber auch dadurch bedingt, dass die Mittel, Fähigkeiten und Möglichkeiten jedes Akteurs begrenzt sind; jede seiner Handlungen muss entsprechend dem Problem der *Knappheit* gerecht werden.

Diese Prämissen erlauben die Ableitung der These, dass ein Akteur seine Ziele bzw. seine Auffassungen über die Art seines Handlungsproblems solange beibehält als er hinreichend erfolgreich handeln kann, diese aber dann umgestaltet, wenn dieser Erfolg ausbleibt. In beiden Fällen lernt der Akteur offenbar infolge seines jeweiligen Handlungserfolgs. Maximale Erfolge sind der unvermeidbaren Entscheidungs- und Opportunitätskosten wegen indessen nicht erwartbar, bestenfalls können optimale Wahlen beobachtet werden, die die Gewinne und Erträge einer Handlung gegen die notwendigen Aufwendungen und Nebenfolgen aufrechnen.

Im Zentrum jeder (rationalistischen) Entscheidungstheorie steht in logischer Folge die Frage, mithilfe welcher Operationen ein Akteur Ziele, Erwartungen und Knappheiten optimal miteinander verknüpfen und wie er diese Verbindung anhand seines Handlungserfolgs kontrollieren kann, ohne sich in Widersprüche, Zirkel oder Indifferenzen zu verwickeln.«

Quelle: Schmid 2004: 11 f.

Schütz: Partielle Rationalität im Alltag, volle Rationalität im Modell

»Wir kommen daher zu dem Ergebnis, dass ›rationales Handeln‹ auf der Ebene des alltäglichen Denkens immer Handeln in einem nicht weiter infrage gestellten und nicht weiter bestimmten Rahmen typischer Konstruktionen ist, nämlich von Typisierungen der gegebenen Situation, der Motive, der Mittel und Zwecke, der Handlungsabläufe und Persönlichkeiten, die betroffen sind und als selbstverständlich hingenommen werden. Diese Konstruktionen werden jedoch nicht nur vom Handelnden als selbstverständlich hingenommen, sondern von jedem Mitmenschen wird dies ebenfalls vorausgesetzt. [...] So können wir sagen, dass auf dieser Ebene ein Handeln bestenfalls partiell rational ist und dass es Rationalität verschiedener Grade gibt.«

»Der Begriff der Rationalität erhält erst seine volle Bedeutung auf der Ebene von Modellen sozialer Interaktionsmuster, die vom Sozialwissenschaftler konstruiert werden [...].«

»In einem derart simplifizierten Modell der Sozialwelt sind rein rationale Handlungen, die rationale Wahl zwischen rationalen Motiven möglich, da alle Schwierigkeiten ausgeschlossen wurden, die den wirklich Handelnden in der Lebenswelt des Alltags behindern. Daher bezieht sich der Begriff der Rationalität im bereits definierten engen Sinn nicht auf ein Handeln innerhalb der alltäglichen Erfahrung in der Sozialwelt; er ist Ausdruck eines besonderen Typs von Konstruktionen, ganz spezieller Modelle der Sozialwelt, die vom Sozialwissenschaftler für ganz spezifisch methodologische Zwecke gebildet wurden.«

»Diese Modelle sind Modelle rationalen Handelns, aber nicht Modelle vom Handeln lebendiger menschlicher Wesen in von ihnen definierten Situationen. Dieses Handeln soll für die personalen Typen ausführbar sein, die der Nationalökonom in der künstlichen Umwelt konstruiert, in welche er seine Homunculi eingeordnet hat.«

Quelle: Schütz 2010/1953: 364, 365, 374, 378.

Luhmann: Erwartungskonformität als Regel, Rationalität als Spezialfall

»Man braucht Zwecke nur, wenn und soweit nicht erwartet wird, wie man entscheiden soll. Dann rekonstruiert eine Zweckvorstellung die fehlende Erwartung, und man prüft am Zweck, ob man die Entscheidung so treffen kann, als ob sie auf eine Erwartung reagierte. [...]

Die für rationales Auskalkulieren offene Entscheidung ist also ein Sonderfall. Rationales Handeln ist dann zugestandenermaßen unerwartetes Handeln. Die Schwierigkeiten der Informationsbeschaffung, der Gewichtung konfligierender Präferenzen, des Vergleichs von Alternativen etc. dienen dazu, die Bemühung um Rationalität zu dokumentieren, und die Bemühung um Rationalität dient dazu, für Situationen, deren Kontingenz durch Erwartungen nicht ausreichend bestimmt sind, Ersatzorientierung zu schaffen, die das modellieren, was ›man‹ vernünftigerweise erwarten würde.«

Quelle: Luhmann 1989a: 286 f.

Wie schon angedeutet, leitet Weber die »formale ›Rationalität‹ der Geldrechnung« nicht aus dem abstrakten Raum des menschlichen Handelns an sich ab, sondern verortet sie in einem konkreten historisch-gesellschaftlichen Kontext (zum Folgenden Weber 1980/1921: 48 f., 58–60, 78–79; > 1.1.1, 5.2.1). Ähnlich argumentiert Karl Polanyi und betrachtet den eigennützig maximierenden Akteur als eine historisch spezifische Figur (Polanyi 1978/1944; > 3.2). Zu den Bedingungen, auf die formale Rationalität angewiesen ist, zählt Weber weitgehende Marktfreiheit, den Marktkampf autonomer Wirtschaftseinheiten (Unternehmen), den diese über den Preis um den Absatz ihrer Produkte führen, und damit die jeweilige wirtschaftliche Machtlage, die strenge Form der Kapitalrechnung (zumindest Gewinn- und Verlustrechnung, Kalkulation der erwartbaren Rentabilität des eingesetzten Kapitals) sowie das Herrschaftsverhältnis; dieses beruht auf der Aneignung der Produktionsmittel durch Privateigentümer und der Durchsetzung der Disziplin in den Betrieben, u. a. mittels der Verfügungs- und Anweisungsrechte sowie dem für die Nichtbesitzenden faktisch existierenden Arbeitszwang (> 4.3). Der höchste Grad formal rationalen Wirtschaftens, die Kapitalrechnung, setze sowohl den Ausschluss der Gesamtheit der Beschäftigten von den Produktionsmitteln als auch ihre Unterwerfung unter die Herrschaft der Unternehmer voraus, da deren *material* rationale Forderungen unter diesen Bedingungen nicht zum Zuge kommen (> 5.2.2).

Weber betont weiter, dass jede marktorientierte Kapitalrechnung mit den Preisen kalkuliere, die sich wahrscheinlich aus den Preis- und Konkurrenzkämpfen auf beiden Marktseiten und den anschließenden Interessenkompromissen ergeben, sodass die »Kapitalrechnung in ihrer formal rationalsten Gestalt (...) den *Kampf des Menschen mit dem Menschen*« voraussetze (> 3.5, 4.2). Formal rationales Wirtschaften ist also ein gesellschaftliches Produkt und Konstrukt und auch eine allgemeine normative Erwartung an die Handelnden (▶ Begriffe 1); es vollzieht sich in Form permanenter sozialer Konflikte, auf Märkten und in Unternehmen.

2.1.4 Akteurmodelle

Die beiden regelgeleiteten Handlungsmotive, wertrationales und zweckrationales Handeln, bilden den Kern für zwei bedeutende Akteurmodelle, Homo sociologicus und Homo oeconomicus. Ihre klassischen Charakteristika lauten knapp zusammengefasst wie folgt:

Das Modell des *Homo sociologicus* zeichnet einen Akteur, der sein Handeln – meist als Handeln in sozialen Rollen – routinemäßig an den Normen seiner Bezugsgruppen orientiert. Auf diese Weise kann er selbst erwartungssicher agieren und trägt durch sein normkonformes Handeln zugleich zur Erwartungssicherheit anderer bei. Das hier dominierende Motiv ist Erwartungssicherheit, Routine ist der dominante Modus.

Jüngere, eher konstruktivistisch orientierte Arbeiten zeigen jedoch, dass Soziologen das Handeln des Homo sociologicus bisher als stärker vordefiniert verstanden haben, als es tatsächlich ist. Denn Intra- und Inter-Rollenkonflikte, Wissenslücken über Erwartungen sowie allgegenwärtige Interpretationsspielräume, was erwartungsgerechtes Handeln in einer spezifischen Situation heißt, erfordern auch Entscheidungen, sodass sich der Routinemodus mit dem Reflexionsmodus mischt (Schimank 2011: 35 f.).

Das Modell des *Homo oeconomicus* beschreibt dagegen einen Akteur, dessen Handeln sich ganz aus eigenen Zielen zum eigenen Nutzen motiviert und der im Modus der Entscheidung handelt. Rational-Choice-Ansätze in der Soziologie und der Mainstream der Volkswirtschaftslehre beantworten die Frage nach den Intentionen der Akteure mit einer Grundannahme von Homo-oeconomicus-Modellen: Alles Handeln ziele (a) auf Maximierung, Optimierung oder Verbesserung des Nutzens für den einzelnen Akteur (Motivation) oder folge (b) aus seiner Entscheidung für die Handlungsalternative, der er den höchsten Nutzenwert oder die geringsten Kosten zuordnet (Kalkül). Sie unterstellen einen im Prinzip rational handelnden Akteur, der seine Präferenzen kennt, vollständig informiert ist, weiß, welche Mittel sich für seine Ziele eignen und sich bewusst-berechnend zwischen mehreren Handlungsoptionen entscheidet. Insofern ist jedes Handeln ein Wahlakt, bei dem der Akteur mit den beiden Problemen der Zielbestimmung und der Mittelknappheit umgehen muss, individuelles Handeln resultiert danach aus individuellem, rationalen Entscheiden (vgl. Schmid 2008; > 3.1). Da der Homo oeconomicus alternative Handlungsmöglichkeiten in seine Reflexionen einbezieht, schwächt er seine eigene Erwartungssicherheit und zugleich die anderer ab, denn anders als Routinehandeln ist sein Handeln nicht oder weniger vorhersehbar.

Auch beim *Homo oeconomicus* lockern jüngere Varianten dieses Modells seine herkömmlicherweise strengen Annahmen (▶ Begriffe 6). Sie stellen etwa die real beschränkten kognitiven Kapazitäten des Akteurs in Rechnung und attestieren ihm deshalb nur »begrenzte Rationalität« (Herbert Simon). Sie sehen ihn mit Komplexität konfrontiert, weil sein Wissen unvollständig oder unverarbeitet, seine Zeit knapp, ein

Konflikt mit anderen Akteuren häufig, deren entscheidungsförmiges Handeln auch noch schlecht prognostizierbar ist und er es deshalb kaum in seine eigenen Entscheidungen einkalkulieren kann (► Abbildung 7). Um diese Komplexität einzugrenzen, greift der Modellakteur in weiterentwickelten Ansätzen auch auf Elemente routineförmigen Handelns zurück, etwa auf Faustregeln und etablierte Heuristiken, Imitation des Handelns Dritter oder gesellschaftlich akzeptierte Werthierarchien (z. B. Esser 1996: 231–250; > 3.1).

Abbildung 7: Institutionenökonomisches und wirtschaftssoziologisches Akteurmodell

Ein institutionenökonomisch revidiertes neoklassisches Akteurmodell	Ein wirtschaftssoziologisches Akteurmodell
• Individuelle *und kollektive Akteure* • Akteure sind gegeben	• Individuelle und kollektive Akteure • Akteure werden sozial konstruiert • Soziale Emergenz
• Subjekt-Objekt-Beziehungen	• Soziale Beziehungen
• *Beschränkt* rationale Wahlentscheidungen • Formale Zweckrationalität	• Beschränkte Rationalität; aber auch: – sozial bedingte Unsicherheit, Unwissenheit; – Tradition, Routine, Imitation, Konvention • Plurale, interpretative, verhandelte Rationalität
• Teils autonome, teils *internalisierte* Präferenzen • *Satisfizierung oder* Maximierung von Gewinn bzw. Nutzen	• Sozial geprägte Präferenzen • Nutzen bzw. Gewinn: Verbesserung oder Satisfizierung als Regel, Maximierung als Ausnahme • Identität, Emotion, Ansehen, Macht, Altruismus
• Berücksichtigung von externen Restriktionen	• Erst Institutionen ermöglichen Handeln der Akteure, beschränken es dann aber auch (Restriktionen)
• Investition in Anlagevermögen, Kapitalausstattung, Humankapital	• Investition vor allem in soziales Kapital: Netzwerke, Marktbeziehungen …
• Produktion durch rationalen Einsatz von Arbeit und Kapital seitens autonomer Akteure	• Produktion durch soziale Kooperation auf Basis gemeinsamer Überzeugungen und Problemlösungsverfahren seitens eingebetteter Akteure

Quelle: Eigene Darstellung: kursiv = institutionenökonomische Erweiterung des neoklassischen Modells.

Die Volkswirtschaftslehre konzipiert wirtschaftliches Handeln traditionellerweise als nicht soziales Handeln eines isolierten individuellen Akteurs, für dessen Präferenzen und Entscheidungen andere Akteure irrelevant sind. Aber im Zuge der Verbreitung von Institutionalismus und Spieltheorie zieht sie zunehmend soziale Bezüge in Betracht. Die mathematische Spieltheorie modelliert Konflikt und Kooperation in Situationen, in denen der Erfolg einer Strategie, die ein oder mehrere »Spieler« (Akteure) verfolgen, von den Strategien der anderen Spieler abhängt. Damit steht auch Homo oeconomicus vor dem Problem der doppelten Kontingenz (> 2.2.1). Darüber hinaus modellieren moderne Ansätze selbst die individuellen Präferenzen als endogen, d. h. als (auch) von wirtschaftlichen Strukturen und Prozessen abhängig, und als veränderbar.

Homo sociologicus und Homo oeconomicus sowie ihre Varianten sind die »beiden bedeutendsten soziologischen Akteurmodelle«, die im Fokus der akteur- und handlungstheoretischen Debatten stehen (Schimank 2000: 107). Mit ihnen lässt sich eine Vielzahl wirtschaftssoziologischer Fragestellungen bearbeiten. Allerdings berücksichtigen sie nicht alle Handlungsantriebe. Deshalb stellt ihnen Uwe Schimank zwei weitere Modelle an die Seite, den Identitätsbehaupter, angetrieben von der Behauptung seiner persönlichen Identität, und den *emotional man*, dessen Gefühle sein Handeln wesentlich motivieren (S. 107–143). Diese beiden Modelle hat die Wirtschaftssoziologie bisher kaum zur Kenntnis genommen, obwohl sie wirtschaftssoziologische Erklärungskraft versprechen. Denn dass Emotionen etwa in Konkurrenzbeziehungen, Markt- und Produktkulturen, Arbeitsverhältnissen, Hierarchien, Vergütungsformen oder Zuschreibungen von Warenqualitäten ebenso eine Rolle spielen wie die Durchsetzung und Bewahrung von Identitäten, ist mehr als plausibel.

Homo sociologicus und Homo oeconomicus teilen das Merkmal, dass sie ihre Handlungen nicht rechtfertigen müssen, denn der eine folgt den von außen vorgegebenen sozialen Normen, der andere seinen innerlich definierten individuellen Präferenzen. Aus Sicht ihrer pragmatischen Soziologie dagegen betonen Luc Boltanski und Laurent Thévenot, dass Personen ihre Handlungen häufig reflektieren und auch rechtfertigen müssen und sich dabei auf die Rechtfertigungsordnungen unterschiedlicher »Welten« oder »Gemeinwesen« beziehen, etwa die der häuslichen, staatsbürgerlichen, marktlichen oder industriellen Welt (▶ Methoden 3). Diese können miteinander in Konflikt geraten: Von der Ordnung jeder Welt aus können Personen Kritik an einer anderen Welt formulieren, etwa von der des Marktes aus gegen staatliche Eingriffe oder die Schwerfälligkeit großer Konzerne, von der Welt der Industrie aus beispielsweise gegen die Zufälligkeiten des Marktes oder die Ineffizienz von Verwaltungsverfahren oder von der staatsbürgerlichen Welt aus an der Rücksichtslosigkeit des Privatinteresses gegenüber dem Gemeinwohl (Boltanski/Thévenot 2007: 347, 357, 361, 363).

Schließlich sei notiert, dass auch in den Wirtschaftswissenschaften integrative Modellierungen entstehen. Ein Exempel dafür bietet das Akteurmodell des *Homo oeconomicus-culturalis*, das die beiden Ökonomen Stephan Panther und Hans Nutzinger skizzieren (Panther/Nutzinger 2004). Allerdings vertritt nur eine Minderheit unter den Wirtschaftswissenschaftlern derart integrative Modelle (vgl. z. B. Weise 2004). Der Akteurtyp von Panther und Nutzinger ist eingebettet in soziale Welten, entwickelt in ihnen und mit Bezug auf sie seine individuellen und kollektiven Identitäten. Seine Präferenzen und Handlungsmöglichkeiten hängen auch davon ab, wie die jeweilige Situation sozial wahrgenommen und interpretiert wird, seine Handlungen sind vor allem sprachliche und instrumentelle Interaktionen, in denen er seine Identität formt und laufend verändert. Damit sieht er sich genötigt, sein Handeln nicht nur gegenüber anderen, sondern auch gegenüber sich selbst zu rechtfertigen. Die Frage der Identität der Akteure hat in der Volkswirtschaftslehre jüngst an Aufmerksamkeit gewonnen (Kranton/Akerlof 2011). Das wirtschaftliche Handeln des Homo oeconomicus-culturalis ist also soziales oder zumindest sozial geprägtes Handeln, für ihn sind Situation und Handeln mit Sinnfragen verbunden und nicht nur Gegenstand kühlen Kosten-Nutzen-Kalküls.

Begriffe 6: Der Homo culturalis fordert den Homo oeconomicus heraus

Stephan Panther und Hans Nutzinger sehen in den kulturwissenschaftlichen Handlungstheorien vier wichtige Herausforderungen für das Modell des Homo oeconomicus:

- »Der ›homo culturalis‹ beobachtet, beschreibt und interpretiert andere *und sich selbst.* In diesem Prozess formt er seine *Identität.* Diese ist kontextabhängig und wandelbar.«
  Der Homo oeconomicus dagegen »*ist* einfach und denkt nicht über sich nach. Er *hat* Ziele, hat Möglichkeiten. Beziehungen sind ihm äußerlich; sie können ihm nutzen oder schaden, aber sie ändern ihn nicht.« [Hervorh. RH]
- »Den Selbst- und Fremdinterpretationsprozess vollzieht der ›homo culturalis‹ durch Symbole, vor allem sprachliche Symbole. Der ›homo culturalis‹ spricht und versteht. Er *verständigt sich mit anderen.*«
  Dagegen tritt der Homo oeconomicus »auf den Plan, wenn schon alles gesagt ist«, er »erzählt nicht, er zählt«.
- »Die Symbole des ›homo culturalis‹ sind verwoben mit *gemeinsamen Praktiken,* in denen sich gemeinsame Interpretations- und Handlungsschemata realisieren. Diese sind bezogen auf konkrete, raum-zeitliche Situationen, in denen *der Mensch als Körper* anwesend ist. (…) Diese Situationen sind gerichtet, transportieren bestimmte Handlungsorientierungen und konkrete Handlungsmöglichkeiten, zu denen (…) ganz zentral die sprachlich-kommunikativen gehören.«
  »Die Welt des homo oeconomicus ist hingegen ›objektiv‹ gegeben und wird als solche wahrgenommen, gleiches gilt für seine Ziele. Beide existieren unabhängig voneinander und unabhängig von der Situation, in der der Akteur steht.«
- »Der ›homo culturalis‹ entwickelt im Zuge der Selbstbeschreibung nicht nur individuelle, *sondern auch kollektive* Identitäten. Er kann ›wir‹ (und ihr und sie) sagen, kann sich als Teil von Kollektiven verstehen.« Der Homo culturalis kann »überhaupt nur als soziales Wesen, als Teil eines sozialen Zusammenhangs, zu seiner eigenen Individualität finden«.
  Der Homo culturalis »ist ein zutiefst relationales Wesen, das sich selbst nur in Beziehung zu seinen Mitmenschen erfährt und bestimmen kann.« Seine sozialen Praktiken »sind durchgehend perspektivisch, lenken die Aufmerksamkeit auf bestimmte Aspekte der Situation,

während andere nicht in den Blick kommen. Dieses Perspektivische der sozialen Praktiken ist seiner Natur nach sozial.«

»Der homo oeconomicus hingegen ist reiner Individualist. Sich selbst fraglos gegeben kennt er nur den Zusammenschluss mit anderen Akteuren aus instrumentellen Gründen.«

Die Handlungsmotive zählen Panther und Nutzinger nicht zu den Herausforderungen, da der moderne Homo oeconomicus nicht mehr allein auf das Motiv des materiellen Eigennutzes beschränkt sei.

Quelle: Panther/Nutzinger 2004: 288, 293–296.

Einiges spricht dafür, dass das einzige Kriterium, mit dem man wirtschaftswissenschaftliche von soziologischen Handlungs- und Akteurtheorien trennscharf unterscheiden kann, »die fehlende kulturelle Vorprägung der Akteure in ökonomischen Theorien« ist (Etzrodt 2003: 308). Genauer gesehen liegt der Unterschied insbesondere im Verständnis von Kultur als auch interpretativer, sinnstiftender sozialer Prozess im Unterschied zur Auffassung von Kultur als Ensemble kostensenkender Institutionen. Unter dieser Voraussetzung können Ansätze wie der *Homo culturalis* zumindest signalisieren, dass man diese disziplinäre Trennung durchbrechen und sich einander akteurtheoretisch annähern kann, etwa indem man in beiden Disziplinen grundsätzlich mit demselben Set von Ansätzen arbeitet. Andere Positionen, die stark auf eine *einheitliche* sozialwissenschaftliche Handlungstheorie zielen, präferieren ein einziges Akteurmodell, das *Homo sociologicus* und *Homo oeconomicus* erweitert und verbindet (z. B. Esser 1996: 238 f.).

Welche Aspekte ein wirtschaftssoziologisch geeignetes Akteurmodell meines Erachtens betonen sollte, illustriert ▶ Abbildung 7. Aus meiner Sicht sollte die Wirtschaftssoziologie die soziale Konstruktion des wirtschaftlichen Akteurs selbst als ihr akteurtheoretisches Spezifikum herausstellen und damit selbstbewusst ihr Selbstverständnis *als Soziologie* markieren.

2.1.5 Akteure und Artefakte

Im Unterschied zu den herkömmlichen, auf Homo sociologicus und Homo oeconomicus gründenden Handlungstheorien, auf die die Wirtschaftssoziologie sich überwiegend bezieht, konstruieren Finanzsoziologen ihr Bild des »Akteurs« induktiv aus der Beobachtung von konkreten Praktiken an konkreten Orten (Kalthoff 2010).

Denk-Pause 6

Suchen Sie Beispiele für alltägliche wirtschaftliche Aktivitäten von privaten und beruflichen Akteuren, die eng mit Maschinen, Software oder anderen Formen von Technik verbunden sind und von diesen beeinflusst oder gesteuert werden! ■ Können sich wirtschaftliche Vorgänge ohne die unmittelbare Beteiligung oder Entscheidung von Individuen vollziehen?

Sie beobachten das Handeln z. B. an Börsen, wo Akteure im Zusammenhang mit der Nutzung von wirtschaftswissenschaftlichem Wissen, technischen Artefakten wie Kalkulationsschemata, Kurscharts oder Rechnernetzen stehen (Materialität des Sozialen). Dabei interessieren sie sich weniger für individuelle Akteure als vielmehr dafür, wie aus Arrangements von Personen, Artefakten, Wissen, Regeln und Relationen in sozialen Praktiken material-soziale Ordnungen entstehen und bestehen. Gemeinsam ist den unterschiedlichen finanzsoziologischen Ansätzen, dass für sie »die technischen Objekte und andere Artefakte für das soziologische Verständnis von Märkten und Tausch, Kalkulationen und Preisbildungen von zentraler Bedeutung sind«, weil sie soziale Praktiken und Entscheidungen dinglich rahmen und aktiv beeinflussen (Kalthoff 2010: 276; ► Fall 3, ► Fall 7; > 3.3.1).

Fall 3: Der Arbitragehandel von Banken aus Sicht der Finanzsoziologie

Arbitrage nutzt kleine Preisunterschiede für Vermögenswerte, indem man z. B. Gold dort, wo es preiswerter ist, kauft und es verkauft, wo es leicht teurer ist. Wenn man dabei möglichst gleichzeitig Käufe und Verkäufe tätigt, kann man das Risiko, das in einer möglichen Preisänderung liegt, minimieren.

Finanzsoziologische Fallstudien zur Arbitrage kommen insbesondere zu folgenden Ergebnissen:

»*Erstens*, die Betonung des Materialen. Finanzmärkte sind keine Ansammlungen von abstrakten Trägern ökonomischen Handelns, sondern von Menschen aus Fleisch und Blut, von Artefakten und von technologischen Systemen. An den Märkten sind keine körperlosen Informationen im Umlauf, vielmehr werden Preise, Abläufe, Ereignisse und Gerüchte in körperlicher Form dargestellt. Das ›Soziale‹ ist ›material‹ und die materiale Welt (sofern sie von Menschen geschaffen und ihnen bekannt ist) ist sozial.

Zweitens sind die Menschen, die an den Finanzmärkten agieren keine isolierten Individuen. Ihre Beziehungen zueinander – Händler zu Manager, Händler zu anderen Händlern, Hedgefondsgesellschaft zu Investor usw. – sind äußerst wichtig und werden mit großem Aufwand gepflegt.«

»*Drittens* sind die an den Finanzmärkten handelnden Menschen nicht ›nackt‹. Ihre Ausstattung geht über ihre Körper hinaus […]. [Sie] ist teils technologischer und teils konzeptueller Art. So werden Ideen zu Arbitragegeschäften oft durch die physischen Spuren von Preisen auf einem Computerbildschirm geweckt.«

»*Viertens* spielt die Ausstattung der Akteure eine Rolle. Bei technologischen Systemen ist das offensichtlich (warum sonst würden Marktteilnehmer erhebliche Summen für den Kauf und die Nutzung solcher Systeme ausgeben?), doch es gilt ebenso für die konzeptuelle Ausstattung«, etwa mit einem Preismodell. Die Ausstattung »trägt dazu bei, Akteure zu dem zu machen, was sie sind«.

Fünftens vermutet die Finanzsoziologie, »dass zumindest ein Teil des Erfolgs der Finanztheorie performativ begründet ist: Finanztheorie ist deshalb erfolgreich, weil Händler, Regulatoren und andere sie *anwenden*.«

Sechstens. »Die Phänomene, auf die sich die Wirtschaftssoziologie überwiegend konzentriert (die Beziehungen zwischen den an den Märkten agierenden Menschen, die Einbettung der Märkte in einen größeren kulturellen und politischen Zusammenhang usw.) sind wichtig, werden aber beeinflusst von und interagieren mit den Phänomenen, auf die die materiale Soziologie abstellt: der konkreten Materialität der Handelsgeschäfte und der Umgebung, in der sie stattfinden, der Rolle technologischer Systeme und anderer Artefakte sowie der konzeptuellen Ausstattung der Händler.«

Quelle: MacKenzie u. a. 2007: 148–150.

Diese Zusammenhänge beschreibt das kontra-intuitive Akteurkonzept der Akteur-Netzwerk-Theorie von Michel Callon und Bruno Latour, das dem alltäglichen Akteurverständnis widerspricht (vgl. Latour 2007; Kneer 2009). Nicht mehr nur Personen und Organisationen, sondern jede Einheit (Entität), die Wirkungen bewirkt, besitzt Handlungsfähigkeit (agency) und gilt als Akteur, der Unterschied von Subjekt und Objekt greift nicht; dies steht im Gegensatz zum methodologischen Individualismus wie ihn etwa Max Weber vertritt (> 1.3). Nicht der Akteur ist durch seine subjektive Sinnverleihung Ursprung des Handelns: »Handeln ist ein Knoten, eine Schlinge, ein Konglomerat aus vielen überraschenden Handlungsquellen«; Akteur »ist, wer von vielen anderen *zum Handeln gebracht* wird«, er ist »das bewegliche Ziel eines riesigen Aufgebots von Entitäten, die zu ihm hin strömen«, sodass »nicht klar ist, wer und was handelt, wenn wir handeln, denn kein Akteur ist auf der Bühne allein«; »Handeln ist definitionsgemäß nicht lokalisierbar, sondern stets verlagert, verschoben, dislokal. Handeln wird entlehnt, verteilt, suggeriert, beeinflusst, dominiert, verraten, übersetzt« (Latour 2007: 78, 81, 82).

Nicht aus eigener Kraft ist der Akteur handlungsfähig, sondern dadurch, dass er mit anderen Akteuren oder Entitäten, insbesondere auch Objekten und Techniken zu einem Akteur-Netzwerk verknüpft ist. Netzwerke bilden sich aus Relationen zwischen Personen und Objekten in einem Prozess, in dem die Akteure und die Relationen des Netzwerkes überhaupt erst entstehen und in dem ihre Identitäten und Handlungskompetenzen ausgehandelt und zugewiesen werden (Kneer 2009: 24 f.).

Schließlich steht in Luhmanns systemtheoretischer Analyse der Wirtschaft als Teilsystem der Gesellschaft nicht das Handeln von Akteuren im Zentrum, sondern die Begriffe Funktion, System und Gesellschaft. Diese Systemtheorie kommt ohne Handlungstheorie aus, da sie ihr Konzept von sozialen Systemen nicht auf Akteure und deren Handlungen gründet, sondern auf kontinuierlicher Kommunikation: »Die Wirtschaft besteht aus unaufhörlich neuen Zahlungen«, die sich am Medium Geld orientieren und Knappheit kommunizieren (Luhmann 1989a: 52, 70).

2.1.6 Arbeiten mit Akteurmodellen

Mithilfe welchen Akteurmodells soll man wirtschaftliches Handeln beschreiben und erklären? Das hängt zum einen von Erkenntnisinteressen und Fragestellung ab. Strebt man nach einer *einheitlichen* sozialwissenschaftlichen Handlungs- und Ordnungstheorie, muss man entweder ein Modell als überlegenes und deshalb einziges auswählen oder ein integratives Modell konstruieren (> 1.3). Will man den Einfluss von Emotionen auf Märkten theoretisch und empirisch erfassen, kann man entweder gleich auf das Emotional-Man-Modell zurückgreifen oder zunächst allein mit dem Homo-oeconomicus-Modell arbeiten und zeigen, dass es empirisch belegte emotionale Phänomene nicht fassen kann.

Position 3: Kultur als Kerndifferenz der Handlungstheorie

»Meines Erachtens ist das einzige vernünftige Klassifikationsmerkmal für eine unterschiedliche Gruppierung von ökonomischen und soziologischen Theorien die fehlende kulturelle Vorprägung der Akteure in den ökonomischen Theorien. Die Annahme von freien Individuen und der Anspruch, eine universelle Theorie darzustellen, grenzt die ökonomischen Theorien von allen soziologischen Theorien ab. Zweifellos dürfte die Vernachlässigung der Kultur auch der wichtigste Kritikpunkt an den ökonomischen Theorien sein. Andererseits kann den soziologischen Theorien vorgeworfen werden, dass sie das Spannungsverhältnis zwischen individueller Freiheit und kulturspezifischen Vorgaben nicht zufriedenstellend aufgelöst haben.«

Quelle: Etzrodt 2003: 308.

Zum anderen kann man dem erklärungsökonomischen Prinzip folgen, den empirischen Aufwand zu minimieren, den man betreiben muss, um ein wirtschaftliches Phänomen zu erklären. Dann könnte man für eine »analytische Priorität des homo sociologicus« in der wirtschaftssoziologischen Forschung plädieren, da er regelorientiert und routinehaft handelt und nicht wie der Homo oeconomicus nach rein individuellen Präferenzen (vgl. zum Folgenden Schimank 2000: 152–158, zit. 158). Man probiert also zunächst, wie weit man mit dem Modell des Homo sociologicus kommt, und wechselt dann zu einem anderen, wenn es sich als unfruchtbar erweist.

Max Weber argumentiert genau umgekehrt (Weber 1980/1921: 2 f.; Weber 1973e/1922: 427–438). Handeln, das sich allein an der strengen formalen Zweck-Mittel-Rationalität orientiert, ist für ihn der verständlichste Typ einer sinnhaften Struktur von Handeln. Er gibt deshalb die Regel vor, dass man jedem (wirtschaftlichen) Handeln zunächst grundsätzlich unterstellt, es sei rational und als rational deutbar, und diese Generalannahme erst dann für einen konkreten Fall modifiziert, wenn empirische Forschungsergebnisse sie relativieren.

Neben diesem erklärungsökonomischen Argument kann man gesellschaftstheoretische Gründe für die Modellwahl anführen, etwa dass moderne Gesellschaften den Typ des Homo oeconomicus nicht nur hervorbringen, sondern fördern und fordern.

Einwenden lässt sich jedoch, dass der Akteur den hohen gesellschaftlichen Ansprüchen an Rationalität und Entscheidung kaum entsprechen kann, weil ihm zum einen die kognitiven Fähigkeiten dazu fehlen und er sich zum anderen mit überwältigender Komplexität und unüberwindbarer Ungewissheit, d. h. mit subjektiven *und* objektiven Grenzen rationalen Handelns konfrontiert sieht (> 1.4.3 und 3.1). Unter diesen Bedingungen sorgen erst mehr oder weniger dauerhafte gesellschaftliche Institutionen und der in ihnen verlässlich handelnde Homo sociologicus für eine einigermaßen erwartungsstabile Umwelt (> 2.2). Erst auf dem Boden der so gegebenen Stabilität kann sich dann das Kalkül des individualistischen Homo oeconomicus entfalten; so gesehen setzt der Homo oeconomicus den Homo sociologicus voraus. Dass man solche Stabilität und Sicherheit aber gerade nicht einfach voraussetzen kann, sondern erst aufwändig herstellen muss, ist ein zentrales Argument der Wirtschaftssoziologie (> 3.1).

Statt mit einem Einheitsmodell oder einer Mehrzahl von Modellen zu arbeiten, ist es möglich, auch von einem multi-motivationalen Akteur oder *multiple self* auszugehen (Jon Elster), der über ein Set von Grundmotiven verfügt – Handeln zumindest als Nutzenverfolgung oder Normbefolgung, erweitert als Identitätsbehauptung oder Gefühlsausdruck –, die er in Abhängigkeit des strukturellen sozialen Kontexts mehr oder weniger stark aktiviert.

Zusammengefasst lassen sich vier allgemeine Orientierungspunkte des wirtschaftlichen Handelns herausstellen: Rationalität(en), Regelkonformität, Rechtfertigung und Kreativität. Wirtschaftssoziologie kann mit mehreren Akteurmodellen arbeiten, zunächst klassisch mit Homo oeconomicus und Homo sociologicus, dann mit komplexeren Ansätzen wie z. B. Homo oeconomicus-culturalis oder Akteur-Netzwerk. Das gemeinsame Merkmal wirtschaftssoziologischer Verwendungsformen solcher Modelle liegt darin, dass man sie als historische und soziale Konstrukte auffasst, die sich deshalb auch wandeln können. Für Entstehung, Stabilität und Wandel von Akteur- und Handlungsmustern haben Institutionen eine herausragende Bedeutung.

Kapitel kompakt

■ Handeln ist auf subjektiv gemeinten Sinn orientiert (Weber) ■ Weber sieht in Zweckrationalität, Wertrationalität, Traditionalität und Affektualität die idealtypischen Grundmotive sozialen Handelns ■ Wirtschaftliches Handeln ist soziales, auch konflikthaftes Handeln und in modernen Gesellschaften überwiegend zweckrational ■ Angesichts von Komplexität und Offenheit benötigen individuelle Akteure Orientierungen für ihr Handeln ■ Akteure, Sinngebungen, Interessen und Handlungen entstehen als gesellschaftsspezifische soziale Konstrukte ■ Wirtschaftliches Handeln orientiert sich an Entscheidung und Erfolg, es zielt auf Optimierung einer Zweck-Mittel-Relation ■ Es verortet sich in einem Kontinuum, das unterschiedliche Grade von Rationalität umfasst ■ Die Geldrechnung ermöglicht die Verbreitung von formaler Rationalität ■ Homo sociologicus und Homo oeconomicus figurieren als die wichtigsten soziologischen Akteurmodelle, sie bilden die Basis von Handlungstheorien ■ In pragmatischen Ansätzen reflektieren Akteure ihre Handlungen häufig, sie müssen sie auch rechtfertigen ■ Handlungen entspringen aus Verknüpfungen von Akteuren und Artefakten ■ Zwischen Akteurmodellen kann man aus erklärungsökonomischen oder gesellschaftstheoretischen Gründen wählen und wechseln ■

Weiterlesen

Basis: Beckert 2011 ■ *Vertiefend:* Fley 2008; Schmid 2008 ■

2.2 Was rahmt und regelt wirtschaftliches Handeln? Institutionentheorien

Da die Soziologie ihre Aufgabe in der Klärung der Frage der sozialen Ordnung sieht, stellt sie seit jeher Analyse und Vergleich von Institutionen in das Zentrum ihres Interesses. Soziologische Klassiker wie Emile Durkheim, Max Weber, Vilfredo Pareto oder Talcott Parsons konzipierten Institutionen als Systeme von Erwartungsstrukturen aus dauerhaften gemeinsamen Überzeugungen, Normen und kollektiven Gesinnungen, die als Restriktionen, Anreize oder Gelegenheiten das Handeln und Entscheiden beeinflussen oder bestimmen – oder soziologischer formuliert: die die sozialen Beziehungen regeln. Wirtschaftssoziologisch sind Institutionen erstens relevant, weil sie den Gegenstandsbereich Wirtschaft und seine Phänomene wesentlich prägen, beispielsweise als Buchführungsstandards, Eigentumsrechte, Vertragsrecht, Unternehmensstrukturen, Erwartungsmuster, Wettbewerbsregeln, Branchenkulturen, Handelsabkommen, Managementphilosophien, Arbeitsbeziehungen, zwischenbetriebliche Arbeitsteilung oder Produktstandards. Wirtschaftssoziologisch relevant sind Institutionen zweitens, weil sie Ordnung erzeugen, die wirtschaftliches Handeln zugleich ermöglicht und einschränkt.

Ein spezifisch wirtschaftssoziologisches Interesse gilt den sozialen Mechanismen, die wirtschaftliches Handeln prägen und formen (Nee 2005: 55–56; > 1.3.3). Über das Argument der sozialen Einbettung hinausgehend (> 3.2.1), so Victor Nee, rücken insbesondere die Mechanismen ins Zentrum der Analyse, die die Wechselwirkungen zwischen den formalen Regeln institutioneller Strukturen, die von Organisationen und Staaten überwacht und durchgesetzt werden, und der informellen sozialen Organisation von eng miteinander verbundenen Gruppen bestimmen.

Aus welchen wissenschaftlichen Interessen heraus beschäftigen sich Wirtschaftssoziologinnen mit Institutionen (> 1.4)? Ist man vorrangig institutionentheoretisch motiviert, untersucht man, wie Institutionen entstehen, bestehen, miteinander verbunden sind und wie sie sich verändern oder auflösen. Dagegen fragt man zweitens aus handlungstheoretischem Erkenntnisinteresse, wie Institutionen individuelle Handlungen beeinflussen. Zielt man drittens zuvorderst auf Politikberatung und Sozialtechnik, kann man versuchen, Leistungen und Wirkungen von Institutionen zu bestimmen, zu vergleichen und zu bewerten. Dann geht es in erster Linie darum,

Abbildung 8: Stilisierter Vergleich von deterministischen und konstruktivistischen Institutionenkonzepten

	Deterministisches Institutionenverständnis	**Konstruktivistisches Institutionenverständnis**

Akteurmodell	– Homo oeconomicus:
	  – kalkulierendes, individuellen Präferenzen folgendes zweckrationales Handeln
	  – Orientierungssicherheit durch eigene Präferenzen und Maximierungsregel
	  – Informationsbedürfnis wg. Informationsasymmetrie
	– Homo sociologicus:
	  – Orientierung durch Normen
	  – sozialen Normen folgendes Handeln
		– sinnhaftes Handeln
		  – in Sozialität sozialisierter Akteur
		  – Orientierungsbedürfnis wegen
		    – Weltoffenheit des Akteurs
		    – Streben nach sinnhaftem Handeln
		    – Interpretationsfähigkeit des Akteurs
		    – Interpretierbarkeit der sozialen Welt

Art der Institution	– formale, ferner informale Regeln und Schemata	– informale und formale Schemata – mentale und habituelle Schemata

Verständnis von Institution	– Antwort auf Koordinationsprobleme von rationalen Akteuren:
	  – Institution als rationaler Problemlösungsmechanismus
	– interessenbasierte Regeln zwecks Senkung von Transaktionskosten u. ä.
	– funktionalistisch-individualistischer Grundansatz: Ihr Funktionieren gemäß den Akteurinteressen legitimiert die Institution
		– Institution als normative, interpretationsbedürftige Rahmung des Handelns:
		  – Institution als ordnender Sinnzusammenhang
		– konstruktivistisch-kulturalistischer Grundansatz: Institution als Spiegel gesellschaftlicher Strukturen und Werte: das als richtig und deshalb verbindlich Anerkannte

Institution → Handeln	– bewusste Aneignung durch Akteure (Handlungsrahmen), ggf. bewusste Abweichung – interessengesteuerte, kalkulationsbasierte Einhaltung der institutionalisierten Regeln – Problematisierung, Aufweichung, Auflösung der Institution, wenn individuelle Kosten der Regeleinhaltung zu hoch	– Institutionen verkörpern und konkretisieren gesellschaftliche Leitideen und Werte, Traditionen und Erwartungen – Institutionen prägen bewusst oder unbewusst das Handeln

	Deterministisches Institutionenverständnis	Konstruktivistisches Institutionenverständnis
Handeln → Institution	– bewusste, zielgerichtete Konstruktion und Gestaltung von Institutionen durch Akteure	– Institution als intendiertes, habitualisiertes oder zufälliges Ergebnis individuellen und sozialen Handelns und gesellschaftlicher Entwicklungen
Interessen	– individuelle wechselseitige bzw. komplementäre Interessen an vorteilhaften Regeln – exogen, von Akteuren an Institutionen herangetragen – individuelle Interessen als Maßstab für Bewertung und Befolgung von Institutionen	– gemeinsame Interessen am »kollektiven Gut« einer konkreten Ordnung – exogen und endogen – in die Institutionen verwickelt, von ihnen geprägt
Ordnung	– gründet in der Gemeinsamkeit des individuellen Interesses an der Verbesserung der individuellen Lage – Sanktionen und Anreize stützen die kollektive Ordnung im Interesse der Individuen	– entsteht und besteht durch gemeinsame Werte, Leitideen und Vorstellungen
Wandel	– durch strategisches Handeln bei Verletzung von Akteurinteressen – durch Selektion je nach Effizienz einer konkreten Institution	– unzureichende Orientierungswirkung führt zu Reflexion (Bewusstmachung) der Institution – Kreativität, Habitualisierung und deren Diffusion ändern Institutionen oder schaffen neue

Quelle: Eigene Darstellung mit Eva-Maria Walker; Bezüge u. a.: Maurer/Schmid 2002; Maurer 2008c; Berger/Luckmann 1980; DiMaggio/Powell 1983; DiMaggio 1998.

herauszufinden, welche die für eine Situation oder Problemlage am besten geeignete Institution ist, um dann Entscheidungsträgern wie Politikern oder Regulierungsbehörden zu empfehlen, diese optimale Institution einzurichten oder bestehende Institutionen ihr anzunähern.

Ökonomische Institutionentheorien bearbeiten meist die zweite und dritte Fragestellung und begreifen Ordnung als intentional erzeugtes Resultat rationalen individuellen Handelns, das nach für die Individuen möglichst reibungslos funktionierenden Institutionen strebt. Man kann sie als interessendeterministische Ansätze bezeichnen (s. u.). Für in engerem Sinne soziologische Institutionentheorien ist diese Form der Institutionenbildung eher ein Spezialfall. Sie betrachten Institutionen zum einen als dem individuellen Verhalten oder Handeln vorausgesetzte und übergeordnete gesellschaftliche Muster des Richtigen und Verbindlichen, die die individuellen Aktivitäten wesentlich bestimmen; man kann sie kulturdeterministische Institutionentheorien nennen. Oder sie setzen den Akzent zum anderen auf die Entwicklung von Institutionen, die nach ihrer Auffassung aus der Wechselwirkung von individuellen Aktivitäten und überindividuellen Vorstellungen, Vorgaben und Verhaltensmustern durch Interpretation, Praxis, Vervielfältigung und schließlich Verfestigung hervorgehen (sozial-konstruktivistische Institutionentheorien; ► Abbildung 8).

Konstruktivistische Institutionentheorien passen prinzipiell zum vorherrschenden Selbstverständnis moderner Gesellschaften, in denen soziale Ordnungen als das Produkt menschlicher Aktivitäten und organisatorischer Techniken gelten. Sie passen auch zur wirtschaftssoziologischen Einsicht, dass insbesondere »der gesamte Apparat moderner Wirtschaftssysteme über weite Strecken das Resultat dieser Technologien zur Organisation des Sozialen ist« (Fligstein 2011: 41). Dies zeigt sich beispielsweise in Erfindungen von rechtlichen Institutionen wie etwa der juristischen Person oder der Aktiengesellschaft, die die Gründung und Führung von Unternehmen vereinfachen.

Der klassische kulturdeterministische Institutionenbegriff findet sich in Emile Durkheims »Die Regeln der soziologischen Methode«: Institutionen sind »alle Glaubensvorstellungen und durch die Gesellschaft festgesetzten Verhaltensweisen«, die Individuen nur in bestimmten Grenzen variieren können und dürfen (Durkheim 1984/1895: 100). Als objektiv gegebene, externe soziale Tatbestände bestehen sie »gewissermaßen aus Gussformen, in die wir unsere Handlungen gießen müssen« (S. 126). Zu den ökonomischen Institutionen zählt er Institutionen der Produktion, des Tauschs und der Verteilung wie z. B. Unternehmensorganisation oder Fabrikfertigung, Märkte oder Börsen und Zinsen oder Gehälter (Durkheim 1994: 80). Durkheim fasst Soziologie als die Wissenschaft von den Institutionen und Wirtschaftssoziologie als die der ökonomischen Institutionen.

Aus dieser Position heraus argumentiert Durkheim, es sei eine Fiktion anzunehmen, wirtschaftliche Ordnung könne aus freien Vereinbarungen zwischen individuellen Akteuren hervorgehen. Denn damit würden die Akteure buchstäblich handlungsunfähig, da sie immer wieder mit jedem Partner alle Konditionen ihrer Vertragsbeziehungen individuell neu aushandeln müssten (Durkheim 1996/1902: 270; > 2.2.1). Wirtschaft ist also immer auf außerökonomische Voraussetzungen in der Gesellschaft angewiesen, die Regelhaftigkeit sichern und damit Ordnung herstellen. Sowohl die Institution des Vertrags als auch jeder konkrete Vertrag gründet auf Institutionen wie dem Vertragsrecht, der erwartbaren grundsätzlichen Vertragstreue, den Sitten der Vertragspraxis oder der Berufsmoral. Der Vertrag bildet wiederum eine zentrale institutionelle Basis der Institution des Markttausches (Parsons/Smelser 2010/1956: 104–106).

Der freie Vertrag sei nur dann als Basis für Tauschhandlungen dienlich, wenn er auf nicht vertraglichen Grundlagen aufbauen kann, das heißt auf sozialen Institutionen und normativen Regulationen, die bereits vor dem Vertrag existieren und die das Verhalten der Akteure bestimmen oder mitbestimmen. Nach Durkheim entstehen solche normativen Grundlagen im Zuge diffuser sozialer Evolutionsprozesse – und nicht als Ergebnis mehr oder weniger bewusster »Institutionenpolitik« von nach Maximierung und Effizienz strebenden Akteuren, wie es die Institutionenökonomik annimmt. Durkheim nennt das generalisierte Vertrauen zwischen Kaufleuten, die gemeinsame Vorstellung von Fairness oder das private Eigentum als Beispiele für solche Institutionen. Für Durkheim kann eine Wirtschaft nur dann funktionieren, wenn Institutionen die ökonomischen Aktivitäten der Individuen normativ einbetten und sie dadurch den vorherrschenden Egoismus moralisch bändigen (> 3.2). Die Betonung der institutionalen außerwirtschaftlichen Voraussetzungen der Wirtschaft ist ein Standardargument der Wirtschaftssoziologie.

Denk-Pause 7

Betrachten Sie Ihre eigenen alltäglichen wirtschaftlichen Handlungen: Woran liegt es, dass Sie in den meisten Fällen relativ reibungslos ablaufen? ■ Wie können zwei rational kalkulierende Akteure, die auf einem Markt zum ersten Mal aufeinander treffen, einander trauen, z. B. liefern, bevor der andere bezahlt oder umgekehrt?

Handlungstheoretisch kann man Institutionen auf die Abstimmungsprobleme individueller Akteure zurückführen, die diese individuell und interaktiv zu lösen versuchen und dabei soziale Ordnung gezielt herbeiführen oder unbeabsichtigt nebenbei entstehen lassen. Dieser Erklärungstyp führt das kollektive Phänomen einer Institution auf individuelles Handeln zurück und schreibt Institutionen zugleich die Funktion eines Regulativs für individuelles Handeln zu (methodologischer Individualismus; > 1.3.3; ► Methoden 2). Solche Erklärungsmuster starten meist mit dem handlungstheoretischen Problem der Ungewissheit (> 3.1), die zu einer strukturellen Interaktionsblockade aufgrund von doppelter Kontingenz führen kann.

2.2.1 Doppelte Kontingenz und Abstimmung der Akteure

Da individuelles Handeln zugleich *soziales* Handeln (Relationierung) und *unbestimmtes* Handeln (Handlungsfreiheit) ist, stellt sich den Akteuren das Problem der »doppelten Kontingenz«, das Talcott Parsons in seiner Handlungstheorie analysiert und Niklas Luhmann in seiner Theorie sozialer Systeme neu fasst (Parsons 1968; Luhmann 2002: 148–190). Wenn sich zwei (oder mehr) Akteure in einer Interaktionskonstellation befinden, in der jeder bedenkt, dass sowohl er selbst als auch der andere seine Handlungen frei wählen kann, ist das, was er und der andere tun werden, weder vorhersehbar noch als Wahrscheinlichkeit berechenbar (Erwartungsunsicherheit). Denn eine Handlung kann stattfinden oder auch nicht, sie kann so oder anders ablaufen, man kann den Erwartungen entsprechen oder nicht, kurz, das Handeln ist kontingent. »Kontingent ist etwas, was weder notwendig noch unmöglich ist; was also so, wie es ist (war, sein wird), sein kann, aber auch anders möglich ist« (Luhmann 2002: 152). Auf beiden Seiten der Interaktion sehen sich die Akteure deshalb mit Unsicherheit konfrontiert, etwa einem Tausch von Gut gegen Geld auf einem Markt. Sie können nicht wissen, was der andere tun wird, und, da sie sich daran orientieren wollen, auch nicht, was sie selbst tun sollen (Abstimmungsproblem). Soziales Handeln kommt dann nicht zustande oder das unkoordinierte Handeln der rationalen Egoisten führt zu suboptimalen oder kollektiv unerwünschten Ergebnissen (vgl. Schmid 2004: 17 f.).

Damit die Akteure nicht paralysiert bleiben, sondern handeln können, müssen ihre Handlungen von ihnen oder Dritten so koordiniert werden, dass sich die Unsicherheit über das Handeln der jeweils anderen verringert. Damit wäre sozialwissenschaftlich zu erklären, wie handlungsregulierende Abstimmungsmechanismen entstehen, die es den Akteuren erlauben, ihre Erwartungsunsicherheiten und Übervorteilungsängste zu überwinden; institutionalistische Rationalhandlungstheorien erwarten dies vor allem davon, dass die Akteure wechselseitig Regeln und Institutionen anerkennen (vgl. Schmid 2008: 90 f.). Die Paralyse überwinden können beispielsweise in der sozialen Dimension existente Normen und Werte oder neue Regelvereinbarungen zwischen den Akteuren, in der zeitlichen Dimension z. B. schrittweise Erfahrungen mit sich und dem anderen, vorgeschossenes Vertrauen sowie Bildung und Stabilisierung von Erwartungen (> 3.1).

2.2.2 Individuell rationales Design von Institutionen

Die Vertreter einer erklärenden Soziologie, die gesellschaftliche Gesetzmäßigkeiten herausfinden wollen (> 1.3.2), benötigen dafür neben einer allgemeinen (Rationalhandlungs-)Theorie auch eine allgemeine Institutionentheorie, um erklären zu können, wie Institutionen individuelles Handeln systematisch leiten und rahmen (> 2.1.4; ▶ Abbildung 8). Sie zielen auf ein »integratives Erklärungsprogramm« und suchen deshalb nach Gemeinsamkeiten wirtschaftswissenschaftlicher und soziologischer Institutionentheorien (Maurer 2008c: 80).

Wenn man soziale Praxis als individuelle Interaktion begreift und individuelle Praxis und gesellschaftliche Institutionen als getrennt voneinander existierend konzipiert, kann man Institutionen als Regeln auffassen, die das Verhalten oder Handeln leiten oder steuern (vgl. Maurer/Schmid 2002: 12). Institutionen lassen sich dann handlungstheoretisch als Regeln verstehen, die im Sinne sozial verbindlicher Erwartungen oder in Form von Spielregeln wie Gesetzen, Eigentumsrechten, etablierten

Organisationsstrukturen oder Normen das rationale Handeln individueller Akteure in deren eigenem Interesse kanalisieren (Maurer 2008c: 70; DiMaggio 1998: 696). Eine rationalhandlungstheoretisch fundierte Institutionentheorie erklärt die Existenz und Effektivität einer Institution als handlungsleitender Regel aus Sicht der Akteure selbst: Mittels der Institution lösen eigennützige Akteure ihre Abstimmungsprobleme so, dass die Regelbefolgung den Interessen aller Beteiligten optimal nützt, etwa indem sie wechselseitig vorteilhafte Tauschakte ermöglicht und sichert (Schmid 2004: 11–17; ▶ Abbildung 2).

Konsequenterweise gelten die individuellen Akteure nicht nur als Ursprung der Institutionen, sondern auch als Ursache ihres Wandels. Weichen individuelle Interessen – die ganz unabhängig von der Institution existieren – und Institution zu sehr voneinander ab, verliert die Institution an Bindungskraft und die Akteure problematisieren, ändern oder ignorieren sie. Das entscheidende Charakteristikum für diese Sichtweise besteht darin, dass institutionelle Ordnung durch gemeinsame Interessen individueller, nutzenmaximierender Akteure entsteht, die wechselseitig ihre eigene Situation verbessern wollen.

Dieser Institutionenbegriff verkörpert den Kern rationaler Institutionentheorien und wird in verschiedenen Varianten von Vertretern der Rational-Choice-Theorien und der Neuen Institutionenökonomik verwendet (z. B. James Coleman, Hartmut Esser, Klaus-Dieter Opp, Siegwart Lindenberg, Jon Elster sowie Ronald Coase, Oliver Williamson, Douglass C. North, Gary S. Becker, Bruno Frey). Seine Verfechter sehen den Rationalhandlungs-Institutionalismus als ein integratives, disziplinübergreifendes Programm, das die Grenzen zwischen Soziologie und Ökonomik zu überwinden vermag (Maurer/Schmid 2002: 21; Schmid/Maurer 2003: 35; > 1.3.2). Ihre institutionentheoretischen Positionen liegen eng beieinander, wie der stilisierte Überblick in ▶ Abbildung 8 für die dort »deterministisch« genannten Ansätze zeigt.

Für *diese* Einheit der Sozialwissenschaften zahlen sie den Preis, dass die Soziologie die ökonomistische, auf exogene Interessen rationaler individueller Akteure abhebende Institutionentheorie als *allgemeine* Institutionentheorie übernehmen muss. Darüber hinaus steht dieser Typ von Institutionentheorie vor dem Problem erklären zu müssen, wie es trotz des universalen Rationalhandlungsmechanismus und des einzigen Bewährungsmaßstabs (ökonomische) Effizienz zu der empirisch gesehen großen Diversität wirtschaftlicher Institutionen und institutioneller Arrangements nach Branchen, Regionen, Volkswirtschaften und Gesellschaften kommen kann (vgl. Hollingsworth 2002). Die Spielarten des Kapitalismus, die Diversität von Industriedistrikten oder die Formenvielfalt der Unternehmenskontrolle sind Beispiele dafür (> 5.2.3). Schließlich lässt sich die theoretisch unterstellte Tendenz zu aus Sicht der Akteure »preiswerteren« Institutionen empirisch kaum prüfen. Schließlich ist Effizienz schon aufgrund der Unbestimmtheit, welche Kosten zu Buche schlagen sollen, ein schillernder Begriff, außerdem kann man die Effizienz von Institutionen kaum vergleichend *messen* (> 1.1.1, 3.3.1).

2.2.3 Sozial interpretative Konstruktion von Institutionen

Anders als solche rationalistischen Ansätze verstehen konstruktivistische Institutionentheorien Institutionen als Systeme von geteilten Überzeugungen, Normen, kollektiven Wahrnehmungs-, Deutungs-, Organisations- und Rollenmustern, die sich in sozialer Praxis durch Wiederholung herausbilden, verfestigen und schließlich etablieren (Sozialkonstruktivistischer Institutionalismus; DiMaggio 1998; vgl. Nee 2005: 55 f.; ► Abbildung 8). Menschen handeln, schaffen gesellschaftliche Produkte und projizieren ihren Sinn auf die Wirklichkeit (Externalisierung), die sie selbst produziert haben und produzieren. Institutionen begründen sich in Skripten, Routinen, Ritualen und Konformität. Einzelne, einander ähnliche und von vielen praktizierte Handlungen objektivieren sich gesellschaftlich zu Handlungstypen, und sich bei vielen Menschen vielfach ähnlich oder gleich wiederholende Handlungsverläufe werden institutionalisiert, etwa als typischer Verlauf eines Arbeitstages (Vergegenständlichung oder Objektivation; Schütz/Luckmann 2003: 519). Die »institutionale Welt ist vergegenständlichte menschliche Tätigkeit, und jede einzelne Institution ist dies ebenso« (Berger/Luckmann 1980: 65). Wirtschaftliche Institutionen und institutionale Arrangements entsprechen dann – mehr oder weniger – den Werten, Normen, Gewohnheiten, Regeln und Konventionen einer Gesellschaft, legitimieren sie, geben ihren Mitgliedern Orientierung und beeinflussen deren individuelles Handeln (Hollingsworth 2002: 90–94).

Haben sich Institutionen erst einmal etabliert, gerät ihr Konstruktcharakter meist ins Vergessen. Die konkrete Institution wirkt subjektiv sinnhaft, da sie in Routinen und Interaktionen des Alltags eingebettet ist (Internalisierung); zugleich erscheint sie, obwohl konstrukthaft, den Menschen als objektiv gegeben (vgl. Berger/Luckmann 1980: 36–41). Institutionen basieren auf Weltbildern, Identitäten, Legitimitätsideen, Deutungsmustern, Interessen oder erzählten Geschichten. In dieser Perspektive haben Institutionen eher informalen als formalen Charakter. Institutionen sind nicht total, d. h. sie wirken nicht direkt determinierend auf die Akteure, sie definieren nicht eindeutig, wie man zu denken, zu urteilen oder zu handeln hat, sondern eröffnen individuelle Handlungsspielräume und subjektive Interpretationsmöglichkeiten und verlangen auch kreative Interpretation. Daraus kann institutioneller Wandel entstehen. Im Übrigen anerkennen moderne Gesellschaften die Legitimität von Institutionen vor allem auf der Grundlage des kulturellen *Mythos* von Rationalität: Anspruch und Anschein von Rationalität verleihen den Institutionen und Organisationen Sinn und Geltung (> 2.2.4).

Dieser konstruktivistische Zugang schließt Rationalität nicht prinzipiell aus, sieht sie aber nicht als treibende Kraft der Institutionenbildung. Das Modell individuellen und organisationalen rationalen Handelns, rationaler Akteure und rationaler Institutionen erweist sich vielmehr als sozial konstruiert und damit als veränderlich (DiMaggio 1998: 697). Deshalb treibt nicht die Rationalität der einzelnen Akteure die Insti-

Abbildung 9: Sozialkonstruktivistisches Grundverständnis von Institution

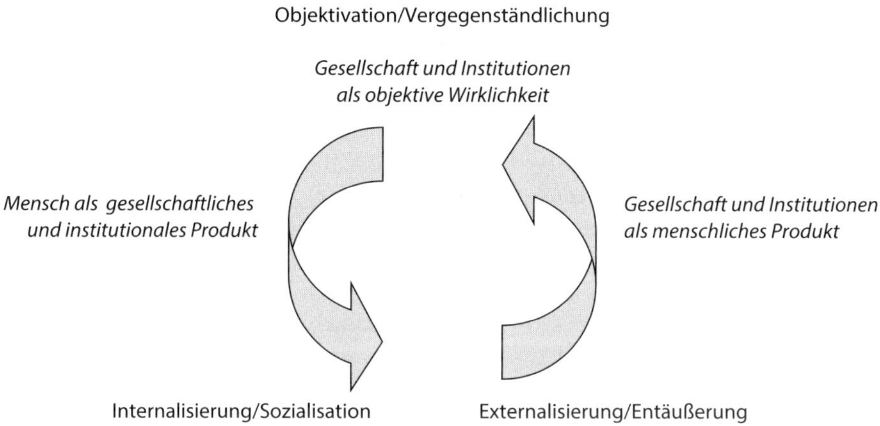

Quelle: Eigene Darstellung.

tutionenbildung von außen an, sondern spezifische Rationalitäten und Interessen entstehen als endogene, variable Größen aus den Institutionen heraus. Im Zuge von Erwartungen, Kommunikation und Reflexion können sich die Interessen der Akteure beispielsweise innerhalb des Institutionentyps privatwirtschaftliches Unternehmen im Familieneigentum anders akzentuieren als im Typ große Aktiengesellschaft im Streubesitz vieler Aktionäre oder als im Typ gemeinwirtschaftlich orientierter Konzern im Eigentum von Kirchen.

Will man vermeiden, a priori den Institutionen Effizienz und den Akteuren Rationalität zu unterstellen, kann man Institutionen als Strukturen begreifen, innerhalb derer individuelle und kollektive Akteure ihre Interessen verfolgen. Institutionen definiert man dann als ein vorherrschendes System von miteinander verbundenen informellen und formellen Elementen – Gewohnheit, geteilte Überzeugungen, Konventionen, Normen und Regeln –, an denen ihre Interessen verfolgenden Akteure ihre Handlungen orientieren (Nee 2005: 55).

2.2.4 Institutionen und Organisationen

Schließlich kann man Institutionen in einen engen Zusammenhang mit Organisationen stellen, die ein Typ sozialer Struktur sind, der sich dadurch auszeichnet, dass er Mitglieder und Mitgliedschaftsregeln hat, Zwecke verfolgt, über formale Regelungen verfügt, arbeitsteilig eingerichtet ist, Entscheidungen hervorbringt und relativ dauerhaft existiert. Institutionen und Organisationen miteinander zu verbinden, verspricht für wirtschaftssoziologische Fragestellungen besonders fruchtbar zu sein, da Wirtschaft ganz überwiegend die Form von Organisationen wie Unternehmen, Märkten oder Haushalten annimmt und wirtschaftliches Handeln sich in diesen organisationalen Formen vollzieht. Unter Institutionen versteht man dann symbolische Entwürfe für Organisationen. Solche institutionalisierten Baupläne umfassen einen Satz von geschriebenen oder informellen Regeln, die vor allem die Beziehungen zwischen Rollenträgern in Organisationstypen bestimmen, z. B. in Schulen oder in Unternehmen (Portes 2010: 55; Organisationaler (Neo-)Institutionalismus). Mit Anthony Giddens lässt sich dann sagen, dass Institutionen keine sozialen Strukturen *sind*, sondern soziale Strukturen – etwa Organisationen – *haben*, die den symbolischen Entwurf der jeweiligen Institution konkret verkörpern und die Beziehungen zwischen Rollen leiten (Giddens 1984: 143–157). Die Institutionen der Aktiengesellschaft als Rechtsform und des Shareholder-Value als Managementphilosophie geben z. B. zwei allgemeine Entwürfe vor, den ein einzelnes Unternehmen, das als Aktiengesellschaft organisiert ist, konkret ausgestaltet.

Die sogenannte Legitimitäts-Schule Stanforder Organisationstheoretiker unter Führung von John W. Meyer betont, dass Unternehmen und nichtwirtschaftliche Organisationen ihre Strukturen an wirkmächtige institutionelle Regeln anpassen, die gesellschaftliche Mythen von Rationalität und Innovation verkörpern. Dabei entwickeln sie im Weber'schen Sinne formal-rationale Strukturen, um ihre Legitimität durch eine Anpassung ihrer Organisationsstruktur an externe Erwartungen zu erzeugen und abzusichern (Meyer/Rowan 1977; > 2.1.3).

Aus dieser Sicht dienen beispielsweise die Übernahme von Managementphilosophien und die Inanspruchnahme von Unternehmensberatungen dazu, die institutionell auf Rationalitätserwartungen oder Rationalitätsmythen basierende Legitimität von Unternehmen zu sichern. Scheitern solche Versuche der Legitimitätssicherung, gefährdet dies ihren Bestand. Die Überlegungen des Legitimitätsansatzes gelten nicht nur für hierarchische Organisationen wie Unternehmen, sondern lassen sich auch auf Netzwerke von Unternehmen anwenden, etwa zwischen Klein- und Mittelunternehmen der holzverarbeitenden Industrie (Human/Provan 2000).

Berücksichtigt man die Existenz und Relevanz von Organisationen, dann zeigt sich auch, dass sich die jeweils Legitimität verbürgenden Institutionen danach unterscheiden, in welchem organisationalen Feld und welchem institutionellen Arrangement man sich bewegt. Zu einem organisationalen Feld mit ähnlichen Unternehmen gehören etwa ihre Hauptlieferanten, Kunden, staatlichen und bprogram brancheninternen Regulatoren oder Finanziers; solche Felder entstehen durch Zwang (Regulation, etwa die Einführung der Bilanzierungspflicht), Imitation (Orientierung an bestimmten Modellen oder organisationalen Vorbildern) oder Professionalisierung des Personals (z. B. durch Managerausbildung in Betriebswirtschaftslehre) (DiMaggio/Powell 1983: 148–154).

Denk-Pause 8

Wie kann ein Unternehmen *insgesamt* möglichst rational organisiert sein, dessen einzelne Akteurgruppen (z. B. Eigentümer, Manager, Beschäftigte) versuchen, die Organisation rational nach ihren jeweiligen Interessen auszurichten? ▪ Kann ein Unternehmen Rationalität und Effizienz dauerhaft nur simulieren oder gibt es Mechanismen, die es zwingen, sie wirklich umzusetzen und fortlaufend zu steigern?

Institutionen prägen danach Organisationen wie etwa privat-kapitalistische Unternehmen, weil diese ihren Bestand sichern wollen und dabei neben ökonomischen Ressourcen auch auf gesellschaftliche Legitimation angewiesen sind (> 4.1.1). Deshalb passen sie sich an dominierende Deutungs- und Handlungsmuster an und imitieren dabei oft ähnliche Unternehmen in ihrem organisatorischen Feld (vgl. DiMaggio/Powell 1983). Empirische Studien zeigen beispielsweise, wie sich neue Unternehmenskonzepte wie Shareholder-Value-Orientierung auf kurzfristige Renditeziele, internationale Fusionen oder Auflösung von Konglomeraten zwecks Konzentration auf das Kerngeschäft mittels externer Erwartungen, staatlicher Politiken, gesetzlicher Regelungen und daran orientierten Anpassungsreaktionen der Unternehmen durchsetzen und verbreiten (vgl. Fligstein 2011: 157–198).

Damit haben wir zwei grundlegende Erklärungsmuster für Existenz und Fortbestand von Institutionen (und darauf bezogene Organisationen). Das erste Muster führt dies auf ihre relative Effizienz als optimale Lösung für Koordinationsprobleme zwischen rationalen Akteuren zurück. Das zweite Muster bescheidet sich mit der Feststellung von Effektivität, die sich im Faktum des Überlebens einer Institution oder eines Arrangements ausdrückt; ein bestimmtes Arrangement von Institutionen als universal überlegene (»effiziente«) Lösung der Allokation von Ressourcen auszuzeichnen, ist danach nicht möglich (Fligstein 2011: 34–36, 231–245).

2.2.5 Entstehung, Wandel und Funktionalität von Institutionen

Institutionentheorien kann man erstens danach einordnen, welche Basisannahme sie über die Bildung und den Wandel von Institutionen treffen (vgl. Portes 2010: 63–65). Rationale Institutionentheorien sehen Institutionen üblicherweise als Resultat des intentionalen Handelns von eigeninteressierten rationalen Akteuren. Sie fassen Institutionen als ein Instrument, mit dem diese Akteure sich selbst oder – im Falle beispielsweise von Regulierungsbehörden – anderen Akteuren wechselseitige Vorteile verschaffen und sichern wollen. Insofern kann man sie auch treffend als ökonomische Institutionentheorien bezeichnen. Rationale Akteure können im Übrigen auch lernen, eine Institution zu evaluieren und sie besser an ihre (gemeinsamen) Interessen anzupassen. Eine klassische Variante des vorteilfördernden Institutionendesigns zielt auf die Senkung von Transaktionskosten für Tauschakte und Tauschprozesse, etwa bei

Tauschobjekten die Vereinbarung technischer Mindeststandards oder bei Verträgen die Standardisierung durch allgemeine Geschäftsbedingungen.

Die Interaktionen der Akteure, die in Organisationen von institutionellen Mustern geleitet werden, wirken auf die Institutionen zurück, da die Akteure die institutionellen Regeln fortlaufend interpretieren, modifizieren, verändern und umgehen (Portes 2010: 56). Damit gerät die Differenz zwischen institutionellem Entwurf und dessen Verkörperung in organisationalen Regel- und Strukturvorgaben sowie institutioneller und organisatorischer Realität in den Blick. Aus dieser Differenz entspringen gelegentlich intendierter institutioneller *Wandel* sowie auch nicht intendierte Nebenfolgen rationalen Handelns, die ungeplanten Wandel der institutionellen Wirkungen hervorbringen können. So führen manchmal etwa von den Eigentümern (Prinzipale) gezielt gegenüber ihren Angestellten (Agenten) eingesetzte Anreizmechanismen, beispielsweise Boni für Investmentbanker, entgegen der ursprünglichen Absicht tatsächlich dazu, dass diese opportunistisch zu ihren Gunsten und zugleich zu Lasten ihres Arbeitgebers handeln.

Evolutorische Institutionentheorien dagegen sehen Institutionen als das Ergebnis von spontanen, ungesteuerten Entwicklungen, die sich nicht direkt auf intentionales Handeln von individuellen oder korporativen Akteuren zurückführen lassen. Sie greifen teilweise auf biologische Evolutionstheorien zurück. So geht etwa der populationsökologische Ansatz von Michael T. Hannan und John H. Freeman davon aus, dass sich durch Selektionsprozesse aufgrund von Marktwettbewerb, Veränderung von Marktnischen, Verschwinden nicht angepasster Organisationen und Überleben leistungsfähigerer organisationaler Eigenschaften mittel- bis langfristig ähnliche Institutionen herausbilden (institutionale Isomorphie).

Pfadabhängigkeiten entstehen durch das Fort- und Nachwirken vergangener institutioneller Strukturen. Sie können wesentlich bestimmen, was in einem bestehenden Institutionensystem gegenwärtig und zukünftig möglich ist, etwa wenn in postkommunistischen Gesellschaften ein tiefes Misstrauen gegenüber staatlicher Steuerung von Märkten herrscht. Institutionelle Pfadabhängigkeiten können institutionalen Wandel verlangsamen oder beschleunigen. So bremste und bremst das Fehlen von Unternehmerklasse und privater Kapitalakkumulation im alten System die industrielle wirtschaftliche Entwicklung in postkommunistischen Ländern (King/Szelényi 2005).

Aus Sicht des organisationalen Institutionalismus entwickeln sich strukturgleiche oder -ähnliche Institutionen wie beispielsweise Unternehmenskonzepte durch Umwelterwartungen, Anpassung und Imitation (Isomorphie). Sie diffundieren auch jenseits nationaler Grenzen. Zugleich handeln Unternehmen strategisch und interessenorientiert, zum einen im institutionellen Rahmen mehr oder weniger intensiver Marktkonkurrenz, zum anderen als politische Akteure, die durch kollektives Lobbying versuchen, den institutionalen Rahmen im Sinne ihrer Interessen zu verändern (vgl. Nee 2005: 56 f.). Ein Wandel der Institutionen ergibt sich dann sowohl als nicht intendierte Nebenwirkung wie auch als Resultat von Institutionenpolitik.

Zweitens unterscheiden sich Institutionentheorien nach ihrer Basisannahme über die *Funktionalität* von Institutionen (vgl. DiMaggio 1998: 698). Eine Richtung geht davon aus, dass Institutionen Lösungen für Handlungsprobleme bereitstellen, die, wie etwa doppelte Kontingenz oder ruinöser Wettbewerb, individuell nicht zu bewältigen sind und deshalb nach kollektiven, institutionellen Regelungen verlangen, die, prinzipiell effizient *sind* oder Effizienz zumindest intendieren (sollen) (vgl. Fligstein 2011: 21 f.). Die Neue Institutionenökonomik und Rational-Choice-Ansätze basieren auf der Grundidee von in diesem Sinne rationalen Institutionen samt in ihnen (beschränkt) rational agierenden Akteuren; man kann sie in der Strömung des Rationalhandlungs-Institutionalismus zusammenfassen (DiMaggio 1998: 696). Aber auch der Evolutorische Institutionalismus unterstellt, dass durch Selektionsprozesse effizientere Institutionen überleben, nicht effiziente dagegen verschwinden.

Die Stanforder organisationstheoretische Schule geht dagegen davon aus, dass Organisationen zwar formal-rationale Strukturen ausbilden, aber nicht oder nur nachrangig, um Probleme durch tatsächlich rationalisierte produktive Prozesse effizient zu bearbeiten. Vielmehr orientieren sie sich darauf, sich mittels einer an die institutionalisierten Erwartungen angepassten Organisations*struktur* nach außen als rational strukturiert darstellen zu können und so an Legitimität in ihrem jeweiligen organisationalen Feld zu gewinnen, etwa bei Kunden, Lieferanten, Mitarbeitern oder Behörden (Meyer/Rowan 1977: 343–348).

Aus meiner Sicht sollte man diesen Ansatz, der die Rational-Choice-Perspektive nur erweitert (> 2.1.4), konsequenter durchdenken. Selbst wenn man von der relevanten sozialen Umwelt absieht, haben Unternehmer und Unternehmensleitungen *eigenständige* Orientierungs- und Legitimationsbedürfnisse. Sie müssen ihr wirtschaftliches Handeln vielmehr gegenüber sich selbst und organisationsintern interpretieren und rechtfertigen. Das indizieren und illustrieren beispielsweise Managementliteratur, Unternehmensethikdiskurse oder die Seminar- und Coachingindustrie für Führungskräfte.

Diese knappen Überlegungen zu Wirtschaftssoziologie und Institutionentheorie verdeutlichen, dass man Institutionentheorien nicht einer einzelnen Wissenschaftsdisziplin eindeutig zuordnen kann. Vielmehr handelt es sich typischerweise um überdisziplinäre Theorien, und die Trennungslinien zwischen ihnen verlaufen quer durch die Soziologie (DiMaggio 1998; Etzrodt 2003). Die größte Differenz liegt sicherlich zwischen dem institutionentheoretischen Rationalansatz einerseits und konsequent sozialkonstruktivistischen Ansätzen andererseits.

Auch die theoriepolitischen Strategien unterscheiden sich deutlich: Während die einen auf die Entwicklung einer sozialwissenschaftlich einheitlichen Institutionentheorie hoffen (z. B. Maurer 2008c), setzen die anderen auf die Bewahrung theoretischer Diversität (z. B. DiMaggio 1998). Aber welcher institutionentheoretischen Strategie die Wirtschaftssoziologie auch folgt, sie bewegt sich immer in einem transdisziplinär sozialwissenschaftlichen Kontext.

Kapitel kompakt

Begriffe von Institution: Wirtschaftliche Institutionen als … steuerungsstarke objektive Muster des Richtigen ▪ rationale Problemlösungen für Koordinationsprobleme individuellen Handelns ▪ kollektiv verfestigte, subjektiv interpretationsfähige Objektivationen von sozialem Sinn ▪ Blaupausen für den Bau von und die sozialen Beziehungen in Organisationen ▪ Verkörperung von Rationalitätserwartungen und Rationalitätsmythen ▪ Wandel wirtschaftlicher Institutionen durch strategisches Handeln, nicht intendierte Nebenfolgen, ungesteuerte Entwicklungen, Diffusion durch Imitation ▪ Theorie(n) wirtschaftlicher Institutionen als transdisziplinäres Feld ▪

Weiterlesen

Basis: Maurer 2010b ▪ *Vertiefend:* Hasse/Krücken 2010; Swedberg 2009: 85–103 ▪

3 Grundlagen und Grundfiguren wirtschaftssoziologischen Denkens

Viele sehen im Konzept der sozialen Einbettung wirtschaftlichen Handelns das Spezifikum wirtschaftssoziologischer Forschung. Da sich die vielfältigen Formen gesellschaftlicher Einbettung als Antwort auf das grundsätzliche Problem der Koordination angesichts von Ungewissheit zurückführen lassen, kann das Konzept der Ungewissheit als das identitätsstiftende Charakteristikum der Wirtschaftssoziologie gelten (Beckert 1996). Deshalb setzen wir uns im Folgenden zunächst damit auseinander (> 3.1) und beschäftigen uns anschließend mit Ansätzen zur gesellschaftlichen Einbettung wirtschaftlichen Handelns (> 3.2). Ein konsequent konstruktivistisches Konzept sieht im *sozial zugeschriebenen Sinn* das konstitutive Merkmal wirtschaftlichen Handelns; diese Perspektive findet bisher weniger wirtschaftssoziologische Aufmerksamkeit. Wir machen sie im dritten Abschnitt stark, den Eva-Maria Walker verfasst hat (> 3.3). Dort zeigen wir, dass nicht nur die Koordinationsmechanismen, sondern auch die wirtschaftlichen Akteure selbst, die Tauschgüter und deren Werte nicht einfach vorhanden, sondern erst gesellschaftlich herzustellen sind, um wirtschaftliches Handeln zu ermöglichen.

Eine anspruchsvolle, auf Autonomie zielende Wirtschaftssoziologie steht und fällt mit der Analyse von Geld als Medium der Wirtschaft in der Gesellschaft und als vergesellschaftendes Moment. Den grundlegenden Denkfiguren dazu widmet sich der nächste Abschnitt (> 3.4). Schließlich zeigen wir, dass man die wirtschaftlich einschlägigen Phänomene Konkurrenz und Kooperation mit Ansätzen der Wirtschaftssoziologie besser beschreiben und verstehen kann (> 3.5).

3.1 Ungewissheit und Koordination

Ungewissheit als Ausgangspunkt der Analyse zu nehmen, markiert einen grundlegenden Unterschied zu den Wirtschaftswissenschaften. Wir diskutieren Ungewissheit zunächst als ein Problem für den einzelnen Akteur und sein Streben nach Rationalität, wählen also eine entscheidungs- und handlungstheoretische Perspektive. Dann analysieren wir, wie Ungewissheit die Koordinationsbedürftigkeit der Handlungen mehrerer und vieler Akteure verursacht und welche Formen und Mechanismen dennoch für Koordination auf Märkten oder in Unternehmen sorgen.

3.1.1 Akteur und Ungewissheit

Soziologie und Wirtschaftswissenschaften verbindet eine gemeinsame grundlegende Fragestellung, »die problematische Koordination der menschlichen Verhaltensweisen« (Eymard-Duvernay u. a. 2011: 208). Sie beantworten sie jedoch recht unterschiedlich.

In den herkömmlichen wirtschaftswissenschaftlichen Standardmodellen des Handelns und Tauschens auf Märkten existiert Ungewissheit nicht, denn annahmegemäß sind die eigennützig maximierenden Akteure vollständig informiert. Zwar lockern moderne informationsökonomische und institutionenökonomische Modelle diese strenge Annahme, berücksichtigen Fälle von unvollständiger oder ungleichverteilter Information und anerkennen damit Situationen der *Unsicherheit*. Unsicherheit herrscht beispielsweise bezüglich der zukünftig realisierbaren Rendite einer Investition, des erwartbaren Handelns potenzieller Tauschpartner, der tatsächlichen Qualität der Tauschobjekte oder der dafür andernorts verlangten oder gezahlten Preise. Diese Modelle nehmen aber an, dass man Unsicherheit in Risiko transformieren kann, dass man also unterschiedlichen zukünftigen Ereignissen jeweils bestimmte Eintrittswahrscheinlichkeiten zuordnen kann. Unter dieser Voraussetzung können die einzelnen Akteure weiterhin Maximierungs- oder Optimierungsentscheidungen treffen, und damit bleibt der Kern der wirtschaftswissenschaftlichen Akteur- und Handlungstheorie unberührt. Obwohl man einräumt, dass die Akteure nicht genau wissen, was sich zukünftig in der Umwelt ereignen oder was als Folge einer anstehenden Entscheidung tatsächlich eintreten wird, können sie *als Individuum* immer noch die Risiken als Wahrscheinlichkeiten berücksichtigen, kalkulieren und daraufhin zweckrational entscheiden.

Neben dieser Strategie, Ungewissheit in Risiko umzudefinieren, hat sich als forschungsstrategische Reaktion auf verhaltenswissenschaftliche und verhaltensökonomische Forschungen eine leichte Revision des Rationalitätsverständnisses durchgesetzt: Ihrem Modellakteur sprechen viele Wirtschaftswissenschaftler inzwischen im Anschluss an Herbert Simon nur noch »begrenzte Rationalität« zu (vgl. Simon 1993; > 2.1.3, 2.1.4). Beide Lösungen erlauben es, am methodologischen Individualismus festzuhalten und von kollektiven Formen der Verständigung, Bewertung oder Koordination abzusehen (> 1.3.3). Im Übrigen nimmt man weiter an, der Raum der Handlungsoptionen sei für den Akteur einfach problemlos gegeben, in ihm herrsche Gewissheit (Eymard-Duvernay u. a. 2011: 210).

Führt man Ungewissheit ein, ändert sich all dies radikal. *Ungewissheit* bezeichnet eine Situation, in der man unkalkulierbare Unsicherheit nicht in kalkulierbares Risiko umformen kann, weil man mit potenziell unzuverlässigen Tauschpartnern, allgemein offener Zukunft, komplexer Kausalität und ebenso unbeabsichtigten wie unvorhersehbaren Nebenfolgen rationalen Handelns konfrontiert ist (Portes 2010: 18–24). Unter Ungewissheitsbedingungen können Akteure also Ergebnisse von Entscheidungen nicht vorhersagen und potenziellen Handlungsfolgen keine Wahrscheinlichkeiten zuordnen. Dann ist es offen, »wie intentional rationale Akteure Entscheidungen unter Bedingungen treffen, in denen sie nicht wissen, welches die optimale Alternative ist« (Beckert 1996: 126). Darüber hinaus können sie Veränderungen wirtschaftlicher, sozialer und rechtlicher Strukturen weder ausschließen noch vorhersagen.

Ungewissheit verunmöglicht ein Maximierungs- oder Optimierungshandeln, das allein aus kalkulierten Entscheidungen auf der Grundlage von individuellen Präferenzen resultiert. In Ungewissheitssituationen bleibt der rationale Akteur ratlos und entscheidungsunfähig, sodass weder Märkte noch Unternehmen einigermaßen funktionieren, noch effiziente Tauschverhältnisse entstehen, noch ökonomische Prozesse und Ergebnisse prognostiziert werden können (> 2.2.1). In der Konsequenz muss man ein Kernstück der ökonomischen (Handlungs-)Theorie verabschieden: die allgemeine Annahme der Möglichkeit *individuellen* Optimierungshandelns und damit zugleich die Annahme eines daraus resultierenden allgemeinen *System*gleichgewichts (Beckert 1996: 133).

Ungewissheit durch Entscheidung

Unsicherheit und Ungewissheit kann man aber nicht einfach auf die Natur des freien Tauschs zwischen rationalen Akteuren auf freien Märkten mit zahlreichen Alternativen zurückführen. Man muss sie auch als sozial konstruierte Charakteristika des Handelns in modernen Gesellschaften begreifen. Uwe Schimank resümiert unter dem Etikett »Entscheidungsgesellschaft« die Beobachtung, dass sich entscheidungsförmiges Handeln nicht nur tatsächlich stärker verbreitet, sondern auch normativ zunehmend erwartet, mit hohen Rationalitätsansprüchen verbunden und in das Selbstbild moderner Gesellschaften aufgenommen wird (Schimank 2006: 57–62). Rücken in diesem Zusammenhang mehr Akteure häufiger als bisher von der durch Traditionen und Routinen gewährten Erwartungssicherheit ab und setzen auf die Form der Entscheidung, steigern sie dadurch Unsicherheit und Ungewissheit ihres Handelns. Auch die kapitalistische Dynamik von Innovation und Zerstörung produziert Ungewissheit; sie erweist sich damit als ein Resultat gesellschaftlicher Entwicklungen und als ein spezifisches Merkmal »*moderner* Wirtschaftssysteme, nicht des Wirtschaftens überhaupt« (Deutschmann 2007: 88; > 2.1.2).

Fall 4: Unsicherheit und Autonomieverlust in der Spätmoderne

»In der Spätmoderne dagegen wandeln sich die Wettbewerbs- und Anerkennungskämpfe vom Positionskampf, der das Erreichen und Sichern von stufenförmig angeordneten Wettbewerbs- und Anerkennungsniveaus erlaubte, zum unterbrochenen performativen Kampf: Anerkennung, Status und oft auch Einkommen werden jetzt nicht mehr durch das erreichte Niveau (die Position des Geschäftsführers, Professors, Chefredakteurs, Raumpflegers, Vorarbeiters oder Schichtführers) bestimmt, sondern über Performanzkriterien ständig neu ausgehandelt: Umsatzzahlen, Auflagen- und Einschaltquoten, Publikations- und Drittmittelbilanzen werden jährlich, halb- oder vierteljährlich neu bestimmt und ausgewertet; Zeitarbeit, prekäre Beschäftigungsverhältnisse und befristete Arbeitsverträge signalisieren und erzwingen die Umstellung auf Performanzkriterien und damit auf Dauerkonkurrenz und existenzielle Unsicherheit auf der weniger privilegierten Seite. Interessanterweise lässt sich diese Umstellung von Position auf Performanz auch in Familienverhältnissen und etwa im Bereich des Ehrenamtes beobachten: Lebensgemeinschaften beziehen ihre Legitimität immer weniger aus geschlossenen Verträgen (Ehe) und immer stärker aus der immer wieder neu zur Bewährung stehenden wechselseitigen ›performativen‹ Befriedigung, und soziales Engagement verliert zunehmend seinen ›Amts-‹Charakter: Wie lange und wie intensiv jemand eine Aktivität ausüben will und darf, unterliegt einer stetigen, prozessbedingten Neubewertung.

Der Zwang, sich stets von Neuem und in allen Sphären des sozialen Lebens bewähren zu müssen, weil es keine Sicherheit über erreichte Niveaus gibt, untergräbt das Vertrauen darauf, sein Leben ›im Griff‹ zu haben und daher selbstbestimmt gestalten zu können.«

Quelle: Rosa 2010: 111 f.

Die hier beschriebene gegenwartstypische Unsicherheit und Ungewissheit gründet in historischen Entwicklungen und Wirtschaftspolitiken, die etwa auf die Errichtung freier Märkte zielen, und den damit verbundenen sozialen Konflikten. So hat Karl Polanyi herausgearbeitet, dass Arbeit, Boden und Geld ursprünglich zwar keine Waren sind, weil sie nicht für den Verkauf auf Märkten hergestellt werden, dass sie aber als käufliche Produktionsfaktoren wesentliche Elemente der Marktwirtschaft sind und deshalb künstlich *wie* Waren behandeln werden müssen (▶ Position 4; Kommodifizierung; Polanyi 1978/1944: 102–112). Auf der Makroebene zeigt sich: Behandelt eine Gesellschaft Arbeitskraft, Boden und Geld auf Märkten kontrafaktisch wie beliebige andere Waren, muss sie traditionale Gesellschaftsstrukturen, in die jene bisher eingebunden waren, auflösen. Das erzeugt ein hohes Maß an bisher unbekannter Unsicherheit, insbesondere für die Menschen, die zum Verkauf ihrer Arbeitskraft gezwungen und den Entwicklungen der Arbeitsmärkte ausgeliefert sind (S. 182–187, 224–229, 241–243). Der Selbstschutz der Gesellschaft gegenüber den Folgen dieser Liberalisierung, so Polanyi, nähre eine Gegenbewegung, die bei Arbeit und Boden durchgesetzte Marktfreiheit wieder einschränke. Aber auch der Produktionsfaktor Arbeitskraft generiert Ungewissheit, da ihn Unbestimmbarkeit charakterisiere: Arbeitskräfte können mehr oder weniger kooperieren, mehr oder weniger eigenverantwortlich handeln und mehr oder weniger innovativ und kreativ werden (Deutschmann 2007: 89–91; Transformationsproblem, > 4.3).

3.1.2 Soziale Kontexte und Koordination

Die Wirtschaftssoziologie nimmt Ungewissheitssituationen zum Ausgangspunkt und untersucht die sozialen Lösungsansätze, auf die sich die Akteure stützen, um dennoch entscheidungs- und handlungsfähig zu werden. Damit nimmt sie ein Problem in den

Blick, das in der Wirtschaftstheorie insbesondere Frank Knight und John Maynard Keynes als radikale oder echte Unsicherheit thematisierten, ohne damit auf große Resonanz zu stoßen (Knight 1921).

Angesichts von Ungewissheit hält die Wirtschaftssoziologie einerseits mehrheitlich am Modell des *intentional* rationalen Akteurs für *wirtschaftliche* Kontexte fest, der maximieren oder optimieren *will*, aber nicht weiß, welche Mittel er dafür einzusetzen hätte (zum Folgenden Beckert 1996: 134 f.; > 2.1.3). Andererseits lehnt sie wirtschaftswissenschaftliche Grundpositionen ab: Sie unterstellt nicht, dass die die Handlungssituation und die Handlungsalternativen strukturierenden Institutionen wie Eigentums- oder Haftungsrechte, Unternehmen oder Vertrauen das Ungewissheitsproblem in aller Regel *effizient* lösen. Vielmehr geht sie davon aus, dass individuelle und korporative Akteure oft, aber keineswegs immer ihre beiden maßgeblichen Interessen – Selbstreproduktion und Umweltstabilität – durchsetzen können (vgl. Bourdieu 2005; Fligstein 2011: 79–110). Die zentralen Akteure in den Kontexten von Produzenten- und Konsumentenmärkten sind Unternehmen.

Konstruktivistische wirtschaftssoziologische Ansätze erklären die instrumentell-rationale Orientierung der Akteure etwa aus der gesellschaftlichen Legitimation für und dem institutionalisierten Druck zur Zweckrationalität (> 2.1.3); sie entsteht, so hat schon Weber argumentiert, in sozialen Prozessen von Sinnbildung (> 2.1.1). Ansätze dieser Art verstehen diesen Akteurtyp also als gesellschaftlich konstituiert und nicht als naturgegeben wie die Wirtschaftswissenschaften (> 3.3). Darüber hinaus fasst ein wirtschaftssoziologisches Hauptargument Rationalität – sei sie gegeben, intendiert oder konstruiert – als eine Variable auf, deren Realisierungsgrad von der jeweiligen Struktur der Situation abhängt, und folgert, dass *rationale* Wahlhandlungen in Ungewissheitssituationen nicht möglich sind. Deshalb brauchen die Akteure soziale Stützung in Form von Strukturierungshilfen, »die ihre Flexibilität *einschränken* und zu *rigiden* Reaktionen auf Veränderungen einer ungewissen Umwelt führen« und »damit soziale Situationen zugleich berechenbar machen« (Beckert 1996: 136). Dazu tragen »rationale« Ordnungen bei, etwa in Betrieben mit ihren Regeln und Rechenwerken, die Berechenbarkeit schaffen und insofern als Instrumente der Rationalisierung wirken; dies kann den Akteuren durchaus halbbewusst oder unbewusst bleiben, weil ihnen die Ordnungen und Instrumente als eingelebter Alltag erscheinen (► Begriffe 7). Selbst die Bildung von Zielen oder Präferenzen lässt sich als Versuch der Akteure auffassen, Ungewissheit durch selektive Sinnbildung zu reduzieren, um dadurch von der schier unüberschaubaren Zahl alternativ möglicher Zielsetzungen absehen zu können (vgl. Beckert 1996: 138 f. mit Bezug auf Luhmann).

Begriffe 7: Eingelebter Glaube an die Rationalität des Alltags

Max Weber beobachtet, dass das institutionell eingebundene Handeln von der großen Mehrheit traditionell »eingeübt und meist ohne alle Kenntnis von Zweck und Sinn, ja selbst Existenz, der Ordnungen innegehalten« wird.

»Der Fortschritt der gesellschaftlichen Differenzierung und Rationalisierung bedeutet [...] normalerweise, ein im ganzen immer weiteres Distanzieren der durch die rationalen Techniken und Ordnungen praktisch Betroffenen von deren rationaler Basis, die ihnen, im ganzen, verborgener zu sein pflegt wie dem ›Wilden‹ der Sinn der magischen Prozeduren seines Zauberers. [...] Der ›Wilde‹ weiß von den ökonomischen und sozialen Bedingungen seiner eigenen Existenz unendlich viel mehr als der im üblichen Sinn ›Zivilisierte‹. Und es trifft dabei auch nicht universell zu, dass das Handeln des ›Zivilisierten‹ durchweg subjektiv zweckrationaler ablaufe. [...] Was der Lage des ›Zivilisierten‹ in dieser Hinsicht ihre spezifisch ›rationale‹ Note gibt, im Gegensatz zu der des ›Wilden‹, ist vielmehr: 1. der generell eingelebte *Glaube* daran, dass die Bedingungen seines Alltagslebens, heißen sie nun: Trambahn oder Lift oder Geld oder Gericht oder Militär oder Medizin, *prinzipiell* rationalen Wesens, d. h. der rationalen Kenntnis, Schaffung und Kontrolle zugängliche menschliche Artefakte seien, [...] 2. die Zuversicht darauf, dass sie rational, d. h. nach bekannten Regeln und nicht, wie die Gewalten, welche der Wilde durch seinen Zauberer beeinflussen will, irrational funktionieren, dass man, im Prinzip wenigstens, mit ihnen ›rechnen‹, ihr Verhalten ›*kalkulieren*‹, sein eigenes Handeln an eindeutigen, durch sie geschaffenen Erwartungen orientieren könne. Und hier liegt das spezifische Interesse des rational kapitalistischen ›Betriebes‹ an ›rationalen‹ Ordnungen, deren praktisches Funktionieren er in seinen Chancen ebenso berechnen kann, wie das einer Maschine.«

Quelle: Weber 1973e/1922: 473 f.

Den auf die Herstellung von Berechenbarkeit im Kontext von Akteuren und Organisationen fokussierten Analysen geraten allerdings die Systemebene und damit die kapitalistische Dynamik aus dem Blick. Diese systemtypische Dynamik gründet darauf *und* resultiert daraus, »dass sich alle sozialen Strukturbildungen in einem kapitalistischen System auf unsicherem Grund bewegen«, da sie systematisch und permanent im Vergleich und Wettbewerb mit Alternativen stehen (Deutschmann 2007: 91). Bisher gelingt es der Wirtschaftssoziologie auch noch nicht, »die Besonderheit der Handlungs- und Koordinationsrahmen zu beschreiben, an denen Waren beteiligt sind« (Eymard-Duvernay u. a. 2011: 207); der Bezug auf Waren ist aber charakteristisch für den kapitalistischen Markttausch. Schließlich setzt diese Argumentationslinie so stark auf Mittel der Ungewissheitsreduzierung, dass ihr sozialer *Sinn* des Handelns als fraglos vorgegeben und nicht mehr interpretationsbedürftig erscheint.

Die Koordinationsprobleme Wert, Wettbewerb und Kooperation

Aus der Ungewissheit, der individuelle Akteure in Tauschsituationen auf Märkten ausgesetzt sind, ergeben sich drei typische Koordinationsprobleme: das Wertproblem, das Wettbewerbsproblem und das Kooperationsproblem (Eymard-Duvernay u. a. 2011: 5–11; Beckert 2007: 52–57; > 3.5, 4.2). Wieder sind es vor allem die Unternehmen, die sich untereinander als Zulieferer, Abnehmer oder Koproduzenten und mit anderen wie Beschäftigten, Konsumenten, Eigentümern und Kreditgebern koordinieren müssen.

Denk-Pause 9

Wie entsteht in der Produktion, auf einem Markt und beim Gebrauch ein grundsätzlicher Konsens über den Wert eines Gutes, einer Dienstleistung oder einer Arbeitskraft? ■ Wie kommt es zu einer Verständigung über die üblicherweise zu erwartende Qualität eines Gutes, etwa einer Jeans oder eines Toasters? ■ Wie lässt sich ruinöser Wettbewerb zwischen Unternehmen oder zwischen Arbeitskräften kanalisieren oder verhindern?

Den subjektiven *Wert* von Gütern, Dienstleistungen oder Arbeitskräften zu bestimmen und damit eine zentrale Voraussetzung für den Markttausch zu schaffen, erweist sich als problematisch, weil Akteure mit umstrittenen Bewertungskriterien für die oft stark differenzierten Waren eines Marktes hantieren müssen. Marktakteure haben also ein Interesse an anerkannten Verfahren der Wertevaluation (> 3.3.1, 4.2.3). *Wettbewerb* über den Preis kann zu Marktinstabilität führen, weil er die Gewinne und möglicherweise das Überleben von Anbieterunternehmen gefährdet; Preiswettbewerb bedeutet also Ungewissheit für alle Anbieter, weil er in ruinösen Wettbewerb münden kann (Fligstein 2011: 82–87). Unternehmen haben ein Interesse an ihrer Bestandssicherung und deshalb an der Vermeidung des direkten Preiswettbewerbs. Das Problem der *Kooperation*, das dem (partiellen) Nichtwissen über die wirklichen Absichten des Tauschpartners und die tatsächliche Qualität seines Tauschobjekts entspringt, haben wir schon als Problem der doppelten Kontingenz kennengelernt (> 2.2.1). Koordinationsprobleme erschweren oder verhindern erwünschte individuelle Interaktionen, insbesondere den wechselseitig vorteilhaften Tausch auf Märkten. Sie erzeugen damit zugleich kollektive Folgen, etwa in Form von materiellen Wohlstandsverlusten.

Die Lösungen, mit denen sich die Probleme des Werts, des Wettbewerbs und der Kooperation bearbeiten lassen, kann man im Großen und Ganzen als Varianten einer verstärkten Vergesellschaftung der Akteure und stärkeren sozialen Bindung ihrer Handlungsoptionen kennzeichnen (Hollingsworth/Boyer 1997: 10–19). Man kann diese sozialen Kontexte als soziale Makrostrukturen auffassen, die das Handeln vor allem als formale institutionelle Regeln, soziale Netzwerkstrukturen und kulturelle Rahmungen strukturieren (Beckert 2009a: 22–23; > 2.1, 2.2, 4.1.2). Ergänzt werden muss auf jeden Fall noch die strukturierende Kontextualisierung durch Technologie, man denke an Logistik- und Warenwirtschaftssysteme, Computernetze im Wertpapierhandel oder Echtzeitpreisvergleiche per Smartphone (vgl. Dequech 2004). Wirtschaftssoziologisch gesehen sind diese Strukturen *endogene* Elemente der Handlungssituationen und konstitutiv für die Akteure selbst und das jeweilige ökonomische Feld; wirtschaftswissenschaftlich betrachtet erscheinen sie dagegen als *externe* Begrenzungen, die auf das Handeln einwirken (ebd.).

Die Wirtschaftssoziologie untersucht vor allem vier Gruppen von sozialen Mechanismen, die die Ungewissheit reduzieren und für einigermaßen stabile Erwartungsstrukturen bei den Akteuren sorgen (können): Tradition, Gewohnheit und Routine, Norm, Institution und Konvention, soziales Netzwerk, organisationale Struktur und

Pfadabhängigkeit sowie Macht (Beckert 1996: 141 f.; > 4). So reduzieren etwa Machtunterschiede zwischen formal gleichen Unternehmen die Komplexität, da die mächtigeren ihre Vorstellungen eher durchsetzen können und damit die von ihnen abgelehnten Alternativen von vornherein ausscheiden (vgl. Granovetter 1985: 502). In Tausch- und Kooperationsbeziehungen zwischen Akteuren können auch vertrauensbildende Strategien die Ungewissheit dämpfen. Bei der Analyse von Koordinationsproblemen laufen wirtschaftssoziologische Ansätze gelegentlich Gefahr, einseitig einem institutionalistischen Optimismus aufzusitzen und darüber hinwegzusehen, da die Koordinationslösungen selbst wieder neue Probleme erzeugen können (Strulik 2012: 66–68).

Zur Zuordnung von Werten zu Waren tragen beispielsweise kulturelle Wertschätzungen und Erzählungen bei, Positionierungen von Waren und Produzenten nach Status und Marken, von Waren ausgehende Statussymbolik und soziale Anerkennungseffekte oder Normierung und Standardisierung der Produkte. Konkurrenten entwickeln zahlreiche, meist marktspezifische Formen der Zähmung des Wettbewerbs (z. B. Abolafia/Biggart 1991). Die Erwartung der Verlässlichkeit von Vertragspartnern resultiert etwa aus der Einbindung der Akteure in relativ stabile Netzwerke, aus vereinbarten Anreizen und Sanktionen oder aus der Orientierung an kollektiven Handelstraditionen, konkreten Regeln oder allgemeinen Normen. Diese Sozialisierungseffekte stabilisieren die Erwartungen, lassen aber individuelle Abweichungen immer noch zu, Lösungen der Koordinationsprobleme wirken also nur im Durchschnitt und nur auf Zeit. Dies schafft Raum für Wandel und Kreativität (> 2.1.1). Sowohl bei regelgeleitetem wie bei innovativem Handeln bleibt aber ungewiss, ob es *effiziente* Resultate nur ermöglicht oder – zumindest überwiegend – tatsächlich auch bewirkt.

Selbst an den lange als perfekt und effizient geltenden Märkten wie Börsen herrscht ein hoher Grad an Ungewissheit, der nach Regelungen verlangt, um rationales Handeln professioneller Käufer und Verkäufer zu ermöglichen. Das illustriert die Selbstregulierung des Wettbewerbs an der Chicagoer Warenterminbörse im 19. Jahrhundert (▶ Fall 5). Mit ethnografischen Studien an modernen US-amerikanischen Aktien-, Anleihen- und Termin-Märkten an der Wall Street zeigt Mitchel Abolafia, wie sich beispielsweise durch wiederholte Interaktionen zwischen Marktteilnehmern die die einzelnen Märkte konstituierenden Faktoren wie Erwartungen über angemessenes Verhalten, Skripte für die Darstellung und Interpretation von Rollen und allgemein respektierte Regeln herausbilden und verfestigen (Abolafia 1998).

Fall 5: Selbstregulierung an der Chicagoer Warenterminbörse

Ab der Mitte des 19. Jahrhunderts entstanden in England und in den USA viele, rasch wachsende Terminmärkte, z. B. für Getreide, Baumwolle oder Kaffee. Die informellen Kaufmannsregeln aus der Tradition mittelalterlicher Messen reichten nicht mehr, um diese Märkte zu regulieren. Wertpapierhändler und Makler sahen sich mit dem Problem der Ungewissheit der Preisentwicklung und damit der Preisfindung konfrontiert, und Spekulationen und Manipulationen verunsicherten den Warenterminmarkt zusätzlich.

Mitchel Abolafia und Nicole Woolsey Biggart haben das Beispiel der Chicagoer Warenterminbörse genauer untersucht. Die dortigen Akteure versuchten, die Ungewissheit zu reduzieren, indem sie die gehandelten Waren sowie die Warenterminverträge standardisierten und formalisierten. Darüber hinaus brachten sie den Staat dazu, der Börse das Recht zu verleihen, sich selbst geeignete Regeln zu geben und eine Schlichtungsentscheidung durch den Börsenvorstand einem Gerichtsbeschluss gleichzusetzen. Zu diesen selbst gesetzten Regeln gehörten Schadenersatzansprüche, Kautionszahlungen und Ausschlussverfahren gegen einzelne Mitglieder. Die Börsenmitglieder räumten dem Kollektiv das Recht ein, regulierend einzugreifen, um ihr eigenes Verhalten zu zügeln und damit den Wettbewerb zu beschränken, nicht aber aufzuheben.

Ähnliches ereignete sich an vielen Börsen. Wie in Chicago ging es meistens darum, das Handeln der Marktakteure zu legitimieren, zu rationalisieren und dessen Konkurrenzhaftigkeit zu reduzieren. Dies beschränkt den freien Handel auf den Märkten und institutionalisiert diese Beschränkung zugleich. Die dauerhaft am Markt tätigen Händler und Makler erfinden Instrumente, mit denen sie ihren Markt aufrechterhalten, stabilisieren und so die Ungewissheit verringern können. Konkurrenten kooperieren – ein Paradox – und setzen gemeinsam gegen ihre eigenen kurzfristigen Interessen kollektive Spielregeln und Wettbewerbspolitik durch. So senken sie die Kosten für alle und schaffen berechenbare Mittel der Transaktion. Sie erreichen damit selektive Vorteile, da ihre Wettbewerbsregeln zugleich dazu dienen, die unliebsame Konkurrenz der »Klitschen«, teils unseriöse, teils betrügerische Kleinmakler, als illegitim zu brandmarken und aus der Chicagoer Börse auszuschließen.

Quelle: Nach Abolafia/Biggart 1991: 219–222.

Viele Wirtschaftssoziologen sehen die Koordination in Ungewissheitssituationen als grundsätzlich gewährt, wenn sie von geeigneten Institutionen und sozialen Mechanismen gerahmt sind. Dagegen argumentieren Vertreter der französischen Konventionenökonomik, dass auch die Koordinationsformen selbst (Markt, Unternehmen, Netzwerk) und die dort ablaufenden alltäglichen Koordinationsaktivitäten zunächst radikaler Ungewissheit unterliegen (Eymard-Duvernay u. a. 2011; > 3.3.1; ▶ Begriffe 12). Richard Swedberg sieht die Vorzüge des Begriffs Konvention gegenüber dem der Norm darin, dass er sich konzeptionell mit Koordination und Unsicherheit als den beiden zentralen Problemen von Märkten verbindet (Swedberg 2003: 20).

Beispielweise nähmen auf Märkten heterogene Akteure teil und es herrsche ein Pluralismus der Rationalitäten. Auf jedem Markt ließen die intendierten Produkte und die Pläne zu ihrer Definition, Herstellung, Darbietung, Durchsetzung und Distribution am Markt Spielraum für unterschiedliche Interpretationen. Solche Situationen von Ungewissheit könnten die Akteure mithilfe von Konventionen überwinden. Eine Konvention bezeichnet »eine sozio-kulturell verankerte Handlungslogik«, »die es Akteuren ermöglicht, sich in Situationen und unter Bedingungen der Unsicherheit handelnd zu koordinieren und eine gemeinsame Intention zu realisieren«; die konkrete Konvention dient in Situationen »als kollektiver, interpretativer Rahmen für die Evaluation der Angemessenheit und der Wertigkeit von Handlungen, Personen, Objekten und Zuständen« (Diaz-Bone 2011a: 23). André Orléan bezeichnet mit Konvention »zugleich das Ergebnis individuellen Handelns wie auch einen die Akteure einschränkenden Rahmen«, der überwiegend in Form »mimetischer Selbst-Erzeugung« aus sich wiederholenden Interaktionen und Interpretationen der Akteure entsteht (Bessy 2011: 178 f.; Lesourne u. a. 2006: 234–258). Konventionenökonomen nehmen an, dass die Konstruktion von Konventionen »eine permanente, individuelle und kollektive Tätigkeit darstellt, die in das Handeln integriert ist« (Eymard-Duvernay u. a. 2011: 211). Dies impliziert, dass Konventionen eher lokal als universal gelten.

Konventionalistische Konzepte rücken zwei marktsoziologisch vernachlässigte Aspekte ins Zentrum: Qualität und Wert. Sie integrieren die Analyse der Konstruktionsprozesse von Konventionen, Identität der Akteure, Regeln der Interaktion und Verfahren der Wertbestimmung. Beispiele sind Qualitätskonventionen wie industrielle oder handwerkliche Produktion, konventioneller oder biologischer Anbau, Güteklassen für Produkte, garantierte regionale Herkunftsbezeichnungen, akademische Ausbildungsgänge für bestimmte Berufe oder Konventionen der Arbeitsbeziehung im Unternehmen (▶ Abbildung 15). Die mit einem Markt verbundenen Akteure müssten gemeinsam durch Konventionen, die sie untereinander implizit oder explizit treffen, das jeweilige Produkt fortlaufend konstruieren, prüfen und evaluieren; erst dieser Prozess der Konventionalisierung mache es herstellbar, vermarktbar und nutzbar. Aus konventionenökonomischer Sicht steht die Evaluation »im Zentrum der Koordination« (Eymard-Duvernay u. a. 2011: 212; > 3.3.1).

Ein weiteres Exempel einer Konvention bietet die stillschweigende Übereinstimmung von Investoren an Börsen, dass die derzeitige Geschäftslage, wie sie sich in der gegenwärtigen Marktbewertung einer Investition niederschlägt, unendlich andauern werde, soweit nicht besondere Gründe eintreten; vergessen die Akteure die Willkürlichkeit dieser Annahme, stabilisiert sie als eine Finanzkonvention den Markt – jedenfalls vorübergehend (Keynes 2009/1936: 125–130; Bessy 2011: 179–181).

Kombinierte Koordinationsformen

Ein Vorschlag von J. Rogers Hollingsworth und Robert Boyer systematisiert die institutionellen Formen (Arrangements), die wirtschaftliches Handeln auf lokaler, regionaler, nationaler, transnationaler oder globaler Ebene koordinieren (> 5.2.3; Übersicht über Koordinationsformen ▶ Begriffe 12). Sie verorten sie in einem zweidimensionalen Schema nach dem dominanten Handlungsmotiv und dem vorherrschenden Koordinationsmodus; beide Dimensionen sind als Kontinuum, nicht als Dichotomie zu verstehen (▶ Abbildung 10; Hollingsworth/Boyer 1997: 8–13). Hollingsworth und Boyer betonen, dass Koordinationsarrangements in aller Regel kombiniert vorkommen und miteinander verflochten sind. So bauen Staaten (öffentliche Hierarchien) nicht selten Märkte mit auf, z. B. durch Förderung von Forschung und Entwicklung, stützen sie durch Ausbildung und Subventionen, schützen sie beispielsweise durch Patentrecht und Kartellkontrolle. Den »Mythos des Marktes« dekonstruiert

Abbildung 10: Handlungen koordinierende institutionelle Arrangements

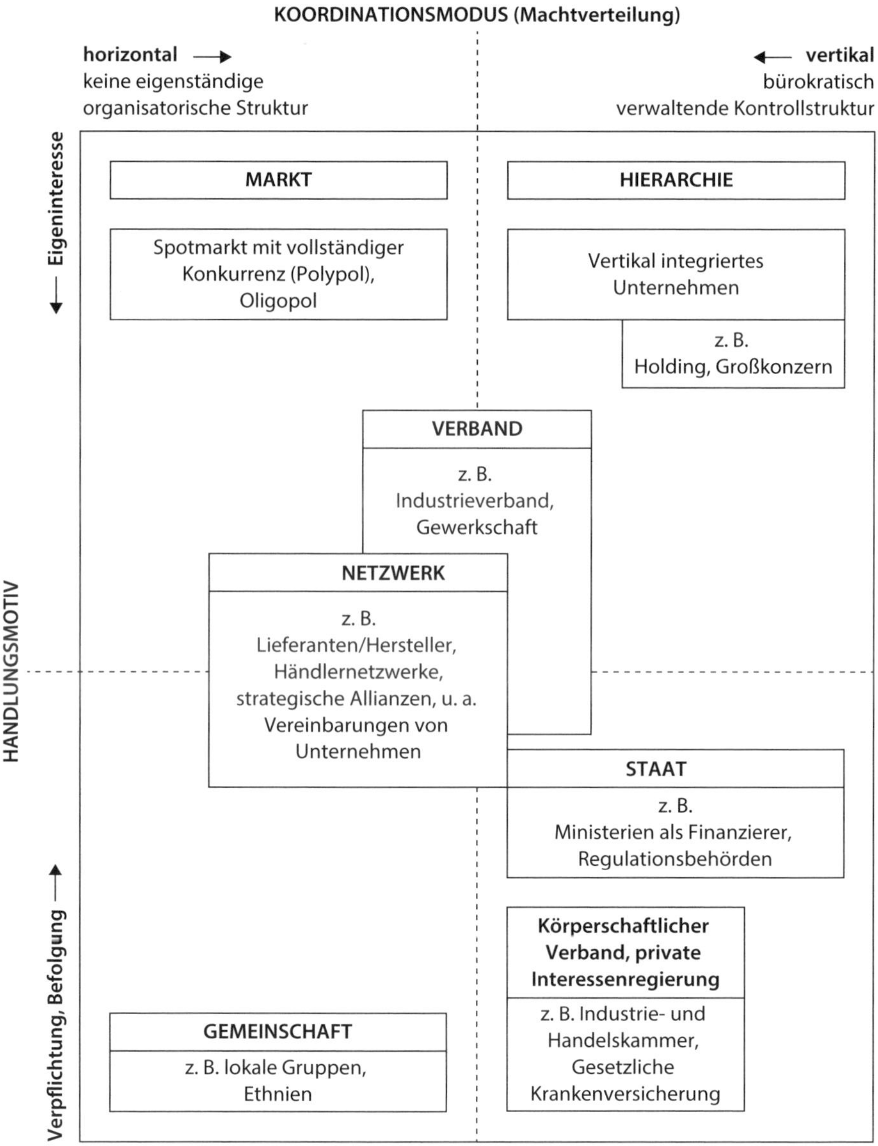

Quelle: Hollingsworth/Boyer 1997: 9, 12; z.T. zusammengefügt, gekürzt, ergänzt, übersetzt.

Neil Fligstein am Beispiel der US-amerikanischen Informations- und Kommunikationstechnologie, indem er die zentrale Rolle des Staates für Entwicklung und Wachstum dieser Märkte und enge Verbindungen von Staat und Unternehmen nachweist (Fligstein 2008). Auch am Exempel des schwierigen Übergangs von planwirtschaftlichen zu marktwirtschaftlichen Systemen nach dem Zusammenbruch der sozialistischen Länder kann man die Bedeutung des Staates für die Konstituierung von Märkten gut studieren (z. B. Lütz/Czada 2000).

Unternehmen (private Hierarchien) sind z. B. über die Arbeitsteilung eng mit Märkten verflochten, beschaffen sich ihre Produktionsmittel nicht selten über Lieferantennetzwerke, Netzwerke unterstützen Märkte, etwa durch Informationen, oder untergraben sie in Form von Korruption. Wenn man den Ursprung der Evolution und Veränderung eines institutionellen Arrangements verstehen will, sei es sehr wichtig, die Unvollkommenheit und Fehleranfälligkeit jedes einzelnen Koordinationsmechanismus zu erkennen (Hollingsworth/Boyer 1997: 19).

Soziale Kontexte für wirtschaftliches Handeln können nicht nur eine relative, gegenwärtige und erwartete Stabilität und Berechenbarkeit für die Akteure verbürgen. Sie verkörpern auch Resultate aus Berechnungen und Bestrebungen der Akteure, die in vergangenen Auseinandersetzungen ihre Interessen in diese Kontextstrukturen einbringen und Machtstellungen absichern konnten; dabei spielt der Staat meist eine zentrale Rolle (Bourdieu 2005: 76–80). Mit solcher Koordination durch Kontextualisierung verbinden sich deshalb immer auch Folgen für die Positionierung der Akteure in einem Feld und für die Verteilung von Einkommen und Risiko, beispielsweise für die Statushierarchie auf Produzentenmärkten oder für den Umgang mit Auslastungsschwankungen etwa in Form von Arbeitsplatzgarantie, Kurzarbeit, Leiharbeit oder Entlassung (vgl. Beckert 2009a: 26–31). Auch die Erwartungssicherheit erzeugenden Makrostrukturen entstehen in interessegeleiteten Kämpfen, in denen es um die institutionelle Gestaltung der ökonomischen Handlungsräume und die Durchsetzung von Vorstellungen geht, die das Handeln legitimieren und anleiten. Soziale Strukturierungsformen resultieren nicht nur aus historischen Konflikten, sie können auch aktuell durchaus in Widerspruch miteinander stehen.

Kapitel kompakt

Ungewissheit bedroht Rationalität, erzeugt Koordinationsprobleme, lähmt wirtschaftliches Handeln ■ Drei Koordinationsprobleme: Wert, Wettbewerb, Kooperation ■ Soziale Mechanismen reduzieren Ungewissheit und stabilisieren Erwartungen der Akteure ■ Formen dieser Strukturierung: Tradition, Gewohnheit, Routine; Netzwerk, Organisation, Pfadabhängigkeit; Macht ■ Zentrale Koordinationsmechanismen: Markt, private oder öffentliche Hierarchie, Verband, Netzwerk, Gemeinschaft ■ Handlungsmöglichkeiten strukturierende Strukturen verkörpern Interessen und Macht ■

Weiterlesen

Basis: Beckert 2009a; Powell 1996: 213–227 ■ *Vertiefend:* Dequech 2003 ■

3.2 Einbettung und Entbettung

Die soziale »Einbettung« wirtschaftlichen Handelns gehört heute zu den Kernkategorien der Wirtschaftssoziologie (Krippner/Alvarez 2007). Demzufolge stehen im ersten Teil die Grundzüge des mikrosoziologisch sozialstrukturellen Einbettungskonzepts und einige illustrative Beispiele im Zentrum. Dann erweitern wir die Perspektive: Wie rahmen Wissen, Kultur und Politik wirtschaftliches Handeln? Wie mischen sich unverbindliche Marktkontakte in Form von Marktkontrakten mit engeren Bindungsbeziehungen? Im zweiten Teil beschäftigen wir uns mit historischen Prozessen der Einbettung und Entbettung der Wirtschaft in die Gesellschaft sowie mit der Konstruktion der fiktiven Waren Arbeit und Boden im Zuge von Entbettungs- und Wiedereinbettungspolitik. Damit entfalten wir eine eher makrosoziologische Perspektive. Die für Einbettung und Entbettung wirtschaftlichen Handelns zentrale Frage, wie sich das Wirtschaftliche vom Nicht-Wirtschaftlichen unterscheiden lässt, behandeln wir eingehender im Abschnitt > 3.3.

Der Protagonist des sehr einflussreichen Konzepts der sozialen Einbettung von individuellem Handeln und ökonomischen Institutionen auf der Mikro- und der Mesoebene ist Mark Granovetter, wenngleich Wayne Baker, Ronald Burt, Peter Marsden und Harrison White etwa zeitgleich ähnliche Ansätze entwickelten (Granovetter 1985). Sein 1985 erschienener Aufsatz *»Economic action and social structure: the problem of embeddedness«* gab den entscheidenden Anstoß für das Wiederaufleben der Wirtschaftssoziologie. Granovetter greift Polanyis Einbettungskonzept, das die Einbettung der Wirtschaft in die Gesellschaft behandelt, kritisch auf und bezeichnet mit Einbettung das Phänomen, dass im Mikro- und Mesobereich wirtschaftliches Handeln mit sozialen Beziehungen verwoben ist (Granovetter 1990: 98).

Granovetter versteht seinen Einbettungsansatz als Teil einer strukturalen Wirtschaftssoziologie, die sich mit modernen Wirtschaften beschäftigt und sich theoretisch und empirisch auf soziale Netzwerke konzentriert (Swedberg 2009: 67–69; > 4.1.2). Man kann diese Herangehensweise als eine Theorie mittlerer Reichweite einordnen; sie ist mit Rationalhandlungstheorien gut vereinbar (Schwinn 2010: 206; Beckert 2009b: 43; > 2.1.3). Gemeinsam mit dem sozialkonstruktivistischen Konzept von Wirtschaft und wirtschaftlichen Institutionen gehört das Einbettungskonzept zum theoretischen Fundament der gegenwärtigen Wirtschaftssoziologie (Swedberg 2009: 68).

Granovetter beansprucht für seinen Einbettungsansatz auch, dass er eine ausgewogene Antwort auf die Leitfrage nach der sozialen Ordnung in der Wirtschaft gebe, da er die Fehler der beiden Extremmodelle eines rein normorientierten und deshalb übersozialisierten und eines rein eigennutzorientierten, auf unpersönliche institutionelle Arrangements nur reagierenden und deshalb untersozialisierten Akteurs vermeide (Granovetter 1985: 493, 501). Anders als Neoklassik und Institutionenökonomik verzichte der Einbettungsansatz ökonomischen Verhaltens auf umfassende

Prognosen, er beschreibe und analysiere stattdessen die *konkreten* Muster der sozialen Beziehungen in der Wirtschaft im Detail, da es von ihnen abhänge, ob sich Ordnung oder Chaos aus Gewalt, Täuschung und Betrug herausbilde. Ob dabei gesellschaftlich erwünschte, legale, illegitime oder illegale Formen von Ordnung entstehen – man denke etwa an Veruntreuung, Schleuserringe, Preiskartelle und Steuerhinterziehung –, ist eine andere Frage (Granovetter 1985: 491–493). Der Einbettungsansatz beschäftigt sich also mit grundlegenden Lösungen für Koordinationsprobleme auf der Mikro- und der Mesoebene (Strulik 2012: 66; > 3.1).

Mit ganz anderer Akzentsetzung versieht Karl Polanyi sein Konzept von Einbettung. Er analysiert das Verhältnis der Wirtschaft zur Gesellschaft zwischen den Extremen Autonomie und Integration und diskutiert die Ordnungsfrage damit auf der Makro- und Systemebene (Polanyi 1978/1944). Anders als Granovetter fasst er Märkte nicht als soziale Netzwerke aus grundsätzlich gleichberechtigten Akteuren, sondern als umfassende Institutionen, die aus einer komplexen Mischung aus politischen, kulturellen und rechtlichen Aspekten bestehen: Polanyi spricht von einer Welt von Marktinstitutionen (Polanyi 1992/1957: 48). Während sich das Einbettungsargument in Granovetters Tradition gegen das Modell atomisierter Akteure richtet, wenden sich Ansätze im Anschluss an Polanyi gegen die Auffassung einer gegenüber Gesellschaft und Staat autonomen Wirtschaft (Krippner/Alvarez 2007: 234). Polanyi verwendet den Einbettungsbegriff einerseits analytisch, verbindet mit ihm andererseits auch das politische Programm, dass man die gesellschaftliche Ordnung vor einer Destabilisierung durch eine unregulierte Wirtschaft schützen müsse (Beckert 2009b: 51).

3.2.1 Soziale Einbettung wirtschaftlichen Handelns

Granovetter kritisiert die in neoklassischen und in den diese erweiternden neo-institutionenökonomischen Ansätzen vorherrschende Vorstellung, man könne bei der Analyse ökonomischen Verhaltens oder Handelns und ökonomischer Institutionen von sozialen Faktoren absehen (> 2.1.2, 2.2). Er lehnt die Annahme ab, es sei möglich, allein von nur an ihren individuellen Interessen orientierten, voneinander getrennt agierenden Akteuren auszugehen. Ein solchermaßen atomistisches Vorgehen wirft er auch soziologischen Ansätzen vor, da sie annähmen, vom Individuum internalisierte gesellschaftliche Normen steuerten die Akteure und soziale Strukturen seien deshalb für die Erklärung wirtschaftlichen Handelns nicht relevant. Beide Herangehensweisen seien atomistisch, die erste in einer untersozialisierten, die zweite in einer übersozialisierten Konzeption des Akteurs (Granovetter 1985: 481–487; > 2.1.4). Im Grunde genommen komme der anonyme Markt der Neoklassik, so Granovetter, im realen wirtschaftlichen Leben nicht vor, denn ökonomische Transaktionen aller Art seien von sozialen Beziehungen durchdrungen (S. 495).

Er macht also das Einbettungsargument stark. Unter Einbettung versteht Granovetter die soziale Rahmung wirtschaftlichen Handelns, ökonomischer Ergebnisse und Institutionen, die Einbindung wirtschaftlichen Handelns in soziale Beziehungen und seine Verflechtung mit Motiven wie Soziabilität, Anerkennung, Status und Macht; all dies verlange einen weiten Begriff von Rationalität (S. 506; > 2.1.3). Die Anhänger dieses Konzepts stimmen darin überein, dass man die vielfältige soziale Einbettung nicht mit dem instrumentellen Kalkül individuell maximierender Akteure erklären kann; vielmehr stelle Einbettung eine eigenständige Dimension wirtschaftlichen Handelns dar, die Motivationen und damit Handlungen auch *hervorbringe* (Krippner/Alvarez 2007: 227); ein Beispiel mag der ausschließlich netzwerkinterne Einkauf von Vorprodukten sein. Allgemein bezeichnet Einbettung die ermöglichende und beschränkende regulative Wirkung, die institutionelle Regeln, soziale Beziehungen und Strukturen sowie Normen und Macht in wirtschaftlichen Zusammenhängen neben den rein wirtschaftlichen Interessen der Akteure entfalten (> 2.1.4, 2.2, 3.1.2). Weiter gehend ermöglicht Granovetters Ansatz, einen *allgemeinen* soziologischen Erklärungsrahmen für wirtschaftliches Handeln zu entwickeln und dabei das Einbettungskonzept mit einer Institutionentheorie zu verbinden, die Institutionen als geronnene Netzwerke beschreibt (Swedberg 2009: 69).

Granovetter versteht Einbettung als ein *relationales* Konzept und geht deshalb davon aus, dass zwei Faktoren das wirtschaftliche Handeln, dessen wirtschaftliche Ergebnisse und die wirtschaftlichen Institutionen wesentlich beeinflussen: zum einen die laufenden persönlichen Beziehungen der Akteure und deren Vergangenheit, zum anderen die Struktur der sozialen Beziehungen und die Verortung einer konkreten Beziehung in dieser Struktur (Granovetter 1985: 481–482, 486, 490). Die unmittelbaren persönlichen Beziehungen schaffen relationale Einbettung, das Gesamtnetzwerk erzeugt strukturelle Einbettung der Akteure. Damit stehen soziale Netzwerke im Zentrum des Einbettungskonzeptes. Aber auch Kultur wirke als Prozess fortlaufend ein, da die Akteure sie während ihrer konkreten (wirtschaftlichen) Interaktionen ständig konstruieren und rekonstruieren sowie auch für ihre Interessen nutzen (S. 486). Aus diesen Überlegungen folgt, dass Lösungsversuche zu einem ökonomischen Problem von den spezifischen sozialen Strukturen, institutionellen Entwicklungspfaden und Formen kollektiven Handelns abhängen, in die sie jeweils eingebunden sind, und deshalb sehr unterschiedliche Formen annehmen können (kontextabhängige Erklärung; Granovetter 1990: 106–107).

Granovetter gibt einige Beispiele für Einbettung (Granovetter 1990: 91–106). So prägt die Vergangenheit der Beziehungen zwischen einem Arbeiter und seinem Vorgesetzten unmittelbar deren gegenwärtiges wirtschaftliches Handeln (relationale Einbettung), und das Verhältnis aller Arbeiter in einem Betrieb untereinander wirkt indirekt darauf ein, welche Beziehung ein einzelner Arbeiter zu seinem Vorgesetzten hat (strukturelle Einbettung). Wenn Händler entscheiden, bei wem sie sich Waren beschaffen und welche Preise sie anderen in Rechnung stellen, berücksichtigen sie ihre dauerhaften Vertrauensverhältnisse zu den Vertragspartnern. Wie groß die Lohnunterschiede zwischen Beschäftigtengruppen in einem Betrieb ausfallen, hängt davon ab, ob nur betriebsinterne oder auch betriebsübergreifende soziale Netzwerke existieren.

Einbettung kann Institutionen bilden. So haben etwa persönliche Netzwerke einflussreicher Akteure entscheidenden Einfluss darauf, welche Technologie sich durchsetzt und welche Branchenstrukturen entstehen, etwa in der US-amerikanischen Stromversorgungsindustrie. Familiäre oder freundschaftliche Beziehungen auf der Basis von persönlichem Vertrauen oder familiären Verbindungen, ethnischen oder lokalen Gemeinsamkeiten können sich zu festeren Mustern formalisieren, etwa wenn aus Allianzen zwischen Familien Unternehmensgruppen entstehen. So gesehen können Institutionen als »geronnene soziale Netzwerke« aufgefasst werden, die stärker von der Ausgangssituation der persönlichen Beziehungen als von den Anforderungen des Marktes abhängen (Granovetter 1992a: 8).

Das Paradox von Einbettung und Entbettung

Alejandro Portes führt diese Formen von Einbettung auf eine *spezifische* Ungewissheit des Handelns auf anonymen, besonders auf informellen Märkten zurück, die aus der Gefahr entsteht, dass man zum Opfer von Skrupellosigkeit, Fälschung, Betrug, Zahlungsverweigerung usw. wird (> 2.2.1). Ein Einbettungsparadox charakterisiere deshalb die informelle, nicht geregelte Wirtschaft wie etwa die Sweatshops am Anfang der Produktionskette der Bekleidungsindustrie, die winzigen Subunternehmer der Computerindustrie oder die vertragslosen Immigrantenarbeiterinnen im Gaststättengewerbe: Je stärker eine Wirtschaft sich tatsächlich dem Modell des freien Marktes annähere, sich also entbettet, umso mehr hänge es von den *sozialen* Beziehungen zwischen den Marktakteuren, also von der Einbettung ab, ob sie effektiv funktioniert (Portes 2010: 137).

Das lässt sich am Problem des Vertrauens zeigen (Granovetter 1985: 490): Bevor man unbekannten Partnern vertraue und mit ihnen Verträge abschließe, beschaffe man sich Informationen über sie, bevorzugt von einem Informanten, dem man nicht nur vertraut, sondern der den Unbekannten auf der Basis eigener Geschäftsbeziehungen einschätzen kann. Erst dann, wenn solche durch reale soziale Beziehungen verlässlich erscheinenden Informationen nicht verfügbar seien, höre man sich nach dem allgemeinen Ruf um, den der potenzielle Vertragspartner habe. Persönliche Beziehungen, Bekanntschaften, Freundschaften und Kontakte beeinflussten geschäftliche Beziehungen, etwa zwischen Herstellern und Lieferanten, die oft über viele Jahre hinweg stabil bleiben und nicht über anonyme Märkte in immer wieder anderen Konstellationen zusammenfinden (Granovetter 1985: 496 f.; > 3.5.2, 4.1.2).

Dem kann man entgegenhalten, dass in modernen, hoch komplexen Wirtschaften persönliches Vertrauen zumindest auf der Meso- und der Makroebene nicht ausreicht, dass vielmehr Systemvertrauen erforderlich sei; Vertrauen in die Institution Geld und die damit verbundenen Verwendungs- und Anlagemöglichkeiten basiert auf der Erwartung, dass das System einigermaßen zuverlässig funktioniert, und darauf, dass Institutionen und Organisationen wie beispielsweise Zentralbanken, Rating-Agenturen, Auditierungsunternehmen oder Börsen dies fördern (vgl. Luhmann 1989b: 50–66; Strulik 2012: 70).

Denk-Pause 10

Warum können Unternehmer, Konsumenten und Anleger Gewinn oder Nutzen und Kosten kalkulieren? Was setzt das voraus, was benötigen sie dazu? ▪ Woher wissen Warenproduzenten (und auch Konsumenten), welche Kostenarten in welcher Höhe sie einkalkulieren müssen und welche sie ignorieren können? ▪ Verbreitet sich kalkulierendes Denken und Handeln immer stärker in der Gesellschaft? Falls ja, wo und wo nicht?

Entbettung als Einrahmen des wirtschaftlich Relevanten

Michel Callon geht vom Problem der Ungewissheit des Kalkulierens aus, setzt aber nicht mit Einbettung, sondern mit Abgrenzung an (> 3.3.1). Callon betont, dass man das Wirtschaftliche zunächst eingrenzen und von allem anderen, insbesondere vom Sozialen, abgrenzen muss, bevor wirtschaftliches Kalkulieren und Handeln möglich sind. Man muss festlegen, was in der »Rechnung« oder auf dem »Konto« zu berücksichtigen ist, wie das Englische mit *to take into account* verbildlicht (Callon/Muniesa 2005: 1231). Callon arbeitet mit den Konzepten Einrahmen (framing) und Überfließen (overflowing) (zum Folgenden Callon 1998b; Callon 1998a). Diese konstruktivistische Perspektive auf die soziale Bestimmung des Wirtschaftlichen und des wirtschaftlichen Akteurs unterscheidet Callons Ansatz grundsätzlich von Granovetter, bei dem das Wirtschaftliche und der wirtschaftlich Handelnde als voraussetzungslos gegeben und zugleich in ihren Beziehungen sozial eingebettet erscheinen.

Begriffe 8: Einrahmen (framing), Entbettung und Überfließen

»Nehmen wir das einfachste Beispiel: die Markttransaktion eines Autos. Diese Transaktion ist möglich, weil rigorose Rahmungen stattgefunden haben. Die Einrahmung hat die Transaktion auf drei bestimmte Komponenten reduziert: den Käufer, den Hersteller-Verkäufer und das Auto. Der Käufer und der Verkäufer können eindeutig identifiziert werden, sodass Eigentumsrechte ausgetauscht werden können. Da das Auto keinerlei Bindungen zu anderen Objekten oder menschlichen Akteuren hat, kann es den Besitz wechseln. Aber auch in diesem extrem einfachen Fall können nicht alle Verbindungen gekappt werden. Irgendetwas wird vom Verkäufer zum Käufer weitergegeben: das Auto, das das Know-how und die Technologie des Herstellers transportiert. Alle Eigentumsrechte in der Welt können dieses Überfließen nicht verhindern, es sei denn, die Transaktion findet nicht statt. Wenn der Käufer eine Firma ist, wird das Nachbauen möglich. Dies ist ein allgemeiner Punkt […]. Vollkommenes Einrahmen ist ein Widerspruch in sich […].

Um eine Markttransaktion zu konstruieren, das heißt, um etwas in eine Ware zu verwandeln, und zwei Akteure zu Verkäufer und Käufer zu machen, ist es nötig, die Verbindungen zwischen der Sache und den anderen Objekten oder Menschen nach und nach zu trennen. Es muss dekontextualisiert, dissoziiert und gelöst sein. Damit das Auto vom Hersteller-Verkäufer zum Kunden-Käufer gehen kann, muss es entflochten sein. Von dieser Bedingung hängt es ab, dass die Kalkulation erfolgen und der Deal zum Abschluss gebracht werden kann; dass der Verkäufer und Käufer, sobald die Transaktion beendet worden ist, quitt sein können. Wenn die Sache verwickelt und verwoben bleibt, dann kann derjenige, der sie erhält, niemals quitt sein und sich dem Netz der Beziehungen entziehen. Das Einrahmen ist nie vorbei. Die Schuld kann nie beglichen werden.«

Quelle: Callon 1998b: 16 f.; Übers. Marc Weingart.

Relative Sicherheit für die Akteure entsteht durch Einrahmungsprozesse, aus denen folgt, was man beim Kalkulieren als wirtschaftlich Relevantes vom Irrelevanten zu unterscheiden hat. Akteure sind nur dann in der Lage zu kalkulieren, so Callons Ausgangsannahme mit Bezug auf Pierre Bourdieu, wenn sich diejenigen Beziehungen, die sie in ihre Kalkulation einbeziehen müssen, klar und präzise von denen abgrenzen lassen, die sie ignorieren können. Im vielfältigen Netzwerk der Beziehungen müssen diese sichtbar, berechenbar und kalkulierbar gemacht werden. Callon nennt das den Prozess des Einrahmens. Dazu gehört seiner Ansicht nach, dass man klar unterscheidbare und voneinander trennbare Akteure sowie perfekt identifizierbare und voneinander losgelöste Objekte, Güter und Waren definiert. Das verlangt auch, dass sie von den Akteuren selbst losgelöst sind, etwa hinsichtlich ihrer Konzeption, ihrer Produktion, ihrer Verbreitung und ihrer Nutzung (Callon 1998b: 15; ► Abbildung 11).

Das schlägt sich auch in »kalkulativen Räumen« nieder, in denen ein Produkt sein Profil erhält, indem es zu einer begrenzten Zahl anderer Produkte in Bezug und Vergleich gesetzt wird (Callon/Muniesa 2005: 1235): So rahmen z. B. ein Supermarkt und seine materiellen Vorrichtungen wie Sortiment, Werbedisplays, Platzierungsmuster, Bedienungstheken oder Einkaufswagen die Welt der möglichen Wahlentscheidungen der Konsumenten, da sie eine Grenze zwischen den ausgestellten und allen anderen, nicht berücksichtigten Waren konstruieren, die Waren gruppieren und so räumlich, ästhetisch, qualitativ, statusbezogen, wertförmig und preislich positionieren und relationieren.

Nach Michel Callon bietet der Supermarkt ein Musterbeispiel dafür, auf welche Weise man Instrumente wie etwa Sortimentsauswahl und Sortimentsergänzung zur Rahmung von Waren kombiniert und damit ihre Vergleichbarkeit und Ersetzbarkeit produziert und präsentiert. Erst dadurch entsteht die materiale Grundlage für Kalkulationen, Preise, Klassifikationen und Kaufentscheidungen (Callon/Muniesa 2005: 1235). So gesehen konzentriert sich das Einrahmen auf die komplexe Konstruktion des Gutes als kalkulierbare Ware. Ähnlich argumentiert die Konventionensoziologie, wenn sie im Prozess der Konstruktion, Produktion und Qualifikation der Güter die wichtigsten Faktoren der sozialen Einbettung der Wirtschaft vermutet (Orléan 2009:

212; > 3.3.1). Selbst das an der Strombörse gehandelte scheinbar völlig homogene Gut Stromlieferung differenzieren die Börsenakteure in Definitionsprozessen aus und konstruieren so genau spezifizierte unterschiedliche Stromgüter (Giacovelli 2013).

Das Einrahmen entsteht also in einem fortlaufenden, aufwändigen Prozess der Entbettung, der Reinigung und der Trennung, kurz der (teilweisen) Dekontextualisierung und Fokussierung, in dem die Posten von Kosten und Nutzen oder Gewinn festgelegt werden, die eine Kalkulation einrechnen muss (► Begriffe 8). Daraus folgt etwa, dass der Gewinn eines Unternehmens von Anfang an den Charakter einer sozialen Konstruktion aufweist (> 3.2.1; Swedberg 2005b: 22).

Mit Bezug auf Granovetters Argument der Einbettung betont Callon umgekehrt, dass Einrahmen als Begrenzen immer nur zum Teil und auf Zeit gelingt, weil es immer zum Überfließen über den gesetzten Rahmen hinaus kommt, indem etwa doch Reziprozitätserwartungen aus Netzwerkbeziehungen einfließen und eine dekontextualisierte Kalkulation rekontextualisieren. Die klassische wirtschaftswissenschaftliche Version des Überfließens arbeitet mit dem Konzept der (negativen und positiven) *externen* Effekte von Produktionsprozessen, etwa in Form von Umweltbelastungen, die Unbeteiligte treffen, ohne dass der Verursacher sie entschädigen muss (> 4.2). Während Einrahmung die *Verteilung vor der Verteilung* regelt, damit Kalkulation von Produktion, Distribution oder Tausch überhaupt beginnen *können*, bedeuten Externalitäten eine *ungeregelte* und erzwungene Verteilung *nach oder neben* vereinbarten Verteilungen der Produktionsergebnisse.

Einbettung durch Wissen und Kultur

Sharon Zukin und Paul DiMaggio verfeinern das Einbettungskonzept und unterscheiden vier Arten der Einbettung wirtschaftlichen Handelns (zum Folgenden Zukin/DiMaggio 1990: 14–23). Als *kognitive* Einbettung bezeichnen sie zum einen die Grenzen, die mentale Prozesse dem rationalen ökonomischen Kalkül der Akteure setzen, etwa weil sie mit Situationen der Unsicherheit nicht umgehen können oder mit hoher Komplexität überfordert sind. Kognitiv einbettend wirken zum anderen vor allem das wirtschaftliche und wirtschaftswissenschaftliche Wissen, das sich durch Ausbildung und Anpassung verbreitet, sowie seine vielfältigen Verkörperungen in den Einrichtungen, Apparaten, Instrumenten und Systemen der Märkte. Kognitive Einbettung wirkt also sowohl ermöglichend als auch begrenzend. All dies wirkt wiederum in Verbindung mit ökonomischen Interessen und sozialen Wertvorstellungen auf das kollektive Denken – den wirtschaftlichen gesunden Menschenverstand – und dadurch auf das individuelle Handeln der Akteure zurück (Steiner 2007: 97–106; > 3.3.1).

Michel Callon hebt hervor, dass die Disziplin Wirtschaftswissenschaft die Akteure – also die wirkmächtigen Einheiten, seien es Personen, Organisationen oder technische Artefakte wie Börsenhandelssoftware – disziplinere, die für die Kalkulation notwendigen Kalkulationswerkzeuge konstruiere und die reale Rechenhaftigkeit der Praxis zugleich formatiere und einfordere (Callon 1998b: 21–30). Callon diagnostiziert, »economy is embedded not in society but in economics« (S. 28). Andererseits erlernen, praktizieren und tradieren die ökonomischen Laien selbst gewöhnliche wirtschaftliche Überlegungen, die sie mithilfe kognitiver Techniken und Instrumente treffen, die nicht in den Wirtschaftswissenschaften wurzeln; das zeigen etwa wirtschaftsethnografische Analysen (Weber 2009).

Den Einfluss, den gemeinsame kollektive Vorstellungen der Akteure auf ökonomische Ziele, Handlungsstrategien und Institutionen ausüben, fassen Zukin und DiMaggio als *kulturelle* Einbettung zusammen. Dazu gehört zum einen, dass die ökonomische Rationalität und das ihr entsprechende eigennützig kalkulierende Handeln selbst in Prozessen kultureller Konstruktion entstehen. Zum anderen setzen kulturelle Ideen dem freien Spiel ökonomischer Kräfte bestimmte Grenzen. Als besonders relevant markieren sie die *strukturelle* Einbettung nach Granovetter. Schließlich bezeichnen sie mit *politischer* Einbettung das Phänomen, dass ökonomische Institutionen und Entscheidungen von Machtkämpfen zwischen den ökonomischen Akteuren, dem Staat und gesellschaftlichen Gruppen geprägt werden. Machtverhältnisse drücken sich auch in den gesetzlichen Rahmenbedingungen für wirtschaftliches Handeln aus, etwa in Bilanzierungsvorschriften, Informationspflichten von Unternehmensleitungen oder Haftungsregelungen. Eine Theorie, die diese unterschiedlichen Formen von Einbettung systematisch in Beziehung setzt, fehlt allerdings noch (Schwinn 2010: 206).

Ein wichtiger Tatbestand ist, dass sich die unterschiedlichen Formen der Einbettung wirtschaftlichen Handelns meist miteinander verflechten und oft sogar *uno actu* wirken. Die sozialstrukturelle Einbettung etwa durch Netzwerkbeziehungen bleibt nicht inhaltsleer, sondern transportiert auch Vorstellungen, Regeln, Erfahrungen und Bewertungen. Umgekehrt erfolgen kognitive Einbettungen nicht durch die Luft, sondern vermittelt und kanalisiert durch soziale Beziehungen und Strukturen. Die Versuche, kognitive Schemata in organisiertes wirtschaftliches Handeln umzusetzen, stoßen etwa in Unternehmen auf soziale Strukturen und Organisationskulturen, in denen und durch die sie sich durchsetzen müssen und die sie dann verändern, wodurch bisherige kognitive Muster verdrängt und neue sozialstrukturell abgesichert werden können (vgl. Vormbusch 2007). Dabei spielen beispielsweise Organisationen der ökonomischen Ausbildung wie berufliche Schulen, Hochschulen oder Kammern, Verbände der Professionen, etwa für Controller oder Finanz- und Wirtschaftsprüfer, oder Tagungen von Betriebsräten eines Konzerns eine zentrale Rolle.

Zahlreiche Fallstudien beschäftigen sich mit dem Phänomen Einbettung und seinen vielfältigen Formen. Die Form einer Mischung von Markt und Netzwerk untersucht Brian Uzzi am Beispiel der Bekleidungsindustrie (Uzzi 1996; > 4.1.2; ▶ Abbildung 13; Fall 10).

Nach der Auseinandersetzung mit Einbettung auf der Mikro- und Mesoebene wenden wir uns nun der Diskussion über die gesamtgesellschaftliche Einbettung und Entbettung der Wirtschaft zu.

3.2.2 Gesellschaftliche Entbettung der Wirtschaft und ihre Wiedereinbettung

Karl Polanyis wirtschaftsgeschichtlich akzentuierte Untersuchung »The Great Transformation: Politische und ökonomische Ursprünge von Gesellschaften und Wirtschaftssystemen« (1944) gab der Wirtschaftssoziologie wichtige Impulse und löste zugleich sehr kontroverse Debatten aus (Polanyi 1978/1944). Polanyi diagnostiziert, dass die soziale Entfesselung der modernen Wirtschaft durch liberalisierte Märkte (Entbettung/disembedding) die traditionelle Einbettung der Wirtschaft zerstört habe. In der Vergangenheit »war das Wirtschaftssystem im Gesellschaftssystem integriert«, in der Marktgesellschaft dagegen ist die Wirtschaft »nicht mehr in die sozialen Beziehungen eingebettet, sondern die sozialen Beziehungen sind in das Wirtschaftssystem eingebettet« (S. 88–89, 102). In historischer Hinsicht waren Märkte nur mäßig relevant und regelmäßig in soziale Institutionen eingebettet und verstrickt. Polanyi betont deshalb, dass man Wirtschaft nicht auf Markt reduzieren könne.

Die Entbettung der Märkte und der Wirtschaft insgesamt hält Polanyi für ein typisches Merkmal moderner Marktgesellschaften und für ein politisches Projekt (► Fall 6). Der Wirtschaftsliberalismus, der den freien, selbst regulierten Verkehr der »echten« Waren auf den Gütermärkten fordere, habe sich zur Marktutopie gesteigert, die alle Märkte, und damit auch die für die fiktiven Waren Arbeit, Boden und Geld, radikal liberalisieren und Wirtschaft und Politik institutionell scharf voneinander trennen wolle (► Position 4). Mit ihrem »religiösen Eifer« sei es den Verfechtern dieser Positionen gelungen, die reale Liberalisierung im Laufe des 19. Jahrhunderts in konfliktreichen Auseinandersetzungen zwischen der Landbesitzer-, Bürger- und Arbeiterklasse ständig und stark auszuweiten; der Wirtschaftsliberalismus habe in den 1920er-Jahren seinen Höhepunkt erreicht (Polanyi 1978/1944: 187 f., 196 f.). Durch diese historische Umformung sei die Wirtschaft nicht mehr in soziale Beziehungen, sondern die sozialen Beziehungen seien in das ökonomische System eingebettet (S. 151).

Ähnlich argumentiert Karl Marx für die kapitalistische Warengesellschaft (> 5.2). Warenproduktion und Kapitalakkumulation entwickeln danach im Kapitalismus eine außerordentliche, systematische, sich selbst tragende und verstärkende Dynamik, die zum Selbstzweck werde, die gesamte Gesellschaft durchdringe und in einer allgegenwärtigen Kommodifizierung oder Kommerzialisierung münde (z. B. Marx 2013/1844: 510–525; Marx 2013/1883: 46–63).

Fall 6: Entbettung der Wirtschaft zur Marktwirtschaft

Karl Polanyi betont, dass Märkte bis ins 19. Jahrhundert »niemals mehr als bloße Begleiterscheinungen des Wirtschaftslebens waren. In der Regel war das Wirtschaftssystem im Gesellschaftssystem integriert, und welche Verhaltensnormen in der Wirtschaft auch vorherrschen mochten, die Existenz von Märkten war damit durchaus in Einklang zu bringen. Das Prinzip des Tauschhandels, das dieser Form zugrundeliegt, zeigte keinerlei Tendenz, sich auf Kosten des Restes auszuweiten. Dort, wo die Märkte am höchsten entwickelt waren, wie im System des Merkantilismus, blühten sie unter der Kontrolle einer Zentralverwaltung, die die Autarkie sowohl in der Haushaltung des Bauernstandes als auch im allgemein-nationalen Rahmen pflegte. Regelung und Märkte entwickelten sich in der Praxis gemeinsam. Der selbstregulierende Markt war unbekannt, ja, schon die Idee eines selbstregulierenden Marktes bedeutete eine völlige Umkehrung des Entwicklungstrends. Die ungewöhnlichen Voraussetzungen, die einer Marktwirtschaft zugrundeliegen, können nur im Lichte dieser Tatsache völlig verstanden werden.

Eine Marktwirtschaft ist ein ökonomisches System, das ausschließlich von Märkten kontrolliert, geregelt und gesteuert wird; die Ordnung der Warenproduktion und -distribution wird diesem selbst regulierenden Mechanismus überlassen. Eine Wirtschaftsform solcherart beruht auf der Erwartung, der Mensch werde sich so verhalten, dass er einen maximalen Geldgewinn erzielt.«

»Trotz seiner ausgesprochenen Tendenz zur Kommerzialisierung griff der Merkantilismus nie die Schutzmaßnahmen an, die diese beiden grundlegenden Produktionselemente – Arbeit und Boden – vor der Umwandlung in Handelsobjekte verteidigten.«

»Je komplizierter aber die industrielle Produktion wurde, umso zahlreicher wurden auch jene Produktionsfaktoren, deren Vorhandensein gesichert werden musste. Drei davon waren natürlich von äußerster Wichtigkeit: Arbeitskraft, Boden und Geld. In einer kommerziellen Gesellschaft konnte ihre Verfügbarkeit nur auf eine einzige Weise gewährleistet werden: indem man sie käuflich machte. […] Dies war gleichbedeutend mit der Forderung nach einem Marktsystem.« (▶ Position 4)

Quelle: Polanyi 1978/1944: 102, 104, 111.

Polanyi zeigt, dass sich diese Laissez-faire-Ordnung paradoxerweise nur einrichten, durchsetzen und aufrechterhalten lässt, wenn der Staat ständig interveniert und sich dabei auf verbreitete wirtschaftsliberalistische Vorstellungen stützen kann (Polanyi 1978/1944: 192–195). Verkürzt formuliert: Schon die Umformung der menschlichen Arbeit in eine marktgängige Ware im 19. Jahrhundert setzte voraus, dass die Sozialpolitik die traditionelle Armenfürsorge abschaffe, sodass den Armen nur die Alternative Hunger oder Erwerbsarbeit bleibe, was sie auf den Arbeitsmarkt und zur Lohnarbeit treibe (Polanyi 1947).

Entbettete, selbst regulierte und entfesselte Märkte, so argumentiert Polanyi, seien aus sich heraus destruktiv, ersetzten Gerechtigkeit und Sicherheit durch individuelle Freiheit, destabilisierten die gesellschaftliche Integration, zerstörten die Gesellschaft und führten letztlich zu katastrophalen Ergebnissen von Verunsicherung und Existenzvernichtung bis hin zu Faschismus und Krieg (Polanyi 1978/1944: 108 f., 292 f.,

335–342). Spätestens in den 1930er-Jahren habe sich gezeigt, dass die liberalistische Marktutopie versagt habe.

Die negativen Auswirkungen der Entbettung der Wirtschaft und der Kommodifizierung von Arbeit, Boden und Geld haben schon in der zweiten Hälfte des 19. Jahrhunderts eine Gegenbewegung zum Selbstschutz der Gesellschaft gegenüber dem freien Markt erzeugt. Man habe versucht, die freien Märkte bei den fiktiven Waren Arbeit und Boden wieder einzuschränken und gesellschaftlich und politisch zu zähmen (Interventionismus; Polanyi 1978/1944: 182 f.). Insgesamt betrachtet bestehe die große Transformation aus einer Doppelbewegung von Liberalisierung und (Re-) Regulierung der Märkte, die sich aus dem Prinzip des Wirtschaftsliberalismus und dem des gesellschaftlichen Selbstschutzes begründe. Auch für die jüngere Vergangenheit Südamerikas kann man diese Doppelbewegung nachweisen: Der radikalen Wirtschaftsliberalisierung vor allem in autoritären Regimes wie z. B. Chile oder Argentinien seit den 1970er-Jahren folgten etwa 30 Jahre später Wiedereinbettungspolitiken, unter anderem um die Staatsfinanzierung zu sichern (Portes 2010: 220–225).

Denk-Pause 11

Ist die Annahme überzeugend, Menschen bevorzugten in wirtschaftlichen Kontexten Ordnung und Stabilität gegenüber Flexibilität und Dynamik? ■ Kann man mehr Markt mit mehr Freiheit gleichsetzen? ■ Muss man bei der Antwort darauf zwischen Gütermärkten und Arbeitsmärkten unterscheiden? ■ Wie verhalten sich soziale Einbettung und individuelle Freiheit zueinander?

Man kann diese empirischen Fälle verallgemeinern und argumentieren, dass Einbettung dann wieder eingeführt oder gesteigert wird, wenn Kooperation und Effizienz bedroht sind und Handeln unter Bedingungen der Ungewissheit stattfindet (> 3.1, 3.2). Politisch betrachtet mag soziale Einbettung zwar aus Effizienz- und anderen Gründen wünschenswert sein, sie erweist sich aber empirisch als »stets gefährdet und in ihrem Zustandekommen ungewiss« (Streeck/Beckert 2007: 15 f.). Dies verlangt nach *politischem* Handeln, dass die je spezifischen Einbettungsformen legitimiert, herstellt und sichert. Polanyi bezieht sich mit seiner Argumentation für soziale Einbettung ganz grundsätzlich auf die Grundlagen der Gesellschaft *selbst*, nicht auf die soziotechnischen Voraussetzungen für (wirtschaftliche) Kooperation oder Effizienz *in* der Gesellschaft.

Fiktive Waren verlangen Einbettung der Märkte

Polanyis historische und politische Analysen begründen eine spezifische Kritik am Rationalhandlungsmodell. Hinsichtlich der *fiktiven* Waren Arbeit, Boden und Geld könne ein freier Markt nicht funktionieren, dass diese *dennoch* vermarktlicht würden, verursache ein Ausmaß an Ungewissheit, das sich durch individuelle Entscheidungen nicht bewältigen lasse (vgl. Deutschmann 2007: 85 f.; > 2.1.3, 3.1.1). Damit solche Märkte wirklich funktionierten, müsse man sie sozial einbetten und den Marktmechanismus einschränken. Damit erkennt Polanyi nicht nur die gesellschaftliche Umwälzung, die aus dem »Übergreifen des Geldnexus von den Waren- und Dienstleistungsmärkten auf die Faktoren Arbeit und Boden sowie das Geld selbst« und der neuen Dimension von Ungewissheit resultiert (Deutschmann 2007: 89). Polanyi präsentiert vielmehr auch eine Alternative zum entbetteten Marktmodell der Neoklassik.

Position 4: Fiktive Waren und ihre Folgen

»Waren werden hier empirisch als Objekte definiert, die für den Verkauf auf dem Markt erzeugt werden [...]. Arbeit, Boden und Geld sind wesentliche Elemente der gewerblichen Wirtschaft, sie müssen ebenfalls in Märkten zusammengefasst sein [...]. Indessen sind Arbeit, Boden und Geld ganz offensichtlich *keine Waren* [...]. Arbeit ist bloß eine andere Bezeichnung für eine menschliche Tätigkeit, die zum Leben an sich gehört, das seinerseits nicht zum Zwecke des Verkaufs [...] hervorgebracht wird; auch kann diese Tätigkeit nicht vom restlichen Leben abgetrennt, aufbewahrt oder flüssig gemacht werden. Boden wiederum ist nur eine andere Bezeichnung für Natur, die nicht vom Menschen produziert wird; und das eigentliche Geld, schließlich, ist nur ein Symbol für Kaufkraft, das in der Regel überhaupt nicht produziert, sondern durch den Mechanismus des Bankwesens oder der Staatsfinanzen in die Welt gesetzt wird. Keiner dieser Faktoren wird produziert, um verkauft zu werden. Die Bezeichnung von Arbeit, Boden und Geld als Ware ist somit völlig fiktiv.

Dennoch werden die wirklichen Märkte für Arbeit, Boden und Geld mithilfe dieser Fiktion errichtet; diese Faktoren werden tatsächlich auf dem Markt gekauft und verkauft [...]. Die Warenfiktion liefert somit ein entscheidendes Organisationsprinzip für die Gesellschaft als Ganzes, das praktisch alle ihre Institutionen auf vielfältige Art und Weise beeinflusst, nämlich das Prinzip, wonach keine Vorkehrungen oder Verhaltensweisen zugelassen werden dürfen, die das Funktionieren des Marktmechanismus im Sinne der Warenfiktion verhindern.

Nun kann aber ein solches Postulat in Bezug auf Arbeit, Boden und Geld nicht aufrechterhalten werden. Wenn man den Marktmechanismus als ausschließlichen Lenker des Schicksals der Menschen und ihrer natürlichen Umwelt, oder auch nur des Umfangs und der Anwendung der Kaufkraft, zuließe, dann würde dies zur Zerstörung der Gesellschaft führen. Die angebliche Ware ›Arbeitskraft‹ kann nicht herumgeschoben, unterschiedslos eingesetzt oder auch nur unbenutzt gelassen werden, ohne damit den einzelnen, den Träger dieser spezifischen Ware, zu beeinträchtigen. Das System, das über die Arbeitskraft eines Menschen verfügt, würde gleichzeitig über die physische, psychologische und moralische Ganzheit ›Mensch‹ verfügen, der mit dem Etikett ›Arbeitskraft‹ versehen ist. Menschen, die man auf diese Weise des Schutzmantels der kulturspezifischen Institutionen beraubte, würden an den Folgen gesellschaftlichen Ausgesetztseins zugrunde gehen; sie würden als die Opfer akuter gesellschaftlicher Zersetzung durch Laster, Perversion, Verbrechen und Hunger sterben.«

Quelle: Polanyi 1978/1944: 107 f.

Dabei nimmt er eine sehr markt- und marktwirtschaftsskeptische Position ein und unterscheidet sich damit von der jüngeren Wirtschaftssoziologie. Optimistischere Wirtschaftssoziologen kritisieren Polanyis Position als eine Form von Zwei-Feindliche-Welten-Theorie, hier Wirtschaft, da Gesellschaft, die den Markt als eine soziale Sphäre auffasst, die frei von sozialen Inhalten und Bezügen ist (Gemici 2007: 26). Kritiker halten Polanyi entgegen, dass die Akteure mit Monetarisierung und Kommodifizierung auf vielfache Weise sozial kompetent und moderierend umzugehen wissen und die Gesellschaft deshalb davon nicht bedroht sei (z. B. Zelizer 1997; Steiner 2009: 102 f.; > 3.4.3). Auch kann man Vermarktlichung als Zuwachs an Freiheit und insbesondere Diskriminierungsfreiheit begrüßen (Berger 2001).

Die Kritik an Polanyis Einbettungskonzept richtet sich zum einen gegen die scharfe Unterscheidung zwischen traditionalen, sozial eingebetteten und kapitalistischen, weitgehend entbetteten Wirtschaften. So betont Granovetter, alle Wirtschaften seien eingebettet, allerdings in unterschiedlichen Ausmaßen und Formen (Granovetter 1985: 481–483). Polanyi überschätze die determinierende Kraft, mit der gesellschaftliche Normen wirtschaftliches Handeln regulierten, und arbeite deshalb mit einem übersozialisierten Akteurkonzept. Granovetter vertritt demgegenüber einen universaleren, aber schwächeren Begriff von Einbettung.

Deutschmann kritisiert die einseitig negative Fassung von Unsicherheit bei Polanyi. Er unterschätze deren positive Dimension, welche sich etwa in Innovationen ausdrücke, die das kapitalistische Unternehmertum durch produktive Nutzung von Ungewissheitslagen bewirkt (Deutschmann 2007: 86).

Jenseits dieser Kritik muss man die Unterschiede zwischen Polanyis und Granovetters Grundansätzen unterstreichen. Bei an Granovetter anschließenden Ansätzen fungiert Einbettung als eine allgemeine, auf soziale Netzwerke und Gesellschaftlichkeit fokussierende Meta-Annahme der Wirtschaftssoziologie. In Ansätzen, die Polanyi folgen, gilt Einbettung eher als ein Idealtyp, der das regulativ-beeinflussende Verhältnis von Staat und anderen sozialen Institutionen gegenüber Märkten beschreibt und sich deshalb eher auf wirtschaftliche und darauf gründende politische Macht konzentriert (Portes 2010: 221). Wir können es zuspitzend formulieren: Bei Granovetter ermöglicht erst die Existenz von sozialer Einbettung ein nutzenorientiert optimierendes Handeln der Akteure, während bei Polanyi umgekehrt die gesellschaftliche Einbettung die unbegrenzte individuelle Nutzenmaximierung – notwendigerweise – dämpft.

Einbettung als Einheitskonzept der Wirtschaftssoziologie?

Anders als Polanyi unterscheidet Michel Callon historische oder gegenwärtige Wirtschaften nicht dichotomisch nach Entbettung / Einbettung in die Gesellschaft, sondern stellt stattdessen das *dialektische* Verhältnis von Verwicklung / Herauslösung in den Mittelpunkt, da beide in jeder ökonomischen Transaktion untrennbar miteinander verbunden seien (entanglement / disentanglement; Callon 1998b: 36–39; vgl. Krippner/Alvarez 2007: 230 f.; ► Abbildung 11). Folgt man Callon, setzen auch *einzelne* Märkte komplexe Prozesse voraus, die die Verkäufer, Käufer und Güter aus allen anderen Zusammenhängen und Verpflichtungen loslösen, sie insofern marktgängig machen und vermarktlichen; nicht selten gelingt diese Entflechtung aber auch nicht oder nur vorübergehend (> 3.3.2). Die Annahme eines dialektischen Verhältnisses von Einbettung und Entbettung korrespondiert zur Auffassung, die wirtschaftliche Grundtatsache der Einbettung sei durch historische Kontinuität charakterisiert, während ihre konkreten Ausprägungen wechselten (> 3.2.1).

Ähnlich wie Polanyi eine gesellschaftliche Doppelbewegung aus Liberalisierung und Reregulierung beobachtet, sieht auch Jens Beckert, wie bereits erwähnt, Bewegungen von sozialer Entbettung zurück zu stärkerer Einbettung der Märkte. Beckert führt dafür aber nicht soziale, sondern mit der Bezugnahme auf Ungewissheit, Kooperation und Effizienz vor allem *ökonomisch-funktionale* Gründe an.

Die neue Wirtschaftssoziologie betone, so Jens Beckert, sowohl die historische Kontinuität des Phänomens der Einbettung, als auch die Änderung von dessen Motiven und Zielen (vgl. Beckert 2009b). Unterscheiden müsse man zwischen den spezifischen Formen von Einbettung in vormodernen Gesellschaften einerseits, die rein ökonomisch rationales Handeln aus *sozialen* Gründen begrenzen oder verhindern wollten, und denen in modernen Marktgesellschaften andererseits, in denen sich Einbettung gegen die *wirtschaftlich* unerwünschten Folgen allein nutzenmaximierenden und nur marktkoordinierten Individualhandelns richte. Dies motiviere die Akteure selbst zur Absicherung ihres wirtschaftlichen Handelns durch Einbettung.

Diese Argumentation illustriert, dass man bei wirtschaftssoziologischen Einbettungsansätzen zwei Grundsatzpositionen danach unterscheiden kann, wie sie zur wirtschaftswissenschaftlichen Neoklassik stehen (Deutschmann 2007: 80): Eine Stoßrichtung will das neoklassische Marktmodell durch die Analyse der sozialen Kontextfaktoren wirtschaftlichen Handelns soziologisch ergänzen, den Modellkern der rationalen Wahlhandlung aber unangetastet lassen. Darauf zielt auch Mark Granovetters Anspruch, mehr Wirklichkeitsnähe durch die Analyse der sozialen Einbettung wirtschaftlichen Handelns zu erreichen. Die andere Richtung bezweifelt dagegen grundsätzlich, dass man das Rationalwahlmodell sinnvoll auf wirtschaftliche Entscheidungen anwenden kann (> 1.2.1, 1.2.2).

Das gegenüber dem orthodoxen wirtschaftswissenschaftlichen Modell moderat kritische Einbettungskonzept Granovetters war einerseits wirtschaftssoziologisch höchst erfolgreich, zog dort aber andererseits vielfältige Kritik auf sich.

Auf Kritik stößt zunächst die Unbestimmtheit des Kernbegriffs Einbettung in Granovetters Tradition. Oft erscheine Einbettung als allumfassendes, ahistorisches und deshalb fast inhaltsleer auf beliebig viele Situationen anwendbares Konzept, dessen starke, die wirtschaftssoziologische Forschung und Rhetorik anregende Metaphorik der »Einbettung« die nicht so starke analytische Schärfe überdecke (Portes 2010: 220; vgl. Mikl-Horke 2008b: 178).

Zweitens kann man dieses Einbettungskonzept als reduktionistisch kritisieren. Zum einen beschränke es sich auf die sozialstrukturelle Einbettung durch Netzwerke aus interpersonalen Beziehungen und ignoriere alle anderen Formen wie etwa Verwandtschaft, Stratifikation, Gender, Organisation oder Kultur (Barber 1995: 406 f.). Zum anderen, so eine verbreitete Kritik, verstehe es Einbettung nur sozialstrukturell und sehe von kognitiver, kultureller und politischer Einbettung ab.

Drittens setze es sich, moniert etwa Jens Beckert, nicht mit den grundlegenden Problemen von Unsicherheit und Koordination auseinander, obwohl es Einbettung als Antwort auf eben diese Basisprobleme auffasse (Beckert 2009b: 44 f., 49; > 3.1). Ein vierter Kritikpunkt betrifft das Defizit in der Dimension der Dynamik. Deutschmann kritisiert es als statischen Ansatz, der den Wandel von etablierten eingebetteten Strukturen vernachlässige (▶ Position 5).

Position 5: Einbettung als statisches, strukturalistisches Konzept

»Wie weit reicht die Erklärungskraft des Konzepts [soziale Einbettung; RH]? Für die Mikro-Ebene, teils auch die Meso-Ebene des Markthandelns mag sie gegeben sein, aber wie verhält es sich bei Marktbewegungen auf der Makro-Ebene, die aufgrund der globalen Vernetzungswirkungen des Geldes entstehen?«

Es ist auch »noch nicht zu erkennen, dass es der Wirtschaftssoziologie überzeugend gelungen ist, die bei Durkheim, Parsons und Polanyi angelegte strukturfunktionalistische Schlagseite der Theorie mit ihrer Tendenz zur Vernachlässigung der Akteure und der Reifizierung des Sozialen zu überwinden. Im Zusammenhang damit ist die Wirtschaftssoziologie dem gleichen Vorwurf ausgesetzt, den sie selbst gegenüber der neoklassischen Gleichgewichtsanalyse erhoben hat: nämlich die Entstehung wirtschaftlicher Institutionen ebenso wenig erklären zu können wie ihren Niedergang.«

Diese Schwächen lassen »sich durch eine stärkere Konzentration der Wirtschaftssoziologie auf die Probleme der Dynamik überwinden [..]. Der moderne Kapitalismus ist ein seiner Natur nach dynamisches System, dessen Analyse nach entsprechend angelegten Theorieansätzen verlangt.« Deshalb muss das »Konzept der sozialen Einbettung« »die Dimension von Zeit und Geschichte systematisch« berücksichtigen.

Quelle: Deutschmann 2010: 44 f.

Reifizierung (Verdinglichung) meint hier die Vorstellung, dass die Eigenschaften von sozialen Strukturen etwas Naturgegebenes und damit Unveränderbares sind. Verdinglichung verdrängt, dass diese Strukturen das beabsichtigte oder unbeabsichtigte Ergebnis menschlicher Aktivitäten und Handlungen und damit im Prinzip veränderbar sind.

Eine weiter gehende Kritik schließlich wirft dem Einbettungskonzept Blindheit für die »Einbettung« wirtschaftlicher Phänomene in den sozialen Kontext von Klassen und damit in *Makro*strukturen vor; versteht man soziale Klassen als Idealtyp mittlerer Reichweite, dann könne man die Klassen als relevante Rahmung für die Wirtschaft auffassen, da sie stabile Unterschiede von Interessen und Macht erzeugten (Portes 2010: 99 f.).

Abschließend möchte ich zwei weitere Kritikpunkte hervorheben.

Einbettungskonzepte Granovetter'scher Art setzen die Akteure als im Wesentlichen gegeben voraus und behandeln die in den sozialen Strukturen gehandelten Waren als analytisch belanglos. Dagegen betrachten konstruktivistische oder performativistische Ansätze sowohl den Akteur als auch das Marktgut als verständigungs- und interpretationsbedürftige Phänomene (> 3.3).

Politisch gesehen vertritt der Einbettungsansatz in der Tradition Granovetters eine überwiegend optimistische Orientierung. Sie basiert auf einer in der Wirtschaftssoziologie erstaunlich weit verbreiteten Zuversicht, die individuellen und kollektiven Akteure seien in der Lage, jeweils diejenigen Formen von Einbettung zu entwickeln, die die Kernprobleme mehr oder weniger angemessen lösen. Insofern hat dieses Einbettungskonzept funktionalistische Grundzüge.

Kapitel kompakt

Zwei Konzepte von Einbettung: Sozialstrukturelle Einbettung wirtschaftlicher Akteure, Aktivitäten, Institutionen; gesellschaftliche Einbettung des Wirtschaftssystems ▪ Zwei Bewegungsrichtungen: soziale Entbettung, soziale Einbettung ▪ Formen der Einbettung: relational-strukturelle, kognitive, kulturelle, politische Einbettung ▪ Einrahmen des Ökonomischen als Abgrenzungsprozess ▪ Einbettung als Netzwerk aus Markt- und Bindungsbeziehungen ▪ Konstruktion der fiktiven Waren Arbeit und Boden als soziale Entbettung ▪ Einbettung als Ergänzung oder Ersatz wirtschaftswissenschaftlicher Ansätze ▪

Weiterlesen

Basis: Granovetter 2000 ▪ *Vertiefend:* Portes/Sensenbrenner 2001; Dobbin 2001 ▪

3.3 Performanz von Akteuren, Gütern und Märkten (Eva-Maria Walker)

Vergleicht man ökonomische und soziologische Akteurs- und Institutionentheorien in ihren Grundannahmen miteinander, so besteht ein zentraler Unterschied darin, dass soziologische Ansätze die Rationalitätsannahme aus mehreren Gründen infrage stellen: Zum einen verhindert die strukturell bedingte Handlungsunsicherheit in sozialen Situationen, dass sich Ego nutzenmaximierend entscheiden kann, da er die Handlungswahl von Alter Ego nicht kennt (> 3.1.1). Neben der Frage, ob der Akteur infolge der Handlungsunsicherheit überhaupt nutzenmaximierend handeln *kann*, fragen soziologische Ansätze zum anderen auch, ob der Akteur überhaupt stets nutzenmaximierend handeln *will* oder ob sein Handeln nicht vielmehr von unterschiedlichen Handlungsmotivationen geprägt ist. Dies ist zum einen die Feststellung, dass sich nicht jedwedes Handeln auf eine Entscheidung zurückführen lässt, sondern eben auch Routinen folgt und damit nicht intentional sein kann, und zum anderen, dass das Handeln auch von Traditionen, Normen und Wertrationalitäten als eigenständigen Handlungsmotiven geprägt ist, die gerade nicht nur auf das Motiv der Nutzenmaximierung zurückzuführen sind (> 2.1).

Nun schwingt bei diesen Ansätzen zwar immer die Frage mit, *wie* Akteure zu ihren Präferenzen und Handlungsmotiven gelangen, respektive *wie* Institutionen entstehen und einem Wandel unterliegen; in den Fokus gerückt werden sie allerdings erst in einem anderen Ansatz: dem sogenannten Performanztheorem von Callon (Callon 1998b) sowie der Konventionenökonomik, vor allem vertreten durch Luc Boltanski, Ève Chiapello, Rainer Diaz-Bone, Robert Salais und Laurent Thévenot (vgl. Diaz-Bone 2011b; Biggart/Beamish 2003).

Gemeinsam ist diesen Arbeiten die Annahme, dass weder wirtschaftliche Akteure (Homo oeconomicus), noch Koordinationsmechanismen auf Märkten (Konkurrenz), noch wirtschaftliche Güter natürlicherweise existieren, sondern dass sie erst einer gesellschaftlichen Herstellung bedürfen. Diese gesellschaftliche Herstellung ist deshalb notwendig, so die Kritik von Jagd an der ökonomischen Vorstellung über die Ausgangssituation wirtschaftlichen Handelns, da eben gerade nicht »alle Gegenstände bereits vollkommen zertifiziert [sind, noch] für alle Akteure eine eindeutig definierte Nutzenfunktion gegeben ist« (Jagd 2011: 286). Vielmehr variieren die Bewertungskriterien subjektiv und sozial-kulturell spezifisch und sind damit zunächst umstritten. Ein Konsens zwischen den Marktakteuren über das, was wirtschaftliches Handeln ist, was Tauschgüter sind und welche Koordinationsmechanismen angemessen sind, kann damit analytisch nicht einfach vorausgesetzt werden, sondern muss selbst der Analyse unterzogen werden. Anders als die ökonomische Analyse, interessiert sich die wirtschaftssoziologische Analyse gerade für die Frage, *wie* die Herstellung einer gesellschaftlich anerkannten Form der Wertbestimmung erfolgen kann (> 3.1.2).

Dies hat zur Folge, dass jedwedes wirtschaftliche Handeln eine *Einrahmung* (framing) des Akteurs, des wirtschaftlichen Gutes sowie des Koordinationsmechanismus Konkurrenz voraussetzt, die das Handeln der Akteure dann *formatiert* bzw. *diszipliniert* (Callon 1998a; Callon/Muniesa 2005; Engels 2010).

Für das Konzept der Rahmung wurde bereits gesagt, dass es – anders als das Einbettungsverständnis von Granovetter – seinen Schwerpunkt auf die *Herstellung* einer wirtschaftlichen Ordnung legt und fragt, wie die Unterscheidung zwischen ökonomischen Internalitäten, also wirtschaftlich Relevantem, von nicht ökonomischen Externalitäten erfolgt (> 3.2.1). Dieses Konzept greifen wir hier auf und fragen, wie die konkrete Herstellung der drei Marktelemente Akteur, Koordination und Gut konkret erfolgen kann. Im Anschluss daran prüfen wir, ob dieser Herstellungsprozess empirisch tatsächlich so reibungslos verläuft, wie in den Konzepten unterstellt oder ob sich dieser nicht vielmehr durch »Steuerungsprobleme« auszeichnet. Diese können dann auftreten, wenn sich Akteure »eigenwillig« zeigen und sich dem Steuerungsprozess nicht unterwerfen wollen oder aber auch nicht können.

3.3.1 Performanz als Akt der Rahmung und Formatierung

Ebenso wie Granovetter nimmt auch Callon an, dass sich reale wirtschaftliche Situationen durch Handlungsunsicherheiten auszeichnen und damit sowohl das neoklassische Theorem effizienter Märkte als auch der rational kalkulierenden Akteure zurückgewiesen werden muss. Callon zieht hieraus jedoch eine andere Schlussfolgerung als Granovetter: Während dieser zeigt, dass wirtschaftliche Akteure in soziale Netzwerke *eingebettet* sind, die das Handeln der Akteure durch soziale Normen und Erwartungen rahmen und damit die Unsicherheit wirtschaftlicher Situationen reduzieren, geht Callon umgekehrt davon aus, dass Akteure aus ihren sozialen Kontexten *entbettet* und erst zu wirtschaftlichen Akteuren gemacht werden können (▶ Abbildung 11; > 3.2.1).

Möglich ist dies, weil sich Akteure in ihrem Handeln an sogenannten soziotechnischen Artefakten orientieren und sich durch diese leiten lassen. Orientierung und Anleitung gewinnen sie ganz allgemein durch die neoklassische Theoriebildung bzw. konkreter beispielsweise durch das betriebliche Rechnungswesen oder das betriebliche Controlling, die als Vorbild für die Ausgestaltung wirtschaftlichen Handelns dienen. Sie haben die Funktion, das wirtschaftliche Handeln aus seinen sozialen und auch politischen Bezügen herauszulösen (Chiapello 2009; Vormbusch 2006), also die »Wirtschaft aus dem übrigen Leben heraus[zunehmen] und eine nahezu autonome, eigenen Gesetzen gehorchende Sphäre« zu erschaffen (Chiapello 2009: 138). Bezogen auf das betriebliche Rechnungswesen kann dies deshalb gelingen, da hier nicht mehr die konkreten und damit mit widersprüchlichen Interessen behafteten Produktionsbedingungen interessieren, sondern die unterschiedlichen Qualitäten einzelner Pro-

Abbildung 11: Unterscheidung und Einbettung der »Wirtschaft« und des »Ökonomischen«

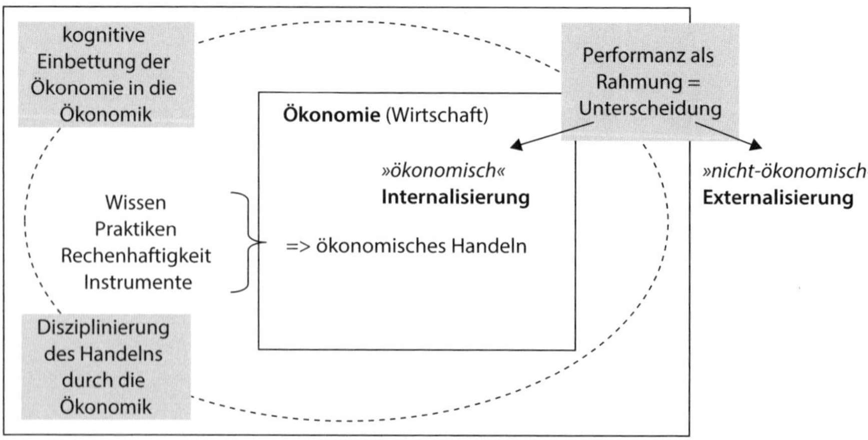

Quelle: Darstellung von Reinhold Hedtke.

duktionsschritte (z. B. Arbeitskraft, Maschinennutzung, Verkauf) auf politisch und normativ (scheinbar) neutrale Bilanzierungskennzahlen verdichtet und damit vergleichbar werden. Das heißt also für Unternehmensentscheidungen wie beispielsweise der Frage nach Rentabilitätssteigerungen, dass hier nicht mehr den unterschiedlichen Interessen der Beteiligten Rechnung getragen werden muss, sondern dass die Erträge einer Produktionsstandortverlagerung mit den Kosten einer Weiterbeschäftigung des Personals am Standort politisch neutral und »wertfrei« verglichen werden können.

Das Rechnungswesen entbettet also unternehmensstrategische Entscheidungen aus ihren politischen und sozialen Bezügen und macht damit eine ökonomisch-rationale Entscheidung zwischen verschiedenen Unternehmensstrategien jenseits normativer und wertrationaler Bezüge erst möglich. (Am Beispiel illustriert: Ob es auch unter moralischen Gesichtspunkten gerechtfertigt ist, Standorte zu schließen, um kostengünstiger woanders zu produzieren, interessiert hier also nicht mehr.) Soziotechnische Artefakte gelten daher als ein »strukturrelevantes Artefakt« zur Herstellung einer wirtschaftlichen Ordnung (Chiapello 2009: 127; vgl. dazu auch Vollmer 2003; Vollmer 2004). Man könnte also auch sagen, dass Akteure durch soziotechnische Artefakte in ihrem Handeln kognitiv gerahmt werden (Aspers 2007).

Ein weiteres Beispiel dafür, wie ökonomische Transaktionen abhängig sind von kollektiven Definitionsprozessen, ist die Automatisierung des Wertpapierhandels, die Muniesa in seiner finanzsoziologischen Studie untersucht (Muniesa 2000; ▶ Fall 7). Er zeigt, dass die Algorithmen (Rechenprogramme) zur Preisbestimmung nicht einfach technisch gegeben sind und damit der Preis »natürlicherweise« gegeben wäre. Vielmehr legen diese Algorithmen erst fest, *wie* der Preis zu bestimmen ist, z. B. in welcher Reihenfolge die Handelsaufträge bearbeitet werden sollen oder wie groß ein Kurswertunterschied sein muss, um einen Handelsauftrag auszulösen. Damit sind sie abhängig von der Vorstellung der beteiligten Händler über ein faires Auktionsverfahren. Ist dieser Algorithmus einmal festgelegt, rahmt er als soziotechnisches Artefakt das Handeln der Akteure.

Fall 7: Die unsichtbar gemachte Dramaturgie der Preisbestimmung

Definitions- und Evaluationsprozesse kann man besonders gut beobachten, wenn bereits bestehende Märkte neu geordnet und automatisiert werden sollen. Denn das, was bei »normalen Märkten« verborgen oder implizit oder selbstverständlich ist, insbesondere die alltägliche Dramaturgie der Ermittlung des Preises, muss nun so expliziert werden, dass es in automatisierbare Algorithmen (Rechenprogramme) übersetzbar ist.

Finanzsoziologische Studien, etwa die von Fabian Muniesa, zeigen, wie dicht, wie kompliziert und wie aufwändig das Regelwerk wird, das man dazu braucht, um beispielsweise offene, auf persönlichem Zuruf basierende Auktionen von Wertpapieren vollständig durch einen automatischen, computergesteuerten Auktionsalgorithmus ersetzen zu können. So muss das neue Regelwerk Auktionsprotokolle, Orderarten, Überwachungsregeln und Händleridentifikation regulieren und entsteht in einem vielfältigen Prozess aus komplexen Verhandlungen, Beweisen, Kontroversen, Kämpfen und Kontingenzen.

Mithin entpuppt sich der scheinbar natürliche Mechanismus der Preisbildung als sozial höchst voraussetzungsvoll, in sozialen Prozessen ausgehandelt und dann als Kompromiss konstatiert.

Sind diese Algorithmen erst einmal konstruiert und softwaretechnisch implementiert, werden Preise durch ein objektiviertes – den sozialen Kompromiss zugleich verkörperndes und verschleierndes – und automatisiertes Rechenverfahren erzeugt. Dieses Verfahren, und deshalb auch der ermittelte Preis, sind das Ergebnis von Übersetzungen, Verhandlungen und Anstrengungen aller Art.

Dadurch erhalten die Preise eine ganz spezifische Form: Sie sind systemisch verhandelte Preise, denn wie man das automatische Preisfindungssystem im jeweiligen Fall konkret ausgestaltet, ist ein Verhandlungsergebnis, das dann in ein Rechensystem übersetzt wird.

Ist dieses System installiert und zum Alltag geworden, erscheinen die Preise, die es produziert, den Akteuren fortan als objektiv. Die soziale Dramaturgie der Preisermittlung, welche sich bisher sichtbar auf der Bühne des Börsenparketts abspielte, verschwindet in den Tiefen der komplexen Programmarchitekturen der Preissoftware. Die Preisbildung ist damit standardisiert.

Quelle: Nach Muniesa 2000.

Den Prozess der Herstellung der wirtschaftlichen Wirklichkeit bezeichnet Callon im Anschluss an die »Sprechakttheorie« der Linguistik als »Performanz« (performativity; Callon 1998b). Gemeint ist damit, dass sprachliche Äußerungen nicht nur sachliche Informationsmitteilungen sind, sondern dass diese ebenfalls Handlungen evozieren (daher auch Sprech*akt*theorie). So geben beispielsweise Unwetterwarnungen nicht nur eine sachliche Auskunft über zukünftige Unwetter, sondern rufen gleichzeitig bestimmte Handlungen bzw. Nicht-Handlungen hervor, etwa Bergwanderungen zu unterlassen oder Unwettervorkehrungen zu treffen.

Soziotechnische Artefakte können demnach deshalb eine ökonomische Wirklichkeit herstellen, da sie eine *Unterscheidung* zwischen dem Ökonomischen und dem Nicht-Ökonomischen in der sozialen Welt treffen. »Kontingente soziale und natürliche Einflüsse auf ökonomisches Handeln und ökonomische Strukturen«, so Langenohl, werden »in kalkulierbare und rechenbare Modellierungen transformiert« (Langenohl 2007: 249). Nicht ökonomische Externalitäten werden damit in ökonomische Internalitäten verwandelt, indem man sie von ihren sozialen Beziehungen und Effekten befreit (Callon 1998b: 16). Erst nach dieser Entflechtung und Herauslösung des Ökonomischen aus dem Sozialen ist eine rationale Kalkulationsentscheidung möglich. So kann beispielsweise das Rechnungswesen deshalb eine ökonomische Realität herstellen, da dieses zwischen »wertschaffenden« und »nicht wertschaffenden« Tätigkeiten unterscheidet und sich alle Beteiligten in ihrem Handeln daran orientieren. Dies geschieht deshalb, weil die jeweilige Ausgestaltung des betrieblichen Rechnungswesens die jeweils gültigen Rationalitätsvorstellungen widerspiegelt und so als gesellschaftlich legitim wahrgenommen wird.

Das heißt zweitens, dass die durch die technischen Artefakte hervorgebrachte wirtschaftliche Realität das Handeln der wirtschaftlichen Akteure *formatiert bzw. diszipliniert.* »Disziplinierung« ist hier im Anschluss an Foucault durchaus wörtlich zu verstehen, denn es meint nicht nur, dass wirtschaftliche Akteure ihr Handeln an wissenschaftlichen bzw. ökonomischen Theorien kognitiv orientieren, diese also als eine Art Informationsquelle für ihr eigenes Handeln betrachten. Außerdem nehmen sie diese auch als eine legitime Interpretation der Welt wahr, stimmen mit einer solchen also auch sinnhaft überein (Callon 1998b: 25–28). Ersichtlich wird dies beispielsweise im Rahmen von Uni-Rankings (analog dazu ließen sich im Bildungsbereich die PISA-Studien anführen): So bilden die Messinstrumente nicht nur die relative Position der Hochschulen im Evaluationsraster ab (z. B. Internationalisierungsgrad, Absolventenzahlen, Drittmitteleinwerbung), sondern konstruieren diese erst durch die Auswahl der Erfolgsparameter. Vormbusch kritisiert sie daher als Mechanismen, die das soziale Feld »gezielt manipulieren« wollen (Vormbusch 2007: 54), da unterstellt wird, dass sich die beurteilten Akteure in ihrem Handeln an den Evaluationskriterien ausrichten, sich von diesen »disziplinieren« lassen. Messinstrumente haben demnach weniger eine wirklichkeits*repräsentierende*, als vielmehr eine wirklichkeits*generierende* Funktion (Mennicken/Vollmer 2007: 10).

Die Konstruktion von Gütern, Koordinationen und Akteuren

Wenn das Performanztheorem die neoklassische Theorie herausfordert, weil die Annahme einer »natürlichen« Existenz von rationalen Akteuren, von Tauschgütern sowie von effizienten Wettbewerbsmärkten bezweifelt wird, dann ist zu klären, wie dieser soziale Herstellungsprozess im Einzelnen erfolgt (> 3.1.2).

Beginnen wir mit der Herstellung der *Tauschgüter*. Die Transformation eines Dinges (thing) zu einem universalen (Tausch-)Gut (good) macht, so die Autoren Callon und Muniesa, deren *Qualifizierung* notwendig, die zwei Prozesse voraussetzt (Callon/Muniesa 2005: 1231–1236).

Zum einen müssen Dinge aus ihrem sozialen Kontext entflochten und ihnen die Eigenschaften eines handelbaren Gutes (Knappheit, Eigentumsrechte) zugeschrieben werden. Dies macht eine soziale, politische und juristische Rahmung zwischen ökonomischen Internalitäten und nicht ökonomischen Externalitäten erforderlich. Dass dieser Rahmungsprozess nun politisch machtvoll umkämpft ist, zeigt sich empirisch an einer ganzen Reihe an Beispielen. So galten beispielsweise Finanzderivate in den USA bis in die 1960er-Jahre als eine Form des Glücksspiels und waren daher gesetzlich verboten. Erst als Ökonomen die zugrunde liegenden Kursbewegungen in ein finanzmathematisches Modell (die Options-Pricing-Theory) fassen konnten, mit dem sich die Kurswertentwicklung einigermaßen exakt prognostizieren ließ, erhielten Finanzderivate einen wissenschaftlichen Anstrich und konnten sich vom Nimbus des Glücksspiels befreien. In der Folge wurden sie zu einem legalen Finanzinstrument gesetzlich zugelassen (MacKenzie/Millo 2003: 112–115; vgl. auch die Legalisierung von Risikolebensversicherung, > 1.1.1).

Die Entflechtung aus den sozialen bzw. moralischen Kontexten lässt sich aber auch in anderen Bereichen wie beispielsweise der Dienstleistungsbranche erkennen: War es gesellschaftlich lange Zeit wenig legitim, die Pflege älterer bzw. kranker Familienangehöriger als eine zahlungspflichtige Dienstleistung zu definieren und damit zu entsozialisieren, so diskutiert man mittlerweile sogar darüber, ob es moralisch vertretbar ist, kostengünstigere Betreuungseinrichtungen in europäischen Nachbarländern in Anspruch zu nehmen. Wenn aber das ökonomische Gut als solches erst qualifiziert, also gesellschaftlich definiert werden muss, dann hängt sein Herstellungsprozess von den jeweils sozial- und historisch-spezifischen Vorstellungen von Rationalität ab. Dies zeigt sich umgekehrt ebenfalls anhand der jeweils spezifischen Vorstellungen über die Definition »öffentlicher Güter« (Engartner 2007: 93–96): Während beispielsweise die Privatisierung zentraler Infrastruktureinrichtungen wie Post- und Telekommunikationswesen, Energieversorger, Transport und Fernverkehr nicht nur seitens der politischen Privatisierungsbefürworter als eine Befreiung von schwerfälligen, bürokratischen Zwängen wahrgenommen wird, rufen die jüngsten Privatisierungsbestrebungen der Wasserwirtschaft in breiten Bevölkerungsschichten Kritiker auf den Plan.

Zum anderen erfordert die Qualifizierung eines Tauschguts die Herstellung von Vergleichbarkeit und Unterscheidbarkeit zwischen den Gütern in Form von Klassifikationssystemen (Callon/Muniesa 2005). Aus Sicht der Konsumenten am offensichtlichsten erfolgt dies mithilfe von Qualitätssiegeln, die natürlicherweise differente Ausprägungen entlang bestimmter Klassifikationsmerkmale zu homogenen Gütern bündeln. Dies zeigt Garcia-Parpet für den Erdbeermarkt in der Sologne, der sich als ein – sozial konstruierter – »perfekter« Markt erweist (Garcia-Parpet 2007): So hat die Einführung des Qualitätssiegels »Erdbeeren aus der Sologne« aus Sicht der Konsumenten nämlich zur Folge, dass diese entlang der Kriterien Herkunft, Handelsklasse und Art als standardisiert wahrgenommen werden können und sich damit von anderen Erdbeeren unterscheiden (analog ließe sich dies für die Normierung der Gurkengröße oder der Güteklassen von Spargel zeigen) (vgl. zu Qualitätskonventionen auch > 3.1.2).

Kommen wir zweitens auf die Herstellung des ökonomisch rationalen Akteurs zu sprechen. Nach dem bislang Gesagten zu den Akteurmodellen in der Soziologie und Ökonomik (> 2.1.4) muss es zunächst überraschen, dass wir im Anschluss an Callon überhaupt davon ausgehen können, dass der Homo oeconomicus in der wirtschaftlichen Realität existiert (Callon 1998b). Denn die übliche wirtschaftssoziologische Argumentation geht sonst davon aus, dass infolge der Handlungsunsicherheiten realer wirtschaftlicher Handlungssituationen eine nutzenmaximierende Entscheidung strukturell gar nicht möglich ist. Callon hingegen zeigt, dass die ökonomische Realität zwar erst durch die performative Kraft menschlichen Handelns bzw. sozio-technischer Artefakte (immer wieder neu) hergestellt werden muss, dann aber real existiert: »[Y]es, *homo economicus does exist*, but is not an a-historical reality; he does not describe the hidden nature of the human being. He is the result of a *process of configuration.*« (S. 22; Hervorh. EMW).

Gemeinsam ist damit zunächst beiden Ansätzen, dass sie die neoklassische Annahme einer »natürlichen« Neigung zu nutzenmaximierendem Handeln zurückweisen. Während die bisher behandelten wirtschaftssoziologischen Ansätze allerdings den Fokus auf die sozialen, kulturellen und/oder normativen Einflüsse legen und damit konsequenterweise das Modell des Homo oeconomicus zurückweisen, fokussiert Callon umgekehrt gerade auf den Prozess der *Ausblendung* sozialer, kultureller und/oder normativer Einflüsse, der dann zum Tragen kommt, wenn Akteure sich in ihrem Handeln an soziotechnischen Artefakten orientieren. Man könnte die beiden – auf den ersten Blick widersprüchlichen – Konzepte also auch als die beiden Seiten einer Medaille verstehen: die Herstellung des ökonomischen Akteurs, also seine ausschließliche Fokussierung auf das Wirtschaftliche einerseits und die Herausforderung dieser Abgrenzung andererseits, indem soziale Faktoren wieder eingeblendet werden. Zu klären wäre dann jeweils, unter welchen situationsspezifischen Bedingungen und subjektiven Voraussetzungen das eine und wann das andere Modell empirisch zum Tragen kommt.

Beschränken wir uns aber an dieser Stelle auf den Prozess der *Herstellung* des ökonomischen Akteurs. So zeigt Engels im Anschluss an Weber, dass die »*Fähigkeit* zur Teilnahme am Markt nicht einfach unterstellt werden kann« (Engels 2010: 79; Hervorh. EMW), sondern dazu vorab folgende Unterscheidungen geklärt werden müssen: Wer darf im juristischen Sinne ökonomisch handeln und bei wem wird dies auch gesellschaftlich als legitim erachtet? So ist es Ärzten gesetzlich gestattet, Zusatzleistungen kostenpflichtig abzurechnen. Allerdings widerspräche eine aktive Bewerbung dieser Zusatzleistungen mit dem alleinigen Ziel der Umsatzsteigerung der gesellschaftlichen Erwartung an die Profession. Wie lernen die Akteure, sich auf Märkten zu koordinieren? Und drittens: Unter welchen Bedingungen lernen sie, ihren Profitinteressen zu folgen (Engels 2010: 79)? Weber beantwortet diese Frage bekanntlich mit dem Verweis auf die kulturelle Wirkmacht der »protestantischen Ethik« auf die Entfaltung des westlichen Kapitalismus (> 5.2.1).

Denk-Pause 12

Die neoklassische Annahme unterstellt, dass der Marktzugang für alle Akteure gleichermaßen »frei« ist. Sind aber auch alle Akteure gleichermaßen *fähig* zur Marktteilnehmerschaft? ■ Beschränkt sich das Erlernen der Marktteilnehmerschaft auf das ökonomische System oder sind auch in außerökonomischen Bereichen (z.B. Universitäten) persönliche Fähigkeiten zur Selbstorganisation und Selbstökonomisierung notwendig?

Eine Erweiterung dieses kultursoziologischen Zugriffs auf die Frage der Akteurkonstituierung hat Bourdieu mit seinem Konzept des ökonomischen Habitus vorgeschlagen (Bourdieu 2006: 213–220). Der Habitus einer Person prägt sich im Laufe ihrer

Sozialisation in Abhängigkeit ihrer ökonomischen, kulturellen und sozialen Erfahrungen und ist so in Abhängigkeit der unterschiedlichen Zugangsbedingungen zu Bildung und Bildungsinstitutionen sozialstrukturell differenziert. Der jeweils erworbene Habitus stellt das System der Wahrnehmungs-, Denk- und Handlungsmuster dar (Diaz-Bone 2007: 255). Bourdieu legt den Schwerpunkt seiner Analyse damit auf die Frage der *klassenspezifischen* Sozialisationseffekte: Je nach Klasse, so Bourdieu, bilden sich sozial differenzierte ökonomische Habitus (Geschmäcker, Bedürfnisse, Neigungen bzw. Fähigkeiten) heraus, die sich auf der Nachfrageseite in unterschiedlichen Konsummustern niederschlagen und auf der Angebotsseite marktstrukturierend wirken. Eine einmal etablierte Marktordnung wirkt in Form von differenzierten Marketingkanälen (z. B. Printmedien, online, Auswahl der Fernsehsender), Produktdesigns und Werbestrategien auf die kognitiven Ordnungen der Konsumenten zurück (Diaz-Bone 2007: 256–258).

Empirisch eindrücklich belegt Bourdieu diese Formierung des ökonomischen Habitus am Beispiel des französischen Eigenheimmarktes und zeigt, wie die Wohn-»Entscheidung« der Bürger (Kauf oder Miete, Erwerb eines Alt- oder Neubaus, Erwerb eines individuell-geplanten oder eines Fertighauses) zwar abhängig ist von dem Volumen des ökonomischen Kapitals, über das der Bürger verfügt, mehr aber noch von der Struktur des Kapitalbesitzes, also von dem relativen Gewicht zwischen ökonomischem und kulturellem Kapital, das der Konstituierung der Präferenzsysteme zugrunde liegt (Bourdieu 2006: 153–184, hier 164): So liegen die Eigentümeranteile bei Berufsgruppen mit einem höheren ökonomischen als kulturellen Kapital (Unternehmer, Handwerker, Landwirte) höher als bei Berufsgruppen mit einem hohen kulturellen Kapital (Professoren, künstlerische Berufe und leitende Angestellte im öffentlichen Sektor) (S. 166 f.).

Drittens und letztens kann auch der zentrale Mechanismus zur *Koordination des Handelns* (Konkurrenz) auf Märkten nicht natürlicherweise vorausgesetzt werden (> 3.5.1). Vielmehr ist ein kollektiv geteiltes Verständnis dessen notwendig, welche Vergleichsdimensionen überhaupt als *wettbewerbsrelevante* Vergleichsdimensionen gelten können. Instruktiv ist hier eine Studie der Autoren Theresa Lant und Joel Baum (Lant/Baum 1995). Sie belegen für den Hotelmarkt im New Yorker Stadtteil Manhattan, dass sich Hoteliers, die gemäß »objektiver« Vergleichsvariablen der Hotelindustrie (Größe, Preis, Standort) eine Wettbewerbskategorie bilden, sich selbst gar nicht entlang dieser Dimensionen im Wettbewerbsumfeld positionieren, sondern mit Blick auf ihre spezifische Klientel (Gäste mit einer kurzen Aufenthaltsdauer) ein eigenes Wettbewerbsraster entworfen haben, das eine kognitive Orientierung bei der Ausgestaltung der Unternehmensstrategie bietet. Diese Wettbewerbsdimensionen sind beispielsweise der Einrichtungsstil der Hotels (z. B. »French Hotel« oder »Irish Hotel«), der Anteil der Geschäftsreisenden oder der Ausbildungsweg des Managements (S. 31). Vergleicht man nun die Zusammensetzung der »objektiven« mit der Zusammensetzung der »angenommenen« Wettbewerbssegmente, zu denen sich die befragten Hotelmanager gemäß ihrer eigenen kognitiven Skripts selbst zugehörig fühlen, so stimmen diese lediglich in knapp zwei Drittel der Fälle überein (S. 30). Die Autoren kommen daher zu dem Schluss, »[that] managers both *respond to* and *create* their competitive environment« (S. 19; Hervorh. i. O.).

3.3.2 Steuerungsprobleme: die »Eigenwilligkeit« der Akteure und der Dinge

Wir haben in der bisherigen Darstellung des Performanztheorems angenommen, der Herstellungsprozess der ökonomischen Realität verlaufe insofern störungsfrei, als dass sich Akteure in ihrem Handeln bereitwillig an soziotechnischen Artefakten orientieren und sich durch diese disziplinieren lassen. Nun weist Callon zwar mit seinem Konzept des »overflowing« selbst darauf hin (> 3.2.1), dass dies nicht zwangsläufig so sein muss, denn die Herstellung des ökonomischen Akteurs kann immer wieder durch soziale Faktoren herausgefordert werden, was dazu führt, dass nicht ökonomische Externalitäten in den Bereich der ökonomischen Internalitäten »hinüberschwappen« (Callon 1998a). Allerdings kommen die Abdichtungs- und Steuerungsprobleme selbst in seiner Analyse etwas zu kurz. Wir illustrieren diese daher abschließend sowohl für die Herstellung des ökonomischen Akteurs als auch für die Konstruktion des Tauschgutes.

Zunächst erklärt Aspers, dass das Performanztheorem nur für jene Märkte zum Tragen kommen kann, auf denen standardisierbare Produkte (z. B. Blumen- oder Aktienmarkt) gehandelt werden, diese also entsozialisiert und homogenisiert werden können (Aspers 2007). Gleichwohl existieren ebenfalls Tauschgüter, die stets an den Status des Verkäufers gebunden bleiben (z. B. Kunsthandel, Bekleidungshandel, Bazar) und damit handelbar sind, *obwohl* sie sozial eingebettet bleiben. Dies widerspricht der Annahme von Callon, dass alle Tauschgüter erst mittels Entsozialisierung als solche qualifiziert werden müssen.

Zum anderen zeigt beispielsweise Vormbusch am Beispiel der betrieblichen Karrierepolitik, dass in Unternehmen zu Zeiten der Flexibilisierung und Dezentralisierung (Vormbusch 2009; > 4.1) das organisationale Leitbild eines »unternehmerischen Beschäftigten« entworfen wird, nach dessen Vorbild man die individuellen Arbeits- und Karriereaspirationen der Beschäftigten formatieren will. Seine empirischen Befunde, die er im Rahmen zweier Fallstudien in einem industriellen Mischkonzern sowie einem Versicherungsunternehmen gewonnen hat, belegen aber, dass weder die Beschäftigten ihre Karriere nur rational und bewusst verfolgen, noch dass sich die jeweiligen subjektiven Karrieremotivationen aus den betrieblichen Kontrollstrukturen und Sozialisationspraktiken lediglich ableiten lassen (Vormbusch 2009: 285). Vielmehr finden sich bei gleichen organisationalen Rahmenbedingungen *unterschiedliche* biografische Bewältigungsmuster, die von (kalkulierender) Anpassung über Verweigerung bis hin zu einer resignierten Anpassung qua fehlender beruflicher Alternativen reichen.

Kapitel kompakt

■ Performanz meint die Herstellung der ökonomischen Realität (Akteur, Tauschgut, Koordinationsmodus Konkurrenz) ■ Formatierung meint die Disziplinierung der Handelnden gemäß ökonomischer Zweckrationalitäten ■ Homo oeconomicus existiert, aber nicht natürlicherweise, sondern als Ergebnis eines historisch-sozial spezifischen Konstruktionsprozesses ■ Am Performanzansatz lässt sich kritisieren, dass er die Eigenwilligkeit der Akteure unterschätzt ■

Weiterlesen

Basis: Performanz und Formatierung: Callon 1998b; Callon 1998a; Kritik am Performanztheorem: Aspers 2007 ■ *Vertiefend:* Callon/Muniesa 2005; Engels 2010 ■

3.4 Geld und Zahlung

Geld ist eine wesentliche Sozialtechnik der modernen Welt, mit der man Güter und Werte vergleichbar machen, Arbeiten und Leistungen bewerten und entgelten, Tauschvorgänge ermöglichen und erleichtern, Ansprüche und Schulden ausdrücken und begrenzen oder Zahlungsmittel für die Zukunft aufbewahren kann. Geld wird gesellschaftlich produziert, durch Strukturen sozialer Beziehungen konstituiert; Geld steht für den allgemeinen Anspruch an die Gesellschaft, es gegen Güter und Leistungen tauschen zu können, und das Versprechen, damit auch in Zukunft zahlen zu können. Damit verkörpert Geld selbst eine soziale Beziehung (Ingham 2005: 154 f.). Es wirkt als Medium wirtschaftlichen und gesellschaftlichen Wandels und reicht weit über seine technische Tauschmittelfunktion hinaus. Das Wirtschaftssystem beeinflusst es schließlich, indem es auf eine Orientierung allein an Zahlungen reduziert ist. Es hat zugleich eine öffnende Funktion, weil die Gesellschaft festlegt, »wer wofür wann zahlt und wer wofür wann nicht« (Baecker 2006: 48).

Geld gehört damit zu den klassischen Gegenständen von Soziologie und Wirtschaftssoziologie. Von einem einheitlichen Verständnis kann man allerdings nicht sprechen, schließlich konkurrieren kultur-, system-, macht- und netzwerktheoretische Konzepte miteinander (Deutschmann 2010: 58).

3.4.1 Geldwirtschaft und Geltung des Geldes

Aus einer instrumentalistischen Perspektive erscheint Geld als dem Wert gegenüber neutrale Transaktionstechnik, welche die Tauschakte erleichtert und die dabei anfallenden Kosten senkt (Tauschmittel). Ein institutionalistischer Zugriff versteht dagegen Geld als die Wert schaffende Größe, weil erst Geld den wirtschaftlichen Wert einer Ware verkörpert und zu einem sozialen, für alle Individuen gleichermaßen existierenden Phänomen macht (Orléan 2009: 212–222; Wertmaßstab). Mit Georg Simmel kann man sehen, dass Geld insofern eine Objektivität des wirtschaftlichen Wertes schafft, als es die – für die Tauschenden zunächst nur subjektive – Wertäquivalenz von Tauschobjekten objektiv misst und damit deren Wert zugleich für alle anderen objektiv ausdrückt (Simmel 2000/1907: 58 f.). Der wirtschaftliche Wert einer Ware besteht aus dem Wechselverhältnis mit anderen Waren, und diese wechselseitige Wertrelativität findet im Geld einen selbstständigen Ausdruck (vgl. S. 91 f., 122–126). Nur der Bezug zum Geld homogenisiert die Güter, da ihnen die inhärente Vergleichbarkeit fehlt (Orléan 2009: 221).

Das Spezifikum von Geld besteht darin, dass es Maßstab abstrakten Wertes und Mittel der Lagerung und des Transports dieses Wertes ist und dass dies eine notwendige, funktionierende Fiktion von Geldstabilität voraussetzt (die real abgesichert oder prekär sein mag und gelegentlich mehr oder weniger desillusioniert wird); Geldordnungen und Geldwert sind unstabil und über längere Zeiträume hinweg ungewiss, sie ruhen nur auf gesellschaftlich konstruierten Institutionen (Ingham 2005: 164, 169–170; Simmel 2000/1907: 233–235). Dazu gehören nicht nur Systemvertrauen, Zentralbanken, Geldpolitiken, kollektive Repräsentationen (z. B. von Hyperinflation oder Währungsreform) oder Rating-Agenturen, sondern vor allem eine erfolgreiche Naturalisierung, die den fragilen und veränderbaren Konstruktcharakter von Geldwertstabilität verhüllt, etwa durch Golddeckung der umlaufenden Geldmenge oder mittels Anrufung wirtschaftswissenschaftlicher »Gesetzmäßigkeiten« (Ingham 2005: 170).

Ebenso wie der Vertrag auf nicht vertragliche Voraussetzungen angewiesen ist (> 2.2), setzt Geld also nicht geldliche Funktionsbedingungen voraus, die Staat, Recht und staatlich legitimierte oder allgemein anerkannte Organisationen garantieren (Türk 1987: 190). Auch in Zeiten des globalen Finanzkapitalismus und seiner Finanzkrisen samt Staatsschuldenkrisen funktioniert Geld eben »nur solange politisches Systemvertrauen in ökonomisches Systemvertrauen konvertierbar ist« (S. 190).

Geldtausch, so Geoffrey Ingham, besteht aus der Kalkulation, dem Austausch sowie dem Transfer von Schulden und Krediten gemäß einem Verrechnungsgeld, da die Schaffung von Geld immer zugleich die Schaffung von Schulden bedeutet (Ingham 2005: 164). Mit Geld verwandelt sich die für Reziprozitätsbeziehungen typische, auch auf Vertrauen ruhende Schuld in monetär bemessene Schulden, die man durch Zahlung vollständig abgelten kann (vgl. Paul 2012: 238). Zugleich schafft Geld die Existenz von in Verrechnungsgeld bemessenen Schulden an anderer Stelle in der Gesellschaft, denn dem Geldbesitzer schuldet sie Güter, sein Geld verbürgt ihm einen allgemeinen Anspruch etwas zu kaufen.

Georg Simmel hebt hervor, dass Geld ein Versprechen und »alles Geld nur eine Anweisung auf die Gesellschaft ist; es erscheint gleichsam als ein Wechsel, in dem der Name des Bezogenen nicht ausgefüllt ist [...]. Die Solvierung [Ablösung; RH] jeder privaten Verbindlichkeit durch Geld bedeutet eben, dass jetzt die Gesamtheit diese Verpflichtung gegen den Berechtigten übernimmt« (Simmel 2000/1907: 213 f.). Ein dichtes Netzwerk von kontinuierlich entstehenden, einander überlappenden und wechselseitig verbundenen zweiseitigen Schulden-Kredit-Beziehungen konstituiert das Geld; die Soll-und-Haben-Form eines Bankkontos veranschaulicht das (Ingham 2005: 164). Schulden erhalten mithilfe des abstrakten Wertmaßstabs Geld einen Nennwert, etwa in Euro, und können dadurch übertragen werden.

Mit Max Weber kann man sehen, dass Geld »keine harmlose ›Anweisung auf unbestimmte Nutzleistungen‹« auf Märkten und andernorts ist, sondern »primär: Kampfmittel und Kampfpreis« sowie »Rechnungsmittel« als quantitativer Ausdruck von »Interessen*kampf*chancen« (Weber 1980/1921: 58). Geld fungiert also (auch) als ökonomisches Machtmittel, und Geldpreise indizieren Machtverhältnisse und Kompromisse ebenso wie Gewaltstrukturen (s. u.; > 4.2).

In der »Philosophie des Geldes« arbeitet Georg Simmel heraus, dass Geld die Grundlage individueller Freiheit ist, da die Geldwirtschaft einerseits zwar die Abhängigkeit durch Arbeitsteilung drastisch steigere, dabei aber andererseits persönliche, oft unabänderliche Abhängigkeiten durch funktionale, monetäre und substituierbare Abhängigkeiten ablöse (Simmel 2000/1907: 375–481). Geld sei das beweglichste aller Güter, gewähre unbegrenzte Verwendungsfreiheit und, anders als andere Vermögensformen wie Immobilien oder Unternehmen, binde Geld das besitzende Individuum nicht (S. 276, 481). Ähnlich wie Weber betont Simmel, dass Geld in sozialer Hinsicht individuelle Freiheit in der Gesellschaft fördere, in sachlicher Hinsicht gewährt es ihm gemäß den Zugang zu allen vorhandenen, herstellbaren oder vorstellbaren Gütern und in zeitlicher Hinsicht erlaubt es zu disponieren, wann man es verwenden will. Deshalb sieht Simmel im Medium Geld »das absolute Mittel« (S. 264; Deutschmann 2000: 304 f.; Weber 1980/1921: 42). Geld hat einen Eigenwert, deshalb begehrt man es, und es sind – nur – das Begehren nach und die Abhängigkeit vom Geld, das alle Marktakteure gemeinsam haben. Geld lässt niemanden gleichgültig (Orléan 2009: 222).

Wie Märkte (> 4.2), so entsteht auch Geld in enger Verbindung mit dem souveränen Staat, der die Geldproduktion als sein monopolistisches Hoheitsrecht beansprucht und sich durch Steuern und Kredite finanziert (öffentliches Geld). Schon hier zeigt sich, dass Geld nicht neutral, sondern mit politischen Interessen verbunden ist (vgl. Orléan 2009: 216–218). Daneben entspringt es seit dem 16. Jahrhundert auch privaten Schuldenbeziehungen, etwa in Form der im Fernhandel verbreiteten Wechsel (privates Kreditgeld). Aber erst im Kapitalismus kommt es zu einer zwischen dem Staat (Notenbank) und den Privatbanken geteilten Geldsouveränität, da sie durch Kreditvergabe Geld schaffen und damit etwa Investitionen finanzieren können (Ingham 2005: 166; Weber 1980/1921: 97–101). Die Form der Staatsfinanzierung wirkt auf die Wirtschaft zurück, d. h. der reine »Geldabgabenstaat« fördert den »rationalen, marktorientierten Kapitalismus« (Weber 1980/1921: 117). Die Macht des Geldes lässt sich mittelbar und manchmal auch unmittelbar in politische Macht konvertieren; die politischen Folgen der privaten Finanzierung von US-amerikanischen Wahlkämpfen oder der Kapitalmarktfinanzierung von vergleichsweise hochverschuldeten Staaten illustrieren dies nachdrücklich.

Grundsätzlicher gilt, dass ohne Geld als einheitlicher Wertmaßstab und damit als Basis der formal rationalen Geld- und Kapitalrechnung, als grenzenlos steigerungsfähiges Wertaufbewahrungsmittel und damit als Quelle von Investitionskrediten – später auch Konsumkrediten – weder renditeorientierte Kalkulation noch wachstumsorientierte kapitalistische Systeme funktionieren können (vgl. Weber 1980/1921: 42–48; > 2.1.3, 5.2). Die Macht des Geldes, so André Orléan, ist ein Schlüssel des Marktmechanismus, sowohl als expansive Antriebskraft marktförmiger Beziehungen als auch als Band zwischen den Individuen; soziale Beziehungen, die auf anderen Werten als wirtschaftlichen Werten basieren, bremsen allerdings diese monetäre Expansion (Orléan 2009: 222, 243; > 3.4.3). Beispiele wären etwa Solidarität, Reziprozität oder Liebe. Da fast alle Organisationen und Individuen von Geldzuflüssen abhängen und da die Wirtschaft sie in Form von Geldeinkommen aus Arbeit und Kapital und Kreditgeldschöpfung der Banken mit Geld versorgt, kann man erwarten, dass die Wirtschaft eine »herausgehobene Position« »im Gefüge der allseitigen Leistungsinterdependenzen hat« (Schimank 2010a: 44).

Denk-Pause 13

Halten Sie die Expansion monetärer Beziehungen in den gegenwärtigen Gesellschaften für umfassend und unaufhaltsam? ▪ Oder sehen Sie Bereiche, die sich der Monetarisierung dauerhaft ganz oder teilweise entziehen? ▪ Welche sozialen Mechanismen könnten als Gegengewicht wirken?

3.4.2 Geldnexus, Kapitalismus und Ungleichheit

Geld dynamisiert in doppelter Hinsicht. Zum einen stößt das Begehren nach Geld auf keine natürliche Grenze, es fehlt ihm eine Stoppregel (Baecker 2006: 60). Zum anderen treibt die Geldbeziehung (»Geldnexus«) eine kapitalistische Dynamik an (zum Folgenden Deutschmann 2009b: 61–64, 68). Die Dynamik entsteht, wenn der Geldnexus über die Verrechnungsgeldfunktion beim Tausch von Gütern und Dienstleistungen hinausgreift, zum einen die fiktiven Waren Arbeit und Boden erfasst sowie zum anderen über die Kreditschöpfung privater Banken wachstums- und renditeorientierte Kapitalinvestitionen und dadurch auch Innovationen finanziert (»kapitalistisches Kreditgeld«). Dann gilt der Geldnexus universal, er erfasst die gesamte gesellschaftliche Reproduktion und Geld verwandelt sich in Kapital, dessen Eigentümer systematisch nach zins- oder renditeträchtigen Anlagegelegenheiten suchen und dabei immer wieder neu nach immer höheren Renditen streben (> 1.1.2). Innovationen entstehen aus der Konkurrenz zwischen Unternehmen, dem Zwang zur kontinuierlichen Kapitalverwertung und vor allem aus der von Unternehmern kontrollierten Kreativität der Arbeit (> 3.5, 4.1); dass der Staat dabei eine wichtige Rolle übernimmt, bleibt meist vergessen. Da Arbeit im Rahmen des Lohnarbeitsverhältnisses als für die Produktion eingesetzte Ware behandelt wird, können sich die Unternehmer die Profite aus den kapitalistisch motivierten Innovationen aneignen, um das eingesetzte eigene und geliehene Kapital »angemessen« zu verzinsen (zum Lohnarbeitsverhältnis Hirsch-Kreinsen 2008; > 5.2.2).

Systemtheoretisch fasst Luhmann ähnlich wie Parsons Geld als das *teil*systemspezifische Kommunikationsmedium des Funktionssystems Wirtschaft und schreibt ihm keine Priorität gegenüber anderen Medien wie Macht oder Wahrheit zu (s. u.). Danach könnte die Wirtschaftssoziologie ihr Interesse an Geld ganz überwiegend auf das Wirtschaftssystem eingrenzen.

Anders als Luhmann kann man im Geld durchaus das dominante, universale Medium der modernen Gesellschaft sehen. Schon Karl Marx versteht Geld nicht nur als den allgemeinen materiellen Repräsentanten des Reichtums – und insofern als Abstraktion sozialer Beziehungen –, sondern betont seine vergesellschaftende Kraft: Das Geld »selbst ist das *Gemeinwesen* und kann kein andres über ihm stehendes dulden« (Marx 2006/1857–58: 147). Geld durchdringt alle gesellschaftlichen Subsysteme und alle Länder der Erde, wirkt als mächtiges Medium der Weltgesellschaft und vermittelt materielle Zugriffsrechte und individuelle soziale Teilhabechancen (Paul 2012: 236). Da gesellschaftliche Teilsysteme auf Organisationen und diese auf Finanzierung angewiesen seien, bilde Geld »die Basis moderner, funktional differenzierter Vergesellschaftung« (Deutschmann 2009a: 228). Auch die »Antriebskräfte des Kapitalismus« liegen »in der zutiefst irrationalen Faszination der Menschen durch die Möglichkeiten des Geldes« (Deutschmann 2000: 310). Es greift also zu kurz, geldsoziologische Analysen allein wirtschaftssoziologisch zu betreiben, nur auf die Wirtschaft und wirtschaftliches Handeln zu beziehen und nicht weiter gehend auch gesellschaftstheoretisch anzulegen; wir konzentrieren uns hier aus Platzgründen dennoch überwiegend auf den wirtschaftssoziologischen Zugriff.

Geld begründet gesellschaftliche Inklusion, wenig oder kein Geld führt zu Exklusion. Geld vertieft und beschleunigt soziale Ungleichheit. Geld als Kapital ermöglicht und verfestigt schon aus den rein technischen Gründen des Zinseszinseffekts das Matthäus-Prinzip (»Wer hat, dem wird gegeben«), weil Unterschiede in der monetären Anfangsausstattung dadurch rasant wachsen, größere Kapitalien sich höher verzinsen, deren Eigentümer als kreditwürdiger gelten, lukrativere Anlagemöglichkeiten und andere Vorteile genießen und dies zusammen zunehmend ungleiche Vermögensverteilungen verursacht (vgl. Ingham 2005: 169). Dies steigert die Ungleichheit auch, weil es den Vermögenden nicht nur zahlreiche weitere Vorteile verschafft, sondern ihnen auch höchste individuelle Wahlfreiheit bei der Geldverwendung sichert (»Superadditum des Reichtums«; Simmel 2000/1907: 274–277). Durch ein umverteilungsscheues Erbrecht sowie dadurch, dass ganz überwiegend Vermögende die Gläubiger der Staatsschulden sind und als Geldkapitalbesitzer zum einen von Steuervorteilen, zum anderen von steuerfinanzierten Schuldzinsen profitieren, verschärft sich diese Ungleichheit (vgl. Beckert 2013).

Mit wachsendem Geldwohlstand lockert sich der Zusammenhang von Geld und Arbeit, der Anteil arbeitsloser Einkommen aus Kapitalvermögen (»Kapitalrenten«) – eine Form der erwähnten Kredit-Schulden- oder Gläubiger-Schuldner-Relation – steigt, es gibt mehr Kapitalrentner, weniger Unternehmer und abhängig Erwerbstätige (Deutschmann 2009a: 235 f.). Da die ökonomische Relevanz der Finanzindustrie national und global zunimmt, gewinnen die Kapitaleigentümer direkt oder indirekt an politischem Einfluss, was ihre monetären Interessen auf dem Wege finanzmarktfreundlicher Politiken weiter begünstigt (> 5.2.1; ► Position 10). Im Zuge der Liberalisierung von Devisen- und Kapitalmärkten, der potenzierten Möglichkeiten der Kreditgeldschöpfung durch Banken und der ökonomischen Globalisierung entkoppeln sich Nationalstaat und Geldproduktion zunehmend, die politische Kontrolle der Geldmenge und die Erhebung von Steuern werden schwieriger (Ingham 2005: 168).

3.4.3 Standardgeld und multikulturelle Gelder

Viviana Zelizer stellt der verbreiteten Annahme, Ökonomisierung und Monetarisierung führten zu zunehmender Vereinheitlichung und Rationalisierung, die These gegenüber, dass die Wirtschaft durch vielfältige Formen kultureller Diversität geprägt sei. Sie diagnostiziert dagegen »Multikulturalismus in allen Bereichen der Ökonomie« (Zelizer 2000: 327). Das zeigt sie exemplarisch auch am Beispiel Geld und wendet sich damit gegen die Generalannahme, Geld sei *nur* ein Mechanismus der Entbettung (vgl. Baecker 2006: 67 f.).

Zum einen sieht Zelizer die Standardisierung des Geldes von vielen lokalen, kleinräumigen Währungen hin zu nationalen und, wie etwa beim Euro, supranationalen Währungen, nicht als natürlichen, sich aufgrund der überlegenen Funktionalität eines einheitlichen Zahlungsmittels selbst tragenden Prozess. Vielmehr handelte und handele es sich um politische Projekte, durch die Regierungen versuchen, staatliche Monopole über nationale Währungen zu errichten (Zelizer 2000: 318).

Zum anderen blieben diese sowohl umstritten als auch unvollständig, da viele Parallelwährungen entstünden, die sich der staatlichen Kontrolle weitgehend entziehen wie Gemeinde- und Lokalwährungen, Kreditkartengeld, Ersatzgeld, Bonuspunktsysteme oder Internetwährungen. Auch Pfandleihfinanzierungen oder von Migranten genutzte Geldüberweisungssysteme in ihre Heimatländer markieren, so Zelizer, »das aktuelle Stadium in einem jahrhundertealten Prozess pekuniärer Differenzierung«, in dem der zunehmenden Standardisierung finanzieller Transaktionen eine wachsende Partikularisierung monetärer Praktiken gegenübersteht (S. 319). Diese entsprängen einerseits der Bedeutung, die ökonomische Transaktionen für personalisierte und lokale Bindungen sowie für die Begründung und Bestätigung spezifischer Beziehungen haben; andererseits reagierten sie auf die ethnische oder klassenspezifische Segregation und Exklusion im herrschenden Geldwesen, indem sie eigene »Geldwelten« ausbildeten (S. 317–320).

Das manifestiere sich etwa darin, dass die Akteure durch ihre Geldpraktiken das homogene, objektive und rationale Bank- und Marktgeld in von ihnen selbst unterschiedlich bewertete und verwendete Geldqualitäten umdeuteten, sodass ein soziales Spektrum »spezieller Gelder« entstehe (Zelizer 1989; ▶ Fall 8). Das scheinbare einheitliche Geld entpuppe sich bei näherer empirischer Betrachtung als Gefäß multipler Gelder, es zeige sich, »dass Geld eben doch nicht gleich Geld ist« (Baecker 2006: 84). Die scheinbar irrationalen Praktiken motivierten auf Standardisierung und Rationalisierung fixierte Regierungen und Wohlfahrtsverbände immer wieder, diese privaten Geldverwendungsformen durch Wirtschaftserziehung zu verbessern (Zelizer 1996: 485).

Unbeeindruckt davon drücke sich der soziale Sinn des Geldes darin aus, dass die Menschen meist scharf zwischen Geld als Zahlung im direkten Tausch, als Resultat eines Rechtsanspruchs oder als freiwilliges Geschenk unterscheiden (Zelizer 1996: 492). So wandelte sich etwa die Weihnachtszuwendung des Arbeitgebers an den Arbeitnehmer von einem freiwilligen *Sach*geschenk zunächst in ein Geldgeschenk, näherte sich damit der Sinnform Kompensationszahlung und erleichterte es den Empfängern in der Folge, sie als Rechtsanspruch einzufordern, und endete schließlich als einklagbarer Lohnbestandteil.

Fall 8: Geld sortieren

»Genauer gesagt, als das Geld den privaten Haushalt, das Austauschen von Geschenken und wohltätige Spenden erfasste, haben Individuen und Organisationen eine umfassende Reihe von Währungen erfunden – diese reichen von Haushaltsgeld, Nadelgeld, Taschengeld bis zu Geldgeschenken, Geschenkzertifikaten, Unterstützungszahlungen, Trinkgeldern, Vorsorgesparen von Pfennigen, Mütterrenten und Essensmarken. Leute stuften scheinbar homogene gesetzliche Zahlungsmittel in spezifische Kategorien ein und schufen andere Währungen, die vom Staat nicht anerkannt waren. Sie markierten zudem unterschiedliche Kategorien sozialer Beziehungen durch unterschiedliche Arten von Geldtransfer. So funktioniert Geld, behaupte ich: Um ihren komplexen und oft chaotischen sozialen Beziehungen einen Sinn zu geben, erfinden und unterscheiden Leute fortwährend Währungen, wodurch sie ihren unterschiedlichen Austauschen unterschiedliche Bedeutungen zuschreiben. So ersetzt eine Mannigfaltigkeit sozial bedeutungsvoller Währungen das Standardmodell eines einzigen, neutralen, entpersonalisierenden gesetzlichen Zahlungsmittels.

In Haushalten unterschieden und trennten Familien vorsichtig, und manchmal leidenschaftlich, ihre Gelder; sie trennten Essensgeld von Mietengeld, Schulgeld oder Spendengeld; auch Geldmittel für Beerdigung, Hochzeit, Weihnachten, oder Erholung wurden zu unterschiedlichen Währungen. Ehefrauen, Ehemänner und Kinder waren nicht immer einer Meinung, wenn es um Abmachungen über die Zweckbestimmung ging. Familienmitglieder stritten darüber, wie ihre Gelder zu definieren, zu verteilen und zu regeln waren. Das Geld einer Ehefrau unterschied sich beispielsweise fundamental von dem ihres Mannes oder ihres Kindes, nicht nur in der Menge, sondern auch darin, wie man es erhielt, wie oft und wie man es benutzte, und sogar darin, wo man es aufbewahrte. Meinungsverschiedenheiten wurden nicht immer aufrichtig beigelegt: Frauen, Männer und Kinder logen, stahlen oder betrogen einander oft, um ihre gesonderten Währungen zu schützen. Somit konstruierten Familien unterschiedliche Arten von Geldern, geprägt von einer mächtigen häuslichen Kultur und von sich verändernden sozialen Beziehungen zwischen Ehepaaren, Eltern und Kindern. Sie unterschieden sich auch nach Klassen: die Haushaltsdollars der Mittelklasse und die der Arbeiterklasse waren keine genauen Äquivalente.«

Quelle: Zelizer 1996: 481 f.; Übers. Marc Weingart.

Das Haushaltsgeld dient Zelizer als ein Beispiel für eine sehr spezielle Währung, die weit mehr bedeutet als einfach nur ein Tauschmittel zu sein: Es sei Träger von Sinn, verkörpert soziale Unterschiede nach Geschlecht, Klasse und Alter und erhält je nach Herkunft und Zuordnung speziell definierte Verwendungszwecke (Zelizer 1989: 367–370). Beispielsweise lasse sich die für das 19. und 20. Jahrhundert gut belegte Unterscheidung zwischen dem für kollektive Zwecke markierten Geld der Ehefrau und dem als persönlich frei verwendbar ausgezeichneten Geld des Ehemanns bis heute nachweisen. Als angemessen geltende Verwendungsweisen des Geldes hingen von seiner Quelle und Form und deren Bewertung ab, etwa als »Nebenerwerbseinkommen« oder »Zusatzverdienst«.

Die Relevanz der Quelle des Geldeinkommens für die Geldpraktiken belegen empirische Studien auch für andere Bereiche, etwa für die Sexualwirtschaft (Zelizer 1996: 490 f.): Oft budgetierten Prostituierte »legales« Geld wie Sozialhilfe- oder Krankenkassenleistungen sorgfältig für Ausgaben des »ordentlichen« Lebens wie Miete und Rechnungen, während sie »schmutzige« Einnahmen aus der Prostitution mit leichter Hand für Ausgehen, Drogen, Alkohol und Kleider ausgeben. So schaffen sie mithilfe des differenzierten Umgangs mit Geldzahlungen moralisch, sentimental und persönlich relevante Unterschiede.

In der Summe versteht Viviana Zelizer ihre historischen Studien über die US-amerikanische Gesellschaft als Beleg dafür, dass es falsch sei, eine zunehmende Monetarisierung, Kommerzialisierung und Rationalisierung in allen sozialen Feldern und Beziehungen zu erwarten. Vielmehr entwickelten die Menschen im Umgang mit Geld Eigensinn, sodass statt monetär-funktionalistischer Vereinheitlichung eine kulturelle Vielfalt von Geldpraktiken entstehe; wirtschaftliche Phänomene wie Geld entwickelten sich einerseits teilweise autonom, blieben aber andererseits verflochten in historisch wandelbare Sinnsysteme und soziale Beziehungen (Zelizer 1989: 371). Im Ergebnis zeigen sich also sowohl Eigensinn im Umgang mit dem Geld und den Geldern, als auch Widerstand gegen eine einheitlich-umfassende Monetarisierung.

Auf der Basis ihrer mikrosoziologischen Befunde stellt sie sich gegen Polanyis pessimistische Prognose über die politischen und sozialen Schäden, die die durchdringende Dominanz des Marktsystems gegenüber der Gesellschaft verursache (vgl. Steiner 2009; > 3.2.2). Zelizers theoretische und empirische Diagnosen sind bemerkenswert, wenn man bedenkt, wie viel weiter in den Gesellschaften die reale Kommodifizierung und Monetarisierung seit der Zeit vorangeschritten ist, in der Polanyi seine pessimistischen Prognosen formulierte, und wie wenig dennoch beide Phänomene heute als Bedrohung empfunden werden (Steiner 2009: 107). Weitere wirtschaftssoziologische Forschungen über Geld sollten deshalb nicht »die scheinbare oder tatsächliche Übermacht des Geldes« thematisieren, »sondern die Parallelität von Geldgebrauch und -kritik« (Baecker 2006: 67).

3.4.4 Medium der Knappheit, der Befriedung und der Gewalt

Niklas Luhmann konfrontiert die gängigen Vorstellungen von Wirtschaft mit einem kontraintuitiven Konzept (Luhmann 1989a; vgl. Baecker 2006). Anders als etwa bei reproduktionszentrierten Ansätzen ordnet Luhmann Ressourcen, etwa Güter, Geld oder Eigentumsrechte, sowie psychische Zustände der Akteure, etwa Bedürfnisse oder Maximierungsstreben, der *Umwelt* des Systems Wirtschaft zu. Das zentrale Problem, das das Funktionssystem Wirtschaft mithilfe des Kommunikationsmediums Geld bearbeitet, sieht er in der Kommunikation und Kontinuierung von Knappheit (> 1.1.2). Mit dem Medium Geld kann die Wirtschaft *Zahlungen* fortlaufend aufrechterhalten und damit die Elemente reproduzieren, »aus denen das System besteht« (Luhmann 1989a: 17). Gelingt dies, ist die Wirtschaft ein *autopoietisches* System, das die Elemente, aus denen es besteht, *selbst* herstellen und wiederherstellen kann (S. 17). Eine Zahlung setzt eine andere Zahlung voraus, sonst wäre der Zahlende nicht zahlungsfähig, und sie ermöglicht dem Zahlungsempfänger seinerseits zu zahlen, usw. Enden dagegen die Zahlungen, hört das ausdifferenzierte Wirtschaftssystem auf zu existieren (S. 52 f.). Da Zahlungen, so wendet Deutschmann dagegen ein, allerdings auch für die Finanzierung von Organisationen in *anderen* Funktionssystemen überlebenswichtig sind, bestehe das Spezifikum der Wirtschaft darin, dass Zahlungen dort auf Rückfluss zwecks Profitabilität ausgerichtet seien (Deutschmann 2010: 52; > 5.2.1).

Gesamtgesellschaftlich beruhigt Geld, da man für die Aneignung knapper Güter zahlen muss; zwar bleiben Dritte aktuell vom zahlenden Zugriff auf diese Güter ausgeschlossen, aber durch den Erwerb eigener Zahlungsfähigkeit kann man später selber mittels Geldzahlung zugreifen: Zahlungsfähigkeit garantiert zukünftige Bedürfnisbefriedigung (Luhmann 1989a: 67–69) – jedenfalls dann, so muss man Luhmann wohl ergänzen, wenn dieses gesellschaftliche Versprechen insofern eingelöst wird, dass man zukünftige Zahlungsfähigkeit zuverlässig erwarten kann (Verteilung des Geldeinkommens) und dass die materiale Grundlage für bestimmte Bedürfnisbefriedigungen dann noch existiert (Endlichkeit der Ressourcen). Zugleich verdoppelt sich mit dem Medium Geld die Knappheit, neben die »natürliche« Güterknappheit tritt die »künstliche« Geldknappheit; obwohl man Geld nur durch Zahlen verwenden kann, erhält durch diese Knappheit auch Nichtzahlen einen Sinn: Wie für Marx repräsentiert es auch für Luhmann alle Verwendungsmöglichkeiten, »man behält Geld nur, um es ausgeben zu können« (S. 198, 254).

Im funktional ausdifferenzierten Wirtschaftssystem gehen alle wirtschaftlichen Prozesse wie Produktion, Arbeit oder Tausch mit einem monetären Ausgleich einher, sie orientieren sich also an Geldzahlungen. Zahlungen ordnen zugleich auch die Formen des nichtzahlenden Handelns, etwa Arbeit oder Eigentumsübertragung. Die Kommunikationen der Wirtschaft werden als *wirtschaftliche* Kommunikationen markiert, indem das Wirtschaftssystem diese Kommunikationen mittels des Mediums Geld auf sich selbst bezieht (*Selbstreferenz*; ► Begriffe 9): Zahlungen ermöglichen und reproduzieren Zahlungen und damit das Wirtschaftssystem selbst: »Das System kann sich nicht beenden, da der Sinn des Geldes im Ausgeben des Geldes liegt« (Luhmann 1989a: 65, 75).

Begriffe 9: Geld als Selbstreferenz des Wirtschaftssystems

»Geschlossene Systeme sind nur als offene Systeme möglich, Selbstreferenz kommt nur in Kombination mit Fremdreferenz vor. […]

Im Bereich der Wirtschaft ist das Geld die dafür nötige Voraussetzung. Geld ist instituierte Selbstreferenz. Geld hat keinen ›Eigenwert‹, es erschöpft seinen Sinn in der Verweisung auf das System, das die Geldverwendung ermöglicht und konditioniert. Da alle basalen Wirtschaftsvorgänge durch rechnerische bzw. zahlungsmäßige Geldtransfers parallelisiert sein müssen, heißt dies, dass alle Wirtschaftsvorgänge strukturell an Simultaneität von Selbstreferenz und Fremdreferenz gebunden werden. Selbstreferenz und Fremdreferenz werden zwangsweise […] gekoppelt. Sie bedingen sich wechselseitig. Und es ist *dieser Bedingungszusammenhang, der die Ausdifferenzierung des Wirtschaftssystems trägt*. Produktion ist nur Wirtschaft, Tausch ist nur Wirtschaft, wenn Kosten bzw. Gegenzahlungen anfallen. Dann realisiert der Vorgang einen Verweisungskontext, der auf Güter und Leistungen, auf Wünsche und Bedürfnisse, auf Folgen außerhalb des Systems Bezug nimmt [Fremdreferenz auf die Umwelt; RH]; und zugleich einen anderen, in dem es nur um Neubestimmung der Eigentumsverhältnisse an Geld, also an Möglichkeiten der Kommunikation innerhalb des Systems geht [monetäre Selbstreferenz, d. h. Beziehung auf Geldzahlungen; RH].

Diese mitlaufende Selbstreferenz ermöglicht durch ihre Geschlossenheit die Offenheit des Systems. […] Die gewaltigen Veränderungen in Ressourcen, Naturgleichgewichten und Motiven, die das System der Geldwirtschaft ausgelöst hat, sind durch das Funktionieren der monetären Selbstreferenz bedingt.«

Quelle: Luhmann 1989a: 15 f.

Geld steuert die Wirtschaft, ermöglicht Rationalität zu steigern und abstrahiert von Gegenständlichkeit, Gesellschaftlichkeit, Zeitlichkeit und Räumlichkeit des Wirtschaftens (vgl. Türk 1987: 189 f.). Geldzahlung verursacht zunächst einen völligen Verlust an sozialer Information, denn sie tilgt alles über Bedürfnisse, Wünsche, Wertvorstellungen, Herkunft des Geldes usw. »Insofern wirkt die Geldform sozial destabilisierend, sie kappt kommunikativ mögliche Bindungen, und genau das ist Bedingung der Ausdifferenzierung eines besonderen Funktionssystems für Wirtschaft« (Luhmann 1989a: 18). Während Werte die gesellschaftliche Relevanz des wirtschaftlichen Geschehens repräsentieren, stehen Preise für die systeminterne Autopoiesis (s. o.), sie ermöglichen Erwartungsbildung über Zahlungen. »Die Autopoiesis des Systems wird damit unabhängig von einer Einigung über den ›wirklichen Wert‹ der Güter und Leistungen; und sie wird vor allem unabhängig von Dankbarkeitspflichten« (S. 55); dies ergänzt unsere obigen Überlegungen zum Übergang von Schuld zu Schulden (> 3.4.1).

Im Großen und Ganzen kann man Luhmanns Ansatz als ein »monetaristisches« Konzept von Wirtschaft bezeichnen, das Geld und Zahlung in den Mittelpunkt der Analyse stellt. Zugleich kann man diese Perspektive kritisieren, beispielsweise weil das Geld sozial und ökologisch blind bleibt (vgl. Türk 1987: 52–54, 93–97; Baecker 2006: 59; > 1.1). Darüber hinaus steht der systemtheoretische Grundgedanke eines autopoietischen Wirtschaftssystems den wirtschaftswissenschaftlichen Vorstellungen von einem selbstregulativen System interdependenter Märkte durchaus nahe. Die jüngere Wirtschaftssoziologie dagegen folgt mehrheitlich einer anders akzentuierten Denkrichtung und thematisiert Wirtschaft, Märkte und Geld unter dem Leitaspekt ihrer sozialen Konstruktion und sozialen Einbettung (> 4.2): Die dezidierte Dekonstruktion von Vorstellungen einer autonomen Wirtschaftssphäre gehört zu den Gründungsideen der neuen Wirtschaftssoziologie. Den Zusammenhang von Geldschöpfung und Macht, von politischer Herrschaft und Herrschaft über das Geld und die Geldwährung gerät ihr nur selten in den Blick. Staatlichkeit und Geld hängen jedoch historisch und aktuell – siehe Europäische Währungsunion – ebenso eng zusammen wie Staatsbildung und Markt (> 3.5.2, 4.2).

Denk-Pause 14

Wie wirkt eine zunehmende Geldförmigkeit von Tauschbeziehungen auf die Anwendung direkter oder indirekter Gewalt bei der Aneignung von Gütern und Rechten? ▪ Fördert die Monetarisierung den Raubbau an Ressourcen oder erzwingt sie deren sparsame Nutzung?

Wenden wir uns nun dem Zusammenhang von Geld und Gewalt zu. Mit Blick auf die Duldung von Zugriffen auf knappe Güter stellt Luhmann fest, »Geld ist der Triumph der Knappheit über die Gewalt« – präziser müsste er sagen: Geldzahlungspflicht –, anders als das Medium Macht schließt Geld Gewalt aus (Luhmann 1989a: 253, 259; zu Marktfrieden vgl. Weber 1980/1921: 385). Ähnlich unterscheidet Max Weber wirtschaftliches Handeln mittels des Kriteriums der Friedlichkeit von wirtschaftlich orientiertem Handeln, das auch gewaltsam werden kann (Weber 1980/1921: 32; ► Begriffe 3). Als Ressource ermöglicht Geld politisches Handeln und sichert mittels großer Geldvermögen indirekte politische Macht, weil man die eigeninteressierte professionelle Einflussnahme auf Politik und Öffentlichkeit finanzieren kann; das nennt der Politikwissenschaftler Jeffrey Winters zivile Oligarchie.

Allerdings muss Geld erst zivilisiert werden, bevor man es »zur Zivilisierung der Auseinandersetzung um Haben und Nichthaben« einsetzen kann (Baecker 2006: 63; > 2.1.2). Darüber hinaus motiviert Geld als absolutes Mittel zu vielfältigen Formen von legaler und illegaler Geldbeschaffungsgewalt, beispielsweise als Gewalt gegenüber Menschen bei krankmachender Arbeit, Schutzgelderpressungen und Ausschaltung von Gegnern oder gegenüber der Natur etwa bei der Rohstoffextraktion. Anders als Luhmann annimmt, erweist sich das Verhältnis von Geld und Gewalt also als ambivalent; schon die Sprache deutet das an, sie spricht von Verfügungsgewalt, die man durch Geld erwirbt. Geld finanziert Gewalt, wenn man etwa an die kostspielige Unterhaltung von Privatarmeen und Werkschutzpersonal denkt, die die »Duldung« von nur formal »freiwilligen« Tauschverhältnissen zwischen Kapital und Arbeit sicherstellen.

Auch sichert das Zwangsmonopol konkreter Staaten nicht selten diverse Formen ökonomischer Gewalt juristisch, polizeilich und militärisch ab; nicht nur der historische Kolonialismus ist Gewalt-reich, wie etwa Karl Marx für die ursprüngliche kapitalistische Landnahme sarkastisch, wenngleich unzulässig verallgemeinernd darlegt (► Position 6). Zu der »riesenhaften Vermögensakkumulation« europäischer Kolonialstaaten bemerkt Max Weber, sie sei »ausnahmslos und von allen Ländern durch *Gewalt* gesichert worden«, besitze aber für die Entwicklung des modernen Kapitalismus nur wenig Bedeutung (Weber 1958/1923: 256, 258). In historischer Perspektive verändert sich in vielen Ländern und Branchen das Unternehmerhandeln, sodass »allmählich die Machtmittel der List und der Überredung die Machtmittel der Gewalt verdrängen« (Sombart 1987b/1916: 329).

Position 6: Landnahme, ursprüngliche Akkumulation und Gewalt

Die ursprüngliche Akkumulation ist »nicht das *Resultat* der kapitalistischen Produktionsweise«, »sondern ihr *Ausgangspunkt*.« Sie ist »der *historische Scheidungsprozess von Produzent und Produktionsmittel*«.

»Historisch epochemachend in der Geschichte der ursprünglichen Akkumulation sind alle Umwälzungen, die der sich bildenden Kapitalistenklasse als Hebel dienen; vor allem aber die Momente, worin große Menschenmassen plötzlich und gewaltsam von ihren Subsistenzmitteln losgerissen und als vogelfreie Proletarier auf den Arbeitsmarkt geschleudert werden. Die *Expropriation des ländlichen Produzenten, des Bauern, von Grund und Boden* bildet die Grundlage des ganzen Prozesses. Ihre Geschichte nimmt in verschiedenen Ländern verschiedene Färbung an [...].«

»Die Entdeckung der Gold- und Silberländer in Amerika, die Ausrottung, Versklavung und Vergrabung der eingeborenen Bevölkerung in die Bergwerke, die beginnende Eroberung und Ausplünderung von Ostindien, die Verwandlung von Afrika in ein Gehege zur Handelsjagd auf Schwarzhäute bezeichnen die Morgenröte der kapitalistischen Produktionsära. Diese idyllischen Prozesse sind *Hauptmomente der ursprünglichen Akkumulation*. Auf dem Fuß folgt der *Handelskrieg* der europäischen Nationen, mit dem Erdrund als Schauplatz. [...]

Diese Methoden beruhen zum Teil auf brutalster Gewalt, z. B. das Kolonialsystem. Alle aber benutzen die *Staatsmacht*, die konzentrierte und organisierte Gewalt der Gesellschaft, um den Verwandlungsprozess der feudalen in die kapitalistische Produktionsweise treibhausmäßig zu fördern und die Übergänge abzukürzen. *Die Gewalt ist der Geburtshelfer jeder alten Gesellschaft, die mit einer neuen schwanger geht. Sie selbst ist eine ökonomische Potenz.*«

Quelle: Marx 2013/1883: 864, 866, 868, 911 f.

Schließlich blenden aktuelle Analysen die Gewalt bei der ursprünglichen Aneignung als Gemeinschafts- oder Privateigentum aus, die sich oft hinter heute harmlos erscheinenden Privateigentumsverhältnissen verbirgt. Solche Prozesse der Appropriation zielen meist auf die Monopolisierung ökonomischer Chancen, zunächst vor allem als Privatisierung von Naturgütern (Weber 1980/1921: 201–203). Historisch finden wir dies etwa beim Aufkommen des Agrarkapitalismus in England, wo die gewaltförmige Enteignung von Gemeinrechten an Grund und Boden zur Privatisierung durch Einhegung führte oder zeitgeschichtlich etwa im Zuge der teils brutalen Privatisierungen der staatlichen Unternehmen in den postsozialistischen Gesellschaften des 20. Jahrhunderts (vgl. auch Polanyi 1978/1944). Aktuell findet der Agrarkapitalismus seine Fortsetzung in Formen wie beispielsweise der Vertreibung indigener Völker aus dem Regenwald zwecks forst- oder agrarindustrieller Nutzung oder in der Entwendung traditionellen pflanzen- und heilkundlichen Wissens zwecks privater Aneignung durch Patentierung. Obwohl also hinreichend empirische Evidenz existiert, hat sich die Wirtschaftssoziologie für den Gewaltnexus des Geldes bisher kaum interessiert (vgl. Baecker 2006: 145 f.).

Kapitel kompakt

Geld verkörpert den wirtschaftlichen Wert einer Ware und setzt Waren in eine objektive Relation zueinander ▪ Geld ist ein soziales Konstrukt und gewinnt dadurch Stabilität, dass man dies vergisst (Naturalisierung des Geldes) ▪ Geld konstituiert ein dichtes Netzwerk von Schulden-Kredit-Beziehungen ▪ Geld hat Eigenwert, ist absolutes und universales Mittel ▪ Geld ist ökonomisches und politisches Machtmittel ▪ Es lässt sich immer weniger kontrollieren und steuern ▪ Geld ist eine Grundlage von Marktwirtschaft und Kapitalismus, es ermöglicht Rationalisierung und Rentabilitätsrechnung ▪ Geld entsteht auch in der Wirtschaft selbst (Kreditgeld) ▪ Geld vertieft und beschleunigt soziale Ungleichheit ▪ Geld ist (als Konstrukt) homogen und universell und zugleich multikulturell und lokal ▪ Geld befriedet Gesellschaften ▪ Geld und Gewalt hängen eng zusammen ▪

Weiterlesen

Basis: Kellermann 2008 ▪ *Vertiefend:* Zelizer 2000 ▪

3.5 Konkurrenz und Kooperation

Die theoretische und empirische Analyse von wirtschaftlicher Konkurrenz und Wettbewerbsorientierung gehört zu den Kernthemen der Wirtschaftssoziologie. Dabei konzentrierte sie sich bisher eher auf Güter- und Produzentenmärkte als auf Arbeits- und Konsumentenmärkte; die Konkurrenz- und Machtverhältnisse auf Arbeitsmärkten bleiben im Folgenden unberücksichtigt (vgl. dazu Fligstein 2011: 55–77; > 4.3). Wirtschaftssoziologische Arbeiten untersuchen auch die Verflechtung von Konkurrenz mit Kooperation. In Unternehmen wird Kooperation typischerweise hierarchisch, in Netzwerken und – deutlich seltener – auf Märkten dagegen typischerweise freiwillig koordiniert.

3.5.1 Konkurrenz auf Märkten und in Organisationen

Konkurrenz gilt als ein konstitutives Merkmal von *Märkten*. Max Weber bezeichnet eine soziale Beziehung, die auf die Durchsetzung des eigenen Willens gegen den Widerstand eines anderen ohne physische Gewalt zielt, als friedlichen Kampf. Konkurrenz nennt er ihn, wenn er die Form einer Bewerbung um die Verfügungsgewalt über solche Chancen annimmt, über die auch andere verfügen wollen, und geregelte Konkurrenz, wenn sich ihre Ziele und Mittel an einer Ordnung orientieren (Weber 1980/1921: 20). Konkurrenz herrscht auf einem Markt, wenn wenigstens auf einer Marktseite, z. B. der Anbieterseite, mehrere Tauschinteressenten um die Realisierung von Tauschchancen, z. B. den Verkauf eines Produkts, mit einem oder mehreren Tauschinteressenten auf der anderen Seite kämpfen (S. 382; ▶ Begriffe 13). Idealtypische Konkurrenz auf Märkten hat die Form offener sozialen Beziehungen (Berger 2001: 30).

Anders als oft angenommen, richtet sich Konkurrenz in modernen Wirtschaften nicht in erster Linie auf den Preis, sondern auf innovative Produkte, Techniken und Vertriebsformen. Außerdem intensiviert sich Konkurrenz weniger aus dem Auftreten eines zusätzlichen Anbieters auf einem Markt, sondern vielmehr durch relative Kosten-, Qualitäts- oder Servicevorteile zugunsten eines existierenden Anbieters (vgl. Schumpeter 1993/1950: 139–175).

Kapitalistische Unternehmen fordern freie Märkte nur solange, bis es ihnen gelungen ist, Beschaffungs- oder Absatzmonopole mittels staatlicher Regulation oder aus eigener Kapitalmacht zu erlangen und so den Markt im eigenen Interesse zu schließen (Weber 1980/1921: 384). Wettbewerb bewirkt Unsicherheit und Instabilität, dies motiviert, ihn möglichst zu vermeiden, er ist deshalb keine sich selbst erhaltende soziale Struktur. Wie kompetitiv sich Akteure auf Märkten verhalten *müssen*, hängt auch von staatlicher Wettbewerbs- und Verbraucherpolitik ab.

Denk-Pause 15

Soll man Konkurrenzfähigkeit von Individuen, Gruppen, Organisationen und Gesellschaften zu einem zentralen Ziel erklären? ■ Was wäre, wenn es in der Wirtschaft nur konkurrenzförmiges Handeln gäbe? ■ Können Sie sich eine Wirtschaft vorstellen, die nur auf dem Prinzip der Kooperation basiert? ■ Wann und wie können wirtschaftliche Konkurrenten kooperieren? Suchen Sie Beispiele dafür!

Viele (Institutionen-)Ökonomen und Wirtschaftssoziologen teilen die Diagnose, dass ungeregelter Marktwettbewerb überwiegend negative Folgen zeitigt, dass wohlstandsförderlicher Leistungswettbewerb nur unter bestimmten Bedingungen funktionieren kann und »immer hochdifferenzierter institutioneller Voraussetzungen bedarf« (Homann/Suchanek 2000: 175). Zu den Basisbedingungen einer konkurrenzbasierten »Marktvergesellschaftung« zählt man meist Vertragsfreiheit und Vertragserfüllungspflicht, frei übertragbare Verfügungsrechte, freien Marktzutritt und freie Abwanderung, Verhinderung unlauteren und ruinösen Wettbewerbs und den Verbotsvorbehalt gegenüber unerwünschten Tauschtypen wie etwa Menschenhandel (vgl. Weber 1980/1921: 382–385). Grundsätzliche Einigkeit herrscht auch darüber, dass Konkurrenz und Kooperation in vielfältigsten Formen miteinander kombiniert vorkommen.

Deutliche Differenzen zeigen sich dagegen beim Begriff Konkurrenz. Wirtschaftssoziologen konzipieren Konkurrenz ebenso wie Kooperation oder Gehorsam als auf andere orientiertes *soziales* Handeln, das von Wettbewerbsnormen geleitet und nicht nur von Rahmenbedingungen beeinflusst, sondern von institutionellen Arrangements *in den Märkten selbst* organisiert wird (Abolafia/Biggart 1991: 211 f.; > 2.1.1). Dabei kooperieren Konkurrenten auch (s. u.).

Es sind überwiegend Organisationen, die in wirtschaftlichen und in nichtwirtschaftlichen Kontexten miteinander konkurrieren. Ihre Konkurrenz ist voraussetzungsvoll. Neben Marktkulturen und Marktnormen setzt Konkurrenz zum einen die Existenz *marktkonformer Güter* voraus, also von gemeinsam identifizierten, verfügbaren und verkäuflichen Objekten, deren Besitz das Ziel verschiedener, aber konvergierender Wünsche ist (Boltanski/Thévenot 2007: 271 f.; > 3.3.1, 3.2.1). Die gemeinsame Ausrichtung auf gewünschte Güter basiert auf wechselseitiger Imitation im Begehren, aus der die Konkurrenz um dieselben Güter und damit Knappheit entsteht (Luhmann 1989a: 68–71; > 1.1.1).

Zu den Voraussetzungen von Konkurrenz gehören ebenso Anbieter-, Wert- und Güterordnungen. So braucht beispielsweise die Konkurrenz auf dem Mietwagenmarkt eine allgemein akzeptierte Güterrangordnung, die Fahrzeugtypen und -marken in Klassen zusammenfasst, und eine Statusrangordnung, die die Anbieterfirmen hierarchisiert. Zum anderen verlangt Konkurrenz eine innere Distanz der Akteure zum potenziellen Tauschobjekt (ein Auto, nicht *mein* Auto), das von Bindungen losgelöst sein muss, damit es Gegenstand einer Transaktion werden kann (Boltanski/Thévenot 2007: 273 f.).

Seit Längerem lässt sich beobachten, wie sich konkurrenzförmige Koordination im Zuge von Ökonomisierungsprozessen ausdehnt. Unternehmen koordinieren die Aktivitäten ihrer Mitglieder idealtypischerweise mittels mehr oder weniger streng formalisierter Hierarchien von Vorgesetzten und Untergebenen, um höhere Grade an Kontrolle und Sicherheit zu erreichen als unter den Bedingungen einer wenig berechenbaren, frei flottierenden Konkurrenz auf idealtypischen Märkten möglich (> 4.1). Seit geraumer Zeit gibt es aber vermehrt Versuche, die hierarchische Koordination in Unternehmen durch künstliche *unternehmensinterne* Wettbewerbsmechanismen zu ergänzen. So organisieren Unternehmen Konkurrenzbeziehungen zwischen ihren einzelnen Werken oder zwischen Abteilungen, die dann in formalisierten Verfahren um Produktionsaufträge, Finanz- und Personalressourcen konkurrieren müssen. Paradoxerweise individualisiert dies die Akteure im Konkurrieren, verlangt aber zugleich eine Vielzahl neuer Vernetzungen und zwingt zur Kooperation zwischen Konkurrenten (Lazega 2009). Die durch unternehmensinterne Konkurrenzsimulation erzeugte Unsicherheit stärkt die Macht des Managements und motiviert davon Betroffene dazu, wettbewerbsdämpfende Gegenstrategien zu entwickeln (Dörre 2010: 62; Kühl 2000; > 3.1).

Konkurrenz als soziales und sozial strukturiertes Handeln

Die Unterscheidung der Rollen von Verkäufern, Käufern, Kunden und Konkurrenten strukturiert die Komplexität, mit der Produzenten konfrontiert sind. Diese agieren auf Märkten, die durch die Positionen Zulieferer, Produzent und Käufer dreigeteilt sind, und wechseln auch zwischen diesen Rollen (White 2005: 9–12). Auf solchen rollenflexiblen Märkten konkurrieren sie auf der Beschaffungs- und auf der Absatzseite in unterschiedlichen Rollen, ihre Marktidentität ist auf eine Marktseite festgelegt. Da die meisten Märkte rollenstarre Märkte sind, auf denen die Marktidentitäten eindeutig an eine Marktseite gebunden sind, *ist* man dort Verkäufer *oder* Käufer (Aspers/Beckert 2008: 234 f.). Der mittels des Warenobjekts mögliche Tausch charakterisiert die soziale Beziehung zwischen Produzenten oder Händlern und Käufern, Konkurrenz dagegen die Relation zu Gleichen, zu anderen Produzenten oder Händlern, die als Peers eine äquivalente Statusposition im Markt besetzen, weil ihren Waren ähnliche Qualität zugeschrieben wird (White 2005: 317).

Konkurrenten konkurrieren untereinander um die Interaktion mit den Käufern auf ihrem Markt, d. h. um den Abschluss eines Tauschgeschäfts. Grundsätzlich gelingt das, ohne miteinander zu interagieren. Konkurrenz ermöglicht insofern »eine soziale Orientierung ohne soziale Interaktion«, man »rechnet zwar mit dem Konkurrenten, hat aber wenig Anlass, sich ihm zuzuwenden und mit ihm zu kommunizieren« (Luhmann 1989a: 102). Harrison White hat herausgearbeitet, dass auf Märkten Produzenten vor allem andere Produzenten sowie den *Wettbewerb* zwischen ihnen beobachten und ihre Entscheidungen wesentlich daran orientieren (White 1981).

Konkurrenz beschränkt sich aber nicht nur auf wechselseitig intensive Beobachtung und Informationsbeschaffung, etwa auf dem Umweg über gemeinsame Lieferanten oder informelle Netzwerke (Fligstein 2011: 81). Es kommt auch zu Kontakten und Kommunikation zwischen den Konkurrenten. Diese versuchen vor allem, Kontrolle über die Konditionen der Konkurrenz und damit über den Markt zu gewinnen, etwa durch Veränderung von Regeln, Werten oder erlaubten Mitteln im Wettbewerb (Fligstein/Dauter 2007: 115).

Wenn auf Märkten nur etwa ein oder zwei Dutzend Produzenten agieren, fällt die gegenseitige Beobachtung relativ leicht, man kennt Statusposition und Marktstrategien der wichtigen Akteure und kann sich darauf einrichten; das hilft, die Komplexität des Marktes zu reduzieren, seine Stabilität zu steigern und damit die Reproduktion der Unternehmen und ihrer monetären Mittel zu sichern (Fligstein 2011: 93–96). Dagegen kann es auf Standardmärkten, bei denen die Typen und Qualität der Waren weitgehend einheitlich definiert sind, sehr viele Käufer und Verkäufer geben, sodass eine Beobachtung schon an der Zahl der zu Beobachtenden scheitert; Konkurrenz im Kontext standardisierter Waren ist ein sehr häufiger Fall (Aspers 2010: 142; > 4.2).

Hersteller, etwa in der Bekleidungsbranche, begegnen ihren Konkurrenten nicht nur indirekt, wenn sie etwa Verhandlungen mit ihren Auftraggebern führen, sondern auch, indem sie deren Waren direkt auf den Konsummärkten in Augenschein nehmen (Aspers 2010: 140 f.). Während sie selbst intensiv beobachten, versuchen sie zugleich zu verhindern, dass sie von ihren Konkurrenten beobachtet werden, indem sie beispielsweise ihre Zuliefererkontakte geheim und exklusiv halten (S. 112–115). Eine Konkurrenzbeobachtung ermöglichen auch Einrichtungen wie die Branchenfachpresse oder einschlägige Messen.

3.5.2 Konkurrenten als Kollaborateure

Aber Konkurrenten interagieren nicht selten auch direkt als Kooperateure. Zum einen setzt die Etablierung eines Marktes Kooperation voraus, da Produzenten oder Verkäufer gemeinsam mit ihren Konkurrenten ihren konkreten Markt einrichten und die Arena für Konkurrenz konstituieren müssen (White/Godart 2007: 198; ► Fall 5). Einfache Beispiele dafür sind die Klassifikationen für Oberbekleidungsartikel, Konfektionsgrößen oder Textilmaterialbezeichnungen; aber auch Definition und Interpretation einer den Markt und die Konkurrenten eingrenzenden zentralen Wertvorstellung wie etwa »erschwingliche Mode« gehören dazu (Aspers 2010: 171). Zum anderen kooperieren Unternehmen, um Schwächen zu kompensieren und Stärken auszubauen, beispielsweise in den Bereichen Forschung und Entwicklung, Produktion, Marketing und Vertrieb, durch Konzessionsvergabe für Technologien oder in Form globaler strategischer Partnerschaften (Powell 1996: 239). Oft nehmen Kooperationen netzwerkartige Formen an, die sich zu Unternehmensnetzwerken verdichten können (> 4.1.2).

Drittens agieren Konkurrenten auf vielfältige Weise gemeinsam, um den Wettbewerb, der Unsicherheit verursacht und Profitchancen reduziert, zu dämpfen oder ganz zu vermeiden. Das illustriert eine bekannte Formulierung von Adam Smith: »Leute vom selben Gewerbe kommen sogar zu Vergnügungen und zur Zerstreuung selten zusammen, ohne dass die Unterhaltung in einer Verschwörung gegen die Allgemeinheit, also in einem Plan zur Erhöhung der Preise, endet« (Smith 2012/1776: 196). Sie versuchen mithilfe von technischer, ästhetischer oder kommunikativer Produktdifferenzierung einzigartige, aus Kundensicht unvergleichbare und deshalb vom Wettbewerb verschonte Marktnischen zu konstruieren (monopolistische Konkurrenz), schließen sich mit anderen Produzenten zusammen, ahmen Produkte anderer nach und versuchen, sich mit diesen und anderen Mitteln dem direkten Preiswettbewerb zu entziehen und den Wettbewerb auf Produzentenstatus und Qualitätszuschreibung zu richten (Fligstein/Dauter 2007: 115 f.; White 2005: 321 f.; Lazega 2009: 546–550). Gelingt es Konkurrenten auf kompetitiven Märkten nicht, ihre Wettbewerbsfähigkeit hinreichend zu sichern oder ihre Nische zu schützen, drohen ihnen Verdrängung vom Markt und Untergang des Unternehmens (vgl. Hasse/Krücken 2012: 31).

Viertens kooperieren die auf der Marktebene konkurrierenden Akteure auf der Branchenebene, um ihre Marktinteressen gemeinsam gegenüber anderen Märkten und Branchen sowie gegenüber staatlichen Regulationsinstanzen durchzusetzen oder zu verteidigen, etwa hinsichtlich Importquoten, Einfuhrsteuern oder Umweltstandards (Aspers 2010: 28–31).

Schließlich wirken Unternehmen als Mitglieder von Unternehmensgruppen zusammen. So konkurrieren in Japan beispielsweise locker miteinander verbundene Unternehmensgruppen hart mit anderen Unternehmensgruppen, während sie sich im Sinne der Gemeinschaftsnormen darum bemühen, dass die Unternehmen des eigenen Netzwerkes miteinander kooperieren; die soziale Beziehung hat Vorrang vor der ökonomischen, man wählt zuerst den Handelspartner aus der Gruppe und kümmert sich erst dann um den zu vereinbarenden Preis (Abolafia/Biggart 1991: 226 f.).

Wettbewerb auf Märkten erweist sich also als eine jeweils marktspezifische, gesellschaftlich konstruierte normative Ordnung, die auf wechselseitiger Zurückhaltung der Wettbewerber gründet, oft latent bleibt und als selbstverständlich gilt, kurz: Wettbewerbshandeln ist normatives Handeln (S. 218 f.). Wirksam wird in solchen Konkurrenz-Kooperations-Verhältnissen nicht Adam Smiths unsichtbare Hand des Marktpreismechanismus, sondern das, was der Wirtschaftshistoriker und Ökonom Alfred Chandler als »sichtbare Hand« des Managements bezeichnet (Chandler 2002/1977).

Konkurrenz, so folgern Mitchel Abolafia und Nicole Biggart aus ihren Fallstudien, rührt nicht von der selbstsüchtigen Hemmungslosigkeit autonomer Individuen, sondern besteht aus den stilisierten Handlungen sich wechselseitig wahrnehmender Konkurrenten, die in einer sozialen Arena eingebettet sind und deren sozialen Regeln folgen, weil dies sowohl kompetitive Beziehungen als auch langfristige Profitabilität sichert (Abolafia/Biggart 1991: 229).

Auf der Makroebene zeigt sich, dass kapitalistische Wirtschaftssysteme ganz unterschiedliche Verhältnisse von Konkurrenz und Kooperation aufweisen, die sich etwa in unterschiedlichen institutionellen Arrangements wie oligopolistische Marktstrukturen, Kapitalverflechtungen zwischen Konzernen, locker verbundene Unternehmensgruppen oder Kooperation zwischen Arbeitgeberverbänden und Gewerkschaften niederschlagen; die unter *Varieties of Capitalism* firmierende Forschungsrichtung untersucht solche typischen Arrangements (vgl. Hall/Gingerich 2004; > 5.2.3). Die jeweiligen institutionellen Verhältnisse resultieren aus Auseinandersetzungen zwischen politischen Kräften (Lazega 2009: 537 f.; vgl. Fligstein 2011: 39–110). Im Zuge der Debatten um die Globalisierung wurden wissenschaftliche und politische Ansätze prominent, die Staaten als wirtschaftliche Konkurrenten im Wettbewerb um Investitionen betrachten, der beispielsweise über Steuervergünstigungen ausgefochten wird.

Fall 9: Liberalisierung der Telekommunikation

Wie eng Konkurrenz und Kooperation sowie Staat und Markt beieinander liegen, hat Neil Fligstein am Beispiel der Herstellung des europäischen Binnenmarkts für die Telekommunikationsindustrie untersucht. Seit den 1980er-Jahren forcierte die Europäische Union die grenzüberschreitende Marktliberalisierung sowie die Privatisierung vieler bisher staatlicher Telekommunikationsanbieter. Dieser Teil des politischen Projekts »EU-Binnenmarkt« brachte neue Chancen für Unternehmen. Sie konnten sich in anderen Ländern neue Märkte erschließen und intensivierten damit den Wettbewerb.

Im Regelfall betraten sie die Märkte in anderen Ländern aber nicht als einzelne Anbieter, sondern in Kooperationen und Verbünden mit dort bereits etablierten nationalen Unternehmen, oder sie kauften kleinere dieser Firmen auf. Die ehemaligen staatlichen Monopolisten, von denen einige im Teilbesitz der Regierungen blieben, gründeten zahlreiche Tochterfirmen in anderen Ländern, oft im Mischbesitz mit ausländischen Telefonunternehmen und Unternehmen anderer Branchen. Die europäische Telekommunikationsbranche entstand also aus einer hochkomplexen Kombination von Kooperation und Konkurrenz und staatlicher Marktpolitik.

Quelle: Nach Fligstein 2010.

Zahlreiche weitere Fallstudien widerlegen die vorherrschenden Vorstellungen von Wettbewerb als einem sich natürlich entwickelnden Phänomen (▶ Fall 5, ▶ Fall 9). Wirtschaftliche Konkurrenz wird vielmehr in komplexen sozialen Prozessen produziert, reproduziert und verändert; das gilt ebenso für wirtschaftliche Kooperation. Man sieht also: Zwei Kernelemente von Märkten entpuppen sich durch die wirtschaftssoziologische Analyse als höchst voraussetzungsvolle und vielfältige soziale Konstrukte.

3.5.3 Konkurrenz in der Gesellschaft

Oft wird Konkurrenz auf den *wirtschaftlichen* Wettbewerb verkürzt – marktaufwärts auf Konkurrenz zwischen Zulieferern um Aufträge oder zwischen Produzenten um gute, preiswerte oder flexible Zulieferer, marktabwärts auf Konkurrenz zwischen Verkäufern um Käufer. Wirtschaftlichen Wettbewerb kann man aber meines Erachtens nicht angemessen verstehen, wenn man ihn von der Konkurrenz als einer allgemeinen Form sozialer Beziehungen isoliert. Diesen Fehler zu vermeiden, hilft ein Rückgriff auf Georg Simmels Analysen zur Konkurrenz (zum Folgenden Simmel 2002/1903). Simmel geht es um einen größeren sozialen Kontext, er fasst ökonomische Konkurrenz deshalb als eine besondere Form des *allgemeinen* Phänomens von Konkurrenz in der Gesellschaft und versteht diese als ein historisch spezifisches Phänomen und nicht als ein natürliches Merkmal menschlichen Handelns. Im Wettbewerb sieht er ein Kennzeichen der Moderne – er sei eine indirekte Kampfform, die Sachlichkeit im Verfahren (Leistungsauswahl) mit der Selbstverantwortlichkeit der Person (persönliches Können) vereinige. Während für Emile Durkheim und zuvor Auguste Comte vor allem die Arbeitsteilung den gesellschaftlichen »Zusammenhalt« sichert, schreibt Georg Simmel der Konkurrenz eine besondere integrierende Wirkung in der modernen Gesellschaft zu (Durkheim 1996/1902: 109 f.). Denn die Wettbewerber produzierten im Streben danach, ihre subjektiven Bedürfnisse durch Tausch zu befriedigen, zugleich zusätzliche gesellschaftliche Werte wie etwa begehrenswerte Güter, um mit ihnen das Tauschinteresse der anderen zu wecken (► Position 7). Durch die wechselseitige Orientierung der Wettbewerber aufeinander und durch ihre Aufmerksamkeit gegenüber den Umworbenen entfaltet Konkurrenz vergesellschaftende Wirkungen (vgl. Weber 1980/1921: 23); von welcher Art diese sind, bleibt damit zunächst offen. Nach Simmel definieren gesellschaftliche und rechtliche Normen die sozialen Bereiche und die sozialen Gruppen, in denen Konkurrenz überhaupt und in bestimmten Formen erlaubt ist. Auch insofern ist Konkurrenz sozial konstituiert.

Position 7: Die vergesellschaftende Wirkung des Wettbewerbs

»Indem der Zielpunkt, um den innerhalb einer Gesellschaft die Konkurrenz von Parteien stattfindet, doch wohl durchgängig die Gunst eines oder vieler dritter Personen ist – drängt sich jede der beiden Parteien, zwischen denen sie stattfindet, mit außerordentlicher Enge an jene dritten heran. Man pflegt von der Konkurrenz ihre vergiftenden, zersprengenden, zerstörenden Wirkungen hervorzuheben [...]. Daneben aber steht doch diese ungeheure vergesellschaftende Wirkung: Sie zwingt den Bewerber, der einen Mitbewerber neben sich hat und häufig erst hierdurch ein eigentlicher Bewerber wird, dem Umworbenen entgegen- und nahezukommen, sich ihm zu verbinden, seine Schwächen und Stärken zu erkunden und sich ihnen anzupassen, alle Brücken aufzusuchen oder zu schlagen, die sein Sein und seine Leistungen mit jenem verbinden könnten. Freilich geschieht dies oft um den Preis der persönlichen Würde und des sachlichen Wertes der Leistung; [...] aber das vermindert nicht die formale Bedeutung der Konkurrenz für die Synthesis der Gesellschaft. Ihr gelingt, unzählige

Male, was sonst nur der Liebe gelingt: das Ausspähen der innersten Wünsche eines anderen, bevor sie ihm noch selbst bewusst geworden sind. Die antagonistische Spannung gegen den Konkurrenten schärft bei dem Kaufmann die Feinfühligkeit für die Neigungen des Publikums bis zu einem fast hellseherischen Instinkt für die bevorstehenden Wandlungen seines Geschmacks, seiner Moden, seiner Interessen; und doch nicht nur bei dem Kaufmann, sondern auch bei dem Zeitungsschreiber, dem Künstler, dem Buchhändler, dem Parlamentarier. Die moderne Konkurrenz, die man als den Kampf aller gegen alle kennzeichnet, ist doch zugleich der Kampf aller um alle.«

Quelle: Simmel 2002/1903: 226 f.

Der Wettbewerb, so Simmel, sozialisiere auch die Leistung des konkurrierenden Individuums, da nur die *relative* Leistung im Verhältnis zu seinen Mitbewerbern zähle. Beim Ergebnis unterscheide Wettbewerb scharf zwischen dem überlegenen Leistungsanbieter, der den »Gewinn« erhält, und dem unterlegenen, der nichts bekommt. Diese radikale Ungleichheit kann der »Verlierer« ertragen, wenn ihm die Konkurrenz und ihre Verteilungsfolgen als leistungsgerecht erscheinen. Auf Märkten, das betont Luhmann, akzeptiert man das Nicht-zum-Zuge-kommen beim Zugriff auf knappe Ressourcen, weil der andere zahlt und man sich selbst später mit Zahlung von Geld Zugriff auf Güter verschaffen kann (Luhmann 1989a: 69). Mit wirtschaftssoziologischen Zugängen zu Geld und Zahlung beschäftigt sich der nächste Abschnitt.

Zusammenfassend kann man festhalten, dass Konkurrenz sowie auch Kooperation als Formen sozialen und darunter insbesondere wirtschaftlichen Handelns und als wirtschaftliche Institutionen in aufwändigen sozialen, normativ geprägten Auseinandersetzungen für je spezifische Märkte, Netzwerke oder Organisationen hergestellt werden müssen. Einmal etablierte und akzeptierte Konkurrenz- und Kooperationsordnungen integrieren ein wirtschaftliches Feld, etwa einen Markt, verleihen ihm zusammen mit den dort geltenden Gütern seine Identität und unterscheiden es von anderen Feldern.

Kapitel kompakt

Konkurrenz charakterisiert weite Bereiche moderner Gesellschaften und wirkt vergesellschaftend ■ Wirtschaftlicher Wettbewerb ist ein sozial höchst voraussetzungsvolles und fragiles Konstrukt ■ Die Konkurrenten sind meist Organisationen (Unternehmen) ■ Konkurrenten beobachten vor allem ihre Konkurrenten, weniger ihre Kunden ■ Konkurrenz bewirkt Instabilität, das wollen Konkurrenten meist vermeiden ■ Konkurrenten kooperieren in vielfachen Formen, vor allem bei der Gestaltung und Regulierung ihrer Konkurrenz ■ Marktkonkurrenz setzt die soziale Herstellung von marktkonformen Gütern und/oder Statusrangordnungen der Produzenten voraus ■ Konkurrenzverhältnisse werden innerhalb von Organisationen künstlich hergestellt ■

Weiterlesen

Basis: Abolafia/ Biggart 1991 ■ *Vertiefend:* Fligstein 2011: 79–110 ■

4 Formen der Koordination in der Wirtschaft

Unsere bisherigen Überlegungen haben sich bereits öfter mit der Frage beschäftigt, was das wirtschaftliche Handeln individueller, im Prinzip freier Akteure aufeinander bezogen und »sinnvoll« miteinander koordiniert. Diskutiert haben wir u. a. die Probleme Ungewissheit und doppelte Kontingenz sowie Kontextualisierung durch soziale Einbettung und performative Rahmung als Formen der Problembearbeitung (> 3.1, 3.2, 3.3). Auch die soziale Herstellung und Formung von Konkurrenz und Kooperation kann man als Antworten auf Ungewissheit verstehen (> 3.5).

Im Folgenden stellen wir die drei wichtigsten Formen der Koordination systematisch vor. Hierarchie und Netzwerk behandeln wir am Beispiel von Unternehmen (> 4.1). Auch in der Koordinationsform Markt spielen Unternehmen eine zentrale Rolle; hier unterscheiden wir zwischen Märkten im Allgemeinen und Gütermärkten im Besonderen einerseits (> 4.2) und Arbeitsmärkten andererseits (> 4.3). Arbeitsmärkte weisen recht spezifische Merkmale auf; sie gründen u. a. im fiktiven Warencharakter der Arbeit (> 3.2.2) und im Lohnarbeitsverhältnis in der kapitalistischen Wirtschaft (> 5.2.2).

4.1 Unternehmen und Netzwerke

Ein erheblicher Teil der materiellen Reproduktion der gegenwärtigen Gesellschaften findet in und durch private und andere Unternehmen statt. Sie haben ganz überwiegend die Form von *Hierarchien* und bilden zugleich den produktiven und distributiven Kern der Marktwirtschaft, insofern ist *Markt*wirtschaft ein etwas irreführender Begriff. Unternehmen interagieren, konkurrieren und kooperieren in marktlichen, hierarchischen oder netzwerkartigen Formen; einen Überblick über Koordinationsprobleme und Koordinationsmodi geben ► Abbildung 10 und ► Begriffe 12 (> 3.1.2). Die Wirtschaftssoziologie hat sich weit mehr mit Märkten und Netzwerken als mit Unternehmen beschäftigt, die Einbettung wirtschaftlichen Handelns in *netzwerkartige* soziale Beziehungen in der Wirtschaft firmiert gewissermaßen als Gründungsidee der jüngeren Wirtschaftssoziologie (vgl. Granovetter 2000; > 3.2.1). Deshalb stellen wir in diesem Abschnitt einige wichtige wirtschaftssoziologische Perspektiven auf Unternehmen und Netzwerke vor.

4.1.1 Unternehmen und Unternehmer

Die Soziologie weiß, dass die Arbeit in Unternehmen nach wie vor für viele Menschen ein wesentliches Element ihrer Identität stiftet und dass sie einen erheblichen Teil ihrer Lebenszeit ausmacht. Zur soziologischen Erkenntnis gehört auch, dass in heutigen Gesellschaften Unternehmen und Unternehmer nicht nur überall gegenwärtig sind, sondern auch die Leitbilder liefern, nach denen sich nichtwirtschaftliche Organisationen zunehmend orientieren (sollen), etwa Stadttheater, Krankenhäuser oder Kindertagesstätten. Darüber hinaus gilt aus Sicht der Soziologie, dass sich Ökonomisierung von Gesellschaft meist als Verbreitung von und Verpflichtung auf Strukturen, Steuerungsmodi und Erfolgsmaßstäbe von privaten Unternehmen vollzieht (> 5.1.3). Dabei dominiert das Bild von Konzernen und Kapitalgesellschaften und lässt die große organisatorische, wirtschaftliche und kulturelle Vielfalt der existenten Unternehmenstypen und -praktiken leicht in Vergessenheit geraten (z. B. Abolafia/Biggart 1991; Granovetter 2005).

Denk-Pause 16

Was unterscheidet eine typisch wirtschaftssoziologische Perspektive auf Unternehmen von einer typisch wirtschaftswissenschaftlichen? ■ Kann man Unternehmen als einen einheitlichen ökonomischen Akteur mit dem Ziel der Gewinnsteigerung auffassen? ■ Was wäre, wenn es keine privaten Unternehmen mehr gäbe, sondern nur noch Märkte und Privathaushalte existierten?

Trotz Omnipräsenz und Priorität des »Unternehmerischen« fehlt einerseits eine systematische Wirtschaftssoziologie des Unternehmens (Maurer 2008a: 25). Andererseits fanden und finden Unternehmen seit Langem Aufmerksamkeit in der Arbeits-, Betriebs- und Industriesoziologie sowie in der Organisationssoziologie. Diese bietet Perspektiven und Konzepte wie organisationales Feld, Ressourcenabhängigkeit, Populationsökologie, Unternehmensgruppen, Netzwerktheorie und Neuer Institutionalismus, mit denen auch eine Wirtschaftssoziologie des Unternehmens arbeiten kann (vgl. Swedberg 2009: 122–131). Marktsoziologie und die Soziologie des Kapitalismus nehmen Unternehmen und Unternehmer ebenfalls theoretisch und empirisch in den Blick (> 5.1, 5.2).

Das Unternehmen als Problemlösung

Soziologische Theorien des Unternehmens haben eine mehr als hundertjährige Tradition und fragen, warum Unternehmen als eine unwahrscheinliche Form sozialer Ordnung funktionieren können und wie sie tatsächlich funktionieren (vgl. Minssen 2008: 247).

Wirtschaftssoziologisch lässt sich die Institution Unternehmen als eine Koordinationsform auffassen, die es erlaubt, die Probleme von doppelter Kontingenz, Ungewissheit und wechselseitiger Abstimmung der Akteure in der Wirtschaft zu bearbeiten (> 2.2). Existenz, Struktur und Funktionsweise von Unternehmen kann man zum einen rationalhandlungstheoretisch aus den Zielen, Interessenlagen, Ressourcenausstattungen und den daraus resultierenden Handlungen der Akteure in sozialen Situationen erklären; das Unternehmen als Regelsystem steht dann für den »Versuch einer bewussten Gestaltung der Welt« im Interesse der beteiligten Akteure an einer effizienten oder problemlösenden Regelung von wirtschaftlichen Tauschbeziehungen und Transaktionen (Maurer 2008a: 29–33, zit. 30).

Zum anderen stößt man auf das Phänomen, dass die Wechselwirkung von Märkten und Unternehmensorganisationen keine »effizienten« Einheitslösungen für Probleme hervorbringt. Märkte sind nämlich »interpretationsoffen«, auf identische Marktumwelten reagieren die damit konfrontierten Unternehmen mit unterschiedlichen Entscheidungen, auch im Hinblick auf ihre Organisationsstruktur (Minssen 2008: 263). Hier kommen unterschiedliche soziale Deutungsmuster, kulturelle Rahmungen, unternehmenspolitische Leitbilder und Definitionen erfolgreichen Handelns ins Spiel; die Akteurinteressen entwickeln sich *durch* den jeweiligen Kontext ihrer Handlungen, den die Organisation wesentlich prägt (vgl. Fligstein 2011: 153f.). Mit der verbreiteten Effizienzrhetorik, die die Durchsetzung der effizientesten Institution prognostiziert und propagiert, kann man diese Diversität der Unternehmen nicht erklären. Auch eine organisationssoziologische Aufklärung erschließt Einsichten in die Irrationalität des organisierten Entscheidens oder in den Traum von der rationalen Organisation, die eine zu stark auf Rationalität fokussierte Wirtschaftssoziologie überraschen (Brunsson 2006). Ähnlich rationalitätsskeptisch argumentiert der Neoinstitutionalismus (> 2.2.4).

Dagegen nahm die auf die Analyse von Märkten und Preisbildung fixierte neoklassische Volkswirtschaftslehre das Unternehmen bestenfalls als banale Selbstverständlichkeit zur Kenntnis; sie modellierte es noch bis in die Mitte des 20. Jahrhunderts als einen »normalen« ökonomischen Akteur, der sich nur mit dem Maximierungsproblem beschäftigen muss (> 2.1.4). Erst seit den 1930er-Jahren setzte sich nach und nach die Erkenntnis durch, dass die hierarchische Form von Unternehmen spezifische Koordinationsprobleme zwischen Akteuren lösen kann, bei denen anonyme Märkte mit rein punktuellen Tauschbeziehungen versagen oder zu hohe Kosten verursachen (> 3.1.2). Diese Einsichten stammen vor allem aus den Arbeiten der Institutionenökonomen Ronald Coase und Oliver Williamson. Über Jahrzehnte hinweg entstanden die heute einschlägigen institutionen- und organisationsökonomischen Analysekonzepte wie z.B. Transaktionskostentheorie, Agenturtheorie der Prinzipal-Agent-Beziehung und Verfügungsrechtstheorie; sie erklären Unternehmen als rationale und effiziente Problemlösungen (vgl. Swedberg 2009: 106–116).

Abbildung 12: Unternehmen im Fokus von Markt, Netzwerk und Hierarchie

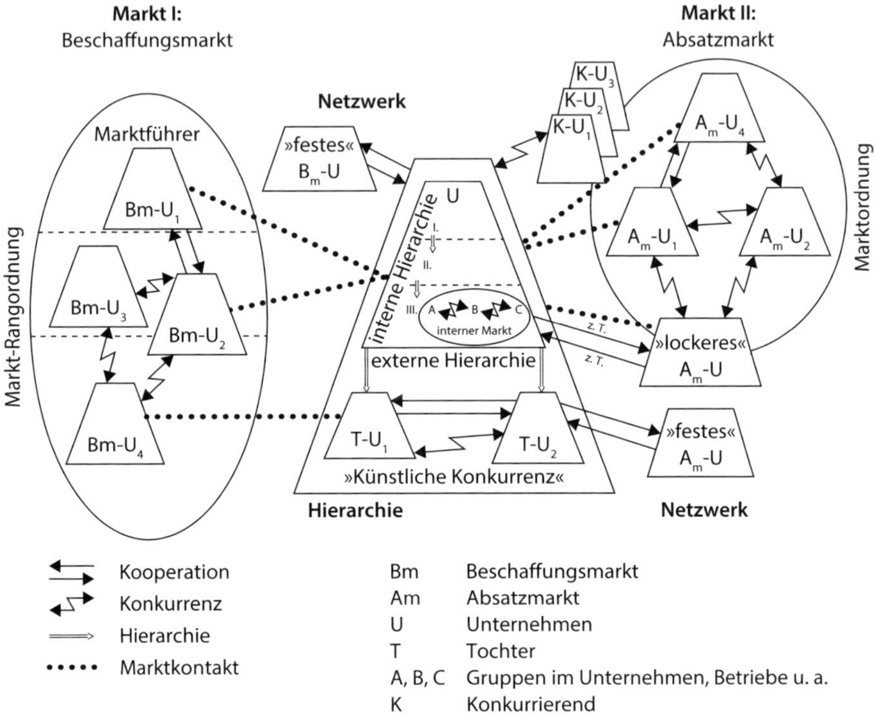

Quelle: Eigene Darstellung.

Analytisch kann und muss man die Koordinationstypen Markt, Hierarchie (Unternehmen) und Netzwerk trennen, das Wirtschaftssystem und das organisationale Feld, in dem Unternehmen konkret agieren, konfrontiert sie aber in der Regel mit allen Typen gleichzeitig (▶ Abbildung 12).

Das Unternehmen als Organisation

Anders als Märkte sind Unternehmen *intern* hierarchisch geordnete Organisationen, deren Regeln für ihre Mitglieder festlegen, wer was (nicht) darf oder muss, insbesondere wer wem über- oder untergeordnet ist und wer gegenüber wem etwas anordnen darf; diese vertikale Struktur eines Unternehmens ruht auf einem Herrschaftsverhältnis (zum Folgenden Minssen 2008; > 5.2.2). *Extern* stehen die zu einem Konzern gehörenden Unternehmen oft in einem hierarchischen Verhältnis zueinander, etwa mit einer Holding an der Spitze, die eine Reihe von Tochtergesellschaften kontrolliert. Die Basis solcher Inter-Unternehmens-Hierarchien bilden Eigentumsverhältnisse, Verträge oder wirtschaftliche Abhängigkeit. Unternehmen sind also »Machtsysteme« (Fligstein 2011: 153).

Intern strukturieren sich die meisten Unternehmen nicht nur vertikal, sondern auch horizontal oder funktional, etwa in Abteilungen wie Einkauf, Produktion, Personal, Marketing u. ä. Die vertikale und horizontale Struktur kann man kombiniert in Form einer Matrix präsentieren. Unternehmen »stellen aber nicht nur ein hierarchisches Herrschaftssystem dar«, das auf Zwang und Kontrolle basiert, sondern auch »ein soziales System, in dem die Integration der Mitglieder immer wieder gewährleistet werden muss«, das dazu *auch* auf gegenseitige Verpflichtungen und informelle Vereinbarungen zurückgreifen muss (Minssen 2008: 261). Entscheidungen im Unternehmen resultieren deshalb oft aus Aushandlungsprozessen zwischen den Akteuren, die gemeinsame und unterschiedliche, vereinbare und gegensätzliche Interessen haben. Eine Wirtschaftssoziologie des Unternehmens müsse deshalb, so Richard Swedberg, Interessen und soziale Strukturen systematisch miteinander verbinden (Swedberg 2009: 118; ▶ Begriffe 10).

Begriffe 10: Unternehmen als Interessen-Organisation

»Ein Weg, Unternehmen als eine spezifische Institution unter Berücksichtigung von Interessen zu erfassen, könnte folgender sein: Grundsätzlich stellt das moderne Aktienunternehmen eine spezifische Art der Mobilisierung und Organisation vieler unterschiedlicher wirtschaftlicher Interessen dar. Man kann auch sagen, dass so eine legitime Wirtschaftsordnung konstituiert wird, in der eine Anzahl von Individuen die kollektive Aufgabe der Produktion für den Markt hat. Diese Ordnung konzentriert sich auf die Gewinnerzielung, ist sowohl rechtlich als auch sozial als eigenständiger Akteur anerkannt. Die Menschen, die für ein Unternehmen arbeiten, haben ihre eigenen Interessen, und es ist im Grunde genommen der Appell an diese Interessen, weshalb Unternehmen das produzieren können, was sie verkaufen wollen. Indem sie ihre eigenen wirtschaftlichen Interessen und die des Unternehmens verfolgen, entwickeln die Akteure in Unternehmen auch Gruppeninteressen, die das Gewinnmachen unterstützen oder auch nicht. Das moderne Unternehmen tritt jedenfalls in vielen verschiedenen Formen auf und kann daher nicht automatisch mit einer großen Aktiengesellschaft, die von vielen Eigentümern kontrolliert wird, gleichgesetzt werden.«

Quelle: Swedberg 2009: 105 f.

In den letzten zwei Jahrzehnten setzten Unternehmen auf Strategien der Dezentralisierung, die sich oft mit Netzwerkbildung zwischen Unternehmen und anderen Formen des Organisationswandels verbinden (Faust u. a. 1999: 23–40; > 4.1.2). Operative Dezentralisierung, etwa in Form von selbstständigen Produktionseinheiten, selbstorganisierten Projektgruppen oder Gruppenarbeit, soll mehr Flexibilität und bei den Beschäftigten mehr unternehmerisches Denken (umfassendere Verantwortung für den Betrieb) und mehr Leistung erreichen. Dazu lockern sie starre Hierarchien, verlagern Kompetenzen und Entscheidungsrechte stärker auf untere Hierarchieebenen oder lassen Betriebe bzw. Abteilungen in marktähnlicher Form selbstständig miteinander konkurrieren (> 3.5.1). So setzt man die geschlossene Unternehmenshierarchie teilweise außer Kraft, indem man dort durch monetäre Anreize gestützte Marktelemente einfügt. Daneben praktizieren Unternehmen Formen einer strategischen Dezentralisierung, indem sie etwa Aufgaben auf neue Unternehmenseinheiten verlagern oder aus dem Unternehmen ganz auslagern, die dann z. B. Zulieferer übernehmen.

Mit dem formal freiwilligen Arbeitsvertrag wird man als abhängig Beschäftigte Mitglied der Unternehmensorganisation, unterwirft sich deren Ordnung und erkennt sie als prinzipiell legitim an. Zugleich bleiben die Interessenunterschiede zwischen den Akteuren bestehen und bilden neben der Macht, über die die Akteure im Unternehmen mehr oder weniger verfügen, eine permanente Quelle für potenzielle Konflikte (> 4.3). In Unternehmen mischt sich der strukturelle Konflikt um die Verteilung der Ergebnisse mit der kontinuierlichen Kooperation in der Produktion, die das Unternehmen in die Lage versetzt, Einnahmen am Markt zu erzielen (Salais 2007: 102 f.).

Die formellen und informellen Regeln des Unternehmens schaffen den Rahmen für die mehr oder weniger konflikthaften Interaktionen (strategische Spiele), in denen die betrieblichen Akteure versuchen, mittels ihrer Machtressourcen und in diversen Koalitionen ihre wirtschaftlichen und sozialen Interessen zu verfolgen, etwa hinsichtlich von Leistungsnormen, Aneignungsrechten, Autonomiegraden oder Anerkennungsformen (Mikropolitik; > 2.1.1). Zugleich wirken die mikropolitischen Spiele auf die Unternehmensregeln zurück und bestätigen, reproduzieren oder verändern sie.

Das kapitalistische Unternehmen

Für Werner Sombart bildet sich der moderne Kapitalismus durch Entstehung und Entwicklung der kapitalistischen Unternehmung aus (Sombart 1987/1927: 35; ▶ Begriffe 11). Das kapitalistische Unternehmen ist gekennzeichnet durch das Erwerbsprinzip als alleinige Ausrichtung aller Aktivitäten auf den Gewinn, die »Verselbständigung des Geschäfts« als Abstraktum, die Loslösung der »wirtschaftlichen Beziehungen von allem Persönlichen«, die als versachlichte Vermögensorganisation dem »grenzenlosen Gewinnstreben erst freie Bahn« schafft, die Umsetzung der »Idee der vollständigen Rationalisierung aller Wirtschaftsvorgänge«, die Organisation des Wirtschaftsbetriebs »ausschließlich unter dem Gesichtspunkt höchster ökonomischer Zweckmäßigkeit« und die Dauerhaftigkeit des Betriebs (Sombart 1987a/1916: 101–103). Als selbstständiger Wirtschaftsakteur entstand das kapitalistische Unternehmen nach Sombart in einer rechtlichen, buchhalterischen und marktlichen Dimension: von innen heraus, indem es sich zur »Rechtseinheit« und zur »Rechnungseinheit« entwickelte, und von außen, indem es als »Krediteinheit« und als kreditwürdig anerkannt wurde (S. 104–138).

Begriffe 11: Das kapitalistische Unternehmen

»Die kapitalistische Unternehmung hat ihre *eigenen Zwecke*, richtiger: sie hat einen einzigen ganz bestimmten Zweck [...] den Gewinn. [...] sie ist begrifflich nichts anderes als eine Veranstaltung zum Zwecke der Gewinnerzielung.«

Was »auch immer der Unternehmer sonst noch wollen mag, welchem Zweck auch immer sein Wirken subjektiv unterstehen mag: immer *muss* er, *weil* er kapitalistischer Unternehmer ist, das Gedeihen, dass erfolgreiche Wirken der kapitalistischen *Unternehmung* wollen, das ist aber die Gewinnerzielung. Ich habe diese Mediatisierung des subjektiven Zweckes des kapitalistischen Unternehmers in der kapitalistischen Unternehmung die *Objektivierung des Gewinnstrebens* genannt«.

»Das Ungeheuer, das wir kapitalistische Unternehmung nennen, hat nun aber auch einen eigenen *Verstand*. Denn in ihm haust der ökonomische Rationalismus ganz losgelöst von der Person des Inhabers und des Personals. Dieses bedeutet – seiner Mystik entkleidet – folgendes:

Ökonomisch rationelle – das heißt der Rentabilität der Unternehmung objektiv angemessene – Geschäftsmethoden bilden sich im Laufe der Zeit aus – allein durch Erfahrung. Nun ist es aber ein Kennzeichen der hochkapitalistischen Wirtschaftsepoche, dass in ihr der Umfang jener Geschäftsmethoden unausgesetzt bewusst und geflissentlich ausgeweitet wird durch selbstständige, haupt- und nebenberuflich, zum Teil erwerbsmäßig, das heißt selbst zum Zwecke des Gewinns geübte Tätigkeit zur *künstlichen Erzeugung von ökonomischem Rationalismus*; vom Professor der Betriebswissenschaft über die Bücherrevisoren, Kalkulatoren bis zu den Fabrikanten von allerhand Bürobedarf [...] zermartern sich täglich Tausende und Abertausende von Menschen das Hirn, um Mittel und Wege ausfindig zu machen, durch die der ökonomische Rationalismus gesteigert werden könnte.«

»Die kapitalistische Unternehmung, dieses hier beschriebene Wundertier, hat endlich aber auch noch Tugenden: die bürgerlichen Tugenden, deren sich in den Anfängen des Kapitalismus der Unternehmer in höchsteigener Person befleißigen musste, wenn er Erfolg haben wollte, die jetzt aber auf das Geschäft übertragen sind [...]. Diese bürgerlichen Tugenden, mit denen das erfolgreiche Unternehmen unserer Tage geschmückt ist, sind vornehmlich: Fleiß, Sparsamkeit, Solidität.«

Quelle: Sombart 1987/1927: 36–39.

Max Weber stellt das private rationale kapitalistische Unternehmen als Kerninstitution des Kapitalismus in das Zentrum der Aufmerksamkeit (▶ Begriffe 17; > 5.2.1, 5.2.3). Weber und Sombart stimmen darin überein, dass rationale Kapitalrechnung und Rentabilitätsorientierung samt den Buchführungs- und Bilanzierungstechniken, die diese ermöglichen, sowie die Marktchancenorientierung, die diese voraussetzen, Kernmerkmale des kapitalistischen Unternehmens sind (Weber 1980/1921: 48–53; Weber 1958/1923: 238 f.).

Das Unternehmen als rationale Bürokratie

Unternehmen sieht Weber als eine Form von Verbänden, die nach außen zweckrational abgegrenzte soziale Beziehungen (Mitgliedschaft) einer Ordnung unterstellen, deren Einhaltung ein – meist speziell ausgebildeter – Leiter oder ein Verwaltungsstab garantiert, der den Verband nach innen und außen vertritt (zum Folgenden Weber 1980/1921: 23–29). Dies können die Eigentümer oder von ihnen Beauftragte wie Manager übernehmen. Das Handeln von Wirtschaftsverbänden wie Aktiengesellschaften, Genossenschaften oder Kartellen ist ein Wirtschaften mehrerer Personen, das unter einer Leitung steht, die den eigenen Regeln des Verbands folgend bestellt wurde. Nur wenn die Chance auf ein Handeln der Verbandsleitung existiert, das sich darauf ausrichtet, die Verbandsordnung auch tatsächlich durchzuführen, kann ein Verband existieren. Verbände können also handeln, unter Verbandshandeln versteht Weber das auf die Ordnung orientierte legitime Handeln der Leitung und das durch sie geregelte und geleitete Handeln anderer am Verband Beteiligter.

Die Verbandsordnung entsteht durch freie Vereinbarung (z. B. Verträge) oder durch Oktroyieren und Folgeleisten (z. B. Gesetze), die Verfassung des Verbandes definiert Weber als die tatsächliche Chance, dass die Beteiligten Anordnungen seitens der legitimen Leitung Folge leisten. Das kapitalistische Unternehmen verkörpert den Typus der legalen Herrschaftsbeziehung kraft Satzung, da es auf der Geltung von Verträgen und der daraus entstehenden Ordnung basiert, der sich im Grundsatz auch seine Leiter beugen (Weber 1973b/1922: 475–477). Es steht zugleich für bürokratisch-rationale Herrschaft, sofern es hierarchisch organisiert, zweckrational, sachorientiert, zuständigkeitsstrukturiert, regelgebunden, arbeitsteilig, fachkompetent-berufsförmig, kontrolliert sowie aktenmäßig dokumentiert mittels eines organisierten Verwaltungsstabs geleitet wird, der über begrenzte definierte Zwangsmittel verfügt (Weber 1980/1921: 124–130).

Denk-Pause 17

Sehen Sie grundlegende Unterschiede zwischen den beiden bürokratisch-rationalen Organisationen Behörde und Unternehmen? ■ Können sich in hierarchischen Bürokratien Kreativität und Innovation entwickeln? ■ In welchen Formen können Unternehmen miteinander kommunizieren und kooperieren?

Die bürokratische Verwaltung gilt Weber als überlegene und »formal *rationalste* Form der Herrschaftsausübung«, als »Herrschaft kraft *Wissen*«, auf die alle Unternehmen außer dem Kleinbetrieb angewiesen sind; nur der kapitalistische Unternehmer könne ihr entkommen, weil er (noch) mehr wisse als sie (Weber 1980/1921: 128 f.). Ähnlich schreiben wirtschaftswissenschaftliche Konzepte dem Unternehmer einen Informationsvorsprung gegenüber dem Markt oder überlegene Interpretationsfähigkeiten zu.

Nur diejenigen Wirtschaftsverbände nennt Weber *Unternehmen*, die ihre Erwerbstätigkeit an der *Kapitalrechnung* orientieren und auf *Rentabilität* ihres eingesetzten Kapitals zielen; der weit weniger voraussetzungsvolle Begriff *Betrieb* bezeichnet ein spezifisches, kontinuierliches Zweckhandeln (S. 51, 28; Weber verwendet beide Begriffe recht unscharf). Im modernen Kapitalismus sind Unternehmen oder Betrieb einerseits und privater Haushalt andererseits rechnerisch, rechtlich und räumlich voneinander getrennt. Erst die Herauslösung des Geschäftskapitals aus einem individuellen Gesamtprivatvermögen als derjenige Teil davon, der für Erwerbszwecke vorgesehen und von anderen Zwecken abgeschieden ist, bietet die Basis für eine rationale Warenproduktion mit rationaler Kapitalrechnung und für die Entstehung von Kapitalmärkten, auf denen man dieses losgelöste, freie Kapital handeln kann (Mikl-Horke 2011: 32–34).

Kapitalkalkulation und Kreativität im Unternehmen

Das kapitalistische Unternehmen setzt die Enteignung (»Expropriation«) der Gesamtheit der Arbeiter und Angestellten vom Eigentum an den Produktionsmitteln und damit die Lohnarbeit als ein gesellschaftliches Verhältnis voraus (Weber 1980/1921: 78 f.; > 5.2.2). Gründe dafür sind u. a. »größere Betriebsrationalität« durch freie, systematische Disposition seitens der ökonomisch ausgebildeten Unternehmensleitung über Einstellung und Einsatz der Arbeitskräfte, höhere Kreditwürdigkeit des Unternehmens, Überlegenheit der marktorientierten Unternehmensleitung und sie begünstigende Machtstrukturen, Konzentration auf die zweckrationale Kapitalrechnung und nicht zuletzt Förderung der Arbeitsdisziplin. Weber betont den gesellschaftlichen Widerspruch zwischen den Rationalitäten, denn »dass das Höchstmaß von *formaler* Rationalität der *Kapitalrechnung* nur bei Unterwerfung der Arbeiter unter die Herrschaft von Unternehmern möglich ist, ist eine weitere spezifische *materiale* Irrationalität der Wirtschaftsordnung« (S. 78; > 5.2.4).

Ähnlich wie die Volkswirtschaftslehre und wie auch Sombart zeichnet Weber also ein durch und durch rationalistisches Modell des Unternehmens. Deutschmann stellt dem Kalkulativen des Unternehmens die *Kreativität* des innovativen Unternehmers gegenüber, aber er fasst »Innovation als einen auf Kommunikation und Wissen gestützten *sozialen* Prozess« (Deutschmann 2008a: 41 f., zit. 42, Hervorh. RH). Anders als der Kapitalrentner, der mit Blick auf die Kapital bezogene »Rente« in gegebenen Strukturen gewinnorientiert kalkuliere, ziele der transformierende Unternehmer auf »die Kreation einer neuen Struktur, die gewinnorientierte Kalkulationen erst ermöglicht« und bewältige damit wirtschaftliche Unsicherheit (S. 49 f.; > 3.4.2). Dazu verwende er nicht nur das Wissen der Ware Arbeitskraft, sondern er brauche auch die Kreativität der Lohnarbeit. Dieser Unternehmertypus bewirke wirtschaftliche Dynamik *und* sozialstrukturelle Dynamisierung wie Mobilität, Umstellung von Leistung auf Markterfolg, Inklusion mittels Markt und Geld sowie wachsende

Ungleichheit (S. 54–58). Um mehr Dynamik zu erzeugen, erwarten Unternehmer in jüngerer Zeit zunehmend auch von ihren Beschäftigten, in der Arbeit *für* das Unternehmen unternehmerisch zu handeln (Intrapreneur; > 5.1.3).

Die bis hierhin entfaltende Typologie des Unternehmens verleitet leicht dazu zu übersehen, dass das kapitalistische Unternehmen nicht nur in seiner Umwelt Dynamik erzeugt, sondern dass das einzelne Unternehmen eine dynamische Geschichte und Gegenwart hat. Die allermeisten Unternehmen reorientieren und restrukturieren sich permanent, wechseln ihre Eigentümer ganz oder teilweise, fusionieren, übernehmen andere Unternehmen freundlich oder feindlich, Konzerne können Volkswirtschaften fast beliebig wechseln, kurz: das Kapital verteilt sich um, fortlaufend und beschleunigt, in sozialer, sachlicher und räumlicher Hinsicht.

Eine Unternehmenstypologie muss das verbreitete Phänomen der Unternehmensgruppe einschließen. Damit gemeint ist eine dauerhafte, formalisierte oder informelle Verbindung und Bindung zwischen rechtlich selbstständigen Unternehmen, die auf den ersten Blick verborgen bleiben kann (*business group*, vgl. Granovetter 2005; Abolafia/Biggart 1991). Die spezifischen sozialen Beziehungen, die sie untereinander eingehen, machen sie wirtschaftssoziologisch interessant, denn sie gründen oft auf gemeinsamer Identität (Familienzusammenhang, Ethnie) samt Solidaritätsnormen, Vorstellungen von wechselseitiger Verpflichtung und angemessenem Verhalten, Bereitschaft zu dauerhafter, nicht nur strategisch-instrumenteller und deshalb begrenzter Bindung und der gemeinsamen Verfügung über Finanzierungsinstrumente. Deshalb ordnet man sie auch als Unternehmens*netzwerke* ein. Einschlägige wirtschaftssoziologische Fallstudien untersuchen Unternehmensgruppen vor allem in Japan, Südkorea, Brasilien und Deutschland. Aus Platzgründen können wir hier nicht weiter darauf eingehen.

Unternehmen in der Gesellschaft

Nicht kapitalistische Unternehmen – oder Betriebe – kommen in der Wirtschaftssoziologie kaum vor (> 5.2.1). Aber die Vielfalt der unternehmensförmigen oder unternehmensähnlichen Organisationen der Sozial- und Solidarwirtschaft wie Stiftungen, Genossenschaften, Wohlfahrtsverbände, Sozialdienste oder Alternativprojekte aller Art fordert ebenso nach grundlegenden und empirischen Studien, wie die Vielfalt der Rationalitäten und Managementmodi, denen sie folgen (Pankoke 2008). Ihre Spezifität, ihre Position in einer pluralistisch geformten Wirtschaft und ihre wirtschaftliche, gesellschaftliche und arbeitsmarktliche Relevanz werden von einer auf kapitalistische Märkte und Unternehmensnetzwerke fixierten Wirtschaftssoziologie vorschnell ignoriert; eine gewisse Ausnahme macht hier die französische Soziologie (z. B. Laville 2009; Laville 2011; > 4.1.2).

Aktivitäten von Unternehmen finden auch jenseits ihrer hierarchischen Ordnung und der »offiziellen« Märkte in netzwerkartigen Beziehungen zwischen Unternehmen, ihren Mitgliedern und Dritten statt. Sie sind ein Teil der äußerst vielfältigen und variablen »informellen Wirtschaft« (zum Folgenden Portes/Haller 2005). Die Informalität des unternehmerischen Wirtschaftens kann sich auf drei Bereiche beziehen: auf die beiden Prozesse Produktion und Distribution sowie auf die Endprodukte. Typische Formen von Informalität lassen sich unterscheiden, wenn man untersucht, in welchem der drei Bereiche welche der folgenden drei Aktivitätstypen auftreten: formale Aktivitäten, die im Rahmen der staatlich-rechtlich-fiskalischen Regelungen bleiben, davon abweichende oder nicht erfasste informelle sowie drittens illegale Aktivitäten. Subsistenzproduktion, lohn- und sozialkostensparendes, unangemeldetes und deshalb wettbewerbsfähiges Gewerbe, Ausbeutung von illegalen Arbeitern, Scheinselbstständige, Schwarzarbeit oder Drogenhandel sind einige Beispiele. Da die formalen Regeln von Staat zu Staat variieren und sich von Zeit zu Zeit ändern, bleiben die Grenzen zwischen formalem und informellem Sektor oft unscharf (> 3.2.1: »Paradox von Einbettung und Entbettung«).

4.1.2 Netzwerke von Unternehmen

Netzwerke stehen im Zentrum der jüngeren Wirtschaftssoziologie und die Netzwerkanalyse gehört zu ihren bevorzugten Methoden (> 1.3.4). Eine bahnbrechende innovative Idee der jüngeren Wirtschaftssoziologie konzipiert Märkte *als Netzwerke*, beginnend mit Harrison Whites Arbeiten seit den 1970er-Jahren, Mark Granovetters Arbeitsmarktstudie »Getting A Job« (1974) über Wayne Bakers theoretisch-empirische Wertpapiermarktanalyse »Markets as Networks« (1981) bis hin zu Brian Uzzis Fallstudie »Social Structure and Competition in Interfirm Networks« (1997) (Swedberg 2009: 149–152; ▶ Fall 10, ▶ Fall 12; > 4.3.2). Vor allem Märkte und Netzwerke verbinden die Einzelunternehmen miteinander, vor allem in mehrstufigen Produktionsketten von Lieferanten und Abnehmern.

Netzwerke sind »weder Markt, noch Hierarchie« (Walter Powell), sondern ein eigenständiger Typ von wirtschaftlichen Austauschformen, Koordinationsformen oder Steuerungs- und Regelungsmechanismen (zur Übersicht ▶ Begriffe 12). In dieser Sichtweise stehen die sozialen Bedingungen für Netzwerke und ihre Koordinationsleistungen im Zentrum der Analyse.

Der Koordinationstyp Netzwerk zeichnet sich dadurch aus, dass er wesentlich auf der Basis von Reziprozität und Kooperation, Komplementarität und Interessenausgleich funktioniert (zum Folgenden Powell 1996). Netzwerkförmige Kooperationen zwischen Unternehmen verbreiten sich stark, weil sie auf schnelleren und besseren Zugang zu neuen Technologien und neuen Märkten, Größenvorteile durch gemeinsame Forschung oder Produktion, Erschließung von unternehmensexternem Wissen und interorganisatorische Risikoverteilung bei Großvorhaben hoffen (S. 240). In Netzwerken »verknüpft ein kompliziertes Gitternetz« von gemeinsamen Vorhaben die Unternehmen untereinander, »von denen die meisten vorgeblich Konkurrenten sind« (S. 220).

Zu den wichtigsten Typen von wirtschaftlichen Netzwerken zählen Unternehmensnetzwerke, ähnlich wie die oben erwähnten Unternehmensgruppen, informelle, informationenaustauschende Netzwerke zwischen Händlern und Käufern auf Märkten, befristete Projektnetzwerke, Forschungs- und Entwicklungsnetzwerke oder regi-

Begriffe 12: Ökonomische Koordinationsformen im stilisierten Vergleich

	Organisationsformen		
Hauptmerkmale:	**Markt**	**Hierarchie**	**Netzwerk**
Normative Basis	Verträge; Eigentumsrechte	Arbeitsverhältnis	komplementäre Stärken
Kommunikationswege	Preise	Routine	Beziehungen
Methoden der Konfliktbewältigung	feilschen; Gerichtsverfahren	administrativer Befehl und Kontrolle	Norm der Gegenseitigkeit, Fragen der Reputation
Flexibilitätsgrad	hoch	niedrig	mittel
Stärke der Verpflichtung zwischen den Parteien	niedrig	mittel bis hoch	mittel bis hoch
Atmosphäre oder Klima	Genauigkeit und/oder Mißtrauen	formal, bürokratisch	»open-ended«, gegenseitige Vorteile
Akteurpräferenzen oder Entscheidungen	unabhängig	abhängig	interdependent
Mischformen	wiederholte Transaktionen (Geertz, 1978) Verträge als hierarchische Dokumente (Stinchcombe, 1985)	informelle Organisation (Dalton, 1975) marktähnliche Eigenschaften: Profitzentren, Verrechnungspreise (Eccles, 1985)	Statushierarchien vielfältige Partner formale Regeln

Quelle: Powell 1996: 221.

onale Wirtschaftsnetzwerke (Mützel 2008: 190 f.). Berühmte wirtschaftssoziologische Fallstudien untersuchen etwa das informations- und kommunikationstechnologische Innovationsnetzwerk des amerikanischen *Silicon Valley* (Saxenian 1990; Ferrary/Granovetter 2009).

Wirtschaftliche Netzwerke dienen auch meist ressourcenarmen Minderheiten als Strategien, als Unternehmerin oder Beschäftigte in der von der Mehrheit dominierten Wirtschaft zu überleben; Beispiele bieten etwa die starken chinesischen Ökonomien in Südostasien. Ökonomische Enklaven etwa entstehen aus Ensembles von Unternehmen, die sich im Eigentum einer Ethnie befinden, ethnisch homogene wirtschaftliche Beziehungen bevorzugen und auch transnationale Unternehmernetzwerke zu den Ursprungsländern einschließen, die selbstständige Immigranten aufbauen (ökonomischer Transnationalismus; Portes 2010: 162–219). Netzwerke können also soziale Ungleichheit einerseits mildern und mindern, andererseits aber mittels sozialer Schließung neue Ungleichheiten produzieren (Streeck 2005: 256).

Mischung aus Markt und Bindung

Brian Uzzi befragt Manager der New Yorker Bekleidungsindustrie und konstruiert ein statistisches Modell der Netzwerkbeziehungen zwischen diesen Unternehmen. Seine Studie zeigt, dass Formen der sozialen Einbettung eine dauerhafte Änderung des Verhaltens bewirkten, da es sich dadurch von den rein ökonomischen Zielen, auf denen die Tauschgeschäfte ursprünglich basierten, löse und Ergebnisse hervorbringe, die von den engen wirtschaftlichen Interessen einer Beziehung unabhängig seien (Uzzi 1996; ▶ Fall 10).

Uzzi unterscheidet zwei Typen sozialer Relationen in der Wirtschaft: die mehr oder weniger anonyme, wettbewerblich-marktliche, meist nur einmalige Beziehung zwischen unabhängigen Partnern (atomisierte Marktbeziehung) und die eingebettete, nicht marktliche Beziehung, die auf dauerhaftem Austausch und typischerweise affektiv besetzten Relationen zwischen den Akteuren beruht (Bindungsbeziehung) (zum Folgenden Uzzi 1996; ▶ Abbildung 13). Empirisch kommen, etwa in der Bekleidungsindustrie, beide Typen vor. Man bevorzugt atomisierte Beziehungen für als wenig bedeutsam eingeschätzte Transaktionen, stützt sich dagegen auf eingebettete Beziehungen, wenn es sich um relevante oder riskante Transaktionen handelt. Ob es einem Unternehmen gelinge, Marktbeziehungen und Bindungsbeziehungen einzugehen, geschickt zu kombinieren und aufrechtzuerhalten, beeinflusse seinen wirtschaftlichen Erfolg. Auf einer allgemeineren Ebene kann man anhand unterschiedlicher Muster von Marktunverbindlichkeit und Einbettungsbindung auch unterschiedliche Spielarten des Kapitalismus charakterisieren, z. B. bezüglich der Unternehmensfinanzierung über Kapitalmärkte oder über eine sogenannte »Hausbank« (> 5.2.3).

Empirische Analysen zeigen, dass die Einbettung in wirtschaftlichen Netzwerken eine spezifische Tauschlogik hervorbringt, die die Motive, Erwartungen und Handlungen der Beteiligten nicht nur formt und wechselseitig koordiniert aneinander anpasst, sondern dass die Handlungen und Motive aus den konkreten Netzwerkbeziehungen *hervorgehen*. Diese Kultur langfristiger, kooperativer Beziehungen fördert umfangreichen Informationsaustausch, schnelle und heuristische Entscheidungen sowie Lernen, Risikoteilung und Investitionen.

Allerdings laufen solche Netzwerke auch Gefahr, sich zu sehr abzuschließen und nur auf sich zu beziehen, dadurch wichtige Umweltinformationen zu verpassen, sodass ihre Wettbewerbsfähigkeit und Leistungen nachlassen. Netzwerke erleichtern zugleich illegitimes und illegales Handeln und Absprachen zu Lasten Außenstehender.

Abbildung 13: Untereinbettung und Übereinbettung im Netzwerk

Untereingebettetes Marktnetzwerk | **Integriertes Netzwerk** | **Übereingebettetes Netzwerk**

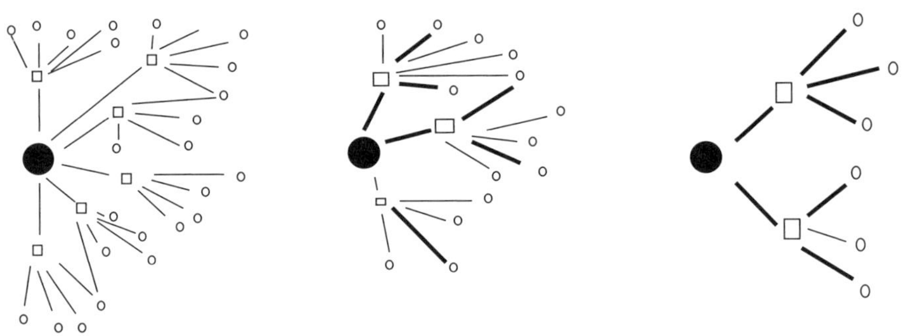

Das Netzwerk 1. und 2. Ordnung des im Mittelpunkt des Netzes stehenden Unternehmens (Fokalunternehmen) besteht aus Marktbeziehungen.

Das Netzwerk 1. Ordnung des Fokalunternehmens besteht meist aus Bindungsbeziehungen, das Netzwerk 2. Ordnung verbindet Markt- mit Einbettungsbeziehungen.

Das Netzwerk 1. und 2. Ordnung des Fokalunternehmens besteht aus Einbettungsbeziehungen.

Legende:

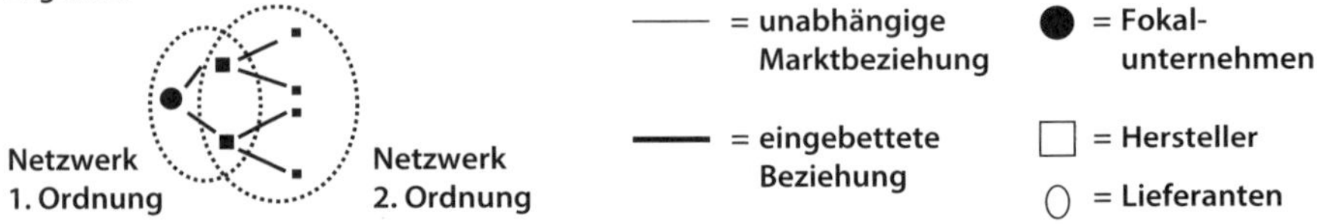

Quelle: Uzzi 1997: 60, Übers. RH.

Fall 10: Tauschgeschäft und Investition, Beziehung und Bindung in der Bekleidungsindustrie

»In einem Fall hat ein Hersteller, der die gesamte Produktion nach Asien verlagert hat, neun Monate zuvor die Lieferanten informiert, zu denen er eine eingebettete Beziehung hatte, damit sie sich an den Verlust seines Geschäfts anpassen können. Er hat jedoch nicht die Lieferanten informiert, mit denen er marktförmige Beziehungen unterhielt.

Die Beständigkeit der sozialen Beziehungen zwischen dem Hersteller und seinen Lieferanten ist bedeutsam, weil sie mit den standardökonomischen Darstellungen des Eigeninteresses des Herstellerunternehmens im Konflikt steht. Dadurch, dass er seine Schlüssellieferanten vorab informiert, riskiert er, Waren und Dienstleistungen von minderer Qualität zu erhalten, weil die Lieferanten diesen Kunden nun als temporär betrachten und sich mit intensivem Druck konfrontiert sehen, ihre Geschäftsbeziehungen auf neue Hersteller zu verlagern.

Dennoch informierte der Hersteller seine engsten Lieferanten durch einen persönlichen Besuch in ihren Betrieben (etwas, was er seit Jahren nicht gemacht hatte, obwohl er regelmäßig mit ihnen telefonierte), weil ihre eingebettete Beziehung ihn veranlasste zu glauben, dass sie ihre Qualität nicht vermindern, und er sich zugleich verpflichtet fühlte, ihnen dabei zu helfen, sich an den Verlust der Geschäftsbeziehungen mit ihm anzupassen. ›Mein persönlicher Besuch zeigt, dass wir ihre speziellen Bedürfnisse berücksichtigen‹ sagte er.

In ähnlicher Weise berichtete ein Lieferant dieses Herstellers unabhängig, dass die vertrauensvolle Geste des Herstellers ihre wechselseitige Verpflichtung bekräftigte, was er seinerseits durch die Aufrechterhaltung der Qualität erwiderte. Außerdem sagte er, dass diese Aufrechterhaltung der Qualität nicht auf seine Sorge um seinen Ruf zurückzuführen sei, weil andere Firmen wahrscheinlich den ›desertierenden‹ Hersteller und nicht ihn als das Vertrauen missbrauchend betrachten würden.«

Quelle: Uzzi 1996: 681; Übers. Marc Weingart.

Man kann Märkte also als soziale Netzwerke auffassen und Kombinationsformen von Markt, Hierarchie (Unternehmen) und Netzwerk empirisch nachweisen. Mit welchen allgemeinen wirtschaftssoziologischen Konzepten sich Märkte verstehen und untersuchen lassen, zeigt der folgende Abschnitt.

Kapitel kompakt

■ Unternehmen sind mit Märkten und Netzwerken verbundene Hierarchien ■ Ihre hierarchische Form resultiert aus Kontroll- und Koordinationsproblemen ■ Aus Unterschieden in Interessen und Machtressourcen der Mitglieder resultieren Konflikte, Koalitionen und Kompromisse (Mikropolitik) ■ Zweckrationale kapitalistische Unternehmen zielen auf methodisch kalkulierte Rentabilität ■ Ihre Hierarchie hat die Form einer legalen rationalen Bürokratie ■ Die Unternehmensordnung basiert auf freien Verträgen und externen Regelvorgaben ■ Das kapitalistische Unternehmen setzt die Expropriation der Beschäftigten von den Produktionsmitteln und die Disposition über deren Arbeitskraft voraus (Lohnarbeitsverhältnis) ■ Quelle der Kreativität im Unternehmen sind Unternehmer und Beschäftigte ■ Unternehmen konstituieren soziale Ungleichheit ■ Netzwerke mischen Marktfreiheit und organisationale Bindung (Hierarchie) ■ Netzwerkbeziehungen basieren auf Vertrauen, Reziprozität, Komplementarität, Interessenausgleich ■ In Dauerhaftigkeit, Verpflichtung, Organisationsgrad und Flexibilität liegen sie zwischen Markt und Unternehmen (Hierarchie) ■ Märkte sind (auch) soziale Netzwerke ■

Weiterlesen

Basis: Unternehmen: Minssen 2008; Netzwerke: Mützel 2008 ▪ *Vertiefend:* Unternehmen: Kette 2012; Netzwerke: Smith-Doerr/Powell 2005 ▪

4.2 Märkte und Preise

Märkte sind »Teil der politischen, moralischen und kulturellen Ordnung von Gesellschaften« (Beckert 2007: 61). In den meisten gegenwärtigen Wirtschaften prägt eine Vielfalt von Märkten weite Bereiche von Produktion, Distribution und Konsum. Aber auch Familie, Haushalt und Staat sowie Unternehmen sind wirtschaftlich hoch relevant. Mit der internationalen Verbreitung neoliberaler Denkweisen und Politiken, dem Zusammenbruch der staatssozialistischen Wirtschaften, der Privatisierung und Kommerzialisierung bisher staatlich organisierter Versorgung und einer zunehmenden Ökonomisierung vieler Gesellschaften haben sich Märkte und marktähnliche Formen in den vergangenen drei Jahrzehnten stark ausgebreitet.

Wirtschaftshistorische Erkenntnisse helfen, wirtschaftssoziologische Begriffe zu präzisieren. Geschichtlich gesehen sind Märkte zwar seit vielen Jahrhunderten ein strukturelles Element der meisten Wirtschaften, die aber dennoch keine Marktwirtschaften waren. Denn *marktgesteuerte* Wirtschaftssysteme, d. h. Systeme, in denen ökonomische Akteure und Aktivitäten überwiegend über Märkte in Verbindung treten, entfalteten sich erst im 19. Jahrhundert unter wesentlichem Einfluss staatlicher Regulierungen und Infrastrukturleistungen wie Eigentums- und Unternehmensrecht, Standardisierungen, Berufsausbildung oder Verkehrssysteme (z. B. Fligstein 2011: 39–71). Insofern entstehen und bestehen Marktwirtschaften und Märkte als *staatlich* geförderte, gestützte und gesicherte Systeme. Im 20. Jahrhundert formten dann in immer mehr Volkswirtschaften und Wirtschaftsregionen Arbeitsmarkt, Massenkonsumgütermarkt und Kapitalmarkt weite Bereiche der Wirtschaft; auch dabei spielten Staat und Politik eine wichtige Rolle. Dieser säkulare und tendenziell globale Trend zur Vermarktlichung von Wirtschaft steht in engem Zusammenhang mit kapitalistischen Wirtschaftssystemen, marktgläubigen Wissenschaftsparadigmen und marktfördernden Politikmustern. Es bilden sich unterschiedliche Typen marktwirtschaftlicher Kapitalismen heraus (> 5.2.3). Zugleich prägen auch nicht marktliche Koordinationsformen wie Hierarchie (Unternehmen als Organisation), Netzwerk (Strukturen sozialer Beziehungen), Redistribution (Umverteilung mittels Staatsleistungen) und Reziprozität (Lebensgemeinschaft in privaten Haushalten) die Wirtschaft und das Wirtschaften (> 3.1).

Deshalb kritisierte etwa Karl Polanyi, dass moderne Wirtschaftstheorie und modernes ökonomisches Denken und Handeln den Markt unberechtigterweise verabsolutierten (Polanyi 1978/1944; > 3.2.2). Wirtschaft lässt sich also nicht auf Markt und Wirtschaftssoziologie nicht auf Marktsoziologie reduzieren.

Der Markt

Wie kann man Markt definieren, um den Gegenstand der Marktsoziologie einzugrenzen? Einen klassischen Bezugspunkt der Wirtschaftssoziologie bietet der von Max Weber herausgearbeitete Idealtypus des Marktes (► Begriffe 13).

Begriffe 13: Max Weber über den Markt

Man kann von einem »Markt« sprechen, wenn zwei Seiten in Form von Anbietern und Nachfragern für ein Gut existieren und wenn auf mindestens einer Seite mehrere Tauschwillige miteinander um die Chance zu tauschen konkurrieren.

Auf dem Markt haben Anbieter und Nachfrager im Tausch selbst ein gemeinsames Ziel, aber bezüglich der Konditionen dafür (Preis) unterschiedliche Interessen.

Die Marktakteure fechten nicht kriegerische Interessenkämpfe (Konkurrenzkampf und Preiskampf) um Tauschgelegenheiten aus. Als Kampfmittel verwenden die Nachfrager in der Regel Geld und die Anbieter den Preis, beide verfolgen dabei jeweils ihre rationalen Interessen.

Das kapitalistische, an Rentabilität orientierte Unternehmen hat auf dem modernen Markt die Macht, Nachfrage mittels Bedürfnisweckung weitgehend zu lenken. Es produziert nur die Waren, für die kaufkräftige Nachfrage existiert, insofern hängt es von der Rentabilität ab, welcher Bedarf befriedigt wird und welcher nicht. Ungleichheit im Besitz von Geld und Gütern kennzeichnet den Markt.

Tauschakte schließen die Kämpfe durch einen Kompromiss zwischen Anbietern und Nachfragern ab, Marktpreise resultieren insofern aus der Machtkonstellation am Markt. Macht als die Chance, den eigenen Willen auch gegen den Widerstand der Betroffenen durchzusetzen, richtet sich auf dem Markt etwa auf Preise (einschließlich Löhne). Von erwerbswirtschaftlichen Unternehmen zu privaten Haushalten herrscht ein Machtgefälle.

Ein Markt kann selbst vereinbarten oder von außen auferlegten Marktordnungen unterworfen sein (Marktregulierung). Der Markt ist doppelt durch Wettbewerbs- und Tauschorientierung der Akteure charakterisiert. Der realisierte und vollzogene Tausch beendet die Konkurrenzphase und betrifft nur die beiden individuellen Tauschpartner.

Ein Tausch, bei dem man mit Geld zahlt (Kauf), ist immer soziales Handeln, da Geld nur deshalb als Zahlungsmittel fungieren kann, weil der Verkäufer erwarten kann, dass Dritte es begehren, er mit ihm also weitere Tausche finanzieren kann (»Vergemeinschaftung kraft Geldgebrauchs«). Auch das Konkurrieren auf dem Markt ist immer soziales Handeln, da sich die Akteure dabei konkret oder abstrakt an ihren Konkurrenten, an deren möglichen Handlungsweisen und Interessen orientieren. Je rationaler sie handeln, umso dominanter ist diese Konkurrenzorientierung.

Quelle: Zusammenfassung nach Weber 1980/1921: 48–53, 382–385.

Nach Weber verkörpert der Markt den Archetyp rationalen, zweckorientierten Gesellschaftshandelns, das für ihn aber, anders als für die Volkswirtschaftslehre, nicht naturgegeben ist, sondern aus historischen Prozessen hervorgeht. Der Markt vergesellschaftet durch Tausch und konstituiert die unpersönlichste aller sozialen Beziehungen:

Jeder der einzelnen Tauschakte bleibt in sich abgeschlossen und flüchtig, die Akteure sind nur sachlich orientiert und nur an den Tauschgütern interessiert; persönliche soziale Beziehungen dagegen »bilden Hemmungen der freien Entfaltung der nackten Marktvergemeinschaftung« (Weber 1980/1921: 383). Das reale Handeln entspricht aber nur selten und näherungsweise diesem rekonstruierten Idealtyp, etwa im Fall von realen Börsenmärkten (S. 4); jüngere Forschungen im Kontext der Finanzkrise stellen allerdings auch das in Frage.

Denk-Pause 18

Woran kann man ein spezifisch soziologisches Konzept von Märkten erkennen? ▪ Wie entstehen neue Märkte und welche Voraussetzungen verlangen sie? ▪ Wer regelt die Regeln eines Marktes und wer setzt sie durch?

Mit seinem Idealtypus des Marktes übernimmt Weber, der als Ökonom und Soziologe gelehrt hat, das neoklassische wirtschaftswissenschaftliche Idealbild vom Markt und weist die Aufgabe, ihn zu analysieren, zugleich überwiegend der Ökonomik zu (vgl. Mikl-Horke 2010: 109). Die Ökonomik spielt den Machtaspekt herunter, nach den Annahmen ihres Modells vom vollkommenen Wettbewerb (Polypol) erscheint der Markt als machtfreier Raum, erst im Oligopol oder Monopol entsteht Marktmacht. Für Weber dagegen ist der Tausch »die spezifisch friedliche Form der Gewinnung ökonomischer Macht«, die man ohne Anwendung von Gewalt erlangt (Weber 1980/1921: 385).

Schon Karl Marx betonte, dass der kapitalistische Produzent den Kaufwillen für sein Gut mitproduziere(n müsse), um die Rentabilität seines eingesetzten Kapitals zu sichern (Marx 2006/1857: 26–31). Max Weber hob ebenfalls hervor, dass »die kapitalistische Bedarfsdeckung« »Bedürfnisse neu ›weckt‹« und »in hohem Maß, durch ihre aggressive Reklame, Art und Maß der Bedarfsdeckung der Konsumenten beeinflußt«, dies gehöre »geradezu zu ihren wesentlichen Zügen« (Weber 1980/1921: 53). Die Macht der Anbieter, neben der Güterproduktion auch eine Bedürfnisproduktion zwecks Generierung von passender Nachfrage und eine kostengünstige Bereitstellung von Arbeitskraft durch die Haushalte durchzusetzen, sichert in kapitalistischen Konsumgesellschaften die Berechenbarkeit des Absatzes und damit die Kapitalrentabilität. Das gilt keineswegs in jedem Einzelfall, da viele Produktneuheiten und viele Unternehmen am Markt scheitern, aber doch in einem durchschnittlich für den Fortbestand des kapitalistischen Unternehmertums hinreichenden Ausmaß (vgl. Schwinn 2010: 205). Von der Asymmetrie zwischen Unternehmen und Haushalten durch die doppelte Anbietermacht auf Konsum- und Arbeitsmärkten (> 4.3) hängt der Fortbestand vieler Märkte sowie großer Teile der Gesamtwirtschaft ab; deshalb ist diese Form von ökonomischer Macht heute »systemrelevant«.

4.2.1 Soziologie der Märkte

In der Volkswirtschaftslehre genießen Markt und Marktwirtschaft in Form theoretischer und ökonometrischer Modellierung und daraus abgeleiteter politischer Empfehlungen eine so große Aufmerksamkeit, dass manche sie die »Wissenschaft des Marktes« nennen (Bofinger 2011: 31; vgl. Fligstein 2011: 20). Hier richtet sich das zentrale Interesse auf Preise und ihre Folgen. In der Wirtschaftssoziologie der Nachkriegszeit, die ihre Impulse wesentlich aus der kritischen Auseinandersetzung mit neoklassischen volkswirtschaftlichen Modellen gewann (Fligstein 2011: 79), rücken erst seit Mitte der 1980er-Jahre zunehmend wieder Märkte in den Fokus, eine Marktsoziologie beginnt zu entstehen. Wirtschaftssoziologie als Marktsoziologie konkurriert mit der Marktökonomik um die besseren Beschreibungen, Erklärungen und Prognosen von Strukturen, Prozessen und Folgen von Märkten.

»Märkte sind die zentrale Institution kapitalistischer Ökonomien« und kapitalistischer Gesellschaften (Beckert 2007: 43; Baker 1984: 775). Aber man kann Kapitalismen als sich selbst antreibende Systeme unbegrenzter Kapitalverwertung und Geldvermögensvermehrung und Markt(wirtschaften) als durch Interessen an Einkommenserzielung und Bedarfsdeckung sowie durch Wettbewerb angetriebene Systeme des Tauschs nicht einfach gleichsetzen (Deutschmann 2007: 90; > 5.2). So existieren seit Jahrtausenden nicht kapitalistische Märkte. Zum einen mischen sich in kapitalistischen Wirtschaften unterschiedliche Koordinationsformen, Märkte haben dort mal größeres, mal geringeres Gewicht und mal weitere, mal engere Spielräume (gemischte Wirtschaften).

Die gegenwärtige Wirtschaftssoziologie – wie auch Teile der Institutionenökonomik – arbeiten theoretisch und empirisch bevorzugt mit einem sozialen Marktkonzept und beschränken sich nicht nur auf die sozialen *Voraussetzungen* für rationales Handeln auf Märkten. Vielmehr verstehen sie im Gegensatz zur Vorstellung naturgegebener Märkte in der Neoklassik auch die Märkte *selbst* als höchst voraussetzungsvolle und relativ dauerhafte *gesellschaftliche* Einrichtungen (Institutionen) oder »gesellschaftliche Arenen für die Produktion und den Austausch von Gütern oder Dienstleistungen« (Swedberg 2009: 155; Fligstein 2011: 42). Aus dieser institutionalistischen Perspektive geht es darum zu untersuchen, wie das unmittelbare Handeln der Akteure auf den Märkten durch formelle und informelle soziale Regeln, gemeinsame Überzeugungen und etablierte Ordnungen und Praktiken gesteuert und koordiniert wird. Außerdem verlangt die Eindämmung von Täuschung, Nötigung, Drohung, Korruption, Betrug, Untreue, Protektionismus auf Märkten nach »wirksamen regulativen Regimes auf politisch-rechtlicher Grundlage«; mit Blick auf seine Entstehung als auch seinen Bestand ist deshalb »ein Markt mit einigermaßen regulären Wettbewerbsverhältnissen stets eine *politische Veranstaltung*« (Offe 2006: 183 f.).

Die rote Linie zwischen Institutionenökonomik und Wirtschaftssoziologie markiert jedoch die Frage, ob die Akteure auf Märkten – und die dort gehandelten

Waren – voraussetzungslos vorhanden sind, also quasi als natürliches Phänomen aufzufassen sind, oder ob sie ihrerseits aus Konstruktionsprozessen hervorgehen, in denen marktfähige Akteure gesellschaftlich geschaffen und geformt werden (> 2.1.1, 3.3). Die Strombörse bietet ein instruktives Beispiel dafür, wie spezifische Akteurtypen mit unterschiedlichen Informations-, Mitgliedschafts- und Handlungsrechten und -pflichten sowie Marktzugangsmöglichkeiten, in sozialen Konstruktionsprozessen ausdifferenziert, institutionalisiert und organisiert werden, z. B. Handelsteilnehmer, Broker oder Marktkopplungsvermittler (Giacovelli 2013).

Für diese eher als dauerhaft betrachteten Marktinstitutionen gilt es im Unterschied zu Webers idealtypischer Charakterisierung des Marktes als unpersönlichste und flüchtigste Form der Vergesellschaftung gerade als typisch, dass sich Tauschakte zwischen Akteuren wiederholen und dass soziale Beziehungen der Akteure den Tausch und das Tauschergebnis beeinflussen (Weber 1980/1921: 382; Swedberg 2009: 148–152; Richter/Furubotn 2010: 328–332). So prägen etwa mehr oder weniger dauerhafte soziale Netzwerke die Struktur von Märkten und ihre Ergebnisse, wie Mark Granovetter in seinen einflussreichen Studien »The strength of weak ties« und »Getting a job« nachgewiesen hat (Granovetter 1973; Granovetter 1995/1974; > 3.2, 4.1.2).

Soziales Netzwerk, institutionelle Einbettung und soziales Feld bezeichnen drei Kernkonzepte der Marktsoziologie (Aspers/Beckert 2008: 234; Fligstein 2011). Aus diesen drei Richtungen versucht man, die Bildung einer soziologischen Markttheorie voranzutreiben, indem man die Ergebnisse empirischer Fallstudien über Märkte generalisiert (induktive Theoriebildung). Dies ist eine typische Vorgehensweise in der Wirtschaftssoziologie (Boyer 2009: 60 f.), die an die auf Generalisierung zielende »soziologische Typisierung« bei Max Weber anknüpfen kann (Weber 1980/1921: 9–10, 63).

Der von Pierre Bourdieu und Neil Fligstein ausgehende Diskurs über Märkte als soziale Felder betreibt aber auch deduktive Theoriebildung über ökonomische Felder. Im Übrigen lenkt er den wirtschaftssoziologischen Blick auch darauf, dass Märkte aus sozialen Konflikten entstehen, von materiellen und ideellen Interessen geprägt und deshalb nicht als neutrale, effizienzgetriebene Mechanismen aufzufassen sind (Beckert 2009a: 30 f.). Das soziale Feld eines Marktes ist meist vertikal-hierarchisch strukturiert, etwa durch Machtpositionen von Anbietern, Statusordnungen von Produzenten, Abhängigkeiten in Produktionsketten oder Rangstufen bei Güterqualitäten (vgl. White/Godart 2007; Fligstein 2011: 93–98; Bourdieu 2005: 78 f.; > 4.2.4). Märkte sind aber keine Hierarchien (> 4.1.2, 4.3.2).

4.2.2 Ungewissheit und soziale Stabilisierung

Betrachtet man Institutionen als strukturelle Antworten auf relevante Probleme, kann man fragen, vor welchen grundsätzlichen Handlungsproblemen die an marktlichem Tausch interessierten Akteure stehen und wodurch Märkte diese lösen. Jens Beckert geht von drei typischen Koordinationsproblemen auf Märkten aus, deren gemeinsamer Kern in der Ungewissheit liegt, mit der sich die Akteure konfrontiert sehen: Ungewiss sind der Wert der Tauschobjekte, die Dynamik des Wettbewerbs und die Kooperation der potenziellen Tauschpartner (Beckert 2007: 52–57; > 3.1.2).

Die Marktakteure befinden sich in einer Situation der Ungewissheit (> 3.1.1). Denn sie sehen sich mit kontingenten Ereignissen konfrontiert, d. h. mit Ereignissen, für die sich im Gegensatz zu Risiken keine Wahrscheinlichkeiten berechnen lassen, sodass man weder weiß noch kalkulieren kann, ob sie sich ereignen oder nicht (Ganßmann 2007: 69–71). Produzenten finden keine Käufer, Käufer zahlen nicht, Konkurrenten erobern den Markt, Käufer wissen nicht, ob ein Gut den geforderten Preis wert ist, der hiesige oder heutige Preis ist andernorts oder morgen niedriger, Anbieter verschweigen Mängel, der Gebrauchswert des Gekauften enttäuscht, Innovationen entwerten ganze Gütergruppen usw. Konsumenten verlieren sich in völlig unübersichtlichen Märkten mit zigtausenden Gütern, immerwährenden Innovationen, ungewissen Nutzen und riskanten sozialen Signaleffekten durch die Nutzung der Konsumgüter (vgl. Hellmann 2007).

Wie oben gezeigt (> 2.2.1), weiß die am Tausch interessierte Akteurin grundsätzlich nicht, was ihre potenzielle Tauschpartnerin tun wird, sie kann deshalb nicht wissen, was sie selbst tun will – und umgekehrt. Aus der Handlungsfreiheit der Akteurinnen resultiert damit die strukturelle Unsicherheit der Tauschsituation, auf beiden Seiten stehen die Akteure vor dem Problem der doppelten Kontingenz (Talcott Parsons). Dies endet für rational kalkulierende Akteure, die nicht miteinander kommunizieren, in der Handlungsunfähigkeit oder, sofern sie hinreichend amoralisch sind, in gegenseitiger Hinterlist und Heimtücke (Opportunismus), was den Markttausch aber vollends verhindern würde.

Der Markttausch bringt für die Akteure so viele Kontingenzen und so hohe Ungewissheit mit sich, dass es überrascht, wie selbstverständlich er hingenommen wird und wie reibungslos er bei der Produktion und Distribution von Waren zu funktionieren scheint (Beckert 2007: 45 f.). Damit stellt sich die Frage, wie es mittels Märkten gelingt, die unzähligen individuellen Handlungen *dennoch* insoweit erfolgreich zu koordinieren, als sich Akteure fortlaufend freiwillig auf den Markttausch einlassen. Die Institutionenökonomik erklärt die Existenz der dafür notwendigen sozialen Rahmenbedingungen (Strukturen, Regeln, Durchsetzungsmechanismen) als Resultat aus den individuellen rationalen Kalkülen der (Markt-)Akteure, die sich selbst solche Beschränkungen auferlegen, weil diese den Tausch erleichtern und verbilligen und so zu ihrem eigenen Vorteil wirken (Deutschmann 2007: 80). Auf den Punkt gebracht, sieht die Institutionenökonomik die Ungewissheit eher im *Subjekt* begründet (vor allem begrenzte Informationsverarbeitungskapazität, Hang zum Opportunismus), während die Wirtschaftssoziologie sie eher aus der *Struktur* der Situation selbst ableitet und deshalb als tendenziell nicht überwindbar einschätzt.

Für die Marktsoziologie dagegen liegt der wesentliche Grund dafür darin, dass das Markthandeln der individuellen Akteure sozial eingebettet ist und dadurch stabile Strukturen ausbildet, an denen sich die Akteure orientieren können, womit sie ihrerseits zur Stabilisierung der Märkte und der marktlichen Erwartungen beitragen. Aus dieser Perspektive ist das Kernproblem der Marktsoziologie die Erklärung der sozialen Ordnung von Märkten (> 1.3.2, 3.1.2; ▶ Begriffe 7; ▶ Position 2). Dazu arbeitet sie heraus, wie sich Märkte durch soziale Phänomene wie Netzwerke, Normen oder formale Institutionen, durch Konventionen, Standards, Denkmuster, ökonomische Berufsausbildungen, aber auch durch material-soziale Phänomene wie Kommunikationstechnologien, Kalkulationssoftware oder elektronische Handelssysteme stabilisieren (Beckert 2007: 49; MacKenzie u. a. 2007). Meist geraten die wesentlichen Stabilisierungsleistungen des Staates dabei nicht hinreichend in den Blick (Fligstein 2011: 28–35).

Da diese sozialen Stabilisierungen von Märkten individuelles Handeln zwar rahmen, es jedoch nicht determinieren, können kreative Akteure abweichend handeln und Innovationen erzeugen. Destabilisierung und Dynamik von Märkten im Kapitalismus entspringen vor allem der nicht kalkulierten Kreativität von unternehmerisch eingesetzter Arbeitskraft und der grenzenlosen Vermehrung und Verwertung des Geldvermögens (Deutschmann 2007: 89–91). Eine potenzielle Dynamik liegt aber schon darin, dass »die soziale Welt voller Kontingenzen steckt« (Ganßmann 2007: 77).

Die vielfache »Vergesellschaftung« von Märkten stabilisiert und strukturiert, macht berechenbar und schafft damit erst die Voraussetzungen und die Rahmungen für rationales ökonomisches Handeln auf Märkten sowie, womöglich, auch für eine Steigerung von ökonomischer Effizienz. Damit stellt diese Marktsoziologie der individualistischen Erklärung der Ordnung von Märkten in der institutionenökonomisch modernisierten Volkswirtschaftslehre, die Marktordnungen als unbeabsichtigtes oder gezielt herbeigeführtes Ergebnis der Eigeninteressen der einzelnen beteiligten Akteure interpretiert, eine gesellschaftliche Erklärung *an die Seite*. Sie stellt ihr aber keine gänzlich andere Erklärung *gegenüber*, da sie sich von der Grundlagenannahme der Zweckrationalität der Akteure und der Effizienzorientierung der Systeme nicht verabschiedet und damit an einer wichtigen Gemeinsamkeit mit der Volkswirtschaftslehre festhält.

Für die Wirtschaftssoziologie bilden sich zweckrationale, kalkulierende Marktakteure und systemische Effizienzen aber in konflikthaften, geschichtlich-gesellschaftlichen Prozessen heraus, die nicht als natürliche, sondern als historische und veränderliche Phänomene aufzufassen sind. Dies hat Max Weber in seinen einflussreichen

Studien »Die protestantische Ethik und der Geist des Kapitalismus« beispielhaft herausgearbeitet (z. B. Weber 2006/1920: 73–96). Gegenwärtig diskutiert man die Historizität typischer Handlungsweisen und Dispositionen von Akteuren etwa als »neuen Geist des Kapitalismus« (Boltanski/Chiapello 2003: 39–87; > 5.2.1; ► Position 9).

Denk-Pause 19

Welche Funktion erfüllen Börseninfos in Nachrichtensendungen im Fernsehen? ▪ Wie entsteht ein Preisbildungsmechanismus und wie funktioniert er ganz konkret? ▪ Kann es auf Märkten dauerhafte soziale Beziehungen geben? ▪ Was würden diese bewirken? ▪ Was gibt Märkten Stabilität, was macht sie dynamisch? ▪ Sind Wettbewerbsmärkte machtfreie Zonen?

An Beispielen wirtschaftssoziologischer Marktanalyse soll im Folgenden gezeigt werden, dass die Funktionsweise und die wirtschaftlichen Ergebnisse von Märkten nicht angemessen verstanden werden können, ohne die sozialen Eigenschaften dieser Märkte ins Zentrum zu stellen. Gelingt es der Wirtschaftssoziologie, die Finanz- und Devisenmärkte, die der Inbegriff der neoklassischen Marktidee und Marktideologie sind, analytisch und empirisch zu »resozialisieren«, kann sie den theoretischen Kern der herrschenden Marktökonomik in Frage stellen. Dies könnte für die weitere Entwicklung der Disziplinen von strategischer Relevanz sein.

Eine besondere Marktinstitution ist die Börse, etwa die Deutsche Börse AG, Frankfurt oder die New York Stock Exchange Inc. Die Volkswirtschaftslehre sieht die Börse als einen Markttyp, der sich den Eigenschaften des idealen, vollkommenen Marktes annähert. Man kann die Institution Börse als paradigmatischen Ausdruck des Kapitalismus betrachten, wenn man ihn, wie Boltanski und Chiapello, vereinfacht als »eine Forderung nach unbegrenzter Kapitalakkumulation durch den Einsatz formell friedlicher Mittel« definiert (Boltanski/Chiapello 2003: 39).

Die Börse ist ein spezifisch organisierter Markt, der in der Wirtschaft die Funktion der Preisbildung für Wertpapiere aller Art und damit für einen besonderen Typ von Tauschobjekten übernimmt (vgl. zum Folgenden Baecker 1999). Auf dem Markt Börse spielen sich Käufe und Verkäufe als gegenwärtige Ereignisse ab, die sich in Kursen (Preisen) ausdrücken. Vor dem Hintergrund dieser Preise entwickeln sich Erwartungen über zukünftige Ereignisse (Preisentwicklungen), die laufend angepasst werden können (► Fall 11).

Fall 11: Gewissheit der Preisbildung, Ungewissheit der Preise

Die Börse hat nach Dirk Baecker drei charakteristische Eigenschaften. Sie ist eine Mischform aus Markt und Organisation, ihre Preisbildungsprozesse stehen unter laufender Beobachtung und diese Prozesse sind zeitabhängig, d. h. sie werden von vergangenen Preisen an der Börse und von Erwartungen über zukünftige Preisbildungen geprägt; ein Beispiel dafür sind Informationen über historische Aktienkurse.

Die Börse fungiert dann als eine Einrichtung, die zum einen sicherstellt, *dass* sich Preise bilden (Gewissheit zukünftiger Preisbildung). Zum anderen ermöglicht und organisiert sie die Kommunikation von Risiken, d. h. die Verbreitung von Informationen darüber, welche Risiken durch Entscheidungen an der Börse eingegangen worden sind, etwa indem Aktien, Devisen oder Staatsanleihen zu bestimmten Kursen gekauft wurden.

Daran können Beobachter ihrerseits riskante Entscheidungen anschließen, mit denen sie ebenfalls diese oder aber andere Risiken eingehen, was wieder im Rahmen der Börsen und darüber hinaus z. B. in den Medien kommuniziert wird, zu weiteren Entscheidungen führt usw.

Die Risiken hängen damit zusammen, dass offen ist, *wie* sich die Preise zukünftig entwickeln (Ungewissheit der Preisentwicklung), dass die dazu kommunizierten Erwartungen heterogen sind und man gleichwohl in der Gegenwart Kauf- und Verkaufsentscheidungen trifft, die sich auf zukünftige, heute ungewisse Preise beziehen.

Die Börse erlaubt es also, vorgreifend Preise zu bilden, wo Preise noch fehlen.

Quelle: Nach Baecker 1999.

Zwei wichtige Aspekte wirtschaftssoziologischer Analyse sind hier hervorzuheben: die soziale und politische Organisation von Märkten und das soziale Handeln von Marktteilnehmern, hier in Form einer gegenseitigen Beobachtung. Unter dem Organisationsaspekt mischen Börsen nach Baecker Formen anarchischer Koordination durch Märkte mit Formen des organisierten Mitgliedschaftshandelns der Börsenmitglieder. Die Organisation der Börse schränkt einerseits die Marktanarchie ein, indem sie opportunistisches (hinterlistiges) Handeln und den Missbrauch von Insiderinformationen durch Regeln und Kontrollen weitgehend ausschließt. Weiter gehend zeigen Studien Börsen auch als moralische Gemeinschaften, deren Mitglieder einem Ethos folgen, sich einen Verhaltenskodex auferlegen und opportunistisches Handeln bestrafen (Diaz-Bone 2007: 260 f.; Abolafia 1998). Andererseits ermöglicht diese durch Regeln organisierte Sicherheit als verlässlicher Rahmen zugleich das Nichtorganisierbare des anarchistischen Marktes.

Darüber hinaus ist die Börse ein – eher seltener – Fall, bei dem »die invisible hand des Marktes sichtbar wird: An der Börse kann beobachtet werden, wie jenes rätselhafteste Produkt der Wirtschaft, der Preis, zustande kommt. Preisbildung ist hier nicht nur Suchverhalten, auch nicht nur Aushandlung, sondern Preisbildung ist hier von anderen beobachtete, das heißt mit Blick auf Veränderung, Bewegung, beobachtete Preisbildung« (Baecker 1999: 289 f.). Die Börse als Markt ist also eine Form der Preisbildung, die sozial beobachtet und sozial organisiert wird. Andererseits verbirgt die Börse systematisch bestimmte Teile der Preisbildung, etwa wer wie viel für ein Wertpapier bietet oder verlangt und wer zu welchem Kurs wie viel gekauft oder verkauft hat, sowie die konkreten Daten, aus denen die Börse den Tageskurs eines Wertpapiers konstruiert (für die Strombörse Giacovelli 2013). Nur als aggregierter Prozess und dessen Produkt ist der Preis einigermaßen transparent, die individuell realisierten Preise bleiben dagegen geheim.

Man kann den Preisbildungsmechanismus Börse ganz unterschiedlich organisieren und dadurch unterschiedliche Formen und Ergebnisse wirtschaftlichen Handelns bewirken; das hat schon Max Weber im Vergleich der Börsen von New York, Paris und Hamburg analysiert (Weber 1894). Organisation und Technologie von Märkten können nicht nur Interessengruppen begünstigen, sondern auch Staaten beschränken, wie Alejandro Portes am Beispiel lateinamerikanischer Börsen zeigt, deren Modernisierung als Imitation der Wall Street betrieben wurde, was sie im Ergebnis internationalen Investoren auslieferte und dadurch die nationale Politik entmachtete (Portes 2010: 229–235).

Ein Typ soziologischer Zugriffe auf Wirtschaft konzentriert sich auf institutionale und organisatorische Rahmungen wirtschaftlichen Handelns, etwa auf Privateigentum, Unternehmen, Netzwerk, Vertrauen, Vertrag, Traditionen, Zugangsrechte oder Haftungspflichten. Wirtschaftliches Handeln, z. B. an Börsen, betrachtet man dann als *sozial beeinflusstes* Handeln. Aus heutiger Sicht erscheint das als Wirtschaftssoziologie mit *beschränktem Geltungsanspruch*; viele Wirtschaftssoziologen gehen deshalb darüber hinaus und erforschen das wirtschaftliche Handeln der Akteure selbst und seine Folgen für den individuellen und institutionellen ökonomischen Erfolg. Am Beispiel von Produzentenmärkten zeigt beispielsweise Harrison White, wie auf Märkten soziale Ordnung durch wechselseitige Beobachtung, Positionierung und Anbieteridentitäten entsteht (White/Godart 2007). In seinem Ansatz modelliert er auch die Güterqualität, den Profit und die Dynamik von Märkten.

Mit diesem Typ von Analysen dringt die Marktsoziologie in den Kernbereich der Volkswirtschaftslehre vor, zu dem insbesondere die Erklärung der Preisbildung auf Märkten gehört (Preistheorie; vgl. Beckert/Aspers 2011). Wayne Bakers Analyse der Struktur eines Marktes für Aktienoptionen bietet ein im nächsten Abschnitt untersuchtes Beispiel dafür.

4.2.3 Sozialstruktur, Macht und Preis

In seiner Fallstudie »The social structure of a national securities market« analysiert Baker den Aktienoptionsmarkt einer großen Wertpapierbörse als ein soziales Netzwerk von Käufern und Verkäufern (Baker 1984; ► Fall 12). Baker liefert damit zweifach eine Pionierarbeit: zur marktsoziologischen Netzwerkanalyse und zur Soziologie der Finanzmärkte.

Fall 12: Cliquen auf Wertpapiermärkten

Baker untersucht die Handelsmuster, die sich unter den Teilnehmern auf dem Parkett einer Börse herausbilden. Dort besteht für jede Aktienoption oder für eine kleine Gruppe von Aktienoptionen ein jeweils eigener, beobachtbarer Marktplatz. Baker wählt für seine Analyse zwei Marktplätze aus, einen mit einer großen Zahl und einen mit einer kleinen Zahl von Käufern und Verkäufern. Er untersucht diese beiden »Mengen« mithilfe der Netzwerkanalyse, um herauszufinden, ob und wie soziale Beziehungen zwischen den Akteuren den Preis der Aktienoptionen beeinflussen.

Wer Aktienoptionen besitzt, hat einer Aktiengesellschaft Geld für eine niedrig verzinste Anleihe geliehen. Das Wertpapier gibt dem Gläubiger die Option, es zu einem festen Kurs und in einem festen Verhältnis gegen Aktien dieser Gesellschaft einzutauschen. Der Preis der Aktienoption hängt damit vom Kurs dieser Aktien ab. Das Hauptproblem aus Sicht der Marktteilnehmer bilden deshalb die nicht vorhersehbaren Schwankungen des Wertpapierpreises (Ungewissheit).

Je stärker diese Volatilität, umso größer die Unsicherheit der Akteure und umso stärker die Versuchung, opportunistisch zum Nachteil anderer Akteure zu handeln, etwa durch Preisaushandlung statt Preiswettbewerb. Informelle Kontrollen und die genaue wechselseitige Beobachtung können dies verhindern; beides funktioniert unter wenigen Akteuren besser als unter vielen, wäre aber in großen Gruppen notwendiger als in kleinen.

Eine Strategie, mit dem Problem der Unsicherheit, der beschränkten Rationalität der Akteure und der Gefahr von Opportunismus umzugehen, besteht darin, Handel nur mit den Akteuren zu betreiben, die aus der eigenen näheren Umgebung kommen. Dadurch entstehen restriktive Mikronetzwerke, die die Zahl der Beziehungen pro Akteur und das durchschnittliche Handelsvolumen pro Beziehung begrenzen.

Weil in einem großen und wachsenden Markt die Kommunikation der Marktmacher stark eingeschränkt ist, vergrößern sich die verlangten Handelsspannen und entwickeln sich auseinander, was die Preisschwankungen (Volatilität) erhöht. Durch eine wachsende Marktgröße entwickelt sich eine Binnenstrukturierung des Marktes: Es bilden sich vielfältige Cliquen oder Mikronetzwerke, was die marktweite Kommunikation weiter erschwert und wiederum die Preisschwankungen noch verstärkt.

Bakers Fallstudie zeigt zum einen, dass die Größe des Marktes und seine interne soziale Struktur den Preis der Aktienoption bestimmen und nicht (nur), wie in volkswirtschaftlichen Modellen angenommen, der Kurs der Aktie, auf die sie sich bezieht. Zum anderen erklärt sie das »Paradox der großen Zahlen«: Während in mikroökonomischen Modellen große Zahlen und Wachstum kompetitive und minimal differenzierte Märkte schaffen, entwickeln sich reale Märkte genau umgekehrt.

Baker zieht das Fazit, dass nicht nur die im engeren Sinne »ökonomische« Ursache, d. h. die Kursentwicklung der entsprechenden Aktie, sondern vor allem die soziale Ursache, die Bildung von Mikronetzwerken, die Preisentwicklung der Aktienoptionen bestimmt. Die soziale Struktur des Optionsmarktes beeinflusst wesentlich seine Arbeitsweise und seine Ergebnisse.

Quelle: Nach Baker 1984.

Volkswirtschaftliche Modelle gehen davon aus, dass Märkte idealerweise nur aus einem einzigen marktumfassenden Makronetzwerk aller Beteiligten bestehen; dies gelte unabhängig von der Zahl der Marktteilnehmer und damit unabhängig von der Marktgröße. Bei vollständiger Rationalität und ohne Opportunismus kennen die Marktmacher – hier die Wertpapierhändler, die die Preise festlegen – alle Angebote und konkurrieren aggressiv untereinander, indem sie ihre eigene Handelsspanne optimieren. Unter diesen Bedingungen konvergieren die Handelsspannen, und die Preisschwankungen gehen stark zurück. Aus Sicht der Wirtschaftstheorie dämpfen Makronetzwerke auf Märkten die Preisvolatilität, sie normalisieren und stabilisieren so das Marktgeschehen, die Größe des Marktes spielt dabei keine Rolle.

Im Gegensatz dazu entwickelt sich in *realen* Märkten eine differenzierte soziale Struktur von Rollen und Beziehungen, die aus spezifischen sozialen Prozessen und wechselseitig anerkannten Identitäten der Akteure resultiert (White/Godart 2007). Die realen Akteure sind nur beschränkt rational und neigen zum Opportunismus. Wenn auf einem solchen Markt Umsatz und Teilnehmerzahlen wachsen, nimmt auch die soziale Differenzierung des Marktes zu, wie etwa die Studie Bakers zeigt. Innerhalb des Marktes bilden sich mehr Mikronetzwerke, weil die Akteure über den gesamten Markt hinweg nicht mehr effizient miteinander kommunizieren können. Damit geht die Konkurrenz auf diesem Markt zurück, was seine Leistungsfähigkeit beeinträchtigt.

Diese wirtschaftssoziologische Analyse zeigt also, dass der Aktienoptionsmarkt sozial strukturiert ist und dass dies die Preisbildung prägt. Die sozialen Strukturmuster, in denen die Akteure handeln, beeinflussen Richtung und Stärke der Preisschwankungen erheblich, der Preis hängt von der Struktur der Netzwerke ab. Die Preisbildung auf einem Markt, der dem ökonomischen Idealmodell sehr nahe kommt, ist also nicht nur sozial eingebettet, weil sie sich beispielsweise im Rahmen der Institution und Organisation Börse vollzieht, sondern wesentlich sozial *bestimmt*, weil sie z. B. von der Cliquenbildung unter den Händlern abhängt. Dies widerlegt Grundannahmen der Mikroökonomik: Tatsächlich prägt die soziale Struktur den größeren Markt stärker als den kleineren und der Wettbewerb ist auf dem größeren Markt geringer. Nach Baker liefert das soziologische Modell von Märkten, das Märkte als soziale Netzwerke sieht, deshalb eine bessere Erklärung als das mikroökonomische Modell. Seine Studie steht damit exemplarisch für eine Wirtschaftssoziologie mit *starkem Geltungsanspruch*, insbesondere gegenüber der Volkswirtschaftslehre.

Preise, Werte und Macht

Preise hängen neben Netzwerkstrukturen und in einem Markt etablierten, meist impliziten und schweigend vollzogenen Preispraktiken auch von Machtverhältnissen ab. Das zeigt sich exemplarisch in Monopolen und monopolähnlichen Marktstrukturen, deren formale Analyse zählt zu den Standards der Wirtschaftstheorie. Etablierte kapitalistische Unternehmen haben ein systematisches Interesse daran, den Wettbewerb auf Märkten aus eigener Macht oder mit politischer Hilfe einzuschränken, um Planungssicherheit herstellen und höhere Renditen erzielen zu können. Offener und harter Wettbewerb bringt Unsicherheit für die Unternehmen mit sich, er stört die Rentabilitätsrechnung und gefährdet die planmäßige Kapitalverwertung.

In der Gesellschaft und auf ihren Märkten sind Preise und mit ihnen die Werte von Waren (und Dingen) umstritten und umkämpft, und die Akteure nutzen Preisniveau und Preisgestaltung, Preisakzeptanz und Preisprotest als Streitobjekte und Waffen zugleich (vgl. Bourdieu 2005: 79). Bereits Max Weber hob die Bedeutung von Preiskämpfen auf Märkten hervor (▶ Begriffe 13). Fligstein argumentiert, dass die marktprägende Strategie auf modernen Produzentenmärkten darauf ziele, den Preiswettbewerb auszuschalten oder abzumildern. Auf Konsumentenmärkten gilt das nur bedingt (> 3.5.2). Mit allgemeinen Verweisen auf preistheoretisch begründete Mechanismen von Angebot und Nachfrage, die Preise hervorbringen, ohne dass sie sich steuern lassen, können Unternehmen versuchen, ihre machtgestützten Preissetzungsstrategien zu legitimieren. Tatsächlich haben Unternehmen vielfältige Möglichkeiten, Preise gezielt zu beeinflussen, etwa durch Nischenbildung und monopolistische Konkurrenz, durch praktische Preisführerschaft eines Unternehmens, explizite Absprachen oder implizite Imitation zwischen Konkurrenten und durch Strategien der wertschaffenden Kommunikation (> 3.5.2).

Märkte steuern nicht nur die Allokation von Gütern, sie definieren auch die Güter selbst und bestimmen deren Werte (vgl. zum Folgenden Smith 2007; ▶ Fall 7). Preissetzende Märkte ermöglichen es, Güter und Dienstleistungen unter Bedingungen von Ungewissheit zu bewerten und zu verteilen. Sie lösen das Problem, dass der Wert von Objekten ungeklärt oder umstritten ist, indem sie einen Preis ermitteln und so die Ambiguität der Werte aufheben, zumindest in der Tauschsphäre, bedingt auch in der Konsumsphäre. Darüber hinaus können die vereinbarten Preise als Wertmaßstab für andere Tauschakte fungieren. Da Heterogenität und damit Ambiguität auf Märkten tendenziell und fortlaufend zunehmen – besonders im Zuge der Globalisierung –, breiten sich preissetzende Märkte aus und ihre Definitionsfunktion tritt in den Vordergrund. Einer kollektiv anerkannten Definition bedürfen nicht nur die Handelsgüter, sondern auch die Akteure und ihre Handlungsweisen (> 3.3).

Nicht jeder Wert erhält jedoch auch einen Preis. Wie wirtschaftssoziologische Studien demonstrieren, entwickeln Gesellschaften Vorstellungen und Regeln, was sie als wertvoll betrachten und welches Wertvolle man mit Preisen versehen können soll und welches nicht, was man gegen Entgelt kaufen und verkaufen darf und was nicht. Welche Dinge einen Preis haben und deshalb für Geld zu kaufen und welche nicht zu kaufen sind, ist eine Machtfrage: Es geht um die Begrenzung oder Erweiterung der Macht des Geldes – man denke an Ämterkauf, Korruption oder Menschenhandel (> 3.4.1). Darüber hinaus reduzieren Preise den Wert der Dinge auf einen Gegenwert, den Geldbetrag, machen sie so vergleichbar und zugleich als Geldwert gleich, der sich nur quantitativ unterscheidet. Viviana Zelizer analysiert gesellschaftliche Auseinandersetzungen um die Zulässigkeit der Bepreisung von Werten in ihrer historischen Studie »Pricing the priceless child« (1985) am Beispiel der Kinderversicherung in den USA (Zelizer 2005; ▶ Fall 13).

Fall 13: Preis und Wert von Kindern

Viviana Zelizer untersucht die Risikolebensversicherung auf Kinder in den USA vom letzten Viertel des 19. Jahrhunderts bis in die 1970er-Jahre. Diese Versicherung folgte der bereits seit Beginn des 19. Jahrhunderts eingeführten Lebensversicherung für Erwachsene, die anfangs auf »mächtigen kulturellen Widerstand gegen die Profanierung der Heiligkeit menschlichen Lebens und Todes durch wirtschaftliche Überlegungen« stieß. Allmählich aber »wurde die Kapitalisierung des Werts des Erwachsenenlebens und der monetäre Schadenersatz für dieses Leben akzeptabel«.

Ihre Studie zeichnet eine »kulturelle Neudefinition des Wertes von Kindern« nach, die einen Prozess der Dekommodifizierung des Kindes um die Wende zum 20. Jahrhundert auslöste. Die Wahrnehmung von Kindern wandelte sich von Gebrauchsgütern und Produktionskapital, die durch Kinderarbeit zum Erwerbseinkommen der Familie beitragen, zu nicht wirtschaftlichen Gefühlsobjekten und Konsumgütern, die emotionale Befriedigung bringen. Im Zuge dieser Umorientierung geriet die bisher in der Arbeiterklasse verbreitete Kinderversicherung ins Visier öffentlicher Kritik. Sie brandmarkte es als unmoralisch, dass Eltern durch die Auszahlung der Versicherungssumme vom Tod ihres Kindes profitieren. Für einen der Kritiker »war das versicherte Kind lediglich eine andere Variante des arbeitenden Kindes, das eine verdiente durch seinen Tod das, was das andere durch seine Arbeit einbrachte. In beiden Fällen war die Heiligkeit eines Kinderlebens durch monetäre Erwägungen beschmutzt worden.«

Versierte Versicherungsvertreter definierten danach die Kinderversicherung in eine symbolische Form der Wertschätzung um, »als Zeichen des Respekts für das verstorbene Kind im 19. Jahrhundert« und als Ausdruck »der Liebe für das lebende Kind im 20. Jahrhundert«.

Die um die Jahrhundertwende aufkommende neue Norm des »ökonomisch wertlosen Kindes, das unermesslichen emotionalen Wert besitzt« und vom Markt ausgeschlossen bleibt, lässt »pragmatisch-pekuniäre Erwägungen bezüglich ihres Wertes zunehmend unangemessen« erscheinen, Marktpreise von Kindern in Form von Versicherungssummen stoßen dann auf Ablehnung. Der »heilige« Wert von Kindern verträgt sich nicht mit dem »profanen« Preis des Marktes – jedenfalls nicht für die Klassen, die es sich leisten können, auf Kinderarbeit zu verzichten.

Quelle: Nach Zelizer 2005, zit. 124, 132, 141, 142; Übers. z. T. RH.

Wirtschaftswissenschaftliche Märkte

Über die Einbettungs- und Netzwerkkonzepte geht die Marktsoziologie dann hinaus, wenn sie untersucht, wie sich unter Bezug auf wirtschaftswissenschaftliche Modelle reale Märkte ändern. Theoretische und empirische Studien zeigen, wie Ökonomen daran beteiligt sind, nach welchen Vorstellungen und Vorgaben Märkte sozial konstruiert und wie ökonomische Wissensformen in Institutionen und Praktiken sozial wirksam werden. Diese sozial konstruktive Wirkung wirtschaftswissenschaftlicher Theorien und Werkzeuge auf die ökonomische Wirklichkeit (Performativität) bildet neben Netzwerk und Einbettung ein drittes Kernkonzept der Marktsoziologie (> 3.3.1). Es spielt unter anderem auch in der Finanzsoziologie eine wichtige Rolle (vgl. MacKenzie u. a. 2007; MacKenzie 2006).

In der Perspektive der Performativität verliert die traditionelle Kritik an der Realitätsferne des Konstrukts Homo oeconomicus insoweit ihren Gegenstand, als sich die realen Märkte und ihre Akteure den wirtschaftswissenschaftlichen Modellvorgaben annähern. Im Zuge der praktischen Anwendung der realitätsfremden Theorie, so kann man diesen Ansatz stark zugespitzt charakterisieren, entstehen theoriegerechte reale Strukturen und Praktiken, die Theorie schafft sich ihre Realität. Dies gelingt allerdings nur in Koproduktion mit den Akteuren der Märkte und der Politik, die seit Jahrhunderten unter dem Einfluss einer meist marktoptimistischen Beratung und Instruktion seitens der Volkswirtschaftslehre und ihrer Vorgänger stehen (vgl. Diaz-Bone 2007: 256–258). Um den Zusammenhang der Theorieeffekte auf reale Märkte zu verstehen, eignen sich besonders Studien über die Reorganisation von Märkten und Studien, die die unterschiedlichen ökonomischen Wissensformen untersuchen (vgl. z. B. Garcia-Parpet 2007; Kalthoff 2007; Langenohl 2012; > 3.3.1).

So gesehen wäre es also zu kurz gegriffen, sich nur auf den sozialen Rahmen und die soziale Struktur von Märkten zu konzentrieren. Vielmehr gehören auch die soziale Erfindung und Etablierung von Marktmodellen, Marktmustern und Marktstrategien, die soziale Konstruktion von Marktgütern, von Werten und Preisen, von Marktakteuren und deren Aktivitäten sowie die Mobilisierung wissenschaftlicher und kultureller Ressourcen zum soziologischen Forschungsgegenstand Markt.

4.2.4 Politische Konstrukte und soziale Konstrukteure

Der bereits erwähnte Ansatz, Märkte als Felder zu verstehen, konzentriert sich zum einen auf die marktprägenden Strukturen und integriert zum anderen feldrelevante Akteure wie Staat, Zulieferer oder Gewerkschaften (vgl. Swedberg 2009: 153 f.; > 2.2.4, 4.2.1, 4.3.3). Für Pierre Bourdieu und Neil Fligstein sind Märkte Teil eines wirtschaftlichen oder organisationalen Feldes, z. B. einer Industriebranche oder einer Region, und wesentlich von dessen Struktur und Dynamik geprägt. Die allgemeine Theorie der Felder nimmt an, dass Akteure grundsätzlich an einer stabilen Welt interessiert sind und deshalb soziale Felder als möglichst dauerhafte Machtstrukturen zu organisieren versuchen, deren Stabilität aus gemeinsamen Denkmustern, alltäglichen Routinen und sozialen Beziehungen resultiert (Fligstein 2011: 40–45).

Auf Märkten streben vor allem Unternehmen als Anbieterorganisationen nach Stabilität, weil ihr Überleben als Organisation davon abhängt; sie bestimmen dadurch die Struktur des Feldes, die rückwirkend wiederum sie bestimmt, wenngleich sie auch einen Teil des Feldes über ihren Marktanteil kontrollieren können (Bourdieu 2005: 75). In einem Feld, etwa der Automobilindustrie, herrschen gemeinsame Wettbewerbs- und Tauschregeln sowie Vorstellungen der Produkt- und Produktionskultur, anerkannte Statushierarchien der Unternehmen und relativ stabile Produktionsketten zwischen Lieferanten und Abnehmern; diese können sich natürlich ändern. Um das

Feld und seine Regeln in ihrem Sinne zu beeinflussen, streben dominante Unternehmen oft nach Macht über staatliche Macht, um für sich oder ihre Branche vorteilhafte Vorgaben oder Verteilungen zu erreichen, z. B. bei Wettbewerbsrecht oder Subventionen (S. 81; Fligstein 2011: 57–65). Welche Optionen und Handlungsweisen dem Akteur eines Feldes offenstehen, etwa bei Einkaufs- und Verkaufspreisen oder Einführung von technologischen Innovationen, hängt davon ab, welche Position er in der Struktur des jeweiligen Feldes innehat, und diese Position resultiert aus der ungleichen Verteilung der Ressourcen (Kapitalformen) (Bourdieu 2005: 77 f.).

Das Feld gewinnt seine Struktur durch die Machtbeziehungen, etwa zwischen dominierenden und dominierten, miteinander konkurrierenden Unternehmen, und durch den Einfluss staatlicher Akteure auf die Austauschbeziehungen zwischen den Konfliktparteien und Konkurrenten. Welche Institutionen und Regeln in einem Land heute für Märkte gelten, hängt von der »Machtverteilung zwischen Staat, Kapital und Arbeit im Verlauf der Staatsbildung« und von »der Herrschaft der dominierenden gesellschaftlichen Gruppen« ab (Fligstein 2011: 76 f.). Die Macht der Akteure eines Feldes beruht auf der Kombination von vor allem ökonomischem, technischem, politischem, sozialem und symbolischem Kapital, über das sie verfügen können, um ihre Interessen durchzusetzen (Bourdieu 2005: 76).

Das Feld bestimmt die Märkte und damit auch die Preise. Die dominanten Marktakteure zielen auf eine Marktstabilisierung und wollen etwa die Sicherung der Wettbewerbspositionen der Unternehmen erreichen, beispielsweise durch geteilte Vorstellungen über die Marktkultur, wechselseitig anerkannte Positionierung von Unternehmen, stabile Netzwerke zu Lieferanten oder Kooperationen zwischen Konkurrenten (Fligstein 2011: 80–83). Gelingt diese Sicherung sozialer Stabilität auf einem Markt, sichert dies zugleich die Machtstellung der dort dominanten Unternehmen. Allerdings können etwa neue Unternehmen, »Herausforderer«, oder veränderte politische Machtverhältnisse einen etablierten Markt destabilisieren. Dass Stabilität gelingt, ist also keineswegs sicher, Stabilität *und* Wandel sind also typisch für Märkte als Felder (S. 102). So sind Automobilmärkte wesentlich stabiler als Restaurantmärkte.

Wirtschaftssoziologisch betrachtet sind Märkte nicht nur soziale Konstrukte, sondern ebenso soziale Konstrukteure. Sie entwickeln Konstruktionsmechanismen und realisieren Konstruktionsprozesse, in denen sie sich zum einen selbst reproduzieren, zum anderen aber auch Akteure, Güter, kognitive und kollektive Rahmungen, wirtschaftliche Wertvorstellungen und marktliche Normen usw. produzieren (> 3.2.1, 3.3.1). Der Markt als Gegenstand der Soziologie umfasst die soziale Erfindung von marktgerechten Waren und von Güterwertordnungen, die soziale Definition des angemessenen Markthandelns, der Marktwerte und Marktnormen, die soziale Kalkulation und Festlegung der Preise, die soziale Produktion von Performanz, Effizienz und Effektivität von Märkten.

Märkte sind nicht nur sozial eingebettet, sondern sie betten auch sozial ein. Einmal etabliert, rahmen sie Vorstellungen und Handlungen, strukturieren Wertwelten und Güterwelten, verändern und erfinden Kulturen und Kognitionsmuster. Spezifische Marktmuster werden imitiert, transferiert und adaptiert, es entstehen unterschiedliche, traditionsbildende Marktkulturen (vgl. z. B. MacKenzie/Millo 2003).

Märkte konstruieren damit auch die Marktakteure und ihre Praxis. Was geschieht beispielsweise, wenn Optionsmärkte an Börsen im Zuge einer computergesteuerten Automatisierung umgestaltet werden, die sich am neoklassischen Marktmodell samt seinen Annahmen über den hoch rationalen Homo oeconomicus orientiert (► Fall 7)? Die Optionshändler wenden sich dann von ihren bislang üblichen Faustregeln und Heuristiken ab, nach denen sie über viele Jahre die Preise für Aktienoptionen festgelegt haben, und kalkulieren nun nach den Regeln aus der Mikroökonomik abgeleiteter Modelle, die in die Handelssoftware der Computersysteme eingebaut sind (vgl. MacKenzie/Millo 2003).

Vor diesem Hintergrund sollte die Marktsoziologie untersuchen, wie das soziale Konstrukt Markt seinerseits sozial konstruiert und einbettet und so in einen Konstruktionsprozess zweiter Ordnung eintritt. Hier könnte sie ein der Marktökonomik gegenüber überlegenes Reflexionsniveau erreichen.

Kapitel kompakt

Markttausch ist die friedliche Form der Erlangung ökonomischer Macht ■ Der Markt gehört zu den zentralen Institutionen des Kapitalismus ■ Er ist ein soziales Konstrukt ■ Als politische Konstrukte gehen Märkte aus den Verflechtungen und Auseinandersetzungen zwischen Staat, Wirtschaft und Politik hervor ■ Als dauerhafte soziale Institutionen rahmen Märkte (meist) wiederholte Tauschakte zwischen einander (oft) bekannten Akteuren ■ Marktakteure stehen vor Wert-, Wettbewerbs- und Kooperationsproblemen ■ Sie bevorzugen stabile Strukturen und verlässliche Abläufe auf ihrem Markt, die ihr Entscheiden und Handeln rahmen und sichern ■ Die Sozialstruktur eines Marktes prägt seine Preisbildung ■ Preise drücken nicht nur Angebots-Nachfrage-Relationen aus, sondern gesellschaftliche Wertvorstellungen und wirtschaftlich-politische Machtpositionen ■ Diese sind kulturell, wirtschaftlich und ökonomisch umstritten ■ Gesellschaften ziehen Grenzen zwischen dem Käuflichen und dem Unverkäuflichen; diese ändern sich auch ■ Zwischen Wert(en) und Preis(en) herrschen Spannungen ■ Etablierte Märkte wirken als soziale Konstrukteure auf Güter, Akteure und Wertrelationen ■

Weiterlesen

Basis: Aspers/Beckert 2008 ■ *Vertiefend:* Fligstein 2011: 39–110; Swedberg 2005a ■

4.3 Arbeitsmärkte

Arbeitsmärkte waren seit jeher ein zentrales Thema von Arbeitssoziologie und Industriesoziologie (z. B. Deutschmann 2002: 139–188; Hirsch-Kreinsen 2005: 155–184; Abraham/Hinz 2008). Vor allem geht es dort um das Lohnarbeitsverhältnis, die Arbeitsorganisation, die institutionelle Gestalt von Arbeitsmärkten sowie allgemein um das Institutionensystem der Beziehungen zwischen Arbeitgebern und abhängig Beschäftigten auf Betriebs-, Unternehmens- und Branchenebene und seine Elemente wie z. B. Tarifverträge, Mitbestimmung, Berufsausbildung, soziale Sicherung (Hirsch-Kreinsen 2008; > 2.2, 5.2.2). Bei empirischen Arbeiten diffundiert die disziplinäre Differenzierung ins Unscharfe, deshalb kann man von einer sozialwissenschaftlichen Arbeitsmarktforschung sprechen (Hirsch-Kreinsen 2008: 283).

Im Folgenden verschaffen wir uns zunächst ein wirtschaftssoziologisches Verständnis von Arbeit und der Beziehung von Arbeit und Kapital und der spezifischen Probleme beim Tausch von Arbeitskraft und ihrer Umsetzung in Arbeitsleistung (> 4.3.1). Dann untersuchen wir die komplexe Verflechtung der drei Koordinationstypen Hierarchie, Netzwerk und Markt im Kontext von Arbeit, Arbeitskraft und Arbeitsmarkt (> 4.3.2). Schließlich skizzieren wir einige Grundzüge des Zusammenhangs von Arbeit und Politik (> 4.3.3)

4.3.1 Arbeit und Markt

Was kann man wirtschaftssoziologisch unter Arbeitsmarkt verstehen? Sofern sich Märkte über die auf ihnen gehandelten Güter konstituieren, muss man erst diese und dann ihren Markt analysieren. Zunächst kann man Arbeit als das Bemühen verstehen, Güter oder Dienstleistungen mit Gebrauchswert herzustellen oder vorhandene zu verbessern (zum Folgenden Tilly/Tilly 1994: 285–291; vgl. Marx 2013/1883: 177–190). Menschen arbeiten auch heute zu einem erheblichen Teil außerhalb von Arbeitsmärkten, in Form von unbezahlter Haus- und Erziehungsarbeit, Selbsthilfe, Naturaltausch, Kleingewerbe oder Ehrenamt. Im Rahmen der Institutionen des Arbeitsmarktes vermittelte und organisierte abhängige *Erwerbs*arbeit hat sich seit der Industrialisierung in westlichen Gesellschaften mit kapitalistischer Wirtschaft massiv ausgeweitet (► Abbildung 14).

Wenn man Arbeit als ein Mittel auffasst, Güter zu erlangen, um sie zu nutzen, zu besitzen oder zu verschenken, kann man grundsätzlich zwischen vier Alternativen wählen: Güter (a) selbst produzieren, (b) an sich reißen, (c) kaufen oder (d) durch andere produzieren lassen; kommt es überwiegend zur Wahl von (c) und (d), vermehren und verbreiten sich Arbeitsmärkte, vor allem im Kapitalismus (Tilly/Tilly 1994: 286). Man kann diese instrumentalistische Auffassung von Arbeit wesentlich erweitern, wenn man die Arbeitstätigkeit selbst als ein wertvolles Gut betrachtet, die sich

Abbildung 14: Vielfache Organisationsformen von Arbeit

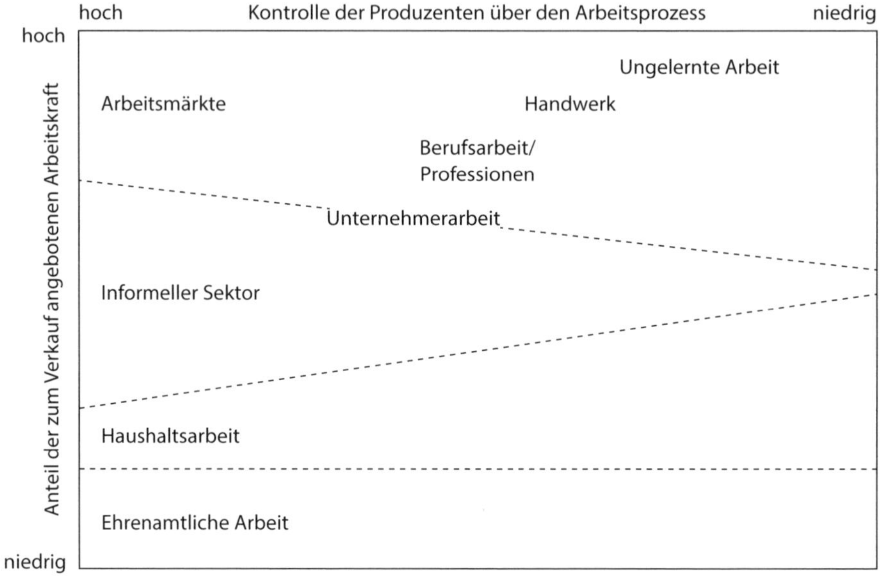

Quelle: Tilly/Tilly 1994: 291, Übers. RH.

an Qualitätsvorstellungen von guter Arbeit und von guten Arbeitsprodukten, also an Konventionen orientiert (Eymard-Duvernay u. a. 2011: 220; Eymard-Duvernay 2011: 103–107; > 3.3.1; arbeitssoziologisch: Voß 2010: 50–58). Erwerbsarbeit lässt sich dann mit Blick auf drei Zielsetzungen und Maßstäbe analysieren: Einkommen, Tätigkeit und Produkt. Alle drei sind wirtschaftssoziologisch relevant, alle drei sind in Institutionen und Konventionen des Arbeitsmarktes und des Unternehmens eingebettet. Als vierte Dimension ergänze ich Identität, da Erwerbsarbeit eng mit Behauptung und Bedrohung von Identität und Anerkennung zusammenhängt (vgl. Schimank 2000: 121–143). So gesehen demonstriert Erwerbsarbeit die Pluralität der Rationalitäten in der Wirtschaft (> 2.1.3).

Denk-Pause 20

Warum arbeiten fest angestellte Arbeitskräfte? ■ Unterscheiden sich Arbeitsmärkte von Gütermärkten? ■ Treten sich auf Arbeitsmärkten im Prinzip gleichberechtigte und gleich starke Tauschpartner gegenüber?

In kapitalistischen Systemen treffen die Kapitaleigentümer alle wichtigen Entscheidungen über Art und Verteilung der Arbeit, weil das Recht sie dazu ermächtigt und weil dies auf allgemeine Akzeptanz bei den Arbeitskräften und in der Gesellschaft stößt (> 5.2). Arbeitsmärkte umfassen Arbeitskräfte, Arbeitgeber, Arbeitsstellen und Beschäftigungsverträge, Einstellungen und Entlassungen sowie Informationsnetzwerke (▶ Begriffe 14).

Begriffe 14: Arbeitsmärkte

»Arbeitsmärkte teilen Arbeit in dauerhafte Arbeitsstellen innerhalb konkurrierender Unternehmen auf, deren Eigentümer und Manager die Stelleninhaber einstellen und entlassen, mit ihnen über die Arbeitsbedingungen verhandeln, sie bezahlen, ihre Arbeit beaufsichtigen und sich deren Produkte aneignen. [...]

Arbeitsmärkte umfassen die folgenden Elemente:

Arbeitskräfte, die formal frei sind, unterschiedliche Arten von Beschäftigungsverhältnissen einzugehen oder zu beenden;

Arbeitgeber, die formal frei sind, Arbeitskräfte einzustellen und zu entlassen;

Arbeitsstellen, als Verteilung von Arbeit auf Unternehmen und unterschiedliche Stellen innerhalb der Unternehmen;

Anstellung: Transaktionen, durch die Arbeitskräfte Arbeitgebern innerhalb vereinbarter Grenzen die Kontrolle über ihre Arbeitskraft gegen eine im Vorhinein vereinbarte Bezahlung einräumen und ihre Zuordnung zu bestimmten Arbeitsstellen annehmen;

Netzwerke: Kommunikationslinien, die viele potenzielle Stelleninhaber in mehreren Unternehmen mit Arbeitgebern verbinden, die über die Besetzung dieser Stellen entscheiden. [...]

Verträge: explizite Vereinbarungen oder implizite Normen hinsichtlich von Aufgaben, Leistungsniveau, Arbeitsbedingungen sowie Form, Häufigkeit und Höhe der Bezahlung.

Miteinander kombiniert konstituieren Arbeitskräfte, Arbeitgeber, Arbeitsstellen in Unternehmen, Anstellungen, Anstellungsnetzwerke und Arbeitsverträge die Arbeitsmärkte. Obwohl so definierte Arbeitsmärkte meistens kennzeichnend für Kapitalismus sind, kommen sie gelegentlich auch in kapitalistischen und sozialistischen Wirtschaften vor.«

Quelle: Tilly/Tilly 1994: 286; Übers. RH.

Zu den strukturbildenden Elementen von Arbeitsmärkten zählen darüber hinaus Tätigkeitstypen und Berufe, Lohnniveaus, Lohnformen und Aufstiegssysteme samt dem damit verbundenen anerkannten und rechtlichen Status des und der Beschäftigten; als konstitutive Rahmenelemente kommen insbesondere Sozial-, Arbeits- und Tarifvertragsrecht, die Systeme der Arbeitsbeziehungen (vor allem Arbeitgeberverbände, Gewerkschaften) sowie die im Land herrschende Variante des Kapitalismus hinzu (> 5.2.3; vgl. Deutschmann 2002: 142).

Man unterscheidet externe Arbeitsmärkte, auf denen Unternehmen Beschäftigte anderer Unternehmen, Absolventen oder Arbeitslose suchen und einstellen, von internen Arbeitsmärkten, bei denen ein Arbeitgeber etwa offene Stellen mit seinen eigenen Beschäftigten besetzen kann.

Die für die Warenproduktion benötigte Arbeit können Unternehmer extern oder intern beschaffen. Am einen Ende der möglichen Organisationsformen von Arbeit finden sich punktuelle Werkverträge über vorab definierte Arbeitsprodukte, die selbstständige externe Akteure dem Unternehmen liefern, am anderen Ende die Integration der Arbeitskraft als abhängig Beschäftigte in die Produktionsorganisation des Unternehmens (► Begriffe 15). Durch Arbeitsvertrag und Anstellung entsteht eine Arbeitsbeziehung, in der die Angestellte der Arbeitgeberin eine begrenzte Verfügungsgewalt über ihre Zeit und Arbeitskapazität unter der Bedingung gewährt, dass die Arbeitgeberin ein bestimmtes Entgelt zahlt und die Grenzen der eingeräumten Verfügungsgewalt nicht überschreitet (Tilly/Tilly 1994: 288). Die Arbeitsformen bleiben umkämpft und umstritten: Erreichten die Gewerkschaften einerseits jüngst Besserstellungen für die Leiharbeit, mit der Arbeitgeber die Kosten für einen Teil der Beschäftigungsverhältnisse senken, weichen die Unternehmen andererseits, besonders in der Bau-, Werft- und Fleischindustrie, auf unregulierte Werkverträge mit Arbeitern aus Südosteuropa aus.

Arbeitsmärkte unterscheiden sich in wesentlichen Punkten von Gütermärkten. Wir haben gesehen, dass die Arbeitskraft in historischen Prozessen zu einer fiktiven Ware umgestaltet wurde (> 3.2.2; ► Position 4; ► Fall 6). Man kann die Arbeitskraft nicht von Person und Körper ihres Eigentümers trennen, ein Tauschpartner (Arbeitskraft) verkauft dem anderen ein Verfügungsrecht über seine Lebenszeit, seinen Körper und seine Person, nicht nur über eine Sache oder ein Recht, der nutzungsbedingte Verbrauch und Verschleiß vollzieht sich nicht an Sachen, sondern am erwerbsarbeitenden Individuum selbst, Verkauf und Nutzung der Arbeitskraft haben immer die Form sozialer und persönlicher Beziehungen, diese schrumpfen nicht auf einen einmaligen Tauschakt, sondern bestehen meist längerfristig bis dauerhaft und schließlich bestimmt die Arbeitsposition eines Individuums oder einer Gruppe deren Selbstverständnis und gesellschaftliche Position wesentlich mit (vgl. Deutschmann 2008: 136–139).

Arbeitsmarkt und Macht

Anders als auf vielen Gütermärkten stehen sich auf Arbeitsmärkten nicht prinzipiell gleichstarke Tauschinteressenten gegenüber, sondern die Kapitalseite ist meist mächtiger als die Arbeitsseite (vgl. Hirsch-Kreinsen 2008: 270–271; Hinz/Abraham 2008: 40–46). Grundsätzlich sind Arbeitsmärkte durch eine Ressourcen- und Machtasymmetrie geprägt (►Position 8). Das übliche unternehmensinterne Machtübergewicht des Managements verstärkt diese Asymmetrie (Trinczek 2010: 842). In der Regel kann der Kapitaleigentümer als Arbeitgeber die Einstellung einer Arbeitskraft länger hinauszögern, als die Arbeitskraft ohne Lohneinkommen abwarten kann, ob sie günstigere Einstellungsangebote von ihm oder anderen erhält (vgl. Weber 1980/1921: 78; Marx 2013/1844: 510–516). Wie stark dieser Aspekt der Machtasymmetrie ausgeprägt ist, hängt auf der Arbeitsseite wesentlich von der Existenz, Kriterien, Höhe und

Begriffe 15: Zwei gegensätzliche Typen der Kapital-Arbeit-Beziehung

	Vertrag über ein Werk: Werkvertrag	**Vertrag über eine Beschäftigung: Arbeitsvertrag**
Angebot von Arbeit und Struktur der Fähigkeiten	qualifiziert: Integration von Konzeption und Ausführung	herabgestuft: Trennung von Konzeption (Arbeitgeber) und Ausführung (Arbeitnehmer)
Nachfrage nach Arbeit, Organisation der Arbeit	einzelprojektorientierte, handwerkliche Unternehmensführung	laufende, bürokratische Unternehmensführung
Koordinationsform der Arbeit	Markt (Wettbewerb und Preis) unternehmensextern	Hierarchie (Anordnung und Anreiz) unternehmensintern
Vertragsgegenstand	Verkauf des Arbeitsergebnisses Definition des Arbeitsprodukts (Werk)	Verkauf der Arbeitskraft einer Person Relative Unbestimmtheit der Arbeitsleistung
Entgelt	Preis für fertiges Arbeitsprodukt	Lohn für verfügbare Arbeitszeit
Soziale Beziehung	Markttausch formal freier Akteure begründet Vertrag über einmalige Lieferungspflicht Dispositionsfreiheit des Arbeitenden	*initialer* Markttausch formal freier Akteure begründet Vertrag über dauerhafte Leistungspflichten *und* Autoritäts- und Herrschaftsverhältnis Anerkennung von Betriebsordnung, Dispositionsrecht des Arbeitgebers Recht auf Produktaneignung seitens der Kapitaleigentümer

Quelle: Darstellung mit Bezug auf Streeck 2005: 260 f. und ergänzt.

Dauer von Lohnersatzleistungen wie Arbeitslosengeld ab. Bei knappem Arbeitsangebot auf bestimmten Arbeitsmärkten oder hohem Sanktionspotenzial einzelner Berufsgruppen in Schlüsselpositionen kann sich die Machtasymmetrie aber auch umkehren (z. B. Fluglotsen). Ob und wie Machtasymmetrie einen konkreten Arbeitsmarkt oder ein System von Arbeitsbeziehungen kennzeichnet, ist eine empirische Frage.

In einer Arbeits- und Leistungsgesellschaft erlebt die Arbeitskraft normativen gesellschaftlichen Druck, da die instrumentell eingesetzte individuelle Arbeitslosigkeit auf breite Kritik stößt. Dagegen gibt es für die individuelle Nichtinvestition von Kapital weder einen umgangssprachlichen Begriff, noch die Möglichkeit, sie zu beobachten und zu bewerten. Auch wird eine Nichtinvestition nicht den zurückhaltenden Investorinnen zugeschrieben, sondern dem Mangel an attraktiven Investitionsgelegenheiten.

Der wichtigste Grund für die strukturelle Asymmetrie liegt aber darin, dass die (nicht erwerbstätige) Kapitaleigentümerin ihr Kapital nicht anderweitig am Kapitalmarkt »verkaufen« oder auch »liegen lassen« kann, sondern immer eine zweite Option hat: Sie kann zur Einkommenserzielung ihre Arbeitskraft am Arbeitsmarkt verkaufen. Die Arbeitskrafteigentümerin ohne (hinreichende) Kapitalausstattung hat dagegen nur die Option Arbeitskraftverkauf. Die zweite Option, selbst zur Kapitalistin zu werden, bleibt zwar nicht verschlossen, aber doch kaum zugänglich. Sie müsste so viel Kapital aufnehmen und investieren, dass sie von einem Teil des Kapitals und dessen Rendite schon kurzfristig ihren Lebensunterhalt bestreiten kann. Darüber hinaus steht sie vor dem Problem, ihre Kreditwürdigkeit nachweisen zu müssen; ein paralleles Problem der »Anstellungswürdigkeit« hat die Kapitaleigentümerin nicht.

Denk-Pause 21

Treffen die Probleme der Ungewissheit und der Koordination des individuellen Handelns auch auf Arbeitsmärkte und Arbeitsbeziehungen zu? ▪ Haben abhängig Beschäftigte gemeinsame Interessen mit dem Kapitaleigentümer und Arbeitgeber?

Transformationsprobleme der Arbeit

Anders als auf Güter- und Kapitalmärkten sehen sich Käufer von Arbeits*kraft* immer mit dem systematischen, gravierenden und anhaltenden Problem der Realisierung ihres Anspruches konfrontiert (vgl. zum Folgenden Deutschmann 2002: 95–101). Der Arbeitsvertrag lässt die konkrete Arbeitsleistung mehr oder weniger unbestimmt (Offenheit des Arbeitsvertrages). Deshalb müssen Arbeitgeber das eingekaufte Leistungspotenzial der Beschäftigten im Unternehmen *tatsächlich* in produktive und möglichst auch kreative *Arbeit* umsetzen, um durch Innovation in der kapitalistischen Konkurrenz den Unternehmensbestand wahren und die Kapitalrendite sichern zu können (> 5.2.2). Ob diese Umsetzung im Unternehmen im Durchschnitt und im Einzelfall gelingt, bleibt ungewiss, der Arbeitgeber sieht sich mit der Frage der im Vorhinein ungewissen tatsächlichen Arbeitsleistung (Kooperationsproblem) und der Frage der angemessenen Form und Höhe des Entgelts (Wertproblem) konfrontiert (> 3.1). Die produktive und erst recht die kreative Arbeit setzen die Bereitschaft von Beschäftigten zu Verantwortung, Kooperation und Innovation voraus, die der Arbeitgeber nicht qua Arbeitsvertrag sichern kann, sondern im Betriebsalltag erwirken und erhalten muss (Transformationsproblem von Arbeit).

Arbeits- und Industriesoziologen wie Christoph Deutschmann oder Herrmann Kotthoff sehen die Grundlagen dafür in der institutionellen Anerkennung, welche die Ordnungen des Arbeitsmarktes und des Betriebes den Beschäftigten sichern; dazu rechnen sie berufliche und betriebliche Arbeitsmärkte, Beziehungen zwischen Kapital und Arbeit in der Branche und im Betrieb sowie betriebliche und staatliche soziale Sicherung (Deutschmann 2002: 100 f., 139–144). Diese Formen institutioneller Rahmung reduzieren die Ungewissheit. Zugleich bietet das Transformationsproblem den Beschäftigten eine Machtressource gegenüber dem Management und bleibt damit eine Quelle für Überraschungen (Trinczek 2010: 842 f.).

Arbeitsbeziehungen als Konventionen

Mithilfe des Konzepts der Konvention können wir die Arbeitsbeziehung im Unternehmen weiter strukturieren (> 3.1.2, 3.3.1; ▶ Begriffe 4). Wir sehen auch, dass sich mit der betrieblichen Arbeitsbeziehung drei Momente und drei Transformationsprobleme verbinden: zunächst das Moment der Anstellung und die Transformation von Arbeitskraft in Arbeit, dann das Moment der Arbeitstätigkeit und die Transformation von Arbeit in ein Produkt und schließlich das Moment des Produktverkaufs und die Transformation des Produkts in eine Zahlung (▶ Abbildung 15). Jeden dieser drei Übergänge kann man als eine Prüfung der Umsetzung von Qualitätserwartungen auffassen: Erfüllen sich die Erwartungen von Unternehmen *und* Beschäftigten an Arbeitsqualität, Produktqualität (marktorientiert geplanter Gebrauchswert) und Tauschwert sowie die Erwartungen von Käufern an die Nutzungsqualität des Produkts (wahrgenommener Gebrauchswert; Salais 2007: 101–105)? Karl Marx hat diesen Doppelcharakter der Ware als Gebrauchswert und Tauschwert herausgearbeitet: So dient der Gebrauchswert zur Befriedigung von Bedürfnissen dem Kapitalisten als Instrument für den Tauschwert der Ware, mit deren Verkauf er eine Kapitalrendite zu erzielen erhofft; das verlangt im Vorhinein und finanziert im Nachhinein die Zahlung eines Erwerbsarbeitseinkommens für die Arbeitskraft (Marx 2013/1883: 10–17, 189 f.; > 5.2.1). Dieser Doppelcharakter der Ware als Gebrauchs- und Tauschwert gilt für das Arbeitsprodukt *und* für die Lohnarbeit.

Sofern man vor diesem Hintergrund die Qualität der Erwerbsarbeit selbst (Gebrauchswert der Arbeit für die Arbeitenden) und die Beziehung der Arbeitskräfte zum Produkt ihrer Arbeit als relevant einführt (Gebrauchswert für Dritte), erschließen sich weitere Quellen der Anerkennung und der Wertigkeit von Arbeitstätigkeiten und Arbeitsstellen am Arbeitsmarkt. In diesem Kontext stellt sich im Übrigen die wirtschaftssoziologisch interessante Frage, ob und inwiefern *wirtschaftliche* Bewertungen ihren Ursprung in der produktiven Tätigkeit und der Beziehung zum Produkt haben, die der Marktbeziehung vorausgeht und sie entscheidend beeinflusst (Bidet/

Abbildung 15: Arbeitsbeziehung und Konventionen im Unternehmen

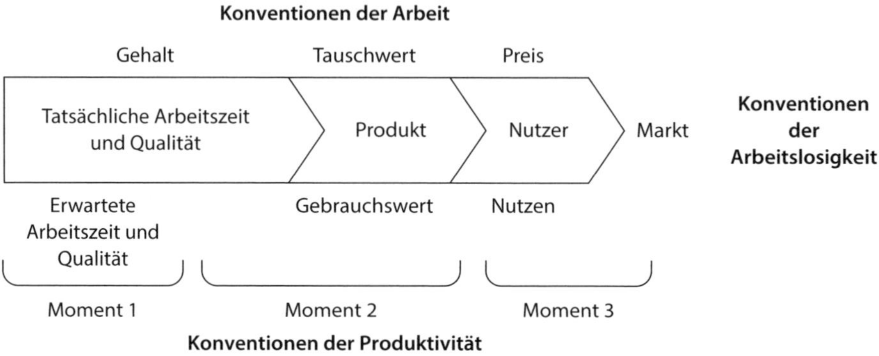

Quelle: Salais 2007: 103 f.

»Die Momente 1 und 2 der Arbeitsbeziehung sind durch die Konvention der Produktivität verbunden. Ausgehend von einem Lohnangebot, ausgetauscht im Moment 1 gegen zukünftige Arbeitszeit und Anstrengung, verwirklicht die produktive Koordination im Moment 2 bis zu einem gewissen Grad die Transformation von Ergebniserwartungen in ein effektives Produkt.

Es dreht sich hier alles um die Produktivität, die Lohn, Anstrengung und Qualität der Arbeit in Beziehung setzt. Im Moment 3 wird das Produkt der Prüfung durch den Markt ausgesetzt. Entspricht es nach Menge, Qualität und Preis den Erwartungen und Möglichkeiten der Käufer? In diesem Moment wird auch die Konvention der Produktivität getestet. Denn häufig tun sich bedeutende Lücken zwischen den Antizipationen des Unternehmens und den Möglichkeiten des Absatzes auf dem Markt auf. Die Anpassung der Kosten wird über die Konvention der Arbeitslosigkeit geregelt. Die Menge der bezahlten Arbeit wird an die Marktmöglichkeiten angepasst – gemäß diverser Arrangements: Entlassung, Unterbeschäftigung, Einstellungsstopp, Aufteilung der Arbeit.«

»In dem Maße, wie die Konvention der Produktivität über das Endergebnis entscheidet, hat ihre Stabilität Vorrang. Der Unternehmer hat kein Interesse daran, in jedem Augenblick die Lohnsetzung infrage zu stellen, auf deren Stabilität das Arbeitsengagement der Lohnabhängigen beruht. Die Anpassung erfolgt kurzfristig. Sie richtet sich vorrangig auf die Parameter der Beschäftigung, daher die Konvention der Arbeitslosigkeit.«

Quelle: Salais 2007: 103 f.

Vatin 2009: 719). Kombiniert man das mit Konventionen von Qualität, Evaluation und Wertigkeit, kann man einen wirtschaftssoziologischen Erklärungsansatz zum Zusammenhang von Wert und Preis skizzieren, der sich nicht mit der inhaltsleeren Formel abspeisen lässt, der Preis bilde sich durch Angebot und Nachfrage.

Gebrauchswerte, Tauschwerte und Märkte

Alle drei Transformationen verbinden das Unternehmen mit dem Markt, genauer: mit Gütermärkten und mit Arbeitsmärkten. Die Arbeitskrafttransformation hängt direkt von den am Arbeitsmarkt und im Unternehmen geltenden Konventionen ab, die Tauschwerttransformation wirkt über Beschäftigungsschwankungen und Einstellungen oder Entlassungen auf den Arbeitsmarkt zurück (Arbeitslosigkeit), in der Produkttransformation versucht das Unternehmen, den am Absatzmarkt Zahlung erzeugenden Gebrauchswert zu antizipieren. Für das Unternehmen selbst liegt der Gebrauchswert des Produkts in seinem Tauschwert als Ware am Markt, aber erst der Austausch am Markt zeigt, ob das Produkt der Arbeit auch anderen einen Gebrauchswert bringt, der eine Zahlung bewirkt (Marx 2013/1883: 64 f.).

Im Übrigen haben Kapitaleigentümer und Beschäftigte eines Unternehmens ein gemeinsames Interesse daran, dass die gemeinsam produzierten Waren am Markt einen möglichst hohen Tauschwert erzielen. Während sich auf dieser Mikroebene der Absatzmärkte das Tauschwertinteresse beider Gruppen deckt, widersprechen sich ihre Tauschwertinteressen auf den Arbeitsmärkten: Für eine definierte Arbeitskraft wollen die einen möglichst hohe Löhne erzielen, die anderen möglichst niedrige Löhne zahlen.

Betrachtet man die behandelten Besonderheiten im Zusammenhang, kann man den Arbeitsmarkt nicht als echten Markt auffassen (Hirsch-Kreinsen 2008: 277). Zugespitzt formuliert bedeutet das: Die Erwerbsarbeitskraft ist eine fiktive Ware, die man auf einem fiktiven Markt namens Arbeitsmarkt tauscht, in dessen Tauschverhältnissen und Institutionen sich die jeweiligen Machtasymmetrien zwischen Kapital und Arbeit ausdrücken. Durch Organisation in Verbänden von Arbeitgebern oder Arbeitnehmern, kartellähnliche Strategien, kollektive Verhandlungen, Institutionenbildung und politisches Lobbying zwecks Arbeitsmarktregulation versuchen sowohl die Kapital- wie die Arbeitsseite ihre Machtposition zu verbessern (Streeck 2005: 256–263).

4.3.2 Hierarchie, Netzwerk und Markt

In den Anfängen der jüngeren Wirtschaftssoziologie fungierten Arbeitsmärkte als Exempel für das theoretische Konzept und den empirischen Nachweis, dass Märkte im Gegensatz zu den Vorstellungen der Volkswirtschaftslehre als soziale Strukturen und soziale Netzwerke aufzufassen und zu erklären sind. Die Arbeitsmarktstudien von Mark Granovetter gelten heute vielen als eine Art Gründungsakt der neueren Wirtschaftssoziologie; wir greifen das gleich auf.

Insgesamt konzentriert sich die wirtschaftssoziologische Auseinandersetzung mit Arbeitsmärkten vor allem auf die Mikroebene des individuellen Handelns und auf funktional diffuse, nicht vertragliche Typen sozialer Beziehungen, die sich als Netzwerke von Kommunikation und wechselseitiger Verpflichtung ausformen (zum Folgenden Streeck 2005: 254–256; > 1.3.4, 3.2).

Während Volkswirte sich vorwiegend für den Aspekt der Effizienz von Arbeitsmärkten interessieren, stellen (Wirtschafts-)Soziologen Wertvorstellungen von Fairness und Gerechtigkeit in den Mittelpunkt ihrer Analyse. Sie argumentieren, dass Arbeitsmarktakteure nur dann ihren – im weitesten Sinne verstandenen – Nutzen maximieren oder optimieren können, wenn sie dabei im Kontext und durch die Vermittlung von sozialen Beziehungen dazu angehalten werden, in Übereinstimmung mit Regeln zu agieren, die eher soziale als ökonomische sind (S. 255). Das gilt etwa für die Regeln, nach denen Personengruppen in einer Gesellschaft mittels sozial definierter Merkmale Zugang zu Berufen, Positionen, Tätigkeiten und Vergütungen erhalten oder nicht. Erst jenseits rein ökonomischer Beziehungen können Arbeitsmarktakteure Vertrauen aufbauen, informelle Beziehungen pflegen und so arbeitsmarktrelevante Informationen erhalten.

Diese sozialen Netzwerke kann man nicht instrumentalistisch auf Arbeitsmarktzwecke hin konstruieren, sondern sie folgen einer Logik von sozialer Interaktion und Integration, von Inklusion *und* Exklusion, also von sozialer Schließung, die gemeinsame normative Vorstellungen und eine gewisse Verpflichtung auf Reziprozität voraussetzen. In diesem Rahmen ist individuell rationales Handeln zugleich erlaubt und begrenzt.

Unschärfen und Mischungen der Koordinationstypen

Wirtschaftssoziologische Ansätze untersuchen Arbeitsmärkte oft mit dem Netzwerkkonzept und ordnen diese damit nicht oder nur bedingt dem Koordinationstypus Markt zu (> 3.1.2). Auch die Bezeichnung »interner Arbeitsmarkt« für Prozesse des unternehmensinternen Arbeitsplatzwechsels, sei es horizontal in andere Beschäftigungen, Abteilungen oder Betriebe oder vertikal in höhere oder niedrigere Positionen, bleibt unscharf (vgl. Hirsch-Kreinsen 2008: 280 f.). Denn hier handelt es sich nicht um marktliche, sondern in aller Regel um hierarchische Strukturen oder Entscheidungen und auch ein unternehmensinterner Wettbewerb um einen begehrten Posten macht noch keinen Markt. Die Bewerberinnen haben einen Arbeitsplatz, der zugleich eine hierarchisch eingeordnete und zugewiesene Position ist, und bewerben sich um einen anderen Arbeitsplatz innerhalb derselben Hierarchie, über dessen Besetzung ihnen übergeordnete Vorgesetzte entscheiden. Mit Ausnahme der Konkurrenz zwischen den – hierarchisch positionierten! – Bewerberinnen ist der gesamte Prozess unternehmensintern und hierarchisch organisiert. Aufgrund der hohen Regulationsdichte übt die staatliche Hierarchie starken Einfluss auf Arbeitsmärkte aus. Eingezwängt zwischen diesen beiden hierarchischen und den netzwerkartigen Koordinationsformen verliert der Arbeitsmarkt erheblich an Marktförmigkeit.

Zugleich konstruieren Unternehmen zunehmend unternehmensinterne künstliche »Märkte«, weil sie von einer Vermarktlichung ihrer Beschäftigungsverhältnisse eine weitere Ökonomisierung und eine bessere Lösung des Transformationsproblems erwarten (> 5.1.3). Da interne Märkte auf den eher auch zufallsbedingten Wettbewerbserfolg setzen und damit die institutionalisierte Anerkennung von Arbeit und Leistung ersetzen, verfolgen die Unternehmen eine recht riskante Strategie (vgl. Hirsch-Kreinsen 2008: 286f.); man kann sie als unternehmensinternen Teil der Polanyi'schen Pendelbewegung hin zur erneuten Entbettung der Erwerbsarbeit interpretieren (> 3.2.2). Mit der Vermarktlichung verbinden sich Tendenzen zu einer Flexibilisierung von Arbeit, zu ihrer Subjektivierung und Annäherung an unternehmerisches Handeln sowie zur Zunahme prekärer Beschäftigungsverhältnisse mit kurzfristigen Verträgen, unsicheren und niedrigen Einkommen und schlechter sozialer Absicherung (vgl. S. 283–286; Streeck 2005: 276–278). Prekarisierung und partiell auch Flexibilisierung der Arbeit symbolisieren die Auszehrung der institutionalisierten und der subjektiv wahrgenommenen Anerkennung der Beschäftigten.

Granovetter über Arbeitsmarktnetzwerke

In zwei sehr einflussreichen Publikationen beschäftigt sich Mark Granovetter mit den Effekten von sozialen Netzwerken auf den Erfolg bei der Jobsuche auf Arbeitsmärkten (> 1.3.4; Granovetter 1973; Granovetter 1995/1974; zum Folgenden Granovetter 1992b). Granovetter erläutert theoretisch und zeigt empirisch, dass viele Arbeitsplatzwechsler über Netzwerke und dort insbesondere über persönliche Kontakte zu anderen Beschäftigten neue Stellen finden, auch ohne aktiv danach zu suchen. Das treffe insbesondere für Arbeitsplätze in kleineren und kleinen Unternehmen zu. Die eigene Arbeitsmarktmobilität hänge von der der anderen ab. Über Netzwerke erschlössen sich Informationen über die Existenz offener Stellen und über deren Qualität einschließlich des betrieblichen Umfelds. Diese wirkten selektiv und zögen die Arbeitskräfte an, denen auch die jeweilige Unternehmenskultur zusage, die deshalb ein akkumuliertes Resultat der sozialen Netzwerke sei. Informationen seien so leichter oder überhaupt erst zugänglich, die auf den Arbeitsmärkten nicht existierten oder nur aufwändig zu recherchieren wären. Ein weiterer Aspekt betrifft die Qualität der so besetzten Stellen. Über Netzwerke erreiche man besser bezahlte und besser angesehene Positionen. Umgekehrt bezögen auch Arbeitgeber ihre Informationen wesentlich aus Rekrutierungsnetzwerken.

Forschungsstrategisch, schlägt Granovetter vor, solle man die Betonung von instrumentellem Handeln und Effizienzaspekten in wirtschaftswissenschaftlichen Ansätzen mit der Akzentsetzung auf soziale Struktur, soziale Beziehungen und komplexe Mischung von Handlungsmotiven in allen realen Situationen zu besseren Arbeitsmarktmodellen verbinden (Granovetter 1992b: 257). Die Arbeitsmarktökonomik hat netzwerksoziologische Konzepte und Analysen inzwischen durchaus rezipiert –

und verweist auf landesspezifische Institutionen und Kulturen sowie jüngere Arbeitsmarktphänomene wie Headhunting, Internetnutzung oder Internationalisierung, die der sozialwissenschaftlichen Analyse harren (Ioannides/Loury 2004).

Empirische Untersuchungen zur netzwerkförmigen Vermittlung auf dem Arbeitsmarkt zeigen, dass man eine Netzwerkeinbettung *an sich* nicht schon als Grund für eine erfolgreiche Arbeitsplatzsuche ansehen kann (zum Folgenden Weiss/Klein 2011). Netzwerke und individuelle Situationen, so die Argumentation, seien heterogen, und es komme weniger auf die Existenz, als vielmehr auf die Qualität der Netzwerkkontakte an. Verschiedene soziale Netzwerktypen (z. B. Professorinnen, Eltern, Praktikumskontakte, Kommilitonen), in die ein Individuum gleichzeitig eingebunden ist, sowie verschiedene berufsbiografische Situationen (Anfängerin, Aufstiegsinteressierte, Arbeitslose) erzeugten ganz unterschiedliche, teils sogar gegensätzliche Wirkungen auf die Arbeitsplatzvermittlung, denn die in einem Netzwerk verknüpften Kontakte erschlössen recht heterogene Ressourcen für die Jobfindung. Insgesamt könne man also nicht erkennen, ob es sich tatsächlich um einen reinen Netzwerkeffekt handele. Weiter müsse man zwischen Quantität und Qualität der Effekte von Netzwerkkontakten differenzieren, die zu irgendeiner Beschäftigung oder zu einer mit Blick auf Entgelt, Qualifikationsniveau oder Ausbildung (nicht) angemessenen Stelle führen können.

Denk-Pause 22

Wie entstehen Arbeitsmarktinstitutionen wie die Arbeitslosenversicherung oder der Kündigungsschutz? ■ Führen weniger regulierte Arbeitsmärkte zu mehr oder zu weniger Gleichheit unter den Arbeitskräften?

4.3.3 Interessen und Arbeitspolitik

Analysen, die allein auf Netzwerke abheben, die die Arbeitsmärkte tragen und strukturieren, übersehen leicht die starken Regulierungswirkungen, die von Institutionen wie dem kodifizierten Arbeitsrecht, von korporativen Akteuren wie Arbeitgeberverbänden und Gewerkschaften, deren Verhältnis, gemeinsamen Verständnisse und kollektiven Verhandlungen ausgehen. Solche arbeitsmarktlichen, arbeitsrechtlichen und tarifvertraglichen Institutionen verkörpern und verfestigen in der Vergangenheit erzielte Kompromisse zwischen Kapital, Arbeit und Staat und standardisieren gegenwärtige Erwartungen und Transaktionen auf Arbeitsmärkten, die in Konflikten oder Marktkrisen erneut interpretiert und ausgehandelt werden müssen (> 3.1.2; ► Abbildung 8). In Folge der neuen Kompromisse verändern und verfestigen sich die institutionellen Formen wieder (Fligstein 2011: 67–75).

Geschichtlich gesehen sind Arbeitsmärkte ein relativ junges Phänomen, das im Zuge der industriekapitalistischen Moderne aufkommt. Arbeitsmärkte entstanden aus den Ergebnissen historischer und aktuell anhaltender Interventionen und Auseinandersetzungen von Staat, Unternehmer- und Arbeitgeberverbänden sowie Gewerkschaften (> 3.2.2; Deutschmann 2002: 142–144; zum Folgenden Tilly/Tilly 1994: 300–302). Arbeitsmarktinstitutionen und -prozesse unterscheiden sich sehr stark nach Ländern, Regionen, Branchen, Typen von Unternehmen und Tätigkeiten. Wer Zugang zu einzelnen Arbeitsmärkten hat, hängt ab von Ausbildung, Beruf, Status, Alter, Gender, Rasse, Staatsangehörigkeit und Ethnie sowie von den jeweiligen Arbeitsangebots- und Arbeitsnachfragenetzwerken. Arbeitsangebot und -nachfrage sind hoch heterogen, sodass sich mehr oder weniger abgegrenzte Arbeitsmarktsegmente herausbilden.

Dabei reproduziert sich die Segregation des sozialen Lebens in der Zuweisung von Arbeitsplätzen. Arbeitsmärkte und hierarchische Arbeitsorganisationen, insbesondere Unternehmen, generieren und regenerieren soziale Stratifikation und sind insofern Quellen und Orte sozialer Ungleichheit (Streeck 2005: 255; > 4.1.1). Zugleich können Beschäftigte Arbeits(markt)institutionen auch als Machtressource nutzen, beispielsweise durch die kollektive Interessenvertretung der Betriebsräte oder durch Einfordern der in Arbeitsschutzrechten oder Tarifbestimmungen garantierten Ansprüche (Trinczek 2010: 842 f.).

In diesen Prozessen und Auseinandersetzungen zwischen Arbeit und Kapital spielen Netzwerke eine zentrale Rolle. Deshalb entstehen aus Netzwerken nicht nur Märkte (Harrison White), sondern auch Institutionen wie der Arbeitsvertrag oder das Lohnarbeitsverhältnis und korporative Akteure wie die Gewerkschaften, die den Institutionen dort Legitimität und Geltung verschaffen, entspringen aus Netzwerken und stützen sich auf sie (Streeck 2005: 256). Die daraus resultierenden institutionellen Arrangements von Arbeitsmärkten unterscheiden sich innergesellschaftlich und zwischen den Varianten des Kapitalismus erheblich (> 5.2.3).

Arbeitsmärkte als politisch-kulturelle Felder

Neil Fligstein analysiert Märkte als politisch-kulturell konstruierte Felder und betont zum einen das Interesse der Akteure an Stabilität im jeweiligen Feld; zum anderen zeigt er, dass die einen Markt bestimmenden Institutionen, Regeln und Praktiken von den Machtverhältnissen zwischen Staat und gesellschaftlichen Gruppen abhängen (> 4.2.4; Fligstein 2011: 39–57). Das gilt ganz besonders für Arbeitsmärkte, deren Funktionieren auch die Legitimation und Akzeptanz von Systemen der Arbeitsbeziehung, kapitalistischen Marktwirtschaften und Regierungen beeinflusst.

Nach Fligstein strukturieren vier Typen von Regeln die Märkte im Allgemeinen und Arbeitsmärkte im Besonderen: Eigentumsrechte, Governance-Strukturen, Austauschregeln und Kontrollkonzepte (S. 45–48). Einen erheblichen Teil dieser Regeltypen kann man auch als auf Arbeitsmärkte bezogene Konventionen auffassen (> 3.1.2). Bei Arbeitsmärkten, so Neil Fligstein, definieren Eigentumsrechte, wer

Abbildung 16: Arbeitsmarkteffekte verschiedener herrschender Gruppen

Dominierende Gruppe	Dominierendes Arbeitsmarktmodell	Eigentumsrechte	Governance-Strukturen	Austauschregeln
Unternehmer	durch Firmen kontrollierte Arbeitsmärkte	Gewerkschaften verboten, Berufsverbände schwach	Firmen sorgen für Wettbewerb auf dem Arbeitsmarkt	Arbeitnehmer können Arbeitsregeln nicht zur Schließung benutzen
Arbeitnehmer	durch Arbeitnehmer kontrollierte Arbeitsmärkte	Zertifizierung weitgehend von Gewerkschaften, Berufsverbänden, Handwerkerinnungen kontrolliert	Arbeitsmarktkontrolle oder -schließung durch Arbeitnehmer	Arbeitnehmer verhindern Mobilität der Arbeitskraft
Koalition zwischen Unternehmern und Staat	Arbeitsmärkte von Firmen kontrolliert, aber gesetzlicher Individualschutz	Gewerkschaften reguliert; Zertifizierung durch staatliche Behörden, die eventuell von Berufsverbänden beherrscht sind	Arbeitsmärkte meist unter Firmenkontrolle; Regeln zum Individualschutz	meist freie Mobilität der Arbeitskraft
Koalition zwischen Arbeitnehmern und Staat	Arbeitsmärkte von Arbeitnehmern kontrolliert, aber gesetzlicher Individualschutz	Gewerkschaften mächtig; Berufsverbände und Handwerkerinnungen kontrollieren im Rahmen staatlicher Regulierung den Arbeitsmarkt	organisierte Arbeitsmärkte; Regeln zum Individualschutz	Arbeitnehmer verhindern freie Mobilität der Arbeitskraft

Quelle: Fligstein 2011: 66, gekürzt um die Typen »rentenorientierter Staat« und »Patt zwischen Arbeitnehmern und Unternehmern; Staatsautonomie«.

unter welchen Bedingungen in der Lage ist, Besitzansprüche auf einkommensförderliche Qualifikationen zu erheben, Governance-Strukturen umfassen die »Regeln der sozialen Schließung, mit denen die Gruppen das Arbeitsangebot steuern können«, Austauschregeln definieren Einstellungs-, Entlassungs-, Bezahlungs- und Beförderungsbedingungen von Arbeitnehmern; über die Kombination von Eigentumsrechten an Qualifikationen und an Ausbildungszertifikate geknüpfte Einstellungsvoraussetzungen können Arbeitsmarktgruppen versuchen, sich einen exklusiven Zugriff auf bestimmte Arbeitsstellen zu sichern (S. 65–67, zit. 65).

Kontrollkonzepte schließlich bezeichnen »historisch-spezifische Konzepte einer bestimmten Branche einer bestimmten Gesellschaft« und umfassen »die kognitiven Vorstellungen, die strukturieren, wie die Akteure die Funktionsweise eines bestimmten Marktes wahrnehmen; sie beschreiben außerdem die realen Herrschaftsbeziehungen in diesem Markt. Ein Kontrollkonzept ist ein Weltbild, mithilfe dessen Akteure das Handeln der anderen deuten können, und zugleich Ausdruck einer bestimmten Marktstruktur« (S. 48). Mittels Kontrollkonzepten versuchen organisierte Interessengruppen wie Arbeitgeber, Gewerkschaften oder Berufsverbände Strukturen und Prozesse eines bestimmten Marktes zugunsten ihrer Mitglieder zu gestalten.

Je nachdem, welche Gruppe auf einem Arbeitsmarkt oder in einem System von Arbeitsbeziehungen herrscht, unterscheidet Neil Fligstein eine Reihe von idealtypischen Arbeitsmärkten, die helfen, »die Politikstile und Politikdomänen der gegenwärtigen kapitalistischen Gesellschaften verständlich« zu machen (S. 70; ▶ Abbildung 16). Da es sich um Idealtypen handelt, kommen sie in realen Gesellschaften nicht in reiner Form vor (> 1.3.1). Sie systematisieren aber typische politische Strukturierungen von Arbeitsmarktinstitutionen.

Diese knappen Ausführungen legen es nahe, die wirtschaftssoziologische Analyse von Arbeitsmärkten auch zukünftig als eine wichtige Aufgabe aufzufassen. Genauer zu analysieren wären vor allem das eigenartige arbeitsmarktliche Amalgam aus den Koordinationsformen Markt, Hierarchie und Netzwerk und das Ineinanderfließen unterschiedlicher Erwartungen und Evaluationsmaßstäbe. Besonderes Interesse verdient der Zusammenhang von Konventionen, Institutionen und Subjektivität der Arbeitenden. Schließlich erscheinen Arbeitsmärkte als ein ertragreiches Exempel für die Analyse der Wechselwirkungen zwischen Markt und Politik. Arbeitsmarktliche Interessenpolitik, Parteilichkeit und kollektive Machtkämpfe sollten als Normalfall gelten, und die historische Pfadabhängigkeit und die Diversität der Arbeitsbeziehungen sowie die in ihnen verkörperten Machtverhältnisse sollten im Zentrum stehen (Tilly/Tilly 1994: 307).

Kapitel kompakt

Erwartungen an Erwerbsarbeit betreffen Einkommen, Tätigkeit und Arbeitsprodukt ■ In kapitalistischen Systemen dirigieren die Unternehmen die Erwerbsarbeit und eignen sich deren Ergebnisse an ■ Arbeitsmärkte unterscheiden sich wesentlich von Gütermärkten ■ Auf

Arbeitsmärkten herrscht meist eine Machtasymmetrie zugunsten der Arbeitgeber ■ Ob aus Arbeitskraft produktive Arbeit wird, ist ungewiss (Transformationsproblem) ■ Konventionen und Institutionen konstituieren die Arbeitsmärkte ■ Arbeitsmärkte entstehen in Auseinandersetzungen zwischen Kapital, Arbeit und Staat und spiegeln die Machtverhältnisse ■ Insofern sind Arbeitsmärkte politische Institutionen ■ Wirtschaftssoziologen analysieren Arbeitsmärkte oft als soziale Netzwerke ■ In Arbeits»märkten« vermischen sich Markt, Netzwerk und Hierarchie ■

Weiterlesen

Basis: Hirsch-Kreinsen 2008 ■ *Vertiefend:* Streeck 2005 ■

5 Wirtschaft und Gesellschaft

Von der Wirtschaftssoziologie kann man erwarten, dass sie auch Beiträge zur Zeitdiagnose liefert. Das setzt voraus, dass man allgemeine Signaturen wie Marktgesellschaft und Kapitalismus oder aktuelle Prozesse wie Ökonomisierung und Kapitalisierung wirtschaftssoziologisch analysiert. Dazu präsentiert dieses Kapitel zunächst einschlägige Ansätze zu Analyse und Kritik der Vergesellschaftung mittels Markt (> 5.1). Spezifischer geht es dann zum einen um die strukturellen und mentalen Grundlagen und Mechanismen des Kapitalismus und zum anderen um seine Basis im Lohnarbeitsverhältnis (> 5.2.1, 5.2.2). Wir zeigen, dass man zumindest heute den Begriff Kapitalismus besser im Plural nutzt, um unterschiedliche kapitalistische Systeme hervorzuheben (> 5.2.3) und skizzieren Grundzüge des noch relativ jungen Finanzmarktkapitalismus (> 5.2.4). Eine kurze Auseinandersetzung mit wichtigen Argumenten der Kritik am Kapitalismus schließt das Kapitel und das Buch ab (> 5.2.5).

5.1 Marktgesellschaft und Ökonomisierung

Der Begriff Marktgesellschaft steht für eine Zeit- und Gesellschaftsdiagnose, die der Institution und Koordinationsform Markt eine durchgreifende Prägekraft attestiert und die in der Marktförmigkeit der Vergesellschaftung *das* charakteristische Strukturmerkmal der Gesellschaft sieht. Märkte genießen danach eine Zentralstellung in modernen Gesellschaften (Fourcade 2007: 1026). Wenn Marktvergesellschaftung »der [Arche-]Typos alles rationalen Gesellschaftshandelns« ist (Max Weber), wenn eine Marktwirtschaft »nur in einer Marktgesellschaft existieren« kann, die die Menschen als »die Gesellschaftssubstanz schlechthin den Gesetzen des Marktes unterzuordnen« hat (Karl Polanyi) oder wenn der Markt selbst das paradigmatische Exempel für eine moderne Gesellschaftsordnung und die treibende Kraft von Individualismus, Rationalität, Arbeitsteilung, Kommodifizierung und Monetarisierung ist (Don Slater, Fran Tonkiss), dann muss man Markt als eine gesellschaftstheoretische Schlüsselkategorie behandeln (Weber 1958/1923: 382; Polanyi 1978/1944: 106; Slater/Tonkiss 2001: 35; Kraemer 2000: 281–283; > 4.2).

5.1.1 Marktfreiheit und Marktutopie

Markt und Marktgesellschaft haben das moderne soziale und sozialwissenschaftliche Denken seit dem 18. Jahrhundert beschäftigt, und da die daraus entstandenen Markttheorien soziales Handeln sowie gesellschaftliche Integration und Werte thematisieren, sind sie immer auch Gesellschaftstheorien (Slater/Tonkiss 2001: 197; ► Fall 14).

Wie Albert Hirschman in seiner historischen Skizze »Der Streit um die Bewertung der Marktgesellschaft« zeigt, entzünden sich an den zivilisierenden und destruktiven Folgen des Marktes für die Gesellschaft immer wieder Kontroversen, sodass man Markt auch als politische und moralische Schlüsselkategorie betrachten muss (Hirschman 1989; s. u.).

Fall 14: Der revolutionäre Übergang zur Marktgesellschaft

»Der Übergang zur Marktgesellschaft war insofern revolutionär, als es dazu kam, dass soziale Verpflichtungen durch Vertrag ausgehandelt wurden. Die Parteien einer Markttransaktion sind Individuen, die nach ihrer eigenen Wahl eine begrenzte Vereinbarung eingehen. In der Tat ist ein Vertrag, der unter Zwang zustande gekommen ist, juristisch nichtig. Er beinhaltet festgelegte Verpflichtungen; sobald die Vertragsbedingungen eingelöst wurden, gehen die Parteien ihrer unterschiedlichen Wege ohne weitere Verpflichtung. Während Statusbeziehungen durch die Erfüllung von Verpflichtungen *reproduziert* werden, werden Vertragsbeziehungen dadurch (zumindest im Prinzip) *beendet*. Die Individuen fahren einfach fort, weitere Verträge zu machen, mit wem immer sie das möchten. Als ein Ordnungsprinzip sind Marktverträge nicht nur individuell, sondern auch unpersönlich. Die einzige soziale Beziehung, die sie bestätigen, ist eher die formale Freiheit von Individuen als deren Platz innerhalb einer kulturellen Ordnung. Zudem ist die Rolle des Geldes in dieser Art von Beziehung äußerst wichtig, da es den extremen Punkt der ›Entfremdung‹ im traditionellen Sinn markiert: Nicht nur kann man jede Ware verkaufen, sondern man kann sie in formelle Kalkulationsverhältnisse übersetzen – es kann ihr ein Preis oder monetärer Wert zugeschrieben werden. Grundbesitz [...] ist nicht nur von der Abstammungslinie geschieden, sondern kann zu einem abstrakten Wert reduziert werden, einer anderen Form von Kapital.

Ob diese neuen Prinzipien nun als Fortschritt oder als Korruption angesehen wurden – spätestens seit dem späten 17. Jahrhundert wurden sie grundsätzlich als die alte Ordnung unvermeidlich zersetzend verstanden. Wenn jeder alles einfach nach seinen Wünschen und Mitteln kaufen oder verkaufen könnte, dann wäre es unvorstellbar, dass Statusverpflichtungen überleben würden. Noch könnten die der alten Ordnung zugrunde liegenden Werte (Tradition, Ehre, Religion) der Herrschaft der ökonomischen Werte von Preis und Geld widerstehen. Das 18. und 19. Jahrhundert waren voller Ängste und Hoffnungen bezüglich des gleichmachenden Charakters der Marktgesellschaft; bezüglich der Möglichkeit für jedermann, mit Geld Dinge wie Land, Titel, Kultur, Bildung, Mobilität, Macht und all die anderen Güter zu kaufen, die früher durch eine ganz andere Ordnung zugeteilt worden waren. [...]

Bei der Markierung des Gegensatzes zwischen traditionaler Gesellschaft und moderner Marktgesellschaft hat das moderne soziale Denken drei Schlüsseleigenschaften hervorgehoben, die maßgeblich für die entstehende Sozialordnung erschienen: Arbeitsteilung, Kommodifizierung sowie Monetarisierung und Kalkulation.«

Quelle: Slater/Tonkiss 2001: 18 f.; Übers. Marc Weingart.

Aus *historischer* Sicht wirkt die Durchsetzung des rationalen, funktionalen Markttausches für die Akteure insofern gegenüber in der Vergangenheit vorherrschenden Verhältnissen befreiend, als er »Ware-Geld-Beziehungen aus der Enge patriarchalisch-hausrechtlicher Bindungen und gemeinschaftlicher Verpflichtungen« herauslöst (Kraemer 2000: 286); das bedeutet nicht, dass Markt für alle Akteure gleichermaßen

Freiheit garantiert (> 5.2.1). Eine ähnlich befreiende Wirkung entfaltet das mit der Marktkoordination eng verbundene Geld, jedenfalls für den, der darüber hinreichend und frei verfügen kann (> 3.4.1). Vermarktlichung, so argumentieren liberale Positionen, zivilisiere die Gesellschaft, da sie Tugenden wie Rationalität, Integrität, Vertrauen, Kooperation und Verantwortlichkeit fördere; dies kritisieren Marktskeptiker als harmonistische Illusion, Vermarktlichung bringe vielmehr Egoismus, Gier, Konsumzwang, Kommerzialisierung und Korruption mit sich (systematischer Überblick in Fourcade/Healy 2007). Auch für Karl Polanyi entspringt die Vorstellung einer Marktgesellschaft aus der harmonistischen »Marktutopie« des 19. Jahrhunderts; sie sei aber historisch gescheitert, da sie Katastrophen wie Krieg und Faschismus den Weg geebnet habe und auch zukünftig ebnen würde (Polanyi 1978/1944: 297–329, 306, 341 f.).

Denk-Pause 23

Was bewirkt das Verschwinden der industrialisierten staatssozialistischen Planwirtschaften für die Entwicklung von Marktwirtschaften und marktwirtschaftlich geprägten Gesellschaften?

Die Basis der Marktgesellschaft sieht Polanyi vor allem in der *Kommodifizierung* der menschlichen Arbeitskraft, indem diese fiktiv als eine Ware definiert und behandelt wird; damit würden die Menschen, die ihre Arbeit vermarkten müssen, dem selbstregulierenden, ebenso unsicheren wie erbarmungslosen Marktmechanismus unterworfen (vgl. Polanyi 1978/1944: 102–112, 224–243). Polanyi sieht die dreifache Warenfiktion (Kommodifizierung von Boden, Geld und Arbeit), die daran anschließende Kommerzialisierung, die Fixierung auf individuelle Eigeninteressen sowie die Dominanz selbstregulierter Märkte als Hauptmerkmale einer Marktgesellschaft (> 3.2.2).

Vollständige Vermarktlichung, so Polanyi, zerstöre Gemeinschaft und Gesellschaft (► Position 4; ferner ► Fall 14). Deshalb bildete sich eine gesellschaftliche Gegenbewegung gegen den Wirtschaftsliberalismus und den Markt als »Organ der wirtschaftlichen Selbstregulierung«, die die Warenfiktion für die Produktionsfaktoren Arbeit und Natur und für das Geld wieder aufgehoben und diese Faktoren so teilweise oder ganz aus dem Markt herausgenommen habe (zum Folgenden Polanyi 1978/1944: 330–333). So verhandeln und vereinbaren beispielsweise Arbeitgeberverbände und Gewerkschaften Arbeitsvertrag, Arbeitszeit, Arbeitsbedingungen und Löhne außerhalb des »freien« Marktes. Dies überwinde die Warenfiktion, damit komme es zur »Auflösung der einheitlichen Marktwirtschaft« für reale Waren *und* für fiktive Waren (die der Gesellschaft von den Regierungen aus politischen, nichtökonomischen Gründen aufgezwungen worden sei) und mit der Dekommodifizierung vor allem der Arbeit zugleich zum »Ende der Marktgesellschaft«. Das führe aber nicht zum Ende der Märkte, sie bestünden vielmehr in vielfältiger Form weiter, sorgten für Freiheit der Konsumenten, Berücksichtigung der Nachfrage und Steuerung der Produzenteneinkommen und dienten als Instrument der Rechnungsführung.

Polanyis pessimistischer Begriff von Marktgesellschaft kann zum einen einer historisch informierten Gesellschaftskritik als Gegenbild dienen (negatives Ideal), dem gegenüber sie bessere Alternativen ausarbeitet. Zum anderen bezeichnet Marktgesellschaft einen Extrempol, dem sich Polanyis Denkfigur einer »Doppelbewegung« von Vermarktlichung, Selbstregulierung und Kommodifizierung von Arbeit und Natur einerseits, Intervention, Steuerung und Dekommodifizierung andererseits bis heute immer wieder annähert (S. 182–187). In solchen Doppelbewegungen schwanken Gesellschaften und Regierungen bis heute zwischen Entfesselung und Zähmung des Kapitalismus sowie spiegelbildlich zwischen wirtschafts- und sozialpolitischer Abwertung und Stärkung des Staates periodisch hin und her (»Polanyi-Zyklen«; Abolafia 1996: 177–179; > 5.2). Polanyi geht dabei vom Primat der Politik aus und schreibt dem Staat die Aufgabe und die Macht zu, die kapitalistische Marktwirtschaft zu bändigen, andere dagegen halten dies für eine sehr optimistische Einschätzung (Block 2012; Streeck 2012b).

Polanyi präsentierte seine Positionen vor mehr als einem halben Jahrhundert. Deshalb soll im Folgenden geprüft werden, ob »Marktgesellschaft« im frühen 21. Jahrhundert als analytisch angemessene und empirisch plausible Kategorie gelten kann. Die Frage, ob man die gegenwärtige gesellschaftsprägende institutionelle Konfiguration besser als Marktwirtschaft oder treffender als Kapitalismus bezeichnet, diskutieren wir im nächsten Kapitel (> 5.2).

5.1.2 Marktvergesellschaftung

Bevor man von einer Markt*gesellschaft* sprechen kann, muss man den Grad der Marktvergesellschaftung und die Marktabhängigkeit einer Gesellschaft prüfen. Von Märkten abhängig sind Gesellschaften, deren materielle Reproduktion durch Güter und Dienstleistungen überwiegend über Märkte koordiniert wird und deren Mitglieder ihr vertragliches oder residuales Einkommen (Lohn, Gehalt, Zins; Gewinn) überwiegend mittels Markttausch erzielen (vgl. Weber 1980/1921: 120 f.).

Denk-Pause 24

Welche konkreten empirischen Phänomene können Sie als Beleg oder als Gegenbeleg für die Charakterisierung einer bestimmten Gesellschaft als »Marktgesellschaft« anführen? ■ Kann man die sozialwissenschaftliche Diagnose »Marktgesellschaft« mithilfe von Indikatoren quantifizieren?

Marktgesellschaft setzt voraus, dass man für bedeutsame Bereiche der Gesellschaft nachweisen kann, was Max Weber eine »universelle Herrschaft der *Markt*vergesellschaftung« nennt (Weber 1980/1921: 198). Der Begriff Marktvergesellschaftung erweist sich insofern als recht voraussetzungsvoll, als er eine die Gesellschaft durchdringende und prägende Wirkung des Marktes oder sogar eine Marktförmigkeit der Gesellschaft beschwört (► Begriffe 16; zum Folgenden vgl. Weber 1980/1921: 118, 382–385, 439 f., 531–533, 708 f.; Weber 1973e/1922: 450–453; Weber 1973d/1922: 570–573).

Marktvergesellschaftung umfasst typischerweise eine ganze Reihe von keineswegs selbstverständlich vorhandenen Merkmalen:

- den individuellen, *formal* freiwilligen, versachlichten, rationalen, unpersönlichen, friedlichen, nur an den Tauschobjekten und ihrem Geldpreis orientierten Tausch (Marktmodustausch; > 2.1.2),
- die zentrale Stellung des Geldes als Motiv, Mittel und Maßstab für den Markttausch (Geldnexus; > 3.4),
- vorrangig ökonomisch und nicht politisch oder moralisch determinierte Märkte (Marktfreiheit; > 4.2), eng verbunden mit
- der Institution des Privateigentums insbesondere an Produktionsmitteln (Privateigentum; > 5.2.1),
- eine Zweckrationalisierung und Selbstdisziplinierung des Handelns der Marktbeteiligten, das sich auf den rechenhaft kontrollierten Erwerb von Einkommen konzentriert (Erwerbsorientierung; > 2.1.3, 2.1.4; für Konsumenten zu ergänzen: rechenhaft kontrolliertes Ausgeben von Einkommen),
- die dafür nötige Ausstattung mit Mitteln der Wirtschafts- und Kapitalrechnung (Kalkulationskompetenz; > 2.1.5, 3.3.1),
- die Produktion von Gütern in Form von Waren für den Verkauf auf Märkten und die allgemeine Ausweitung von Warenform, Käuflichkeit und Marktgängigkeit (Warenform und Kommodifizierung; > 3.1.2),
- eine Orientierung an der eigenen Konkurrenzfähigkeit und an möglichen Konkurrenten (Konkurrenz; > 3.5),
- die grundsätzliche Beherrschbarkeit des Strukturproblems der Unsicherheit auf Märkten (Koordination; > 3.1),
- eine Übereinkunft über grundsätzlich marktgängige und über die auf dem konkreten Markt zu handelnden Güter (Qualitätskonvention; > 3.3.1),
- ein hinreichendes Maß an Regelmäßigkeiten bei typischen wirtschaftlichen Interessen und Handlungsweisen und damit auch bei Anbietern, Nachfragern, Konkurrenz und Preisbildung (Reliabilität; > 3.2),
- eine überwiegende Abhängigkeit der Ressourcenausstattung und Lebenschancen der Individuen, Gruppen oder Klassen von ihrer Marktlage und ihren Marktchancen, insbesondere von der Möglichkeit, ihr Eigentum marktlich zu verwerten (Marktabhängigkeit; > 3.4.2),
- die allgemeine Akzeptanz des daraus typischerweise resultierenden Widerspruchs zwischen formaler Gleichheit und vermögensinduzierter realer Ungleichheit am Markt, insbesondere am Arbeitsmarkt, sowie der strukturellen Machtasymmetrie zwischen Unternehmen und privaten Haushalten (Gleichheitsfiktion; > 4.1),

- die begründete Erwartung, dass Tauschpartner sich vereinbarungsgemäß verhalten (Vertrauen; > 3.2.1),
- das sinnhafte Handeln des Verkaufenden in der Zuversicht, andere würden zukünftig Geld von ihm annehmen (Konvertierbarkeit; > 3.4.1),
- die grundsätzliche Akzeptanz eines Besitzwechsels durch Tausch seitens der beobachtenden, aber nicht beteiligten Dritten (Neutralität; > 3.4.4), und nicht zuletzt:
- einen rational-bürokratischen Staat und ein rational kalkulierbares Recht.

Begriffe 16: Marktvergesellschaftung und Ökonomisierung

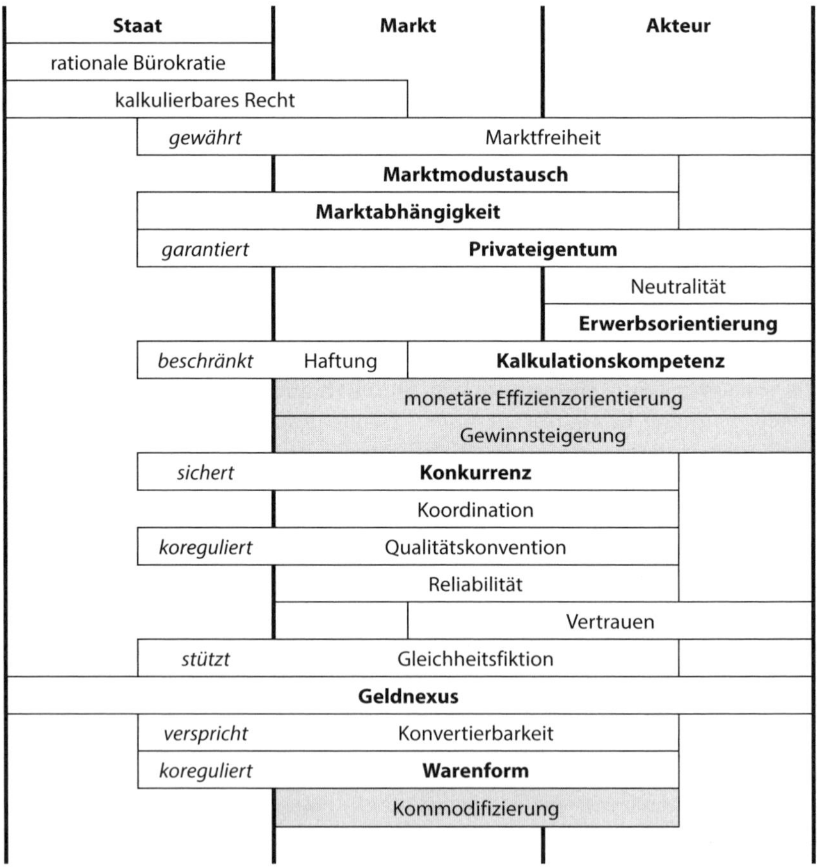

fett = Kern der *markt*förmigen Vergesellschaftung,
grau = Kern der Ökonomisierungsprozesse

Quelle: Eigene Darstellung.

In Anlehnung an Max Webers Unterscheidung von ökonomischen, ökonomisch relevanten und ökonomisch bedingten Phänomenen kann man folglich nicht schon dann von einer *Markt*gesellschaft sprechen, wenn die Marktvergesellschaftung als eine »wirtschaftliche Kulturerscheinung« auch *nicht*wirtschaftliche Bereiche der Gesellschaft »mehr oder minder stark mit beeinflusst« (Weber 1973a/1922: 161–170). Man könnte sie bestenfalls *marktbedingte* Gesellschaft nennen. Weber in etwa folgend müsste man zeigen, dass das ökonomische Phänomen Markt *nicht* ökonomische Institutionen sowie subjektive Sinnvorstellungen und individuelle Handlungsweisen in dieser Gesellschaft so stark formt und prägt, dass »deren Kulturbedeutung für uns wesentlich auf ihrer ökonomischen Seite beruht«, genauer: auf ihrer *marktförmig*-ökonomischen Seite (S. 162).

Dies, so mein Vorschlag, kann man daran erkennen, wie stark acht zentrale Merkmale der *Markt*vergesellschaftung relevante nicht marktliche oder nicht ökonomische Institutionen einer Gesellschaft durchdringen: (1) Marktmodustausch, (2) Geldnexus, (3) Erwerbsorientierung, (4) Privateigentum, (5) Warenform, (6) Kalkulationskompetenz, (7) Marktabhängigkeit und (8) Konkurrenz.

5.1.3 Ökonomisierung

Wenn man die statische Analyse einer Gesellschaft erweitert und ihre Dynamik berücksichtigt, gerät die Ökonomisierung der Gesellschaft in den Blick. In differenzierungs- oder handlungstheoretischer Sicht treten dann weitere Merkmale hinzu, die einen prinzipiell unabgeschlossenen Steigerungs*prozess* charakterisieren: (I) fortlaufende monetäre Effizienzorientierung, (II) unbegrenztes Interesse an Gewinnsteigerung sowie die Ausdehnung der Warenform durch kontinuierliche (III) Kommodifizierung (Çalışkan/Callon 2009; Schimank/Volkmann 2008; > 5.2).

Eine differenzierungstheoretische Analyse versteht Ökonomisierung als eine Aufwertung der ökonomischen Handlungslogik innerhalb von *nicht* ökonomischen Teilsystemen der Gesellschaft wie Kunst, Medien oder Wissenschaft, die sich dort wegen der Ressourcenabhängigkeit (Geldnexus) in Form einer Umprogrammierung auf ökonomische Zielkriterien wie Kostenminimierung und eines Zurückdrängens des je systemspezifischen Codes wie etwa Wahrheit zugunsten von Gewinnerzielung durchsetzen können; Pierre Bourdieu spricht von *Intrusion*, wenn eine systemfremde Logik in ein anderes System eindringt (Schimank/Volkmann 2008: 383–386). Ökonomisierung vollzieht sich vor allem in den Organisationen der Teilsysteme, also beispielsweise in Krankenhäusern, Universitäten oder kommunalen Betrieben; sie stößt angesichts der dort etablierten Prinzipien und Praktiken sowie des Eigensinns der Akteure und der Trägheit der Organisationen aber auch auf Widerstand (Schimank 2010a).

Aus performativitätstheoretischer Sicht stellen *market-making* und Vermarktlichung einen Fall von Ökonomisierung dar; die Wirtschaft samt ihren Märkten bildet sich dann als das *Ergebnis* von Ökonomisierung heraus (Çalışkan/Callon 2009: 369 f.; > 3.3). Insbesondere durch die zunehmende Konkurrenz und die normative Überhöhung des Marktes befeuert Vermarktlichung dann umgekehrt eine weitere Ökonomisierung *in der* Wirtschaft und in *anderen* Bereichen der Gesellschaft. Märkte samt ihrer kollektiven Kalkulations- und Vermarktungstechniken verändern nicht nur das Alltagsleben auf Märkten, sondern verwandeln auch die Marktakteure in kalkulative Agenten (vgl. Fourcade 2007: 1026; > 4.2). In Prozessen der Ökonomisierung orientieren sich die Akteure an je vorherrschenden Leitbildern, die von Zeit zu Zeit wechseln, wie z. B. Automatisierung, Controlling, Entrepreneurship, Intrapreneurship; diese können zugleich subjektiven Sinnsetzungen entsprechen, etwa dem Streben nach Individualisierung und Selbstverwirklichung korrespondieren (vgl. Walker 2013: 50–55, 73 f.).

In Distanz zu eingelebten Selbstverständlichkeitsannahmen muss man zunächst kritisch prüfen, ob man mit dem Etikett »Marktwirtschaft« eine Wirtschaft oder ein Wirtschaftssystem hinreichend differenziert bezeichnet. Wie wir gesehen haben, kann man auch im 21. Jahrhundert Wirtschaft und Markt nicht einfach als Synonyme verstehen (> 1.1). Wirtschaftliches Handeln findet vielmehr einerseits zu einem erheblichen Teil außerhalb von Märkten im Kontext von hierarchisch geordneten Unternehmen oder sozialen Netzwerken statt (> 4.1). Moderne Wirtschaften charakterisiert also eine dreidimensionale Institutionalität von Markt, Hierarchie und Netzwerk (z. B. Powell 1996; ► Begriffe 12); hinzu kommt, dass sich trotz anhaltender Privatisierung eine erhebliche Zahl von Unternehmen als gemein-, sozial- oder solidarwirtschaftlich ausgerichtet verstehen (> 4.1.1).

Andererseits aber orientieren sich privatwirtschaftliche Unternehmensorganisationen wesentlich an Marktchancen, und ihr Überleben hängt davon ab, Zahlungsfähigkeit vor allem über Märkte ausreichend regenerieren zu können (Kraemer 2000: 296 f.). Außerdem ersetzen manche Unternehmen im Zuge fortgesetzter Ökonomisierung ihre hierarchischen Steuerungsformen teilweise durch künstlich konstruierte unternehmens*interne* Vermarktlichung und erwarten darüber hinaus von ihren Beschäftigten unternehmerisches Denken und Handeln (> 3.5.1, 5.2.2). Aufgrund von finanzieller Abhängigkeit, politischem Druck, ideologischer Assimilation und daraus resultierenden Reorganisationen nähern sich schließlich auch staatliche, staatsnahe oder sozialwirtschaftliche Organisationen kommerziellen, kompetitiven und marktlichen Formen an (Schimank/Volkmann 2008: 387 f.). Dabei entstehen Rationalisierung und Ökonomisierung auch aus sozialen Aushandlungsprozessen zwischen den Akteuren im Unternehmen oder anderen Organisationen und reduzieren sich deshalb nicht auf den Vollzug von objektiv hergeleiteter monetär-ökonomischer Zweckrationalität (Minssen 2008: 262).

Für das politisch-administrative System konstatiert Klaus Kraemer, dass es zwar von der globalisierten Marktwirtschaft bedrängt und beengt, ihr aber nicht unterworfen oder intern von Marktförmigkeit durchdrungen sei; mit dem Konzept Marktgesellschaft werde deshalb »die Relation von Staat und Ökonomie nur höchst unzureichend erfasst« (Kraemer 2000: 297–300). Eine wesentlich skeptischere Position bezieht dagegen Claus Offe, der eine »tiefgreifende Ökonomisierung der Politik« diagnostiziert, »eine Unterwerfung allen politischen Handelns und Unterlassens der Amts- und Mandatsträger auf allen politischen Ebenen unter das oberste Gebot, Investoren und Arbeitsplätze anzulocken und sie keinesfalls zu vertreiben« (Offe 2006: 193).

Auf der Akteurebene von Marktgesellschaften müsste sich Ökonomisierung darin zeigen, dass Menschen ihrem Handeln in diesen Institutionen typischerweise und überwiegend einen marktlich-ökonomischen Sinn zuschreiben (Kraemer 2000: 294 f.). Dies müsste vor allem *zunehmen*, sei es in seiner Ausdehnung oder Intensität. Zum einen kann man beobachten, dass ein sehr hoher Anteil der Individuen in irgendeiner Form direkt an Märkten teilnimmt (universaler Marktnexus), etwa als Konsumenten oder Erwerbstätige. Aber diese Marktabhängigkeit existiert seit Jahrzehnten, drückt also keine *neue* gesellschaftliche Qualität aus. Zum anderen orientieren sich Akteure in der jüngeren Vergangenheit zunehmend auf marktbedingt zufällige, nicht durch individuelle Arbeit und Leistung verursachte Erfolge, insbesondere in Form von Gewinnen und Vermögenserträgen. Damit treten Gelegenheiten und Erwerbschancen an die Stelle von Leistungsgerechtigkeit, und der soziale Status basiert eher auf Erfolg, weniger auf Leistung (vgl. Neckel 2008: 45–64).

Empirisch gesehen gibt es für die Strukturdimension eher divergente Befunde zur Ökonomisierung, für die Sinndimension dagegen häufen sich auf Ökonomisierung hinweisende Indizien. Insgesamt sollte man sich meines Erachtens weniger auf den Befund Marktgesellschaft kaprizieren, sondern den *Prozess* Ökonomisierung ins Zentrum stellen und von einer ökonomisierten Gesellschaft sprechen, die real in unterschiedlichen Formen und Intensitätsgraden vorkommt (vgl. Çalışkan/Callon 2009). Alternativ kann man sie als *Wirtschaftsgesellschaft* bezeichnen, um so die gesellschaftlich hervorgehobene oder gar herausragende Relevanz ökonomischer Aspekte und des Wirtschaftssystems zu betonen. In der ökonomisierten Gesellschaft haben ökonomische Institutionen, Denk- und Handlungsmuster auch außerhalb des Wirtschaftssystems und seiner Organisationen einen hohen und womöglich weiter zunehmenden Stellenwert.

Das herausragende Merkmal von ökonomisierten oder Wirtschaftsgesellschaften ist ihr dynamischer, sich fortlaufend steigernder und ausbreitender sowie scheinbar grenzenloser Ökonomisierungsprozess. Aus meiner Sicht kann man seine Kraft kaum aus der Dringlichkeit des Knappheitsproblems ableiten, wie ein Vergleich mit älteren, wesentlich ärmeren Gesellschaften zeigt. In den reichen oder den wohlhabenden Gesellschaften stellt sich heute eher das Problem der kontinuierlichen Konstruktion von Knappheit angesichts von Überfluss und Überdruss (> 1.1.1). Damit stoßen wir auf ein erstaunliches Paradox: In Gesellschaften mit historisch einmalig hohen Niveaus von materiellem Wohlstand werden das Wirtschaftssystem und das Wirtschaftliche in historisch einzigartigem Ausmaß relevant, handlungsleitend und dominant, sodass man sie als ökonomisierte Gesellschaften charakterisiert – und nicht als produktive, wohlhabende, reiche oder saturierte Gesellschaften. Das diese Ökonomisierungsdynamik antreibende Moment kann man nicht bedürfnisbezogen aus subjektiven Knappheitsempfindungen erklären. Vielmehr muss man es systembezogen in der kapitalistischen Wirtschaftsform aufspüren, in deren Kontext Investoren fortlaufend nach räumlicher und sachlicher Ausdehnung von rentablen Möglichkeiten der Kapitalverwertung suchen müssen (z. B. Offe 2006: 184). Deshalb wäre auch zu prüfen, ob die Bezeichnungen *kapitalistische* Wirtschaft und kapitalistisch geprägte Gesellschaft treffender sind als Marktwirtschaft und Marktgesellschaft.

Kapitel kompakt

Markttheorien beinhalten meist auch Gesellschaftstheorien ■ Marktabhängigkeit, Vermarktlichung, Ökonomisierung und Marktgesellschaft stehen im Fokus von Kontroversen ■ Gesellschaften schwanken zwischen Kommodifizierung und Marktliberalisierung einerseits, Dekommodifizierung und Reregulierung andererseits (Doppelbewegung) ■ Marktvergesellschaftung ist ein höchst voraussetzungsvoller Prozess ■ Ökonomisierung resultiert aus monetärer Effizienzorientierung, Interesse an Gewinnsteigerung und kontinuierlicher Ausdehnung der Warenform ■ Ökonomisierung findet in der Wirtschaft statt ■ Wirtschaftsgesellschaften sind Gesellschaften, die auch ihre nichtwirtschaftlichen Bereiche zunehmend ökonomisieren ■

Weiterlesen

Basis: Schimank/Volkmann 2008 ■ *Vertiefend:* Çalışkan/Callon 2009 ■

5.2 Kapitalismus und Finanzmärkte

Seit ihren Anfängen setzen sich Soziologie und Wirtschaftssoziologie mit dem modernen Kapitalismus und seinen gesellschaftlichen Folgen auseinander, meist aus einer kritischen Perspektive, meist mit Blick auf negative soziale Folgen und meist in Form kontroverser Debatten (z. B. Berger 2008; Mikl-Horke 2008b: 179–199). Kapitalismus bezeichnet eine spezifische Form der institutionalisierten materiellen Reproduktion einer Gesellschaft, die sich vor allem in Europa und den Vereinigten Staaten im 19. Jahrhundert entwickelt und seitdem stark verbreitet hat. Nach dem wirtschaftlichen und politischen Zusammenbruch der sozialistischen Länder seit Ende der 1980er-Jahre hat der Kapitalismus global weiter an Wirkungsmacht gewonnen.

Schon lange vorher fragte sich die Soziologie, ob kapitalistische Wirtschaftssysteme die Gesellschaften so stark prägen, dass man sie als kapitalistische Gesellschaften kennzeichnen muss. Diese zum einen gesellschaftstheoretische Kontroverse, zum anderen empirische Frage müssen wir in unserer wirtschaftssoziologischen Analyse aus Platzgründen ebenso unberücksichtigt lassen wie die traditionsreiche Debatte um die historischen Ursprünge des Kapitalismus (vgl. z. B. Kraemer 2001; Boltanski/Chiapello 2001b; Collins 2001; Dörre u. a. 2010; Schimank 2010b: 239–242; Pohlmann 2006).

Denk-Pause 25

Der heutige »Wohlstand der Nationen« (Adam Smith 2012/1776) und der »bürgerliche Reichtum als eine ungeheure Warensammlung« (Karl Marx 2013/1859: 843) sind historisch einmalig – und wachsen. Worin liegen die Ursachen dafür? ▪ Kann man aus heutiger Sicht damit rechnen, dass die Ursachen weiter wirken und deshalb der Wohlstand weiter wächst?

Zugleich müssen wir notieren, dass dem Begriff Kapitalismus sein Gegenteil Sozialismus insofern abhandengekommen ist, als dieser heute allgemein als historisch überwunden und politisch unattraktiv gilt. Das scheint zum einen die wirtschaftssoziologische Unterscheidungskraft des Kapitalismusbegriffs zu beeinträchtigen und verleiht ihm zum anderen die Weihen der Alternativlosigkeit (z. B. Offe 2006: 194–196; Boltanski/Chiapello 2003: 373–376). Daran haben offensichtlich auch die Finanz- und Wirtschaftskrisen seit 2008 wenig geändert. Niklas Luhmann kommentiert die übliche Kontrastierung von Kapitalismus und Sozialismus als »eine für primär politische Zwecke gefertigte Schaustellung« (Luhmann 1989a: 149).

Im Folgenden werden wir zunächst die wichtigsten begrifflichen und strukturellen Grundlagen des Kapitalismus herausarbeiten und danach kurz auf das Verhältnis von Lohnarbeit und Herrschaft eingehen. Drittens stellen wir unterschiedliche Spielarten des Kapitalismus vor und thematisieren sein Verhältnis zu Staat und Politik. Im vierten Schritt geben wir einen groben Überblick über die Diagnose »Finanzmarktkapitalismus«, um abschließend einige Kernargumente der Kapitalismuskritik zu präsentieren.

5.2.1 Privateigentum, kapitalistischer Geist und Akkumulation

Im Folgenden beschäftigen wir uns zunächst mit der begrifflichen Bestimmung des Kapitalismus, diskutieren dann kapitalistische Mentalität und Motivation (> 2.1.2) und fragen nach den Formen und Ursachen der Dynamik kapitalistischer Wirtschaftssysteme.

Der Begriff Kapitalismus

Eine »Minimalformel« definiert Kapitalismus als »eine Forderung nach unbegrenzter Kapitalakkumulation durch den Einsatz formell friedlicher Mittel« auf dem Wege einer fortlaufenden Reinvestition des Kapitals zwecks Profitmaximierung (Boltanski/Chiapello 2003: 39). Das Kernmerkmal kapitalistischer Wirtschaften kann man am

Zusammenhang von Profitmotiv, Privateigentum und Lohnabhängigkeit festmachen: Im Kapitalismus verwendet die kleine Gruppe der Eigentümer von Produktionsmitteln die Arbeitskraft der großen Gruppe von Personen, die nicht über solches Eigentum verfügen, in beliebigen Produktionsprozessen mit dem Ziel, die Produkte gewinnbringend auf Märkten zu verkaufen (Berger 2009: 101).

Richard Swedberg mischt in seiner sehr knappen wirtschaftssoziologischen Definition von Kapitalismus zwei Hauptmerkmale, Markt und Akkumulation. Einzigartig am Kapitalismus seien der organisierte Markttausch und die Reinvestition von Gewinn in die Produktion (Swedberg 2005b: 7–9). Ähnlich wie auch Marx und Weber hebt Swedberg hervor, dass die Gelegenheit zu mehr Profit den kapitalistischen Prozess vorantreibe und seine Dynamik begründe (S. 21; Gelegenheitsstruktur). Sombart verortet die Ausrichtung auf Gewinnerzielung im kapitalistischen Unternehmen als Organisation, nicht beim kapitalistischen Unternehmer als Person (Objektivierung des Gewinnstrebens; s. u.; ▶ Begriffe 11). Der Gesellschaftstheoretiker Uwe Schimank bezweifelt dagegen, dass Profitinteresse und Systemzwang den kapitalistischen Typus wirtschaftlichen Handelns hinreichend erklären können. Wir führen diese Debatte gleich mit Blick auf den »Geist des Kapitalismus« fort.

Systematisch ansetzend kann man kapitalistische Wirtschaftssysteme mit drei Kriteriengruppen von anderen Systemen unterscheiden (vgl. Kromphardt 2004: 42–48): Eigentums- und Verfügungsrechte (Entscheidung), Informations- und Koordinationsmechanismen (Koordination) sowie Ziele, Motivationen und Handlungsweisen (Motivation; > 2.1).

In Kapitalismen, so der Ökonom Jürgen Kromphardt, entscheidet vor allem die kleine Gruppe der *Privateigentümer* von Produktionsmitteln (Kapitalisten) selbst oder durch von ihnen Beauftragte (Manager) über die Produktion. Die große Gruppe der Nichteigentümer kann darauf nur indirekt mittels ihrer Kaufentscheidungen als Konsumenten Einfluss nehmen. Wer was wie weit beeinflussen kann, hängt von der individuellen und kollektiven Kaufkraft und damit von der Einkommens- und Vermögensverteilung ab.

Im Kapitalismus koordinieren meist – mehr oder weniger regulierte – *Märkte* die Einzelentscheidungen *zwischen* den beiden Sektoren Produktion und Konsum, vor allem mittels Preisen und durch Prozesse von Konkurrenz, Kooperation und Verhandlungen (> 3.5, 4.2). Deshalb erscheinen Kapitalismus und Marktwirtschaft als zwei Seiten einer Medaille. Aber anders als die *Geld*wirtschaft, die Quantifizierung, kapitalistische Kalkulation und Kapitalakkumulation erst ermöglicht, ist die Marktwirtschaft weder system*notwendige* Voraussetzung für Kapitalismen, noch setzt Marktwirtschaft umgekehrt zwingend die Existenz kapitalistischer Unternehmen voraus (> 3.4.2). Wenn in einer geldbasierten Wirtschaft die Prinzipien Kapitalakkumulation und Warenproduktion vorherrschen, dann kann man allgemein von einer *kapitalistischen* Wirtschaft sprechen (vgl. Kraemer 2001: 113 f.).

Die marktförmige Koordination im Kapitalismus steht in zwei – oft übersehenen – Punkten unter Spannung. Zum einen liegt ein struktureller Widerspruch der freien kapitalistischen Konkurrenz darin, dass man als Käufer von Arbeit und anderen Waren diese Freiheit schätzt, als deren Verkäufer dagegen nicht; diese von den Marktrollen abhängige Ambivalenz der Akteure gegenüber Marktfreiheit und die daraus folgende Mischung von Freiheit und Unfreiheit charakterisieren die kapitalistische Weltwirtschaft (Wallerstein 1976: 348 f.; > 5.1.1). Diese Ambivalenzen kennzeichnen auch die Ansprüche an Regulation, die Unternehmen und andere Marktakteure sowie ihre Verbände an die Politik richten.

Zum anderen sind moderne kapitalistische Wirtschaften typischerweise *Mischwirtschaften* (> 4.1.1). Sie umfassen neben dem kapitalistischen Kernsektor der unternehmerischen Wirtschaft (Prinzip: Markttausch; > 1.1.2, 4.2.1) auch die Sektoren Non-Profit-Wirtschaft samt Staat (Redistribution) und private Haushaltswirtschaft (Redistribution, Reziprozität; vgl. Swedberg 2005b: 6–9). Hier greifen im Übrigen spezifische Sinngebungen für das wirtschaftliche Handeln; darauf gehen wir noch genauer ein.

Kapitalakkumulation bezeichnet den fortlaufenden Prozess der Vermehrung des für die Produktion eines Gutes eingesetzten Kapitals (Mehrwert) samt der renditeorientierten Reinvestition des größten Teils des erzielten Gewinns, Warenproduktion meint die Herstellung von Gütern für den Verkauf zwecks Gewinnerzielung. Findet der auf Kapitalverzinsung und Kapitalakkumulation zielende Verkauf überwiegend durch die Vermittlung von Märkten statt, kann man von kapitalistischer Marktwirtschaft oder von marktwirtschaftlichem Kapitalismus sprechen. Auf jeden Fall sollte man die Begriffe Marktwirtschaft und Kapitalismus analytisch angemessen auseinanderhalten; einen Vorschlag dazu macht Robert Boyer, der die Ungleichheitsdimension des Kapitalismus mit dem Privateigentum an Produktionsmitteln verbindet, das insbesondere an Arbeitsmärkten und in Arbeitsorganisationen strukturell asymmetrische Beziehungen hervorbringt (▶ Position 8; > 4.3.1). Max Weber hebt in seiner Begriffsbestimmung von Kapitalismus dessen Voraussetzungen hervor und rechnet dazu auch die Marktwirtschaft, vor allem aber den Geist des Kapitalismus und die Norm und Technik der rationalen Kapitalrechnung; wir greifen das im nächsten Abschnitt auf (▶ Begriffe 17).

Der Geist des Kapitalismus

Das völlig Neue am Kapitalismus liegt in der Motivation wirtschaftlichen Handelns, besonders in der Verkehrung von Zweck und Mitteln des herkömmlichen Wirtschaftens (Berger 2008: 102 f.). Der »Geist des Kapitalismus« erfreut sich einer traditionsreichen, umfänglichen und immer noch aktuellen wirtschaftssoziologischen Diskussion.

Position 8: Einheit der Marktwirtschaft oder Divergenz der Kapitalismen?

	Marktwirtschaft	Kapitalismus
(1) **Markt-konzeption**	wirtschaftswissenschaftliche reine Abstraktion, um die Preise durch Angebot und Nachfrage erklären zu können	eine Institution, die aus sozialen und wirtschaftlichen Interaktionen resultiert
(2) **Beziehungen**	Markttauschbeziehung: horizontale Koordination zwischen mit gleicher Macht ausgestatteten Akteuren: nur symmetrische Beziehungen im Rahmen des *Marktverhältnisses*	Markttauschbeziehung und Lohnarbeitsverhältnis: Machtbeziehungen im Kernbereich der Wirtschaft, Koexistenz von horizontalen Beziehungen (Wettbewerb zwischen Unternehmen) und vertikalen Beziehungen, vor allem beim *Kapital-Arbeit-Verhältnis*: symmetrische *und* asymmetrische Beziehungen
(3) **Koordination**	Ideal einer automatischen Abstimmung auf der Grundlage rationaler Antizipation ohne externe Intervention	mögliche Entwicklung von Ungleichgewichten von einem Markt zum anderen, profitgetriebene Innovationen, Wiederkehr von Krisen
(4) **Verbindungen zwischen den gesellschaftlichen Sphären**	Ideal einer vollständigen Entkopplung der Wirtschaftssphäre vom Rest der Gesellschaft: die reine Ökonomie	wechselseitige Abhängigkeit und Koevolution von Wirtschaft, Politik und Gesellschaft
(5) **Dynamik, Entwicklungstypen**	implizite Vorstellung von einer Konvergenz hin zu einem »natürlichen Gleichgewicht«	die Dynamik der Akkumulation induziert einen permanenten Wandel der sozialen und ökonomischen Beziehungen
(6) **Vorstellung von Zeit**	Prinzipiell: physikalische und reversible Zeit	historische Zeit als Erzeuger von Strukturveränderungen und Irreversibilitäten

	Marktwirtschaft	Kapitalismus
(7) Einheit / Diversität der Wirtschafts-systeme	Ideal des Pareto-Optimums; Wettbewerb zwischen Systemen und systematische Vergleichsverfahren für Organisationen und Institutionen erzeugen eine Tendenz zur Konvergenz	Abfolge historischer Phasen, anhaltende Koexistenz diverser, sich wandelnder und gestaltbarer Kapitalismustypen aufgrund unterschiedlicher Wettbewerbsregime, Kapital-Arbeit-, Bürger-Staat- und Bürger-Bürger-Beziehungen

Quelle: Übersetzt aus und in Anlehnung an Boyer 2009: 70–74.

Karl Marx beschreibt die »Bereicherung als solche als Selbstzweck der Produktion« (Marx 2013/1883: 38). Er attestiert dem Kapitalisten einen »absolute[n] Bereicherungstrieb« und die »rastlose Vermehrung des Werts«, die er auf rationellem Weg durch Reinvestition zu erreichen versucht; er sei zugleich dem systemischen Zwang unterworfen, seinen Profit zu reinvestieren, der aus dem »allgemeinen Konkurrenzkampf« und der Notwendigkeit, mit rational kalkulierten Strategien die Produktion zu verbessern und den Markt beständig auszudehnen resultiere, »bloß als Erhaltungsmittel und bei Strafe des Untergangs« (S. 147f.; Marx 2013/1893: 880). Marx hebt also stark auf die ökonomischen und gesellschaftlichen Gesetzmäßigkeiten ab, die das individuelle unternehmerische Handeln determinieren.

Für Kapitalverwertung und Kapitalakkumulation gilt: Der kompetitive Markt macht aus dem Motiv ein Muss (vorausgesetzt, er ist hinreichend kompetitiv). Denn der moderne Kapitalismus, so argumentiert auch Max Weber, »zwingt dem einzelnen, soweit er in den Zusammenhang des Marktes verflochten ist, die Normen seines wirtschaftlichen Handelns auf« und »erzieht und schafft sich im Wege der ökonomischen Auslese die Wirtschaftssubjekte – Unternehmer und Arbeiter – deren er bedarf« (Weber 2006/1920: 79). Um diesen Zwang zu mildern, versuchen kapitalistische Unternehmer Konkurrenz zu dämpfen und zu verhindern sowie den Markt zu moderieren und zu manipulieren (> 3.3).

Der Systemzwang im Kapitalismus geht Hand in Hand mit kapitalistischer Motivation und Mentalität. Werner Sombart, Zeitgenosse Max Webers und wie dieser Soziologe und Ökonom, sieht den auf Erobern und Erwerben zielenden Unternehmergeist und den ordnenden und erhaltenden Bürgergeist miteinander zum »kapitalistischen Geist« verschmelzen und betont: »Er hat den Kapitalismus geschaffen« (Sombart 1987b/1916: 329). Der »kapitalistische Unternehmer« verbindet »Machtstreben und Erwerbsstreben, er »erstrebt die Macht, um zu erwerben, und will erwerben um der Macht willen« (S. 329). Das Spezifikum des »Erwerbsprinzips«, so Sombart, bestehe darin, dass im Kapitalismus der objektive und »unmittelbare Zweck des Wirtschaftens« »ausschließlich die Vermehrung einer Geldsumme ist«; dieser Zweck müsse sich nicht notwendig mit der subjektiven Motivation des Einzelnen decken (S. 320). Wie Weber lehnt es auch Sombart ab, das kapitalistische Erwerbsprinzip anthropologisch auf einen »Erwerbstrieb« des Menschen zurückzuführen: der »natürliche Mensch denkt gar nicht daran, Geld und möglichst viel Geld zu verdienen«, »er will gerade so viel erwerben, um davon in gewohnter Weise leben zu können« (Sombart 1987/1927: 426; > 2.1.2).

Abbildung 17: Woher kommt die Profitorientierung im Kapitalismus? Ein Vorschlag zur Systematisierung

Ansatz	Hauptquelle	Mechanismus	Diffusion	Affine Autoren
naturalistisch	Knappheit, Tauschtrieb, Unzufriedenheit	Organismus, Psyche, Disposition	anthropologische Konstante	z.B. Smith, von Mises
evolutionistisch	Intuition, Gestaltungswille	Kreativität, Kooperation	Mimesis, Zufall	z. B. Schumpeter, Deutschmann
kulturalistisch	Bedürfnisprägung	Interaktion, Kultur	Sozialisation	z.B. Zelizer, Swidler
differenzierungstheoretisch	normative Leitidee	Interaktion, Kultur	Imitation	z.B. Schimank
diskurstheoretisch	kapitalistischer Geist	Ideologie	Rechtfertigung, Sozialisation	z.B. Boltanski/ Chiapello
institutionalistisch	kapitalistischer Geist (a, b), Buchhaltungssystem (a, b), Systemzwang (a, b, c)	Konkurrenz zwischen Kapitalisten	wirtschaftlicher Überlebenswille	z.B. Weber (a), Sombart (b); Marx (c)
systemtheoretisch	Kriterium der Selbststeuerung	selbstreferentielles Reproduzieren von Zahlungen durch Zahlungen	Ausdifferenzierung, Autopoiesis	z.B. Luhmann

Quelle: Darstellung: Reinhold Hedtke, Eva-Maria Walker.

Max Weber beschreibt die angesprochene Zweck-Mittel-Inversion als ein »Leitmotiv des Kapitalismus« so: »Der Mensch ist auf das Erwerben als Zweck seines Lebens, nicht mehr das Erwerben auf den Menschen als Mittel zum Zweck der Befriedigung seiner materiellen Lebensbedürfnisse bezogen« (Weber 2006/1920: 78). Angesichts dieses Motivwechsels fragte Weber nach den kulturellen und insbesondere religiösen Fundamenten des modernen Kapitalismus (vgl. zum Folgenden Weber 2006/1920; Weber 1980/1921: 95 f., 117–121, 378 f.). Er zeichnet die historische Herausbildung eines kapitalistischen Geistes und eines Ethos kapitalistischer Kultur nach, die in einem innerweltlich-asketischen, auf eine rational-methodische Lebensweise ausgerichteten Protestantismus wurzeln. Dieser lieferte die ursprünglich religiösen Motive dafür, in »methodisch rationalisierter Berufserfüllung das Heil zu suchen« (Weber 1980/1921: 379), viel zu sparen und ständig Kapital zu bilden; der wirtschaftliche Erfolg des Individuums werde dadurch ethisch überhöht. Für Weber gehören auch »die rationale Gesinnung, die Rationalisierung der Lebensführung, das rationale Wirtschaftsethos« zu den Grundlagen des modernen Kapitalismus (Weber 1958/1923: 302).

Weber charakterisiert die moderne westliche Variante des Kapitalismus als einen Typus wirtschaftlicher Tätigkeit, bei dem selbstdisziplinierte Akteure angetrieben vom Einkommensstreben rational kontrolliert ihre eigenen, ideellen oder materiellen Interessen verfolgen (▶ Begriffe 17; > 2.1.4). Typische institutionelle Elemente seien rationale Organisationen wie der kapitalistische Betrieb, rational gestaltetes Recht, Orientierung an Erwerbs- und Rentabilitätschancen auf Märkten, Privateigentum an Produktionsmitteln meist als Wertpapierbesitz, freie Lohnarbeit, rationale Arbeitsteilung und Technik sowie marktgesteuerte Einkommensverteilung (> 4.3). Zum Rahmen gehörten staatlich garantierte Geld- und Währungsverfassung, mehr oder weniger freie Geld- und Kapitalmärkte einschließlich des Handels von Eigentumsrechten an Unternehmen sowie ein berechenbares Steuer- und Abgabensystem (vgl. Weber 1958/1923: 238–246, 266–270, 289–293, 300–304; > 5.1.2).

Zur Erklärung des Kapitalismus kombiniert Max Weber also handlungstheoretische und institutionentheoretische Ansätze, betont allgemeine langfristige Rationalisierungsprozesse als seine Voraussetzung und seine Antriebskraft und hebt ähnlich wie Sombart die zentrale Bedeutung des kapitalistischen Unternehmens als seiner Kerninstitution hervor (> 4.1.1; Maurer 2010a: 131–134).

Begriffe 17: Moderner Kapitalismus

»Kapitalismus ist da vorhanden, wo die erwerbswirtschaftliche Bedarfsdeckung einer Menschengruppe auf dem Wege der *Unternehmung* stattfindet […] und speziell *rationaler* kapitalistischer Betrieb ist ein Betrieb mit Kapitalrechnung, d. h. ein Erwerbsbetrieb, der seine Rentabilität rechnerisch durch das Mittel der modernen Buchführung und die […] Aufstellung der Bilanz kontrolliert.«

»Eine ganze *Epoche* jedoch kann als typisch kapitalistisch nur dann bezeichnet werden, wenn die Bedarfsdeckung dem Schwergewicht nach kapitalistisch so orientiert ist, dass, wenn wir uns diese Art der Organisation wegdenken, die Bedarfsdeckung überhaupt kollabiert.«

»Die allgemeinste Voraussetzung für das Bestehen dieses neuzeitlichen Kapitalismus ist *rationale Kapitalrechnung als Norm* für alle großen Erwerbsunternehmungen, die sich mit Alltagsbedarfsdeckung befassen. Ihre Voraussetzungen wiederum sind: 1. *Appropriation aller sachlichen Beschaffungsmittel* (Grund und Boden, Apparate, Maschinen, Werkzeuge usw.) *als freies Eigentum an autonome private Erwerbsunternehmungen*. [...]

2. *Marktfreiheit*, d.h. Freiheit des Marktes von irrationalen Schranken des Verkehrs [...]

3. *Rationale*, d.h. im Höchstmaß berechenbare und daher mechanisierte *Technik*. [...] 4. *Rationales*, d.h. berechenbares *Recht*. Der kapitalistische Wirtschaftsbetrieb muss sich, wenn er rational wirtschaften soll, darauf verlassen können, dass berechenbar judiziert und verwaltet wird. [...]

5. *Freie Arbeit*, d.h., dass Personen vorhanden sind, die nicht nur rechtlich in der Lage, sondern auch wirtschaftlich genötigt sind, ihre Arbeitskraft frei auf dem Markt zu verkaufen. [...] Nur auf dem Boden freier Arbeit ist rationale Kapitalkalkulation möglich, d.h., wenn infolge des Vorhandenseins von Arbeitern, die sich formal freiwillig, tatsächlich durch die Hungerpeitsche gezwungen, anbieten, die Kosten für die Produkte durch Akkordsätze eindeutig vorher kalkuliert werden können.

6. *Kommerzialisierung der Wirtschaft*, worunter der allgemeine Gebrauch der Wertpapierform für Anteilsrechte an Unternehmungen und ebenso für Vermögensrechte zu verstehen ist.

Alles in allem: Möglichkeit der ausschließlichen *Orientierung der Bedarfsdeckung an Marktchancen und an Rentabilität*. Indem die Kommerzialisierung zu den anderen Merkmalen des Kapitalismus hinzutritt, wird die Bedeutung eines weiteren [...] Momentes gesteigert, die der *Spekulation*. Sie kann diese Bedeutung jedoch erst von dem Augenblick an erhalten, wo Vermögen die Form von übertragbaren Wertpapieren annimmt.«

»*Rationaler Kapitalismus* [..] ist an Marktchancen orientiert, also wirtschaftlichen Chancen im engeren Sinne des Wortes, und je rationaler er ist, desto mehr an Massenabsatz und Massenversorgungschancen.«

Quelle: Weber 1958/1923: 238–240, 286.

Zwar gründe der »Geist des Kapitalismus«, so Max Weber, ursprünglich in einem religiös motivierten Lebensstil, der sich aber im Zuge fortschreitender Säkularisierung verflüchtige und als *rationaler* Lebensstil weiterexistiere. Durch seine sozioökonomischen Strukturen wirke der entwickelte moderne Kapitalismus auf den Lebensstil jedes Einzelnen zurück, indem er ihn strukturell und kulturell zum Rationalismus und zu anhaltendem Erwerbsstreben zwinge. Der »modernen rationalen Lebensordnung«, die »die rationale, arbeitsteilige, fachmäßige bürokratische Organisation aller menschlichen Herrschaftsverbände, von der Fabrik bis zum Heer und Staat« verkörpere, könne man nicht entrinnen (Weber 1980/1921: 834).

Weber sieht den Kapitalismus also als Teil einer gesellschaftsumfassenden Rationalisierung (> 2.1.3). Wurzeln und wirtschaftliche Wirklichkeit des Kapitalismus haben *normative* Grundlagen und wirken *normierend* auf Handeln und soziale Strukturen zurück.

Dagegen greift der Sozioökonom Joseph Schumpeter auf ein anthropologisches Argument zurück und kombiniert es mit einem systemischen: Der »prae-kapitalistische Mensch ist tatsächlich nicht weniger ›raffend‹ als der kapitalistische Mensch. [...] Aber der Kapitalismus entwickelt die Rationalität und verleiht ihr eine neue Schärfe« (Schumpeter 1993/1950: 202). Diese Zuspitzung setze sich in zwei *gesellschaftlichen* Prozessen durch. Zum einen wandele die kapitalistische Wirtschaftspraxis »die Geldeinheit in ein Werkzeug rationaler Kosten-Gewinn-Kalkulationen« um, zum anderen entstehe im Kontext des Kapitalismus die moderne rationale wissenschaftliche Haltung und eine Vielzahl von Anwendungen wissenschaftlicher Erkenntnis (S. 202–205; > 3.3). Schließlich unterstreicht Schumpeter ähnlich wie Marx und Weber, dass die Konkurrenz in Form von Produkt- oder Prozessinnovation den Gewinn jedes Unternehmens permanent bedroht (S. 59–63).

Position 9: Die Absurdität und der Geist des Kapitalismus

»Der Kapitalismus ist in vielerlei Hinsicht ein absurdes System: die Arbeitnehmer haben ihre Eigentumsrechte an dem Produkt ihrer Arbeitstätigkeit und die Möglichkeit zu einem unabhängigen Erwerbsleben verloren. Die Kapitalisten hingegen sind an einen endlosen und unersättlichen, durch und durch abstrakten Prozess gekettet, der von der Befriedigung der Konsumbedürfnisse – und seien es auch Luxusbedürfnisse – losgelöst ist. Aus Sicht beider Protagonistentypen fehlt es einer Beteiligung am kapitalistischen Prozess im Grunde in erheblichem Maß an Plausibilität.«

Die Argumente für eine Beteiligung »sollten nicht nur die Gewinne in den Mittelpunkt stellen, die die Teilnahme am kapitalistischen Prozess jedem Einzelnen bietet. Vielmehr sollten sie auch die kollektiven, gesamtgesellschaftlichen, mit Blick auf das Allgemeinwohl definierten Vorteile betonen. Demgemäß wollen wir als Geist des Kapitalismus *eine Ideologie* bezeichnen, *die das Engagement für den Kapitalismus rechtfertigt*«.

»In der Tat sind die Systemzwänge als Beteiligungsmotiv allein nicht ausreichend. Der Zwang muss verinnerlicht und begründet werden, eine Aufgabe, die von der Soziologie traditionellerweise der Sozialisierung und den Ideologien zugeschrieben wurde. Als Beitrag zur Reproduktion der Gesellschaftsordnung besteht die Wirkung der Ideologien vor allem darin, dass die Menschen durch sie ihr Lebensumfeld nicht als unerträglich wahrnehmen. Insofern stellen sie eine der Voraussetzungen dafür dar, dass eine Welt überhaupt Bestand hat. Wenn der Kapitalismus regelmäßigen Untergangsprophezeiungen zum Trotz nicht nur überlebt, sondern seinen Einflussbereich unablässig ausgedehnt hat, so liegt das immer daran, dass er sich auf eine Reihe von handlungsanleitenden Vorstellungen und gängigen Rechtfertigungsmodellen stützen konnte, durch die er als eine annehmbare oder sogar wünschenswerte, allein mögliche bzw. als beste aller möglichen Ordnungen erschien. Diese Rechtfertigungen müssen auf einer hinreichend soliden Argumentation beruhen. Nur so können sie von einer ausreichend großen Zahl von Menschen als selbstverständlich hingenommen werden und Verzweiflung oder Nihilismus begrenzen bzw. überwinden. Denn auch diese produziert die kapitalistische Ordnung unablässig«.

»Der Geist des Kapitalismus verkörpert nun gerade eine solche Gesamtheit von Glaubenssätzen, die mit der kapitalistischen Ordnung verbunden sind und zur Rechtfertigung dieser Ordnung, zur Legitimation und mithin zur Förderung der damit zusammenhängenden Handlungsweisen und Dispositionen beitragen. Ob diese Rechtfertigungen nun allgemeiner oder praktischer, lokaler oder globaler Natur sind, ob sie in Begriffe von Tugend oder von Gerechtigkeit gefasst werden, sie begünstigen die Erfüllung von mehr oder weniger unangenehmen Aufgaben, und in einem allgemeineren Sinne fördern sie die Akzeptanz einer Lebensführung, wie sie der kapitalistischen Ordnung entgegenkommt. In dieser Hinsicht lässt sich durchaus von einer dominanten Ideologie sprechen [...].«

Quelle: Boltanski/Chiapello 2003: 42 f., 46 f.

Wie Max Weber bezweifeln auch Luc Boltanski und Ève Chiapello, dass der Geist des Kapitalismus im System selbst ruht oder in der Natur des Menschen liegt. In ihrer Untersuchung »Der neue Geist des Kapitalismus« fragen sie, wie man heute Arbeitnehmer und Manager dauerhaft motivieren kann, sich am kapitalistischen System zu beteiligen und sich dafür zu engagieren (Boltanski/Chiapello 2003). Sie sehen den Geist des Kapitalismus in einer schweren Krise, was ein »neues, mobilisierungsstärkeres Ideologiesystem« verlange, um Rechtfertigung und Akzeptanz des kapitalistischen Systems auch zukünftig zu sichern, denn da »der Kapitalismus eng mit der Freiheit verbunden ist«, könne er nicht auf Zwang zurückgreifen (S. 44, 518). Akzeptable Gründe für ein Engagement für den und im Kapitalismus biete der »neue Geist des Kapitalismus« (► Position 9).

Kapitalistische Dynamik und Akkumulation

Neben der Motivation des kapitalistischen Geistes speist sich die Dynamik des Kapitalismus aus weiteren wichtigen Quellen: Geld, Verschuldungsdynamik und Wachstumszwang sowie innovatives Unternehmertum.

Die Dynamik, die vom Geld und vom Geldnexus ausgeht, haben wir schon thematisiert (> 3.4.2). Für den Kapitalismus ist die fortlaufende Umwandlung von Geld in die Form von zwecks Renditeerzielung investiertem Kapital systemrelevant. Man kann ihn nur dann angemessen verstehen, wenn man die »aktive Rolle des Geldes in der wirtschaftlichen Entwicklung« begreift (Deutschmann 2009b: 59). Private Banken schaffen Kreditgeld, indem sie mehr Geld gegen Zinsen ausleihen, als sie an Sichteinlagen auf Konten erhalten haben (Geldschöpfung). Kreditgeld entsteht so durch private Verträge zwischen Bank und Kreditnehmer; für die Kapitalismusanalyse interessieren uns hier die Kredite, die den Kapitalisten Investitionen in (innovatives) Kapital ermöglichen (zum Folgenden auch Deutschmann 2009b: 60–64).

Mikroökonomisch geht es den kapitalistischen Investoren nach der schlichten Formel von Karl Marx G-W-G' mit G' > G darum, Geld G in die Produktion von Waren W zu investieren, um durch deren Verkauf am Markt mehr Geld G' zu erwirtschaften – aus welchen der eben erörterten Motive auch immer. Geldvermehrung als schrankenloser Selbstzweck bestimmt das Ziel der Produktion und damit auch die Waren. Da im Zuge der Schöpfung von Kreditgeld durch Kreditvertrag immer zugleich Schulden und Zinszahlungspflichten entstehen, muss ein Investor im Laufe der Zeit eine im Vergleich zur Kreditsumme *höhere* Gesamtsumme zurückzahlen; das *zwingt* ihn dazu, auf Gewinnerzielung abzustellen (Wachstumszwang durch Kapitalschulden).

Makroökonomisch betrachtet kann das in einer Volkswirtschaft in einer Periode investierte Kapital nur dann Gewinn abwerfen, wenn die Gesamtnachfrage größer ist als die Gesamtkosten, die die Kapitalisten für die Warenproduktion zahlen mussten. Diese Gesamtkosten entsprechen dem Gesamteinkommen, da das, was aus Sicht der Investoren Kosten für Löhne, Zinsen und Wareneinkauf sind, aus Sicht der Verkäufer von Arbeit, Kapital und Waren Einkommen ist. Die für die gesamte Warenproduktion einer Wirtschaft gezahlte Geldsumme muss aber höher sein als die dort erzielten Gesamteinkommen, anderenfalls gibt es im Gesamten keine Gewinne, sondern nur Kostendeckung (kurz G-W-G mit G = G). Deshalb lässt sich die positive Differenz zwischen Gesamteinkommen und Gesamtausgaben (Gesamtgewinn) für die produzierten Waren, so das Argument, nur durch zusätzliche Kredite finanzieren. Um diese zurückzahlen zu können, sind zusätzliches Einkommen und dafür weiteres Wachstum nötig, was weitere Kredite verlangt und nach sich zieht. Unterbricht dieser Zusammenhang von Investition und Nachfrage, Investitionskredit und Nachfragekredit, gerät das kapitalistische Wachstumssystem in eine Krise.

Aus dieser Perspektive setzt die Akkumulation des Kapitals permanente Kreditschöpfung voraus (Deutschmann 2009b: 63): »Haushalte und Unternehmen müssen bereit sein, mehr auszugeben, als sie einnehmen; ohne die Verschuldung und die ihr entsprechende Produktions- und Lebensweise wäre kapitalistische Dynamik undenkbar« (Deutschmann 2008b: 510).

Ein aktuelles Beispiel dafür ist die Überredung zur privaten Kreditaufnahme zwecks Finanzierung von Wohneigentum, dessen Uminterpretation in eine renditeträchtige Investition aufgrund des angeblich sicher zu erwartenden Marktwertzuwachses, der daraus resultierende kreditfinanzierte Immobilienboom – der in den USA und anderen Ländern 2007/2008 aufgrund von Überangebot, Überbewertung und Überschuldung im großen Immobiliencrash endete und die fast globale Finanzkrise mit auslöste (vgl. z. B. Paul 2012a).

Folgt man Deutschmann, verlangt die im Kapitalismus strukturell notwendige Verschuldungsdynamik nach einer spezifischen Sozialstruktur, um eine systematische Vermögensvernichtung abzuwenden, die er den kollektiven Buddenbrooks-Effekt nennt (▶ Position 10).

Position 10: Die Sozialstruktur des idealen kapitalistischen Vermögensmarktes

»Die Bereitschaft zur Verschuldung ist naturgemäß dort höher, wo es viele Menschen gibt, die es noch nicht zu Reichtum und Vermögen gebracht haben. Ein idealer kapitalistischer Vermögensmarkt stellt sich als eine sozialstrukturelle Pyramide dar, mit wenigen Vermögensbesitzern an der Spitze und einer großen, möglichst jugendlichen, armen aber zugleich aufstiegswilligen Bevölkerung an der Basis. Das Interesse an sozialem Aufstieg und Geldreichtum motiviert außerordentliche Arbeitsleistungen der Vermögenslosen, und diese Leistungen stellen wiederum die Verwertung des Kapitals der Vermögenden sicher.

Dieses Spiel kann unter zwei schwer zu balancierenden Bedingungen funktionieren: Zum einen kann und muss es ein deutliches soziales Gefälle geben, einen Klassenunterschied zwischen Vermögenden und Vermögenslosen. Zum anderen aber darf dieser Klassenunterschied nicht ständisch oder ethnisch zementiert sein. Die Vermögenslosen müssen zumindest subjektiv eine hinreichende Chance sehen, für ihre Anstrengungen durch sozialen Aufstieg belohnt zu werden, auch wenn diese Chance objektiv nicht größer sein mag als bei einer Lotterie. Auf der anderen Seite darf aber auch nicht *zu vielen* der Aufstieg in die Klasse der Vermögenden gelingen. Um sich das klar zu machen, stelle man sich nur den Extremfall vor, dass alle Vermögenslosen ihre Aspirationen ungebremst befriedigen und in die Klasse der Vermögensbesitzer aufsteigen. Es entstünde dann eine auf den Kopf gestellte soziale Pyramide, in der es fast nur noch Rentiers gibt, aber kaum noch Schuldner, die die aus den Vermögen abgeleiteten Forderungen einlösen. Was sich so ergäbe, wäre ein kollektiver ›Buddenbrooks-Effekt‹, der zur Vernichtung der Finanzvermögen führen müsste.«

Quelle: Deutschmann 2008b: 510.

Dem investitionsseitigen Wachstumszwang im Kapitalismus korrespondiert auch auf der *Nachfrageseite* ein Wachstumsprinzip, das Gesellschaft und Politik durchdringt und »Wachstumsgesellschaften« hervorbringt, die dafür sorgen, dass die Konsumnachfrage das Wachstum fortlaufend nährt, obwohl sich der systemische Wachstumszwang »von allen materiellen Bedürfnissen löst und völlig unabhängig von der tatsächlichen Größe des Sozialprodukts niemals an ein Ende gelangen kann« (Rosa 2010: 98 f.).

Betonen möchte ich einen oft unterschätzten Aspekt: *Gegenwärtig* wachstumsfördernd wirkt nämlich auch, dass die Produzenten und infolgedessen auch die Konsumenten einen nennenswerten Teil der Produktionskosten nicht übernehmen müssen oder dass man die nicht bezahlten Kosten in unbestimmte Zukunft verschiebt; das gilt z. B. für Rohstoffverbrauch, Gesundheitsschäden, Zwangsmobilität oder Umweltbelastung (Externalisierung, Sozialisierung). Faktisch handelt es sich um einen impliziten und unbegrenzten Zwangskredit frei von Zins- oder Tilgungszahlungen, der künftige Generationen belastet. Ob die mangelhafte »Kostenwahrheit und Kostenklarheit« auf Nichtwissen, Ignoranz oder Politik basiert, spielt hier keine Rolle. Die Unterscheidung des Einzukalkulierenden vom belanglosen Rest ist, wie gezeigt, die Grundvoraussetzung für die Konstruktion des Wirtschaftlichen (▶ Begriffe 8; > 3.2.1).

Diese Zusammenhänge der dynamischen Akkumulation führen einerseits dazu, dass kapitalistische Mischwirtschaften historisch einmalige hohe Niveaus der materiellen Produktion samt ihrer Technologien realisieren und damit den *durchschnittlichen* Wohlstand von Gesellschaften oft enorm steigern (vgl. Kraemer 2001: 125 f.). Andererseits bringen kapitalistische Systeme eine strukturelle Ungleichheit an Eigentum und Verfügungsgewalt über Produktionsmittel mit sich, die wiederum eine strukturelle Ungleichheit hinsichtlich der Chancen auf Kapitalakkumulation und auf Einkommen aus Vermögen verursacht. Im Wege der leistungslosen Kapitalvermehrung durch Zinseszinseffekte, des privilegierten Zugangs zu renditeträchtigen Anlageformen und der nur bescheiden besteuerten Vermögensvererbung akkumuliert das reichste Prozent der Bevölkerung immer mehr und immer schneller (für Deutschland z. B. Wehler 2013: 73–84; Krysmanski 2012: 107–153). Zugleich können in vielen Ländern mehr Bevölkerungsgruppen als früher private Geldvermögen bilden und in kapitalistische Anlageformen investieren, entweder direkt etwa in Aktien und andere Wertpapiere oder indirekt über Aktien-, Renten- oder Immobilienfonds (vgl. Deutschmann 2008b). Dennoch wächst die kapitalistische Kluft gleich doppelt: erstens zwischen den sehr Vermögensreichen und den übrigen Kapitaleigentümerinnen sowie zweitens zwischen den Eigentümerinnen und den Nichteigentümerinnen.

Expansion und Innovation

Anders als viele Sozialwissenschaftlerinnen, die sich auf die Institutionen des Kapitalismus konzentrieren, stellt Schumpeter dessen *Prozess*haftigkeit in den Mittelpunkt seiner Analyse. Moderne kapitalistische Wirtschaftssysteme entwickeln sich als hoch dynamische Systeme fortlaufend weiter. Deshalb hebt Schumpeter den »evolutionäre[n] Charakter des kapitalistischen Prozesses« hervor, der »unaufhörlich die Wirtschaftsstruktur *von innen heraus* revolutioniert« (Schumpeter 1993/1950: 136 f.). Diese Dynamik speise sich vor allem aus der kapitalistischen Unternehmung: »Der fundamentale Antrieb, der die kapitalistische Maschine in Bewegung setzt und hält, kommt von den neuen Konsumgütern, den neuen Produktions- oder Transportmethoden, den neuen Märkten, den neuen Formen der industriellen Organisation, welche die kapitalistische Unternehmung schafft« (S. 137). Schumpeter sucht also den Ursprung der Dynamik des Kapitalismus auf der Mikroebene und dort bei den Unternehmen (> 4.1.1).

Aus dieser Perspektive prägt dynamischer Wandel den Kapitalismus. Neue und alte Branchen und Unternehmen kämpfen miteinander, als wichtigster Kombattant agieren die innovative Unternehmerin bzw. die Managerinnen, die die Unternehmerfunktion ausüben. Als kreative Nonkonformistin und Innovatorin betritt sie ökonomisches Neuland, verkörpert damit das Gegenbild zum rational kalkulierenden *Homo oeconomicus* und zur bürokratisch verwaltenden Managerin (ähnlich Weber 1980/1921: 129; > 2.1.3). Sie erfindet neue Kombinationen von Produktionsfaktoren und verdrängt so traditionelle Formen von Produktion und Organisation sowie diejenigen Unternehmen, die daran festhalten. In diesem »Prozess der ›schöpferischen

Zerstörung‹« sieht Schumpeter »das für den Kapitalismus wesentliche Faktum«; diesen Prozess trage und befördere die »bürgerliche Schicht« oder »Bourgeoisklasse« und die aus ihnen stammenden Unternehmer, die von der »Jagd des Geschäftsmanns nach Gewinnen« getrieben nach immer neuen Investitionsmöglichkeiten suchen – und damit die Konkurrenzmechanismen des Kapitalismus hervorrufen und intensivieren, denen sie sich selbst unterwerfen müssen (Schumpeter 1993/1950: 122f., 137–140, 180, 185). Da diese kreative Zerstörung rationale *und* irrationale Züge hat, ist das »Verhältnis zwischen Kapitalismus und Rationalität durchaus ambivalent« (Deutschmann 2007: 92).

In drei Hinsichten greift Schumpeters Ansatz meines Erachtens allerdings hier zu kurz. Zum einen birgt das Interesse an hohen Kapitalrenditen dann ein Innovation dämpfendes oder verhinderndes Gegengewicht, wenn das Festhalten an alten, etablierten Technologien renditeträchtiger erscheint als neue einzuführen. Verbrennungsmotoren in der Automobiltechnik, erneuerbare Energien oder zentrale Stromversorgungsstrukturen sind Beispiele dafür. Zum anderen überschätzt Schumpeter die innovative Unternehmerin und unterschätzt den innovativen Staat, der auch als Anstifter, Organisator und Finanzierer von Innovationen agiert; Informationstechnologie und Atomenergie sind zwei prominente Beispiele dafür (Fligstein 2008; Radkau/Hahn 2013). Dazu gehören auch staatlich finanzierte und geförderte Wissenschaft, Forschung und Entwicklung. Damit hängen Innovationen und ihr Potenzial für die kapitalistische Dynamik wesentlich auch von politischen Interessen, Konflikten und Machtverhältnissen ab. Schließlich entspringt erfolgreiche Innovation nicht nur der Vorstellungskraft des Unternehmers, »sondern auch aus den tausend kleinen Ideen seiner Arbeiter, Lieferanten, Entwickler, Finanziers, Kunden usw. Innovation ist immer ein sozialer Prozess« (Deutschmann 2009b: 65). Innovativer Wandel vollzieht sich auch auf der Meso-Ebene und wandelt *gesellschaftliches* Wissen in *soziale* Interaktion und Koordination in neue Produkte und Prozesse um.

5.2.2 Freie Lohnarbeit und kapitalistische Herrschaft

Eine strukturelle Kluft trennt im Kapitalismus abhängige Lohnarbeit von unternehmerischer Herrschaft, sie verursacht eine systemisch bedingte Machtungleichheit auf der betrieblichen Ebene.

Den kapitalistischen Zusammenhang verkörpert auf der Mikroebene der Wirtschaft das private kapitalistische Unternehmen als Institution und als Organisation (zum Folgenden Berger 2009: 102–104; vgl. Schumpeter 1993/1950: 123). Unternehmen gelten zugleich als die »entscheidenden wirtschaftlichen Akteure« für die volkswirtschaftliche Leistung eines Landes (Hall 2006: 183; > 5.2.3). Wie oben erläutert, verfügen die Kapitaleigentümerinnen über ein Monopol an Produktionsmitteln und beschäftigen *formell* freie Lohnarbeiterinnen, deren Arbeitskraft sie auf Arbeitsmärkten als fiktive Ware für Produktionszwecke einkaufen, in die hierarchische Organisation des Betriebs eingliedern und dort zur Warenproduktion einsetzen (▶ Position 4; > 3.1.2). Nach Weber unterstellen sich die Arbeiterinnen im Rahmen der Lohnarbeit dem »Herrschaftsverhältnis im privaten kapitalistischen Betrieb«, in den sie »ebenso formell ›frei‹« eintreten wie sie aus ihm hinausgekündigt werden können – eine zweischneidige Freiheit, die »die Beherrschten normalerweise den Betriebsnormen infolge der Bedingungen des Arbeitsmarktes unterwirft« (Weber 1973b/1922: 476 f.; > 2.1.3). Wie im Abschnitt über Arbeitsmärkte gezeigt, schränken die realen Macht- und Verfügungsverhältnisse die formell existierende Arbeitsvertragsfreiheit mit einer Unternehmerin für die Lohnarbeiterinnen tatsächlich wesentlich ein (> 4.3.3). Der moderne, freie Arbeitsvertrag, so Christoph Deutschmann, herrscht »nur an der Oberfläche des Arbeitsmarktes«, denn trotz »der Erosion paternalistischer und autoritärer Führungsstrukturen« bestünden die »Asymmetrie der Macht« und die »hierarchischen Abhängigkeiten« im Betrieb fort (Deutschmann 2002: 129, 132, 137).

Denk-Pause 26

Kann Kapitalismus ohne Lohnarbeitsverhältnis funktionieren? Kann eine kapitalistische Wirtschaft ausschließlich aus kapitalistischen Unternehmern bestehen? ▪ Was bringt die Arbeiterinnen, Angestellte und Managerinnen dazu, im kapitalistischen Unternehmen zu arbeiten? ▪ Unter welchen Bedingungen würden sie vermutlich aufhören, dort zu arbeiten?

Lohnarbeit, Kapitalismus und Dynamik sind eng verknüpft. Das Lohnarbeitsverhältnis ermöglicht und ermächtigt den dynamischen Kapitalismus auf dreifache Weise: durch Produktionsorganisation, Kreativitätsproduktion und Mehrwertaneignung. Im Lohnarbeitsverhältnis liegt erstens eine wesentliche Voraussetzung dafür, die Arbeit weitgehend der renditeorientiert durchrationalisierten, auf Gewinnsteigerung orientierten Organisation der Produktion im kapitalistischen Unternehmen zu unterwerfen. In dieser rationalen Organisation der Arbeit im erwerbsorientierten industriellen Betrieb sieht Max Weber das Spezifikum des modernen Kapitalismus (Weber 1980/1921: 369; > 4.1.1).

Zweitens ermöglicht das Lohnarbeitsverhältnis, das kreative Potenzial der Arbeit kontinuierlich und systematisch organisiert anzustiften und auszuschopfen (zum Folgenden Deutschmann 2009b: 60–68; > 4.2.2, 2.1.1). Freie Lohnarbeiterinnen arbeiten produktiver als Sklavinnen, sie entwickeln individuell und kooperativ kreative Fähigkeiten, die im Rahmen des kapitalistischen Lohnarbeitsverhältnisses fortlaufend kontrolliert und von den Kapitaleigentümerinnen angeeignet werden. Produktivität und Kreativität der Lohnarbeit erzeugen Innovationen und ermöglichen und stützen so den kapitalistischen Akkumulationsprozess. Innovationen befeuern den systemischen Wachstumszwang, beide beschleunigen sich wechselseitig und induzieren darüber hinaus eine zunehmende Beschleunigung auch im sozialen Wandel (Rosa 2010: 104–110).

Nicht zuletzt erlaubt die Institution des Lohnarbeitsverhältnisses drittens die Aneignung des durch den Verkauf der Waren erzielten Überschusses (Mehrwert, Gewinn) zugunsten der Kapitaleigentümerinnen und garantiert ihnen damit die Möglichkeit der Kapitalakkumulation. Schließlich schaffen und limitieren die Märkte für die kapitalistischen Unternehmen Möglichkeiten, den potenziellen Tauschwert der produzierten Waren zu realisieren – oder auch nicht. Kurz: »Kapitalismus ist ein Wirtschaftssystem, das auf dem Auseinandertreten von *Märkten und Hierarchien* aufbaut« (Berger 2008: 368). Einen zusammenfassenden Überblick über wesentliche Elemente des modernen Kapitalismus gibt die ► Abbildung 18.

Abbildung 18: Konstitutive Elemente des modernen Kapitalismus

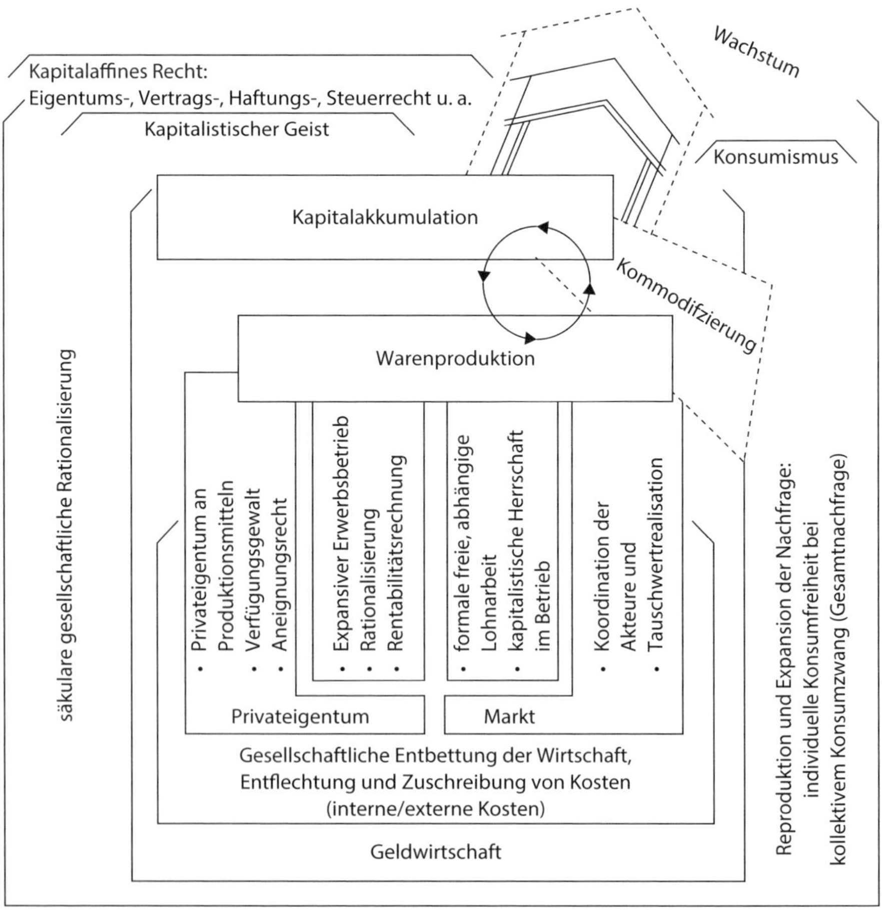

Quelle: Eigene Darstellung.

Betriebliche Herrschaft und politische Macht

Form und Ausmaß der betrieblichen Herrschaft bleiben politisch umkämpft, sie hängen auch von kollektiven Verträgen (z. B. Tarifverträge, Sozialpläne) oder politischen Regulierungen ab (z. B. Arbeitsschutz, Mitbestimmung), in denen sich die Machtverhältnisse zwischen Kapitaleigentümern und abhängig Beschäftigten niederschlagen. Im Kernbereich der kapitalistischen Wirtschaft mischen sich Markttauschbeziehungen, insbesondere zwischen Unternehmen, mit Machtbeziehungen im Verhältnis von Kapital und Arbeit, insbesondere in der asymmetrischen Machtstruktur im Betrieb. Durch betriebliche und politische Auseinandersetzungen um die Gestaltung der Arbeitsbeziehungen konnte im Laufe der historischen Entwicklung »die betriebliche Herrschaft zeitlich, sachlich und sozial schrittweise eingegrenzt und domestiziert« werden, etwa durch Arbeitszeitverkürzung, Arbeitsrecht und Entpersönlichung der Herrschaft im Zuge der Bürokratisierung der Betriebe (Berger 2009: 120 f.; > 4.1.1).

Seit ungefähr zwei Jahrzehnten ändert sich die Herrschaftsform im kapitalistischen Unternehmen zunehmend durch einen schrittweisen Wandel in Richtung auf zunächst verstärkt absatzmarktorientierte, später vor allem kapitalmarktzentrierte Unternehmenskontrolle und aktionärsorientierte Unternehmensführung. Es entwickelt sich die »diffuse Macht marktzentrierter Kontrolle« (zum Folgenden Dörre/Brinkmann 2005: 103–110): Der herkömmliche duale Grundkonflikt zwischen Lohn- und Gewinneinkommen zerfalle in einen Dreifachkonflikt zwischen Löhnen, Profiten und Zinsen (Rentabilitätserwartungen), das mache die Managementhierarchie unsichtbarer, da die abstrakte, anonyme und nicht zurechenbare Macht des (Welt-)Marktes in den Vordergrund trete, als Rechtfertigung für Zumutungen im Lohnarbeitsverhältnis fungiere; folgerichtig löse der Typus »finanziell kalkulierende Profitmanager« den auch sozial verpflichteten Managertypus ab.

Lohnabhängig Beschäftigte sehen sich mit Ansprüchen wie Flexibilisierung, Intensivierung, Risikobereitschaft und unternehmerischem Handeln konfrontiert und vom Abstieg in den Niedriglohnsektor und die Prekarisierung bedroht; Robert Castel fasst das in die Formel von der »Wiederkehr sozialer Unsicherheit« (Castel 2009; Dörre 2010: 63–68; Rosa 2010: 107–112). Unternehmerische und quasi-unternehmerische Handlungstypen diffundieren in viele Richtungen, neben die klassische Unternehmerin, die produzierte Waren am Markt verkauft, tritt die Arbeitskraftunternehmerin, die in sich selbst investiert und sich vermarktet, und dabei scheint sich eine »Gesellschaft von Unternehmern« herauszubilden (Pongratz 2008). Wie sehr Gesellschaften auf unternehmerförmiges Handeln setzen, unterscheidet sich aber von Land zu Land.

Nicht zuletzt sind die Auswirkungen der Akkumulation von Kapital in kapitalistischen Wirtschaften auch für Gesellschaft und Politik höchst relevant (> 5.2.3). Deshalb verfügen Kapitaleigentümerinnen und Managerinnen über die soziale Macht, überwiegend ihre Chancen zu realisieren und Nachteile und Risiken auf Dritte abzuwälzen, und mittelbar über politische Macht überwiegend ihre Interessen in Regulationen und Institutionen durchzusetzen. Damit verteilen sich soziale und politische Chancen einerseits strukturell ungleich auf Kapitaleigentümerinnen oder Unternehmensleiterinnen und Kapitalbesitzlose oder Kleinsteigentümerinnen (Offe 2006: 185 f.). Andererseits liegt in demokratischen Staaten in der Abhängigkeit der Regierungen von mehrheitlicher Zustimmung bei Wahlen ein gewisses Gegengewicht gegen die politische Macht von Kapitaleigentümerinnen, sofern diese nicht auch die öffentlichen Diskurse dominieren und kontrollieren können, was dort thematisiert wird und wer zu Worte kommt.

5.2.3 Kapitalistische Vielfalt und Politik

Das kapitalistische Unternehmen und seine institutionell-politische Einbettung stehen auch im Zentrum der vergleichenden Politischen Ökonomie. Sie ist eine weitere, mit der Soziologie des Kapitalismus und der Marktwirtschaft verbundene Theorielinie, die sich in der jüngeren Vergangenheit vor allem mit den Varianten des Kapitalismus, ihren institutionellen Grundlagen und unterschiedlicher ökonomischer Leistungsfähigkeit beschäftigt hat (*Varieties of Capitalism,* VoC; z. B. Hall 2006; Hall/Gingerich 2004; Hall/Soskice 2001b). In diesen Kontext gehören ferner auch Arbeiten zur Globalisierung und zum Weltwirtschaftssystem, auf die ich hier nicht näher eingehen kann (z. B. Wallerstein 2004).

Varianten des Kapitalismus

Den Varianten-des-Kapitalismus-Ansatz treiben zwei Motive (vgl. zum Folgenden Hall 2006). Er will zeigen, dass es zum einen *alternative* Arrangements von Institutionen gibt, mit denen ein Land wirtschaftlichen Erfolg erzielen kann (Diversität statt Konvergenz), und dass sich zum anderen die für eine politische Ökonomie wichtigen Institutionen wechselseitig beeinflussen und *stützen,* sodass die Vorteile der einen auch die Vorteile der anderen Institution steigern; das könne etwa für das Berufsausbildungs- und das Lohnverhandlungssystem gelten (Kohärenz durch institutionelle Komplementarität). Diese in sich kohärente Institutionenordnung und der in ihr jeweils verkörperte gesellschaftliche Interessenausgleich schaffe institutionelle Kontinuität, bewahre die jeweilige Kapitalismus-Variante vor grundlegenden Veränderungen, schließe aber Anpassungen in einzelnen Bereichen nicht aus (vgl. Beyer 2010: 308–310). Eine Konvergenz der Kapitalismusvarianten hin zu einem einzigen Typus sei nicht zu erwarten.

Denk-Pause 27

Welche Faktoren könnten bewirken, dass ökonomische Institutionen und Organisationstypen in kapitalistischen Volkswirtschaften einander langfristig immer ähnlicher werden? ■ Welche – auch außerökonomischen – Beispiele kann man als Belege für globale Tendenzen zur Vereinheitlichung und welche als Gegenbeispiele für anhaltende Unterschiede trotz Globalisierung anführen? ■ Finden Sie globale Konvergenz oder regionale Divergenz wünschenswerter? ■ Was kann Politik in diesem Kontext tun?

Man kann die Forschungsrichtung »Spielarten des Kapitalismus« anhand von vier Konzepten charakterisieren (Höpner 2009: 307–315). Als wichtigste Akteure in Produktionsregimen erscheinen die Unternehmen, vor allem auf sie richtet sich auch die staatliche Regulierung (> 4.1). Im Mittelpunkt des Vergleichs stehen zweitens die beiden institutionalisierten Koordinationsmodi Markt und langfristige strategische Koordination, mit denen die Unternehmen untereinander und mit Beschäftigten, Kunden, Zulieferern, Kreditgebern und Eigentümern interagieren. Diese beiden Regelungsformen analysiert der VoC-Ansatz drittens vor allem in vier wichtigen Domänen: Arbeitsbeziehungen, Unternehmensfinanzierung und Unternehmenskontrolle (Corporate Governance), Berufsausbildung und Beziehungen zwischen den Unternehmen. Das Forschungsinteresse fokussiert sich viertens auf institutionelle Komplementaritäten; so bewirke etwa eine Deregulierung von Arbeitsmärkten nur im Kontext ebenfalls deregulierter Finanzmärkte große Wachstumseffekte (Hall/Gingerich 2004: 25). Diese vier Konzepte dienen als Dimensionen, um empirisch nationale Varietäten des Kapitalismus herauszuarbeiten und ihre wirtschaftlichen Wirkungen zu vergleichen (z. B. Hall/Gingerich 2004).

Der Ansatz arbeitet insofern wirtschaftswissenschaftlich, als er nach der ökonomischen Leistungsfähigkeit von Unternehmen und Kapitalismen fragt (Effizienz, Wettbewerbsfähigkeit), und insofern politikwissenschaftlich, als er die politischen Koalitionen untersucht, die die jeweiligen Institutionensysteme tragen, bewahren oder verändern und dazu auch die unterschiedlichen Machtbalancen zwischen Kapital und Arbeit in den Blick nimmt. Er schreibt den Kapitalismustypen jeweils eine innere institutionelle Konsistenz zu, sodass beispielweise in dominant marktkoordinierten Systemen auch die Finanzsysteme überwiegend marktförmig gesteuert sind, während diese im koordinierten Kapitalismus vornehmlich bankbasiert sind und strategische Interaktionen zwischen kreditgebenden Banken und finanzierten Unternehmen fördern (Beyer 2010: 307; ► Begriffe 18). Der VoC-Ansatz kombiniert also die Vorstellung von inter-kapitalistischer Divergenz (liberaler / koordinierter Kapitalismus) mit intra-kapitalistischer Kohärenz (schlüssige Institutionenordnung eines Landes).

Im marktförmigen oder strategischen Charakter der Koordination sehen die VoC-Forscher eine Schlüsseldimension, die alle Sphären einer politischen Ökonomie präge, etwa Arbeitsbeziehungen, Unternehmensführung und -kontrolle; das wollen sie mithilfe von Indikatoren wie Ebene der Lohnkoordination und Arbeitskräfte-

Begriffe 18: Dichotomisch stilisierter Vergleich von liberalem und koordiniertem Kapitalismus

	liberaler Kapitalismus	**koordinierter Kapitalismus**
Bildung und Ausbildung	Investition in allgemeine Fähigkeiten	Spezifisches Humankapital für bestimmte Branchen oder Unternehmen
Arbeitsmarkt-institutionen	deregulierte Märkte, flexible Lohnsetzung	Mitwirkung der Beschäftigung und Lohnmäßigung
Finanzierung	Unternehmenskontrolle durch öffentliche Informationen und Risikokapital-Anleger	Reputationsbezogene Unternehmenskontrolle durch Banken
Wettbewerbs-politik	Marktkonkurrenz: harte Wettbewerbspolitik, Preisanpassung	strategische Interaktion: Beziehungen zwischen Unternehmen ermöglichen Kooperation

Quelle: Boyer 2005: 529, ergänzt; Übers. RH.

fluktuation sowie Aktionärsmacht und Verteilung der Kontrollbefugnisse empirisch nachweisen (Hall/Gingerich 2004: 9 f.). Die Kapitalismen, so lautet das allgemeine Fazit, haben sich »in einer kompetitiven Umgebung nicht dadurch erfolgreich entwickelt, indem sie einander ähnlicher geworden sind, sondern indem sie jene Unterschiede kultivierten, die ihnen die besten Resultate brachten« (Hall 2006: 201).

Damit überträgt der VoC-Ansatz die Theorie komparativer Kostenvorteile, die David Ricardo für die internationale Arbeitsteilung und den Außenhandel entwickelte, auf institutionelle Arrangements: Die unterschiedlichen Koordinationsmodi bedingen die Effizienz, mit der Unternehmen bestimmte Aktivitäten durchführen, und damit die Effizienz, mit der sie bestimmte Arten von Gütern und Dienstleistungen produzieren können. Spezifische nationale institutionelle Arrangements verschaffen Volkswirtschaften vergleichsweise Vorteile mit Blick auf bestimmte Aktivitäten und Produkte; daraus resultieren Muster der internationalen Spezialisierung. So konzentriere sich der liberale Kapitalismus auf radikale, tiefgreifende Produkt- und Prozessinnovationen (z. B. Biotechnologie, Telekommunikation, Software, Unterhaltungstechnik), der koordinierte Kapitalismus auf kleinschrittige, aber kontinuierliche Innovationsprozesse (z. B. Werkzeugmaschinen, langlebige Gebrauchsgüter, Motoren; Hall/Soskice 2001a: 38 f.). Der VoC-Ansatz basiert also auf einem im Kern funktionalistischen Argument.

Theorie der Regulation

Der VoC-Ansatz bleibt natürlich nicht unwidersprochen. Zunächst kann man die funktionalistische Vorstellung kritisieren, es bildeten sich jeweils die Systemeffizienz fördernde, schlüssig zueinander passende Institutionen und eine stabile institutionelle Ordnung heraus, in der Institutionenkonflikte oder tiefgreifender Wandel keine Rolle spielen (Streeck/Thelen 2005; Faust u. a. 2011: 37–41). Vertreter der aus Frankreich kommenden regulationstheoretischen Strömung wie Michel Aglietta, Bruno Amable oder Robert Boyer bemängeln, dass er Gefahr laufe, sich zu sehr am wirtschaftswissenschaftlichen Standardmodell von einer Marktwirtschaft als Vergleichsfolie zu orientieren und alle anderen Fälle als Abweichungen davon einzuordnen (Boyer 2005: 533–537). Die dichotomische Differenz zwischen liberalen Marktwirtschaften und koordinierten Marktwirtschaften reiche nicht, weil sie zu grob sei.

Die Regulationstheorie bevorzugt dagegen eine differenziertere Kategorisierung der Varietäten institutioneller Arrangements des Kapitalismus (z. B. Boyer 2005; > 3.1.2; ► Abbildung 10). Sie nutzt eine Typologie mit den vier polaren Koordinationsmodi Markt, Unternehmen, Gemeinschaft, Staat und den beiden intermediären Koordinationsmodi Netzwerk und Verband. Damit sehen Regulationstheoretiker *alle* Kapitalismen oder Marktwirtschaften als *koordinierte* Volkswirtschaften, die sich aber in der Art und Weise unterscheiden, wie ihre spezifische institutionelle Konfiguration die Koordinationsmodi kombiniert. Sie verstehen jede real vorfindliche Form kapitalistischer Konfigurationen sowohl als Ergebnis sozialer und politischer Konflikte und der daraus folgenden pfadabhängigen Weiterentwicklung wie auch als Ausdruck einer Spezialisierung der jeweiligen Volkswirtschaften auf internationale Wettbewerbsvorteile, die ihnen ein spezifisches Institutionenarrangement bietet; das schließt auch spezifische Innovations- und Anpassungsfähigkeiten ein (Boyer 2005: 547–549).

Für die OECD-Länder konstruieren Forscher der Regulationsströmung auf der Grundlage theoretischer und empirischer Analysen vier Konfigurationen des Kapitalismus: marktorientierter, mesokorporatistischer, staatsgesteuerter und sozialdemokratischer Kapitalismus; sie erwarten, dass sich diese Typologie im Zuge der Transformation postsozialistischer Volkswirtschaften noch erweitert (► Begriffe 19).

Begriffe 19: Vier Konfigurationen des Kapitalismus

»Ein markt-orientierter Kapitalismus, in dem die kommerzielle Logik, abgestimmt durch die Kontrollinstanzen für den Wettbewerb, das zentrale Organisationsprinzip für fast alle Koordinationsvorgänge darstellt. In dieser Gruppe finden wir alle englischsprachigen Länder und mitunter auch Norwegen.

Das antreibende Prinzip des meso-korporatistischen Kapitalismus ist der Tausch von Solidarität gegen Mobilität in einer Wirtschaftseinheit vom Typ Mischkonzern, die jeweils hinreichend groß und diversifiziert ist, um vorübergehende Wirtschaftsbooms und -krisen zu überleben. Japan und Korea sind zwei Beispiele für diese Konfiguration.

Ein stark staatsgetriebener Kapitalismus ist durch einen Wirtschaftskreislauf charakterisiert, in dem die meisten Komponenten (Innovation, Produktion, Nachfrage, industrielle Beziehungen, Kredit usw.) durch eine Unzahl öffentlicher Eingriffe auf nationaler, regionaler oder lokaler Ebene geprägt sind. Diese Konfiguration ist typisch für die kontinentalen Länder, die sich an der europäischen Integrationsbewegung beteiligen.

Ein sozialdemokratischer Kapitalismus schließlich basiert auf häufigen Verhandlungen zwischen den Sozialpartnern [Arbeitgeber, Gewerkschaften; RH] und öffentlichen Stellen hinsichtlich der Regeln, die die meisten Komponenten des gesellschaftlichen Lebens und der wirtschaftlichen Aktivitäten regulieren. Die skandinavischen Länder sind die Fahnenträger für dieses Modell.«

Quelle: Boyer 2005: 529, 533; Übers. RH.

Staat, Kapital und Politik

Das Spannungsverhältnis zwischen staatlicher Regulation und politischer Abhängigkeit vom Kapitalismus hält an, seitdem dieser existiert. Auch die politische Problemlage, die seit etwa zwei Jahrzehnten unter dem Schlagwort Standortkonkurrenz um Kapitalinvestitionen diskutiert wird, hat eine lange Geschichte. Max Weber entwickelte dazu ein aufschlussreiches und immer noch aktuelles Argument (Weber 1958/1923: 287). Im 17. und 18. Jahrhundert, so Weber, lagen konkurrierende Nationalstaaten »in ständigem friedlichen und kriegerischen Kampf um die Macht«, und dieser »Konkurrenzkampf schuf dem neuzeitlich-abendländischen Kapitalismus die größten Chancen. Der einzelne Staat musste um das freizügige Kapital konkurrieren, das ihm die Bedingungen vorschrieb, unter denen es ihm zur Macht verhelfen wollte. Aus dem notgedrungenen Bündnis des Staates mit dem Kapital ging der nationale Bürgerstand hervor, die Bourgeoisie im modernen Sinn des Wortes. Der geschlossene nationale Staat also ist es, der dem Kapitalismus die Chancen des Fortbestehens gewährleistet« (S. 288 f.). Der heute weitgehend freie Kapitalverkehr vergrößert die Gruppe »zunehmend global operierender Unternehmen, die nationalen Regulationsregimen entfliehen« und damit direkt oder indirekt Druck auf nationale Regierungen und Arbeitsbeziehungen ausüben können (Beckert 2006: 433). Auch nach mehr als 50 Jahren greift Webers pointierte Prognose, »solange er nicht einem Weltreich Platz macht, wird also auch der Kapitalismus dauern« (Weber 1958/1923: 289).

Die 1950er- bis 1980er-Jahre kann man als eine spezifische Entwicklungsphase des Kapitalismus in den westlichen Industrieländern kennzeichnen, in der die makroökonomische Steuerung durch den Staat, umfassende wohlfahrtsstaatliche Systeme und in einigen Ländern auch die Regulation der Arbeitsbeziehungen durch Gewerkschaften und Unternehmerverbände breit akzeptiert waren (vgl. zum Folgenden auch Beckert 2006). Seitdem haben sich viele Staaten ihrer Steuerungsinstrumente, ihrer Steuerungsaufgaben und deren Legitimationsgründe entledigt, zu einem wesentlichen Teil im Zuge der beiden eng verknüpften politischen Projekte Globalisierung und Neoliberalismus und dem damit einhergehenden Zuwachs an Mobilität und

Optionen für Unternehmen und Kapitaleigentümer. Darauf reagierend verstanden und verstehen sich Staaten oft als »Wettbewerbsstaaten« (Philip Cerny) und treten in einen vermeintlichen oder tatsächlichen Standortwettbewerb untereinander, um die attraktivsten Bedingungen für Investoren zu schaffen und damit die »eigene« Volkswirtschaft in Form von Arbeitsplätzen und Steuereinnahmen zu fördern (vgl. für Deutschland Brose/Voelzkow 1999).

Zugleich haben Staaten eine Zuschreibung von wirtschaftlichen Problemen aufgegriffen und vorangetrieben, die in Regierungen und deren politischem Handeln eine prominente Problemursache, in möglichst freien Märkten, genauer: in optimalen Bedingungen für die Kapitalverwertung, dagegen ein überlegenes Lösungsmuster sehen. Dies beschleunigt die politische und soziale »Entfesselung« des Kapitalismus im unterstellten Interesse der Kapitaleigentümer – insbesondere seines international mobilen Teils – mittels Deregulierung und Reregulierung, beispielsweise im Arbeits-, Handels- oder Steuerrecht. Regierungen stoßen dabei jedoch an Grenzen, soweit sie auf die Unterstützung durch die nationale Wählerschaft angewiesen sind. Die gravierenden Folgen der Finanzkrisen nach 2008 haben allerdings eine Renaissance der Regulierung eingeleitet (z. B. Hassel/Lütz 2010).

Denk-Pause 28

Kann man das System der globalen Finanzmärkte und seine Folgen als empirischen Beleg für eine »tiefgreifende Ökonomisierung der Politik« interpretieren (Offe 2006: 193)? ■ Was spricht für die Diagnose, es habe sich ein Finanzmarktkapitalismus entwickelt, was dagegen? ■ Haben die wirtschaftlichen, sozialen und politischen Folgen der Finanzkrisen nach 2008 anhaltende Auswirkungen auf die Kritik am Kapitalismus?

Ich habe in diesem Buch bisher mit wirtschaftssoziologischen Mitteln zu zeigen versucht, dass Wirtschaft wesentlich von gesellschaftlichen und politischen Voraussetzungen abhängt, die wirtschaftliches Handeln und wirtschaftliche Institutionen ermöglichen, legitimieren und stabilisieren (> 2.2, 4.2, 5.1). Dies gilt gerade für kapitalistische Wirtschaften, wie beispielsweise die klassischen Arbeiten von Karl Polanyi oder Max Weber nachweisen. Zur Illustration denke man an Geld und Währung, Eigentums-, Haftungs-, Wettbewerbs- oder Arbeitsrecht sowie staatliche Strukturen und Investitionen in den Bereichen Wissenschaft und Forschung, Bildung und Ausbildung, Verwaltung oder Verkehr, Außenhandel oder soziale Sicherung (▶ Fall 14; ▶ Begriffe 17, ▶ Begriffe 13).

»Der kapitalistische Marktverkehr und das in ihn eingelassene System privater Unternehmungen sind kein selbsttragendes institutionelles Arrangement, sondern immer mehr Artefakte politisch-rechtlicher Vorleistungen und Regulative«; das trifft insbesondere für Arbeitsmarktinstitutionen als Voraussetzung des Kapitalismus und für Institutionen der ökonomischen Globalisierung zu, etwa Welthandelsorganisation, Weltbank oder Internationaler Währungsfonds (Offe 2006: 190; vgl. Beckert

2006: 429–432, 436; auch > 5.1.3). Umgekehrt sind soziale und politische Ordnung und Stabilität von Gesellschaften mit kapitalistischer Wirtschaft auf Wirtschaftswachstum und anhaltende Akkumulation angewiesen, weil sie Einkommen, Güterangebot, Steueraufkommen und Handlungsmöglichkeiten des Staates bestimmen (vgl. Offe 2006: 184–186). Unter den Bedingungen eines weltweit weitgehend freien Verkehrs von Kapital hängen Gesellschaften und Staaten dabei zunehmend von Strukturen und Prozessen globaler Finanzmärkte ab; einige ihrer Grundzüge sind Gegenstand des folgenden kurzen Überblicks.

5.2.4 Finanzmarktkapitalismus als Steigerungsform

Nicht erst seit dem Beginn der Finanzmarktkrise im Jahr 2008 zieht der globale Finanzmarktkapitalismus zunehmend sozialwissenschaftliche Aufmerksamkeit auf sich; seine Diffusion und Dominanz führen u. a. dazu, dass zentrale Annahmen des Varianten-des-Kapitalismus-Ansatzes unter Druck geraten (Beyer 2010). Wir können hier nur sehr elementare Grundzüge des Finanzmarktkapitalismus, der einschlägigen Leitbilder und Interessenlagen behandeln und verfolgen einige gängige Argumentationsfiguren, insbesondere hinsichtlich der Unternehmen. Die *Social Studies of Finance* setzen auf der Mikroebene der Finanzmarktprozesse etwa im alltäglichen Wertpapierhandel der Akteure in Finanzunternehmen an (vgl. Kalthoff 2010); in unserer Darstellung bleiben sie nicht nur aus Platzgründen unberücksichtigt, sondern auch weil sie sich kaum mit dem Unternehmen beschäftigen. Das gilt auch für den Komplex der Globalisierungs-, Privatisierungs- und Deregulierungspolitiken, die den Finanzmarktkapitalismus in seiner gegenwärtigen Form teils zugelassen, teils gestaltet haben (vgl. Dörre 2010: 67 f.). So hat die Politik – vor allem in den USA – etwa die privaten Ratingagenturen, die die Kreditwürdigkeit von Unternehmen und Staaten bewerten, mit regulatorischer Macht ausgestattet und sich selbst entmachtet (vgl. Besedovsky 2012).

Im Folgenden skizzieren wir zunächst den Zusammenhang von Unternehmensfinanzierung, Finanzmärkten und Management und umreißen dann einige Argumente zu den Folgen des Finanzmarktkapitalismus.

Formen der Finanzierung und institutionelle Arrangements

Aktien und Kredite stehen nicht nur für die unterschiedlichen Typen der Finanzmarkt- und der Bankfinanzierung von Unternehmen, sondern auch für damit verbundene Typen von ökonomischen Interessen, Rationalitäten, Risikoverteilungen, Wettbewerbsregimen, Innovationsneigungen, Unternehmenskontrolle und Rechtsordnungen (zum Folgenden Windolf 2005: 23–32). Als Gläubiger hätten beispielsweise Banken ein Interesse an der langfristigen, stabilen Zahlungsfähigkeit ihrer

Kreditnehmer, zögen als kreditgebende, dem Schuldnerunternehmen verbundene Hausbank risikomeidende Wachstumsstrategien einer riskanten Profitmaximierung vor, bevorzugten wenig wettbewerbsintensive, kartellierte Märkte und wollten die finanzierten Unternehmen direkt kontrollieren, etwa über den Aufsichtsrat (Bankkredite als »geduldiges« Kapital). So entwickelten sich Systeme eines organisierten Kapitalismus des Typs koordinierte Marktwirtschaften (s. o.).

Andere institutionelle Arrangements, so das Argument weiter, prägten dagegen den Finanzmarktkapitalismus, dessen typisches Finanzierungsinstrument die Aktie sei, die wie andere Wertpapiere auf als effizient geltenden Finanzmärkten gehandelt wird (► Position 11). Allerdings lässt sich gegen Windolf einwenden, dass es offen bleibt, wie stark und scharf dieser Unterschied trennt, da man nicht weiß, ob als Wertpapiere verbriefte *Kredite* in ähnlicher Weise handelbar waren (Walker 2013: 60). Auf globalen Finanzmärkten agieren Pensions- und Investmentfonds, die mittels ihrer Eigentumsrechte die Unternehmen real oder potenziell kontrollierten. Zwar besitze jeder einzelne Fonds nur einen geringen Aktienanteil an einem Einzelunternehmen, aber in vielen Unternehmen verfügten diese institutionellen Anleger *zusammen*genommen über die Aktienmehrheit.

Fondsgesellschaften lieferten sich auf Finanzmärkten einen scharfen und relativ transparenten Wettbewerb um das Geld der Anleger, das sie in Unternehmensanteile investieren, und müssten deshalb eher kurzfristig möglichst hohe Renditen erwirtschaften (»ungeduldiges« Kapital). Dazu, so lautet ein verbreitetes Argument, übten sie Druck auf das Management der Aktiengesellschaften aus, in die sie investiert haben, sei es auf dem Wege von Forderungen und Verhandlungen (voice/Widerspruch), durch glaubhafte Drohung mit oder tatsächliche Durchführung von Aktienverkäufen oder durch Androhung der feindlichen Übernahme eines Unternehmens mittels Aktienkauf, um so das Management im Interesse der Investmentfonds zu disziplinieren (exit/Abwanderung; Windolf 2005: 38 f.).

Das Fondsmanagement erwarte meist, dass das Unternehmensmanagement seine Strategien an der Maximierung des *shareholder value* orientiere, sprich danach strebe, die Rendite auf das Kapital der Aktieneigentümer zu maximieren. Kritiker dieser Entwicklung betonen, eine durchgängige Durchsetzung von *shareholder value* »verkörpert die Utopie einer reinen Marktgesellschaft« (Dörre/Brinkmann 2005: 112; > 5.1.1). Die Fonds versuchten, Struktur und Management des Unternehmens auf ihre Interessen auszurichten: »Finanzmarktakteure sind gezwungen, gegenüber den Unternehmen der Realökonomie den ›*shareholder-value*‹ zu erzwingen, weil sie selbst unter dem Diktat des ›*shareholder-value*‹ stehen« (Windolf 2005: 33).

Position 11: Finanzmärkte als effiziente Informationsmaschinen?

Finanzmärkte fungieren insofern als »effiziente Maschinen zur Informationsverarbeitung«, als sie die extreme Komplexität der erwarteten zukünftigen Profitabilität eines Unternehmens auf die Information über einen einzigen Preis, den jeweiligen Aktienkurs, reduzieren; da ein

Finanzmarkt die Unsicherheit nicht auflösen kann, zu welchem Preis man eine Aktie zu einem Zeitpunkt X tatsächlich verkaufen kann, verkörpert der aktuelle Kurs nur fiktives Kapital, informiert die Marktteilnehmer aber zumindest über die Erwartungen anderer Marktteilnehmer über die Unternehmensprofitabilität (Erwartungs-Erwartungen; Windolf 2005: 26–31). Diese finanzmarkteigenen Erwartungs-Erwartungen verstärken sich fortlaufend, entkoppeln sich zumindest zeitweise von vergangenen realökonomischen Daten, »die Hausse nährt die Hausse, und die Baisse nährt die Baisse«, der Markt bringt immer wieder Bewegungen in Richtung extrem positiver oder extrem negativer Bewertungen von Wertpapieren hervor, die systematisch in periodisch auftretende Krisen münden (vgl. Paul 2012a, zit. S. 195).

Weitere wichtige Phänomene und Probleme, die eine Analyse der Finanzmärkte aufzugreifen hat, sind Opportunismus, Analysten, Rating-Agenturen, feindliche Übernahmen, Markt für Unternehmenskontrolle und Aktienoptionen; darauf können wir hier nicht eingehen (Überblick dazu bei Windolf 2005: 42–51).

Quelle: Eigene Zusammenfassung.

Man könne den Finanzmarktkapitalismus als eine »spezifische Konfiguration von Institutionen« auffassen. Sie führten dazu, dass sich das Management von Aktiengesellschaften in den Dienst der Kapitaleigentümerinteressen stelle, die vom Management von Investmentfonds vertreten würden. Die Investmentmanager professionalisierten die Kapitaleigentümerfunktion für die damit überforderten Fondsanteilseigner (Windolf 2005: 53 f.). Zugleich unterwürfen sie sich als Manager in ihren Investmentaktivitäten eben dem Finanzmarktsystem, das sie selbst produzieren und reproduzieren.

Gegen dieses Gesamtbild lassen sich einige Argumente anführen. Zwar *könnten* die Fonds als Gruppe strategisch abgestimmt handeln, tatsächlich komme dies aber wohl nur selten vor. Denn diese institutionellen Investoren, so die Kritik, hätten divergente Interessen und Anlagestrategien, bewerteten ein Unternehmen unterschiedlich, die notwendigen Abstimmungsprozesse wären kompliziert und schließlich blieben auch konzertiert agierende Fonds nur eine Teilmenge aller Marktteilnehmer, von denen viele womöglich anderen Kalkülen folgten (Faust u. a. 2011: 46–52; auch zum Folgenden). Darüber hinaus entscheide ein erheblicher Teil der Fonds über Kauf oder Verkauf von Aktien gar nicht in einem »›fundamentalen‹ Bezug zum realwirtschaftlichen Referenzobjekt« Unternehmen, sondern etwa mit Blick auf die Preisbewegungen am Aktienmarkt selbst oder in Nachbildung eines Aktienindexes (passive Fonds). Insgesamt »bleibt den beobachteten, bewerteten und beeinflussten Unternehmen ein Interpretationsspielraum, der sowohl in der Kapitalmarktkommunikation als auch in den unternehmensinternen Kontroversen für verschiedene strategische Positionierungen genutzt werden kann« (S. 50).

Zugespitzt lässt sich resümieren: Finanzmarktakteure und Realmarktakteure stehen weniger unter dem Diktat des *shareholder value* als unter dem Diktum der *shareholder-value*-Orientierung, das ihnen durchaus Spielräume belässt.

Folgen des Finanzmarktkapitalismus

Insgesamt, so die Schlussfolgerung aus der skizzierten Argumentation von Windolf, mache der Finanzmarktkapitalismus den realökonomischen Kapitalismus kapitalistischer, da er die Aktivitäten von Güter und Dienstleistungen produzierenden Kapitalgesellschaften (wieder) unmittelbarer auf eine maximale Eigenkapitalrendite ausrichte. Das kann im Interesse der Anleger liegen.

Aus meiner Sicht muss man aber in Rechnung stellen, dass sich zugleich dem Fondsmanagement und anderen Finanzmarktakteuren zahlreiche Gelegenheiten bieten, die Fondsanleger opportunistisch auszubeuten. Aktien haltende Kleinanleger gehen das Risiko ein, Renditenachteile durch opportunistisches Handeln des Unternehmensmanagements zu erleiden. Dagegen droht für Kleinkapitalisten, die indirekt über Fonds in Aktien investieren, ein Opportunismusrisiko stärker von Seiten des Fondsmanagements. Finanzmarktbefürworter argumentieren, der Finanzmarkt kontrolliere das Unternehmensmanagement besser als dies Kleinaktionäre jemals leisten könnten; dem steht entgegen, dass sich für einen Fondsanleger die Quellen für institutionell ermöglichten Opportunismus verdoppeln, weil er ihm sowohl vom Fonds- als auch vom Unternehmensmanagement droht.

Wichtiger erscheinen jedoch grundlegendere Folgen des Finanzmarktkapitalismus. Mögliche Veränderungen im betrieblichen Herrschaftsverhältnis haben wir schon angesprochen (z. B. Dörre 2010: 78). Nimmt man die Varianten des Kapitalismus in den Blick, scheinen sich finanzmarktliche Dynamik und flexible, kapitalmarktgetriebene Unternehmensorganisation nicht mit den auf Langfristigkeit, Verlässlichkeit, Machtbalance und Stabilität ausgerichteten Institutionen und Organisationen des koordinierten Kapitalismus zu vertragen, vielmehr wurden sie anscheinend bereits »von einem globalen Finanzmarktregime überlagert und verformt« (zit. Beyer 2010: 321; Dörre/Brinkmann 2005: 110). Manche Beobachter befürchten, dass die finanzkapitalistische Kurzfristrationalität systematische Innovationsblockaden aufbaue, die Reinvestitionsrate des Profits senke und so eine der Hauptquellen des Wachstums bremse (Dörre 2010: 78–80; > 5.2.1). Schon Max Weber nennt »diejenigen Interessenten, welche nicht primär an nachhaltiger Dauer-*Rentabilität* des Unternehmens«, sondern an spekulativem, kurzfristigem Gewinn orientiert sind« »›betriebsfremde‹ Interessen«, bewertet sie als eine »*materiale* Irrationalität der modernen Wirtschaftsordnung«, sieht in solchen »Spiel-Interessen« von Investoren eine der Quellen von Wirtschaftskrisen (Weber 1980/1921: 79).

Darüber hinaus verändern sich Gesellschaft und Politik im neuen kapitalistischen Kontext. Die soziale Basis des Finanzmarktkapitalismus wächst in Form von privatem Finanzvermögen und – trotz deren extremer Ungleichverteilung – zumindest in Westdeutschland auch in die Breite, der Anteil der Bevölkerung steigt, der über ein nennenswertes Vermögenseinkommen verfügen kann, weil sozialer Aufstieg höhere Geldeinkommen mit sich bringt, die die Aufsteiger am Kapitalmarkt anlegen (zum

Folgenden Deutschmann 2008b). Andererseits verlangt die Aufrechterhaltung der kapitalistischen Dynamik, wie gezeigt, nach fortlaufender Neuverschuldung (▶ Position 10). Ein – auch durch wachsende Vermögens- und Einkommensungleichheit – stetig zunehmender Überfluss an anlagesuchendem Geldvermögen verbindet sich mit uneinlösbaren Renditeansprüchen, die über ausufernde Spekulation finanzielle Blasen bilden, welche in zyklischen Wellen von Vermögensvernichtung platzen.

Zu beobachten sind auch die große wirtschaftliche Macht und der erhebliche politische Einfluss der Finanzindustrie, gestützt von den Kapitalverwertungsinteressen vor allem der großen, aber auch der mittelständischen Vermögensrentiers. Hinzu kommt das gewaltige, intransparente und antidemokratische Machtpotenzial, über das eine winzige globale Elite von »Superreichen« verfügt (z. B. Krysmanski 2012: 28–36, 72–81). Eine finanzmarktaffine Kultur speist sich nicht zuletzt aus Politik und Rhetorik der kapitalmarktgestützten Altersvorsorge, der Allgegenwart finanzieller Fragen in den Massenmedien und dem Einsickern finanzbezogener Kommunikation in das Alltagsleben bis hin zu finanzmarktförderlicher Erziehung in den Schulen.

Andererseits haben die Finanzkrisen und ihre Folgen die gegenwärtige Kapitalismuskritik und die Debatte um die Zukunft des Kapitalismus belebt; dieser Thematik wenden wir uns nun abschließend zu.

5.2.5 Kapitalismuskritik

In Mitteleuropa ist der moderne Industriekapitalismus noch keine 200 Jahre alt; in Zentral-, Ost- und Südosteuropa wurde er durch fünf bis sieben Jahrzehnte Sozialismus unterbrochen. Die wirtschaftsliberalistische Weltsicht ist älter als der Kapitalismus selbst. Sie drückte sich etwa exemplarisch in populären Satiren wie der »Fabel von den Bienen: Private Laster, öffentliche Tugenden« von Bernard Mandeville (1714) und theoretisch, ideologisch und politisch höchst folgenreich in Adam Smiths »Untersuchung über Wesen und Ursachen des Reichtums der Völker« aus (Smith 2012/1776).

»Die Kapitalismuskritik ist so alt wie der Kapitalismus« (Boltanski/Chiapello 2001b: 468). Die Kritik begleitet ihn bei seinem »Siegeszug um die ganze Welt« und bringt anhaltende Anklagepunkte vor wie »(materielle) Ungleichheit, zunehmende Armut, Ausbeutung der Arbeiter, Instabilität des Wirtschaftssystems, Massenarbeitslosigkeit, Herrschaft über die abhängig Beschäftigten als innersystemische Folgen, Gemeinschaftsverlust und Umweltzerstörung als Folgewirkungen der kapitalistischen Expansion für die nicht kapitalistische Umwelt des Systems« (Berger 2009: 113). Der Zusammenbruch der sozialistischen Volkswirtschaften und der kommunistischen Regimes bedrängt die Kapitalismuskritik. Sie kann sich nicht mehr auf sichtbare und damit plausible Systemalternativen beziehen, und zugleich kann der Kapitalismus die Kritik leichter ignorieren, weil er sich nicht mehr im Systemwettbewerb sieht (Boltanski/Chiapello 2003: 373 f.).

Was man am Kapitalismus kritisieren kann, hängt davon ab, wie man Kapitalismus definiert und ob man das Kritisierte diesem Kapitalismus zurechnen kann; hier greift auch die von uns bereits unterstrichene Unterscheidung zwischen Marktwirtschaft und Kapitalismus bzw. Marktwirtschaft und kapitalistischer Marktwirtschaft (vgl. Berger 2009: 34f.; Deutschmann 2007: 93; > 5.2.1). Die freie kapitalistische Konkurrenz führt zu zunehmender Konzentration, sie hebt sich dabei selbst mehr und mehr auf, der Kapitalismus erscheint dann als »sich selbst negierende Marktwirtschaft« (Dörre 2010: 30–35, zit. S. 30). Unterscheiden muss die Kritik insbesondere zwischen Strukturmerkmalen des Kapitalismus einerseits, politischen Machtverhältnissen, politischen Richtungsentscheidungen und Regulierungspolitiken andererseits; das kann man am Umgang mit den jüngsten Krisen des Finanzkapitalismus sehen (z. B. Block 2012: 269–283).

Denk-Pause 29

Welche Akteure und sozialen Gruppen sind gegenwärtig in Deutschland und Europa Träger von Kapitalismuskritik? ■ Worauf richtet sich heute die Kritik am Kapitalismus und was fordert sie? ■ Welche Alternativen zum Kapitalismus diskutieren seine Kritikerinnen? ■ Gibt es Beispiele antikapitalistischer Politik?

Johannes Berger weist sämtliche eben aufgezählten Kritikpunkte als immer schon oder neuerdings unzutreffend oder nicht dem Kapitalismus anzulastend zurück, hebt dagegen die Beiträge des Kapitalismus zur Überwindung eben dieser Probleme hervor, um anscheinend erfreut festzustellen, »insofern sieht alles danach aus, dass auf absehbare Zeit der kapitalistischen Organisationsform der Wirtschaft auch die Zukunft gehört« (Berger 2009: 113–126, zit. 126). Um diese Position zu stützen kann man auf die befreienden Effekte verweisen, die vom Kapitalismus ausgingen und ausgehen, etwa durch die Unverbindlichkeit von Marktbeziehungen, die Individualisierung und Mobilität der Lebensführung oder die Bereicherung des Alltags durch neue Konsumgüter (Boltanski/Chiapello 2001a). Genauer betrachtet muss man diese Befreiungen aber wohl eher der Marktwirtschaft zurechnen, die materielle Dynamik dagegen dem Kapitalismus (> 5.1.1).

Eine Unterscheidung von David Lockwood aufgreifend sortiert Claus Offe die Spielarten der Kapitalismuskritik in solche, die die soziale Desintegration betreffen, wie etwa Ungerechtigkeit und Ausbeutung und damit verbundene soziale Konflikte, und solche, die auf systemische Desintegration abheben und dafür etwa die anarchische kapitalistische Dynamik samt periodischer Krisen und gesellschaftlicher Instabilität anführen (Offe 2006: 182f.). Kapitalistischer Akkumulationsprozess und Gesellschaft und Politik stehen in einem ambivalenten Verhältnis: Wachstum ist »einerseits die ultimative Bedingung sozialer und politischer Ordnung«, andererseits »Quelle ständiger sozialer *Des*organisation« und einer systemischen Ungleichverteilung von Risiken und Chancen zugunsten von Kapitaleigentümern und Managern (S. 185).

Auch die klassische Kapitalismuskritik aus der Soziologie richtete sich auf soziale Desintegration, etwa bei Karl Polanyi (Verabsolutierung des Marktmechanismus; ► Position 4; > 3.2.2) und Max Weber, oder auf systemische Desintegration, die sogar zum Untergang des kapitalistischen Systems führen kann, wie etwa Karl Marx und Joseph Schumpeter hervorheben.

Position 12: Der mächtige mechanisierte Kosmos des Kapitalismus

»Der Puritaner *wollte* Berufsmensch sein, wir *müssen* es sein. Denn indem die Askese aus den Mönchszellen heraus in das Berufsleben übertragen wurde und die innerweltliche Sittlichkeit zu beherrschen begann, half sie an ihrem Teile mit daran, jenen mächtigen Kosmos der modernen, an die technischen und ökonomischen Voraussetzungen mechanisch-maschineller Produktion gebundenen, Wirtschaftsordnung erbauen, der heute den Lebensstil aller einzelnen, die in dies Triebwerk hineingeboren werden – *nicht* nur der direkt ökonomisch Erwerbstätigen –, mit überwältigendem Zwang bestimmt und vielleicht bestimmen wird, bis der letzte Zentner fossilen Brennstoffs verglüht ist. Nur wie ›ein dünner Mantel, den man jederzeit abwerfen könnte‹, sollte nach Baxters (*) Ansicht die Sorge um die äußeren Güter um die Schultern seiner Heiligen liegen. Aber aus dem Mantel ließ das Verhängnis ein stahlhartes Gehäuse werden. Indem die Askese die Welt umzubauen und in der Weltsicht auszuwirken unternahm, gewannen die äußeren Güter dieser Welt zunehmend und schließlich unentrinnbar Macht über den Menschen, wie niemals zuvor in der Geschichte. Heute ist ihr Geist [...] aus diesem Gehäuse entwichen. Der siegreiche Kapitalismus jedenfalls bedarf, seit er auf mechanischer Grundlage ruht, dieser Stütze nicht mehr.«

»Auf dem Gebiet seiner höchsten Entfesselung, in den Vereinigten Staaten, neigt das seines religiös-ethischen Sinnes entkleidete Erwerbsstreben heute dazu, sich mit rein agonalen Leidenschaften zu assoziieren, die ihm nicht selten geradezu den Charakter des Sports aufprägen. Niemand weiß noch, wer künftig in jenem Gehäuse wohnen wird und ob am Ende dieser ungeheuren Entwicklung ganz neue Propheten oder eine mächtige Wiedergeburt alter Gedanken und Ideale stehen werden, *oder* aber – wenn keins von beiden – mechanisierte Versteinerung, mit einer Art von krampfhaftem Sich-wichtig-nehmen verbrämt. Dann allerdings könnte für die ›letzten Menschen‹ dieser Kulturentwicklung das Wort zur Wahrheit werden: ›Fachmenschen ohne Geist, Genussmenschen ohne Herz: dies Nichts bildet sich ein, eine nie vorher erreichte Stufe des Menschentums erstiegen zu haben.‹«

(*) Richard Baxter, 17. Jh., puritanischer Kirchenführer in England

Quelle: Weber 2006/1920: 200 f.

Ein klassischer Tenor der Kapitalismuskritik moniert die allumfassende und unausweichliche Ökonomisierung, auch von Gesellschaft und Lebenswelt (> 5.1.3). Deutlich formuliert Max Weber diese Art von kultureller Kritik (► Position 12). Drei Soziologengenerationen später kritisiert z. B. Hartmut Rosa, dass der Kapitalismus »mit logischer Notwendigkeit in ein uferloses Steigerungsspiel [führt], das selbst die Profiteure und Gewinner unglücklich machen kann, weil es all ihre individuellen und kollektiven Energien einem einzigen, blinden, instrumentellen Telos unterwirft: dem Kampf um die Aufrechterhaltung der Wettbewerbsfähigkeit« (Rosa 2010: 125).

Welche Zukunft kann der Kapitalismus als reales System und ideale Erzählung erwarten?

Die Zukunft des Kapitalismus

Gehört die Zukunft dem Kapitalismus? Unter den klassischen Autoren überwog die Skepsis. Karl Marx prognostiziert, als einziges Wirtschaftssystem werde sich letztlich der Kapitalismus – zunächst! – durchsetzen, als einziger Typ des Wirtschaftsakteurs überlebe dort der kapitalistische Unternehmer. Werner Sombart lehnt diese Prognose ab und erwartet stattdessen das dauerhafte Nebeneinander unterschiedlicher Wirtschaftsweisen wie Eigenwirtschaft, Genossenschaft, Gemeinwirtschaft und Kapitalismus: Letzterer werde aber wichtige Wirtschaftszweige weiterhin beherrschen (Sombart 1987/1927: 1008–1022; vgl. Pohlmann 2006: 175 f.; > 5.2.3). Weber diagnostiziert eine Dominanz des Kapitalismus und bewertet ihre Folgen negativ (▶ Position 12).

Karl Marx prognostizierte den langfristig erwartbaren Zusammenbruch des Kapitalismus in einem Prozess der Selbstzerstörung aufgrund innerer systembedingter Widersprüche; dazu zählt er Klassenkonflikte, Kapitalkonzentration und Monopolisierung, Überproduktion und sinkende Profitraten sowie immer häufigere und heftigere Wirtschaftskrisen (vgl. Bachinger/Matis 2009: 383–422). Massiv kritisierte Marx die – im 19. Jahrhundert und mancherorts auch heute noch offensichtliche – dramatische sozial desintegrative Wirkung des Kapitalismus. Phänomene wie Ausbeutung, Entfremdung, Proletarisierung, Arbeitsleid, Verelendung, Unsicherheit sowie den ökonomischen und politischen Imperialismus führte er auf die materiell-ökonomische Struktur des Kapitalismus zurück, die diese determiniere.

In den kapitalistischen Strukturen sieht Marx sowohl die Quelle für ein historisch neuartiges Niveau an Produktivität und materiellem Reichtum als auch die Ursache für den unabwendbaren Untergang des Kapitalismus, denn »die kapitalistische Produktion erzeugt mit der Notwendigkeit eines Naturprozesses ihre eigene Negation« (Marx 2013/1883: 927). Für Marx geht die historisch einmalige »Akkumulation von Reichtum« durch die Akkumulation von Kapital mit der »Akkumulation von Elend« aufgrund des Ausbeutungsverhältnisses Hand in Hand (»antagonistischer Charakter der kapitalistischen Akkumulation«; S. 779).

»Kann der Kapitalismus weiterleben?«, fragt auch Joseph Schumpeter und prognostiziert unter methodischem Vorbehalt, »Nein, meines Erachtens nicht«, denn dem »kapitalistischen System wohnt eine Tendenz zur Selbstzerstörung inne«; sie resultiere aus dem Verschwinden des schöpferischen Unternehmerinnovators, die kapitalistische Dynamik erlahme und versiege schließlich (vgl. zum Folgenden Schumpeter 1993/1950: 103–264, zit. S. 105, 261; Gislain/Steiner 1995: 150–156). Durch Konkurrenz und Konzentration verbreite sich das bürokratisch organisierte Großunternehmen mit routinisiert handelnden, angestellten Vorständen, die Prinzipien Organisation und Management lösten die Prinzipien Innovation und Führung ab. Eine kapitalistische Wirtschaft, in der entpersonalisierte, bürokratische, monopolistische Großunternehmen dominieren, entwickle ähnliche Eigenschaften wie eine Planwirtschaft, so bringe der Kapitalismus aus sich selbst heraus eine Tendenz zur Sozialisierung hervor.

Das Zusammenspiel von permanenter Innovation, Zerstörung des Alten und fortschreitender Rationalisierung der Wirtschaft mit den im Kapitalismus dominierenden ökonomischen Grundorientierungen Individualismus und Rationalismus, die zur allgemeinen Lebensform werden, zerstöre Traditionen und bestehende Institutionen, ohne dass eine neue Ordnung entstehe. Diese Orientierungen durchdrängen auch das Privatleben und lösten die bürgerliche Familie und damit eine Grundlage des Unternehmertums auf. Hinzu komme eine immer kapitalismusfeindlicher werdende Öffentlichkeit. Im Ergebnis, so Schumpeter, könne der Kapitalismus nicht überleben.

Schließlich gehört auch Karl Polanyi in die Reihe der soziologischen Skeptiker, die den Kapitalismus für langfristig nicht überlebensfähig halten. Während Marx und Schumpeter den Kapitalismus vor allem an seinen inneren Widersprüchen scheitern sehen, nimmt Polanyi die zerstörerischen Wirkungen des modernen Wirtschaftsliberalismus in den Blick. Seine Position erfreut sich seit gut zwei Jahrzehnten wieder einer erhöhten Aufmerksamkeit und gewinnt im Kontext der Kritik an Globalisierung und Neoliberalismus vermehrt Anhänger. Polanyi befürchtet, dass die Loslösung des Marktes aus der sozialen Einbettung, der Individualismus und der Materialismus des entfesselten (kapitalistischen) Marktsystems gesellschaftlich desintegrieren, kulturell entwurzeln und normativ entwerten und deshalb in der Katastrophe enden (Polanyi 1978/1944; ► Position 4).

Es mag aber gerade die Kritik sein, die den Kapitalismus überlebensfähig macht. Denn die Kritik, so argumentieren die Soziologen Luc Boltanski und Ève Chiapello, zwinge den Kapitalismus immer wieder, sich zu rechtfertigen, zum einen gegenüber Formen der Sozialkritik, die die soziale Desintegration kritisieren, zum anderen gegenüber Formen der Künstlerkritik; sie richte sich insbesondere seit 1968 und in den 1970er-Jahren gegen Unterdrückung durch die Herrschaft des Marktes, die Disziplinierung im Unternehmen und die allgemeine Kommodifizierung und Uniformierung (vgl. zum Folgenden Boltanski/Chiapello 2001b: 468–476; > 5.1.1). Der Kapitalismus reagierte darauf, indem er der Kritik teilweise entsprach, etwa durch Gewährung von mehr Partizipation und mehr Autonomie am Arbeitsplatz, durch Diversifikation des Warensortiments, Flexibilisierung von Entgelt und Arbeitszeit und jüngst durch netzwerkartige und projektförmige Organisation von Arbeit, die mehr Selbstständigkeit böten. So entwickelte sich der Kapitalismus weiter und konnte die Kritik zeitweise neutralisieren. Allerdings stehen den Fortschritten auch Verluste bei Arbeitnehmerschutz, Arbeitsplatzsicherheit und Entgelt gegenüber, aus denen sich erneut die Sozialkritik speist. Daraus kann man schließen, die »Arbeit der Kritik ist niemals zu Ende. Sie muss immer wieder erneuert werden« (S. 477). Und sie gewährt, so kann man hinzufügen, dem Kapitalismus auf absehbare Zeit Chancen, sich durch künftige Kritik weiterhin zu Verbesserungen antreiben zu lassen.

Die zukünftige Wirksamkeit der Wirtschaftssoziologie hängt wohl auch davon ab, ob sie als kritische Soziologie der Kapitalismen und als Soziologie der Kapitalismuskritik einen eigenständigen Beitrag zur gesellschaftlichen und wirtschaftlichen Aufklärung liefern kann. In einem Klima, in der Kapitalismus den meisten Sozialwissenschaftlerinnen nicht nur als alternativlos, sondern sogar als überlegen erscheint, fällt das nicht leicht. Ernsthafte Anstrengung verdient dieser Versuch aber allemal.

Kapitel kompakt

Kapitalismus meint unbegrenzte Kapitalakkumulation durch permanente Reinvestition von Gewinnen zwecks Profitmaximierung als Selbstzweck ▪ Das ermöglichen rationale Kapitalrechnung, rationale Betriebsführung, steuerbare Technik, Marktfreiheit und Marktorientierung ▪ Im Kapitalismus gehören die Produktionsmittel überwiegend privaten Eigentümern (Kapitalisten), die über deren Verwendung entscheiden (lassen) ▪ Zur Produktion von Waren für den Markt schließen sie Verträge mit formell freien Lohnarbeitern ▪ Die Produktionsmittel sind ungleich verteilt ▪ Anhaltendes Erwerbsstreben und umfassend rationale Lebensführung prägen den Geist des Kapitalismus ▪ Moderne kapitalistische Systeme sind produktiv, expansiv (»Landnahme«), innovativ, dynamisch und wachstumsabhängig ▪ Zwischen Kapitaleigentümern und Beschäftigten herrscht ein asymmetrisches Machtverhältnis ▪ Dessen Ausgestaltung ist politisch umstritten und umkämpft ▪ Der Kapitalismus existiert in unterschiedlichen Varianten mit unterschiedlichen Formen der Regulation ▪ Der globale Finanzmarktkapitalismus orientiert Unternehmen auf kurzfristige Maximierung der Eigenkapitalrendite ▪ In seinem Kontext gewinnen Kapitalverwertungsinteressen noch stärker an politischem Gewicht ▪ Die Kapitalismuskritik gehört zum Kapitalismus ▪ Sie kritisiert zum einen die soziale Desintegration, zum anderen die systemischen Krisen und die politische Ungleichheit ▪ Während Klassiker den Kapitalismus als nicht überlebensfähig einschätzten, erscheint er heute vielen als alternativlos ▪ Paradoxerweise produziert die Kritik Anpassungsreaktionen im Kapitalismus und hilft ihm so beim Überleben ▪

Weiterlesen

Basis: Kraemer 2001 ▪ *Vertiefend:* Deutschmann 2010; Windolf 2005; Streeck 2010 ▪

Anhang

Literaturverzeichnis

Abolafia, Mitchel Y. (1996): Making markets. Opportunism and restraint on Wall Street. Cambridge, Mass: Harvard University Press.

Abolafia, Mitchel Y. (1998): Markets as cultures. An ethnographic approach. In: Michel Callon (Hg.) (1998), 69–85.

Abolafia, Mitchel Y. (2005): Making Sense of Recession. Toward an Interpretive Theory of Economic Action. In: Victor Nee und Richard Swedberg (Hg.) (2005): 204–226.

Abolafia, Mitchel Y.; Biggart, Nicole Woolsey (1991): Competition and Markets. An Institutional Perspective. In: Amitai Etzioni und Paul R. Lawrence (Hg.): Socio-economics. Toward a new synthesis. 1st International conference : Papers. Armonk, N.Y: M. E. Sharpe, 211–231.

Abraham, Martin; Hinz, Thomas (Hg.) (2008): Arbeitsmarktsoziologie. Probleme, Theorien, empirische Befunde. 2. Aufl. Wiesbaden: VS Verlag für Sozialwissenschaften.

Aspers, Patrick (2007): Theory, Reality, and Performativity in Markets. In: *American Journal of Economics and Sociology* 66 (2), 379–398.

Aspers, Patrik (2010): Orderly fashion. A sociology of markets. Princeton, N.J: Princeton University Press.

Aspers, Patrik; Beckert, Jens (2008): Märkte. In: Andrea Maurer (Hg.) (2008b), 225–246.

Bachinger, Karl; Matis, Herbert (2009): Entwicklungsdimensionen des Kapitalismus. Klassische sozioökonomische Konzeptionen und Analysen. Wien, Köln, Weimar: Böhlau.

Baecker, Dirk (1999): Die Preisbildung an der Börse. In: *Soziale Systeme* 5 (2), 287–313.

Baecker, Dirk (2006): Wirtschaftssoziologie. Bielefeld: Transcript.

Baker, Wayne E. (1984): The Social Structure of a National Securities Market. In: *American Journal of Sociology* 89 (4), 775–811.

Barber, Bernard (1995): All Economies Are »Embedded«. The Career of a Concept, and Beyond. In: *Social Research* 62 (2), 387–413.

Beckert, Jens (1996): Was ist soziologisch an der Wirtschaftssoziologie? Ungewißheit und die Einbettung wirtschaftlichen Handelns. In: *Zeitschrift für Soziologie* 25 (2), 125–146.

Beckert, Jens (1999): Ökonomische Rationalität und die Einbettung wirtschaftlichen Handelns. In: Axel T. Paul (Hg.): Ökonomie und Anthropologie. Berlin: Berlin Verlag Spitz, 89–101.

Beckert, Jens (2006): Wer zähmt den Kapitalismus? In: Jens Beckert u. a. (Hg.) (2006), 425–442.

Beckert, Jens (2007): Die soziale Ordnung von Märkten. In: Jens Beckert u. a. (Hg.) (2007), 43–62.

Beckert, Jens (2009a): Koordination und Verteilung. Zwei Ansätze der Wirtschaftssoziologie. In: Sylke Nissen und Georg Vobruba (Hg.) (2009), 19–34.

Beckert, Jens (2009b): The Great Transformation of Embeddedness. Karl Polanyi and the New Economic Sociology. In: Chris Hann und Keith Hart (Hg.): Market and Society. The Great Transformation Today. Cambridge, New York u. a.: Cambridge University Press, 38–55.

Beckert, Jens (2009c): Wirtschaftssoziologie als Gesellschaftstheorie. In: *Zeitschrift für Soziologie* 38 (3), 182–197.

Beckert, Jens (2011): Pragmatismus und wirtschaftliches Handeln. In: Bettina Hollstein, Matthias Jung und Wolfgang Knöbl (Hg.): Handlung und Erfahrung. Das Erbe von Historismus und Pragmatismus und die Zukunft der Sozialtheorie. Frankfurt am Main, New York: Campus, 247–269.

Beckert, Jens (2013): Erben in der Leistungsgesellschaft. Frankfurt am Main: Campus.

Beckert, Jens; Aspers, Patrik (Hg.) (2011): The Worth of Goods. Valuation and Pricing in the Economy. Oxford, New York: Oxford University Press.

Beckert, Jens; Besedovsky, Natalia (2010): Die Wirtschaft als Thema der Soziologie. Zur Entwicklung wirtschaftssoziologischer Forschung in Deutschland und den USA. In: Jens Beckert und Christoph Deutschmann (Hg.) (2010b), 22–42.

Beckert, Jens; Deutschmann, Christoph (2010a): Neue Herausforderungen der Wirtschaftssoziologie. In: Jens Beckert und Christoph Deutschmann (Hg.) (2010b), 7–21.

Beckert, Jens; Deutschmann, Christoph (Hg.) (2010b): Wirtschaftssoziologie. *Kölner Zeitschrift für Soziologie und Sozialpsychologie*, Sonderheft 49/2009. Wiesbaden: VS Verlag für Sozialwissenschaften.

Beckert, Jens; Diaz-Bone, Rainer; Ganßmann, Heiner (Hg.) (2007): Märkte als soziale Strukturen. Frankfurt am Main, New York: Campus.

Beckert, Jens; Ebbinghaus, Bernhard; Hassel, Anke (Hg.) (2006): Transformationen des Kapitalismus. Festschrift für Wolfgang Streeck zum sechzigsten Geburtstag. Frankfurt am Main, New York: Campus.

Berger, Johannes (2001): Der diskrete Charme des Marktes. In: Karl-Ulrich Mayer (Hg.): Die beste aller Welten? Wohlfahrtsstaat vs. Marktliberalismus. Frankfurt am Main, New York: Campus, 13–34.

Berger, Johannes (2008): Kapitalismusanalyse und Kapitalismuskritik. In: Andrea Maurer (Hg.) (2008b), 363–381.

Berger, Johannes (2009): Der diskrete Charme des Marktes. Aufsätze zur Wirtschaftssoziologie. Wiesbaden: VS Verlag für Sozialwissenschaften.

Berger, Peter L.; Luckmann, Thomas (1980): Die gesellschaftliche Konstruktion der Wirklichkeit. Eine Theorie der Wissenssoziologie. Frankfurt am Main: Fischer Taschenbuch.

Besedovsky, Natalia (2012): Politischer Ritterschlag für Ratingagenturen. Regulatorisches Outsourcing und der Beitrag von Gesetzgebern zur Macht der Ratingagenturen. In: Klaus Kraemer und Sebastian Nessel (Hg.) (2012), 225–242.

Bessy, Christian (2011): Repräsentation, Konvention und Institution. Orientierungspunkte für die Économie des conventions. In: Rainer Diaz-Bone (Hg.) (2011b), 167–202.

Beyer, Jürgen (2010): Varietät verspielt? Zur Nivellierung der nationalen Differenzen des Kapitalismus durch globale Finanzmärkte. In: Jens Beckert und Christoph Deutschmann (Hg.) (2010b), 305–325.

Bidet, Alexandra; Vatin, François (2009): Mesure et acteur au travail. In: Philippe Steiner und François Vatin (Hg.) (2009b), 689–726.

Biggart, Nicole Woolsey; Beamish, Thomas D. (2003): The Economic Sociology of Conventions: Habit, Custom, Practice, and Routine in Market Order. In: *Annual Review of Sociology* 29, 443–464.

Block, Fred (2012): Varieties of What? Should we Still be Using the Concept of Capitalism? In: *Political Power and Social Theory* 23, 269–291.

Blümle, Gerold; Goldschmidt, Nils; Klump, Rainer; Schauenberg, Bernd; Senger, Harro von (Hg.) (2004): Perspektiven einer kulturellen Ökonomik. Münster: Lit.

Böhle, Fritz; Voß, G. Günter; Wachtler, Günther (Hg.) (2010): Handbuch Arbeitssoziologie. Wiesbaden: VS Verlag für Sozialwissenschaften.

Bofinger, Peter (2011): Grundzüge der Volkswirtschaftslehre. Eine Einführung in die Wissenschaft von Märkten. 3. Aufl. München, Boston, San Francisco u.a: Pearson Studium.

Bohnsack, Ralf (2010): Rekonstruktive Sozialforschung. Einführung in qualitative Methoden. 8. Aufl. Stuttgart: UTB.

Boltanski, Luc (2010): Soziologie und Sozialkritik. Frankfurter Adorno-Vorlesungen 2008. Frankfurt am Main: Suhrkamp.

Boltanski, Luc; Chiapello, Ève (2001a): Befreiung vom Kapitalismus? Befreiung druch Kapitalismus? In: *Blätter für deutsche und internationale Politik* 45 (4), 476–487.

Boltanski, Luc; Chiapello, Ève (2001b): Die Rolle der Kritik in der Dynamik des Kapitalismus und der normative Wandel. In: *Berliner Journal für Soziologie* 11 (4), 459–477.

Boltanski, Luc; Chiapello, Ève (2003): Der neue Geist des Kapitalismus. Konstanz: UVK-Verlagsgesellschaft.

Boltanski, Luc; Thévenot, Laurent (2007): Über die Rechtfertigung. Eine Soziologie der kritischen Urteilskraft. Hamburg: Verlag Hamburger Edition.

Bornmann, Lutz (2010): Die analytische Soziologie: Soziale Mechanismen, DBO-Theorie und Agentenbasierte Modelle. In: *Österreichische Zeitschrift für Soziologie* 35 (4), 25–44.

Bosch, Gerhard (2010): Strukturen und Dynamik von Arbeitsmärkten. In: Fritz Böhle u. a. (Hg.) (2010), 643–670.

Bourdieu, Pierre (2005): Principles of an Economic Anthropology. In: Neil J. Smelser und Richard Swedberg (Hg.) (2005), 75–89.

Bourdieu, Pierre (2006): Der Einzige und sein Eigenheim. Unveränd. Nachdr. Hamburg: VSA-Verlag.

Boyer, Robert (2005): How and why capitalisms differ. In: *Economy and Society* 34 (4), 509–557.

Boyer, Robert (2009): Marché, État et Capitalismes. In: Philippe Steiner und François Vatin (Hg.) (2009b), 53–87.

Brose, Hanns-Georg/Voelzkow, Helmut (Hg.) (1999): Institutioneller Kontext wirtschaftlichen Handelns und Globalisierung. Marburg: Metropolis.

Brunsson, Nils (2006): Mechanisms of hope. Maintaining the dream of the rational organization. Kopenhagen: Copenhagen Business School Press.

Çalışkan, Koray; Callon, Michel (2009): Economization, part 1. Shifting attention from the economy towards processes of economization. In: *Economy and Society* 38 (3), 369–398.

Çalışkan, Koray; Callon, Michel (2010): Economization, part 2. A research programme for the study of markets. In: *Economy and Society* 39 (1), 1–32.

Callon, Michel (Hg.) (1998): The Laws of the Markets. Oxford, Malden, MA: Blackwell Publishers/Sociological Review.

Callon, Michel (1998a): An essay on framing and overflowing: economic externalities revisited by sociology. In: Michel Callon (Hg.) (1998), 244–269.

Callon, Michel (1998b): Introduction: the embeddedness of economic markets in economics. In: Michel Callon (Hg.) (1998), 1–55.

Callon, Michel; Muniesa, Fabian (2005): Economic markets as calculative collective devices. In: *Organization Studies* 26 (8), 1229–1250.

Castel, Robert (2009): Die Wiederkehr der sozialen Unsicherheit. In: Robert Castel und Klaus Dörre (Hg.): Prekarität, Abstieg, Ausgrenzung. Die soziale Frage am Beginn des 21. Jahrhunderts. Frankfurt am Main: Campus, 21–34.

Chandler, Alfred D. (2002/1977): The Visible Hand: The Managerial Revolution in American Business. 16. Aufl. Cambridge, Mass.; Ann Arbor, Michigan: Belknap Press; Mpublishing.

Chiapello, Ève (2009): Die Konstruktion der Wirtschaft durch das Rechnungswesen. In: Rainer Diaz-Bone und Gertraude Krell (Hg.): Diskurs und Ökonomie. Diskursanalytische Perspektiven auf Märkte und Organisationen. Wiesbaden: VS Verlag für Sozialwissenschaften, 125–149.

Collins, Randall (2001): Weber's Last Theory of Capitalism: A Systematization. In: Mark Granovetter und Richard Swedberg (Hg.) (2001), 379–400.

Dequech, David (2003): Uncertainty and Economic Sociology. A Preliminary Discussion. In: *American Journal of Economics and Sociology* 62 (3), 509–532.

Dequech, David (2004): Uncertainty: individuals, institutions and technology. In: *Cambridge Journal of Economics* 28 (3), 365–378.

Deutschmann, Christoph (2000): Geld »als absolutes Mittel«. Zur Aktualität von Tardldtheorie. In: *Berliner Journal für Soziologie* 10 (3), 301–313.

Deutschmann, Christoph (2002): Postindustrielle Industriesoziologie. Theoretische Grundlagen, Arbeitsverhältnisse und soziale Identitäten. Weinheim: Juventa.

Deutschmann, Christoph (2007): Unsicherheit und soziale Einbettung. Konzeptionelle Probleme der Wirtschaftssoziologie. In: Jens Beckert u. a. (Hg.) (2007), 79–94.

Deutschmann, Christoph (2008): Kapitalistische Dynamik. Eine gesellschaftstheoretische Perspektive. Wiesbaden: VS Verlag für Sozialwissenschaften

Deutschmann, Christoph (2008a): Der Typus des Unternehmers in wirtschaftssoziologischer Sicht. In: Andrea Maurer und Uwe Schimank (Hg.) (2008), 40–62.

Deutschmann, Christoph (2008b): Die Finanzmärkte und die Mittelschichten: der kollektive Buddenbrooks-Effekt. In: *Leviathan* 36 (4), 501–517.

Deutschmann, Christoph (2009a): Geld als universales Inklusionsmedium moderner Gesellschaften. In: Rudolf Stichweh und Paul Windolf (Hg.): Inklusion und Exklusion: Analysen zur Sozialstruktur und sozialen Ungleichheit. Wiesbaden: VS Verlag für Sozialwissenschaften, 223–239.

Deutschmann, Christoph (2009b): Geld und kapitalistische Dynamik. In: Sylke Nissen und Georg Vobruba (Hg.) (2009), 57–71.

Deutschmann, Christoph (2009c): Soziologie kapitalistischer Dynamik. MPIfG. Köln (MPIfG Working Paper).

Deutschmann, Christoph (2010): Soziologische Erklärungen kapitalistischer Dynamik. In: Jens Beckert und Christoph Deutschmann (Hg.) (2010b), 43–66.

Diaz-Bone, Rainer (2007): Habitusformierung und Theorieeffekte. Zur sozialen Konstruktion von Märkten. In: Jens Beckert u. a. (Hg.) (2007), 253–266.

Diaz-Bone, Rainer (2011a): Einführung in die Soziologie der Konventionen. In: Rainer Diaz-Bone (Hg.) (2011b), 9–41.

Diaz-Bone, Rainer (Hg.) (2011b): Soziologie der Konventionen. Grundlagen einer pragmatischen Anthropologie. Frankfurt am Main: Campus.

DiMaggio, Paul (1998): The New Institutionalisms. Avenues of Collaboration. In: *Journal of Institutional and Theoretical Economics* 154 (4), 696–705.

DiMaggio, Paul J.; Powell, Walter W. (1983): The Iron Cage Revisited. Institutional Isomorphism and Collective Rationality in Organizational Fields. In: *American Sociological Review* 48 (2), 147–160.

Dobbin, Frank (2001): Why the Economy Reflects the Polity. Early Rail Policy in Britain, France, and the United States. In: Mark Granovetter und Richard Swedberg (Hg.) (2001), 401–424.

Dörre, Klaus (2010): Die neue Landnahme. Dynamik und Grenzen des Finanzmarktkapitalismus. In: Klaus Dörre u. a. (Hg.) (2010), 21–86.

Dörre, Klaus; Brinkmann, Ulrich (2005): Finanzmarkt-Kapitalismus: Triebkraft eines flexiblen Produktionsmodells? In: Paul Windolf (Hg.) (2005), 85–116.

Dörre, Klaus; Lessenich, Stephan; Rosa, Hartmut; Barth, Thomas (Hg.) (2010): Soziologie – Kapitalismus – Kritik. Eine Debatte. Frankfurt am Main: Suhrkamp.

Durkheim, Émile (1996/1902): Über soziale Arbeitsteilung. Studie über die Organisation höherer Gesellschaften. 2. Aufl. Frankfurt am Main: Suhrkamp.

Durkheim, Émile (1984/1895): Die Regeln der soziologischen Methode. Frankfurt am Main: Suhrkamp.

Durkheim, Émile (1994): Emile Durkheim on Institutional Analysis. Hg. von Mark Traugott. Chicago, London: University of Chicago Press.

Elster, Jon (2007): Explaining Social Behavior. More Nuts and Bolts for the Social Sciences. Cambridge, New York: Cambridge University Press.

Engartner, Tim (2007): Privatisierung und Liberalisierung – Strategien zur Selbstentmachtung des öffentlichen Sektors. In: Christoph Butterwegge, Bettina Lösch und Ralf Ptak (Hg.): Kritik des Neoliberalismus. Wiesbaden: VS Verlag für Sozialwissenschaften, Wiesbaden, 87–133.

Engels, Anita (2010): Die soziale Konstitution von Märkten. In: Jens Beckert und Christoph Deutschmann (Hg.) (2010b), 67–86.

Engels, Anita; Knoll, Lisa (Hg.) (2012): Wirtschaftliche Rationalität. Soziologische Perspektiven. Wiesbaden: VS Verlag für Sozialwissenschaften.

Esser, Hartmut (1996): Soziologie. Allgemeine Grundlagen. Frankfurt am Main, New York: Campus.

Etzrodt, Christian (2003): Sozialwissenschaftliche Handlungstheorien. Eine Einführung. Konstanz: UVK-Verlagsgesellschaft.

Eymard-Duvernay, François (2011): Konventionalistische Ansätze in der Unternehmensforschung. In: Rainer Diaz-Bone (Hg.) (2011b), 99–124.

Eymard-Duvernay, François; Favereau, Olivier; Orléan, André; Salais, Robert; Thévenot, Laurent (2011): Werte, Koordination und Rationalität. Die Verbindung dreier Themen durch die »Économie des conventions«. In: Rainer Diaz-Bone (Hg.) (2011b), 203–230.

Faust, Michael; Bahnmüller, Reinhard; Fisecker, Christiane (2011): Das kapitalmarktorientierte Unternehmen. Externe Erwartungen, Unternehmenspolitik, Personalwesen und Mitbestimmung. Berlin: Edition Sigma.

Faust, Michael; Jauch, Peter; Brünnecke, Karin; Deutschmann, Christoph (1999): Dezentralisierung von Unternehmen. Bürokratie- und Hierarchieabbau und die Rolle betrieblicher Arbeitspolitik. 3. Aufl. München, Mering: Hampp.

Ferrary, Michel; Granovetter, Mark (2009): The role of venture capital firms in Silicon Valley's complex innovation network. In: *Economy and Society* 38 (2), 326–359.

Fley, Bettina (2008): Wirtschaft und wirtschaftliches Handeln als Ökonomie der Praxis. In: Andrea Maurer (Hg.) (2008b), 161–184.

Fligstein, Neil (1996): Markets as Politics. A Political-Cultural Approach to Market Institutions. In: *American Sociological Review* 61 (4), 656.

Fligstein, Neil (2008): Myths of the Market. In: Alexander Ebner und Nikolaus Beck (Hg.): The Institutions of the Market. Organizations, Social Systems and Governance. Oxford, New York: Oxford University Press, 131–156.

Fligstein, Neil (2010): The Europeanization of Business. In: Jens Beckert und Christoph Deutschmann (Hg.) (2010b), 107–124.

Fligstein, Neil (2011): Die Architektur der Märkte. Wiesbaden: VS Verlag für Sozialwissenschaften.

Fligstein, Neil; Dauter, Luke (2007): The Sociology of Markets. In: *Annual Review of Sociology* 33, 105–128.

Fligstein, Neil; Stone Sweet, Alec (2002): Constructing Polities and Markets: An Institutionalist Account of European Integration. In: *American Journal of Sociology* 107 (5), 1206–1244.

Fourcade, Marion (2007): Theories of Markets and Theories of Society. In: *American Behavioral Scientist* 50 (8), 1015–1034.

Fourcade, Marion; Healy, Kieran (2007): Moral Views of Market Society. In: *Annual Review of Sociology* 33 (1), 285–311.

Fullbrook, Edward (2008): Pluralist Economics. London, New York, New York: Zed Books.

Ganßmann, Heiner (2007): Doppelte Kontingenz und wirtschaftliches Handeln. In: Jens Beckert u. a. (Hg.) (2007), 63–78.

Ganßmann, Heiner (2010): Wirtschaftssoziologie und ökonomische Theorie. In: Jens Beckert und Christoph Deutschmann (Hg.) (2010b), 158–175.

Garcia-Parpet, Marie-France (2007): The Social Construction of a Perfect Market. The Strawberry Auction at Fontaines-en-Sologne. In: Donald A. MacKenzie, Fabian Muniesa und Lucia Siu (Hg.): Do Economists Make Markets? On the Performativity of Economics. Princeton, Oxford: Princeton University Press, 20–53.

Gemici, Kurtuluş (2007): Karl Polanyi and the antinomies of embeddedness. In: *Socio-economic Review* 6 (1), 5–33.

Giacovelli, Sebastian (2013): Die Strombörse. Über Form und latente Funktionen des börslichen Stromhandels aus marktsoziologischer Perspektive. Diss. Bielefeld: Fakultät für Soziologie.

Giddens, Anthony (1984): Interpretative Soziologie. Eine kritische Einführung. Frankfurt am Main, New York: Campus.

Gislain, Jean-Jacques; Steiner, Philippe (1995): La sociologie économique. 1890–1920 : Émile Durkheim, Vilfredo Pareto, Joseph Schumpeter, François Simiand, Thorstein Veblen et Max Weber. Paris: Presses universitaires de France.

Granovetter, Mark S. (1973): The Strength of Weak Ties. In: *American Journal of Sociology* 78 (6), 1360–1380.

Granovetter, Mark (1985): Economic Action and Social Structure: The Problem of Embeddedness. In: *American Journal of Sociology* 81 (3), 481–510.

Granovetter, Mark (1995/1974): Getting a Job. A Study of Contacts and Careers. 2. Aufl. Chicago: University of Chicago Press.

Granovetter, Mark (1990): The Old and the New Economic Sociology. A History and an Agenda. In: Roger Friedland und A. F. (Sandy) Robertson (Hg.): Beyond the Marketplace. Rethinking Economy and Society. New York: de Gruyter, 89–112.

Granovetter, Mark (1992a): Economic Institutions as Social Constructions: A Framework for Analysis. In: *Acta sociologica* 35 (1), 3–11.

Granovetter, Mark (1992b): The Sociological and Economic Approaches to Labor Market Analysis. A Social Structural View. In: Mark Granovetter und Richard Swedberg (Hg.) (1992), 233–263.

Granovetter, Mark (2000): Ökonomisches Handeln und soziale Struktur. Das Problem der Einbettung. In: Hans-Peter Müller und Steffen Sigmund (Hg.): Zeitgenössische amerikanische Soziologie. Opladen: Leske + Budrich, 175–207.

Granovetter, Mark (2005): Business Groups and Social Organization. In: Neil J. Smelser und Richard Swedberg (Hg.) (2005), 429–450.

Granovetter, Mark; Swedberg, Richard (Hg.) (1992): The Sociology of Economic Life. Boulder, Oxford: Westview Press.

Granovetter, Mark; Swedberg, Richard (Hg.) (2001): The Sociology of Economic Life. 2. Aufl. Boulder, CO, Oxford: Westview Press.

Habermas, Jürgen (1981): Theorie des kommunikativen Handelns. Frankfurt am Main: Suhrkamp.

Habermas, Jürgen (1984): Vorstudien und Ergänzungen zur Theorie des kommunikativen Handelns. Frankfurt am Main: Suhrkamp.

Hall, Peter A. (2006): Stabilität und Wandel in den Spielarten des Kapitalismus. In: Jens Beckert u. a. (Hg.) (2006), 181–204.

Hall, Peter A.; Gingerich, Daniel W. (2004): »Spielarten des Kapitalismus« und institutionale Komplementaritäten. In: *Berliner Journal für Soziologie* 14 (1), 5–33.

Hall, Peter A.; Soskice, David (2001a): An Introduction to Varieties of Capitalism. In: Peter A. Hall und David W. Soskice (Hg.) (2001b), 1–68.

Hall, Peter A.; Soskice, David W. (Hg.) (2001b): Varieties of capitalism. The institutional foundations of comparative advantage. Oxford, New York: Oxford University Press.

Hasse, Raimund; Krücken, Georg (2010): Neo-Institutionalistische Wirtschaftssoziologie. In: Jens Beckert und Christoph Deutschmann (Hg.) (2010b), 194–207.

Hasse, Raimund; Krücken, Georg (2012): Ökonomische Rationalität, Wettbewerb und Organisation. Eine wirtschaftssoziologische Perspektive. In: Anita Engels und Lisa Knoll (Hg.) (2012), 26–46.

Hassel, Anke; Lütz, Susanne (2010): Durch die Krise aus der Krise? Die neue Stärke des Staates. In: *Der Moderne Staat* 3 (2), 251–271.

Hedström, Peter; Swedberg, Richard (1998): Social Mechanisms. An introductory essay. In: Peter Hedström und Richard Swedberg (Hg.): Social Mechanisms. An Analytical Approach to Social Theory. Cambridge, New York, Melbourne: Cambridge University Press, 1–31.

Hedtke, Reinhold (2008): Ökonomische Denkweisen, Eine Einführung. Multiperspektivität – Alternativen – Grundlagen. Schwalbach am Taunus: Wochenschau-Verlag.

Hellmann, Kai-Uwe (2007): »Marken machen Märkte«. Eine funktionale Analyse des Zusammenhangs von Märkten und Marken. In: Jens Beckert u. a. (Hg.) (2007), 183–194.

Hinz, Thomas; Abraham, Martin (2008): Theorien des Arbeitsmarktes: Ein Überblick. In: Martin Abraham und Thomas Hinz (Hg.) (2008), 17–68.

Hirsch-Kreinsen, Hartmut (2005): Wirtschafts- und Industriesoziologie. Grundlagen, Fragestellungen, Themenbereiche. Weinheim, München: Juventa.

Hirsch-Kreinsen, Hartmut (2008): Lohnarbeit. In: Andrea Maurer (Hg.) (2008b), 268–290.

Hirschman, Albert O. (1989): Entwicklung, Markt und Moral. Abweichende Betrachtungen. München, Wien: Hanser.

Hirshleifer, Jack (1985): The Expanding Domain of Economics. In: *American Economic Review* 75 (6), 53–68.

Hollingsworth, J. Rogers (2002): On Institutional Embeddedness. In: J. Rogers Hollingsworth, Karl H. Müller und Ellen Jane Hollingsworth (Hg.): Advancing Socio-economics. An Institutionalist Perspective. Lanham: Rowman & Littlefield, 87–107.

Hollingsworth, J. Rogers; Boyer, Robert (1997): Coordination of Economic Actors and Social Systems of Producation. In: J. Rogers Hollingsworth und Robert Boyer (Hg.): Contemporary Capitalism. The Embeddedness of Institutions. Cambridge, New York: Cambridge University Press, 1–47.

Holzer, Boris (2009): Netzwerktheorie. In: Georg Kneer und Markus Schroer (Hg.) (2009a), 253–275.

Homann, Karl; Suchanek, Andreas (2000): Ökonomik. Eine Einführung. Tübingen: Mohr Siebeck.

Höpner, Martin (2009): »Spielarten des Kapitalismus« als Schule der vergleichenden Staatstätigkeitsforschung. In: *Zeitschrift für Vergleichende Politikwissenschaft* 3 (2), 303–327.

Human, Sherrie E.; Provan, Keith G. (2000): Legitimacy Building in the Evolution of Small-Firm Multilateral Networks: A Comparative Study of Success and Demise. In: *Administrative Science Quarterly* 45 (2), 327–365.

Ingham, Geoffrey (2005): The Social Institution of Money. In: Craig J. Calhoun, Chris Rojek und Bryan Turner (Hg.): The Sage Handbook of Sociology. London, Thousand Oaks, Calif: Sage Publications, 154–173.

Ioannides, Yannis M.; Loury, Linda Datcher (2004): Job Information Networks, Neighborhood Effects, and Inequality. In: *Journal of Economic Literature* 42 (4), 1056–1093.

Jagd, Søren (2011): Die Économie des conventions und die Neue Wirtschaftssoziologie. Wechselseitige Inspirationen und Dialoge. In: Rainer Diaz-Bone (Hg.) (2011b), 275–291.

Jens, Uwe; Romahn, Hans-Joachim (Hg.) (2010): Methodenpluralismus in den Wirtschaftswissenschaften. Marburg: Metropolis-Verlag.

Joas, Hans (1996): Die Kreativität des Handelns. Frankfurt am Main: Suhrkamp.

Kaesler, Dirk (2006): Vorwort des Herausgebers. In: ders. (Hg.): Max Weber. Die protestantische Ethik und der Geist des Kapitalismus. Vollständige Ausgabe. 2. Aufl. München: Beck, 1–64.

Kalthoff, Herbert (2007): Rechnende Organisation. Zur Anthropologie des Risikomanagements. In: Jens Beckert u. a. (Hg.) (2007), 151–165.

Kalthoff, Herbert (2010): Die Finanzsoziologie: Social Studies of Finance. Zur neuen Soziologie ökonomischen Wissens. In: Jens Beckert und Christoph Deutschmann (Hg.) (2010b), 266–287.

Kellermann, Paul (2008): Soziologie des Geldes. In: Andrea Maurer (Hg.) (2008b), 320–340.

Kette, Sven (2012): Das Unternehmen als Organisation. In: Maja Apelt und Veronika Tacke (Hg.): Handbuch Organisationstypen. Wiesbaden: Springer VS, 21–42.

Keynes, John Maynard (2009/1936): Allgemeine Theorie der Beschäftigung, des Zinses und des Geldes. 11. Aufl. Berlin: Duncker & Humblot.

King, Lawrence P.; Szelényi, Iván (2005): Post-Communist Economic Systems. In: Neil J. Smelser und Richard Swedberg (Hg.) (2005), 205–229.

Kneer, Georg (2009): Akteur-Netzwerk-Theorie. In: Georg Kneer und Markus Schroer (Hg.) (2009a), 19–39.

Kneer, Georg; Schroer, Markus (Hg.) (2009a): Handbuch Soziologische Theorien. Wiesbaden: VS Verlag für Sozialwissenschaften.

Knight, Frank H. (1921): Risk, Uncertainty and Profit. 11. Aufl. Boston: Houghton Mifflin Company.

Knoll, Lisa (2012): Wirtschaftliche Rationalitäten. In: Anita Engels und Lisa Knoll (Hg.) (2012), 47–65.

Kraemer, Klaus (2000): Marktgesellschaft. In: Georg Kneer, Armin Nassehi und Markus Schroer (Hg.): Soziologische Gesellschaftsbegriffe. Konzepte moderner Zeitdiagnosen. 2. Aufl. Stuttgart: UTB, 280–304.

Kraemer, Klaus (2001): Kapitalistische Gesellschaft. In: Georg Kneer, Armin Nassehi und Markus Schroer (Hg.): Klassische Gesellschaftsbegriffe der Soziologie. München: W. Fink, 111–138.

Kraemer, Klaus; Nessel, Sebastian (Hg.) (2012): Entfesselte Finanzmärkte. Soziologische Analysen des modernen Kapitalismus. Frankfurt am Main, New York: Campus.

Kranton, Rachel E.; Akerlof, George A. (2011): Identity Economics. Warum wir ganz anders ticken, als die meisten Ökonomen denken. München: Carl Hanser.

Krippner, Greta R.; Alvarez, Anthony (2007): Embeddedness and the Intellectual Projects of Economic Sociology. In: *Annual Review of Sociology* 33 (1), 219–240.

Kromphardt, Jürgen (2004): Konzeptionen und Analysen des Kapitalismus. 4. Aufl. Göttingen: Vandenhoeck & Ruprecht.

Krysmanski, Hans Jürgen (2012): 0,1 Prozent – Das Imperium der Milliardäre. Frankfurt am Main: Westend.

Kühl, Stefan (2000): Grenzen der Vermarktlichung. Die Mythen um unternehmerisch handelnde Mitarbeiter. In: *WSI-Mitteilungen* 53 (12), 818–828.

Lamla, Jörn (2009): Wirtschaftssoziologie. In: Georg Kneer und Markus Schroer (Hg.) (2009a), 663–684.

Langenohl, Andreas (2007): Finanzmarkt und Temporalität. Imaginäre Zeit und die kulturelle Repräsentation der Gesellschaft. Stuttgart: Lucius & Lucius.

Langenohl, Andreas (2012): Mathematische und professionelle Rationalität an Finanzmärkten. In: Anita Engels und Lisa Knoll (Hg.) (2012), 109–128.

Lant, Theresa K.; Baum, Joel A. C. (1995): Cognitive Sources of Socially Constructed Competitive Groups. Examples from the Manhattan Hotel Industry. In: W. Richard Scott und Søren Christensen (Hg.): The Institutional Construction of Organizations. International and Longitudinal Studies. Thousand Oaks, Calif: Sage Publications, 15–38.

Latour, Bruno (2007): Eine neue Soziologie für eine neue Gesellschaft. Einführung in die Akteur-Netzwerk-Theorie. Frankfurt am Main: Suhrkamp.

Laville, Jean-Louis (2009): Services aux personnes: le rôle des associations. In: Steiner; Vatin (2009): 411–449.

Laville, Jean-Louis (Hg.) (2011): L'économie solidaire. Paris: CNRS Éditions.

Lazega, Emmanuel (2009): Théorie de la coopération entre concurrents. In: Philippe Steiner und François Vatin (Hg.) (2009b), 533–572.

Lesourne, Jacques; Orléan, André; Walliser, Bernard (2006): Evolutionary Microeconomics. Berlin, New York: Springer.

Luhmann, Niklas (1989a): Die Wirtschaft der Gesellschaft. 2. Aufl. Frankfurt am Main: Suhrkamp.

Luhmann, Niklas (1989b): Vertrauen. Ein Mechanismus der Reduktion sozialer Komplexität. 3. Aufl. Stuttgart: F. Enke.

Luhmann, Niklas (2002): Soziale Systeme. Grundriß einer allgemeinen Theorie. Darmstadt.

Lütz, Susanne; Czada, Roland (2000): Marktkonstitution als politische Aufgabe. Problemskizze und Theorieüberblick. In: Roland M. Czada und Susanne Lütz (Hg.): Die politische Konstitution von Märkten. Wiesbaden: Westdeutscher Verlag, 9–35.

MacKenzie, Donald (2006): Is Economics Performative? Option Theory and the Construction of Derivatives Markets. In: *Journal of the History of Economic Thought* 28 (01), 29–55.

MacKenzie, Donald; Beunza, Daniel; Hardie, Ian (2007): Die materiale Soziologie der Arbitrage. In: Jens Beckert u. a. (Hg.) (2007), 135–150.

MacKenzie, Donald; Millo, Yuval (2003): Constructing a Market, Performing Theory. The Historical Sociology of a Financial Derivatives Exchange. In: *American Journal of Sociology* 109 (1), 107–145.

MacKenzie, Donald (2009): Material Markets. How Economic Agents are Constructed. Oxford, New York: Oxford University Press.

Marx, Karl (2006): Ökonomische Manuskripte 1857/58. Karl Marx, Friedrich Engels Gesamtausgabe (MEGA). Abt. 2, »Das Kapital« und Vorarbeiten. Band 1. 2. Aufl. Berlin: Akademie-Verlag.

Marx, Karl (2006/1857): Einleitung zu den »Grundrissen der politischen Ökonomie«. In: Karl Marx (2006), 17–48.

Marx, Karl (2006/1857–58): Grundrisse der Kritik der politischen Ökonomie – Erster Teil. In: Karl Marx (2006), 49–314.

Marx, Karl (2013/1883): Das Kapital. Kritik der politischen Ökonomie. Erster Band, erstes Buch: Der Produktionsprozess des Kapitals. 2. Aufl. Darmstadt: Lambert Schneider (Ökonomische Schriften, I).

Marx, Karl (2013/1893): Das Kapital. Kritik der politischen Ökonomie. Dritter Band, drittes Buch: Der Gesamtprozess der kapitalistischen Produktion. 2. Aufl. Darmstadt: Lambert Schneider (Ökonomische Schriften, II).

Marx, Karl (2013/1844): Frühe Schriften I. Zur Kritik der Nationalökonomie – Ökonomisch-philosophische Manuskripte. Erstes Manuskript: Arbeitslohn. 2. Aufl. Darmstadt: Lambert Schneider (Ökonomische Schriften, I).

Maurer, Andrea (2008a): Das moderne Unternehmen. Theoretische Herausforderungen und Perspektiven für die Soziologie. In: Andrea Maurer und Uwe Schimank (Hg.) (2008), 17–39.

Maurer, Andrea (Hg.) (2008b): Handbuch der Wirtschaftssoziologie. Wiesbaden: VS, Verlag für Sozialwissenschaften.

Maurer, Andrea (2008c): Institutionalismus und Wirtschaftssoziologie. In: Andrea Maurer (Hg.) (2008b), 62–84.

Maurer, Andrea (2010a): Der privat-kapitalistische Wirtschaftsbetrieb: ein wirtschaftssoziologischer Blick auf Unternehmen? In: Andrea Maurer (Hg.) (2010c), 118–141.

Maurer, Andrea (2010b): Die Institutionen der Wirtschaft. Soziologische Erklärungen wirtschaftlicher Sachverhalte. In: Jens Beckert und Christoph Deutschmann (Hg.) (2010b), 208–218.

Maurer, Andrea (2010c) (Hg.): Wirtschaftssoziologie nach Max Weber. Wiesbaden: VS Verlag für Sozialwissenschaften.

Maurer, Andrea; Schimank, Uwe (Hg.) (2008): Die Gesellschaft der Unternehmen, die Unternehmen der Gesellschaft. Gesellschaftstheoretische Zugänge zum Wirtschaftsgeschehen. Wiesbaden: VS Verlag für Sozialwissenschaften.

Maurer, Andrea; Schmid, Michael (2002): Die ökonomische Herausforderung der Soziologie? In: Andrea Maurer und Michael Schmid (Hg.): Neuer Institutionalismus. Zur soziologischen Erklärung von Organisation, Moral und Vertrauen. Frankfurt am Main, New York: Campus, 9–38.

Mennicken, Andrea; Vollmer, Hendrik (2007): Einleitung. Fundstellen von Zahlenforschung. In: Andrea Mennicken und Hendrik Vollmer (Hg.) (2007a), 9–17.

Mennicken, Andrea; Vollmer, Hendrik (2007a) (Hg.): Zahlenwerk. Kalkulation, Organisation und Gesellschaft. Wiesbaden: VS Verlag für Sozialwissenschaften.

Merton, Robert K. (2010/1948): Die self-fulfillling prophecy. In: Sighard Neckel u.a. (Hg.) (2010), 88–107.

Meyer, John W.; Jepperson, Ronald L. (2000): The »Actors« of Modern Society. The Cultural Construction of Social Agency. In: *Sociological Theory* 18 (1), 100–120.

Meyer, John W.; Rowan, Brian (1977): Institutionalized Organizations. Formal Structure as Myth and Ceremony. In: *The American Journal of Sociology* 83 (2), 340–363.

Mikl-Horke, Gertraude (2008a): Klassische Positionen der Ökonomie und Soziologie und ihre Bedeutung für die Wirtschaftssoziologie. In: Andrea Maurer (Hg.) (2008b), 19–44.

Mikl-Horke, Gertraude (2008b): Sozialwissenschaftliche Perspektiven der Wirtschaft. München, Wien: Oldenbourg.

Mikl-Horke, Gertraude (2010): Der Markt bei Weber und in der neuen Wirtschaftssoziologie. In: Andrea Maurer (Hg.) (2010c), 97–117.

Mikl-Horke, Gertraude (2011): Max Weber und die Theorie der Unternehmung. In: Gertraude Mikl-Horke, Reinhard Pirker und Andreas Resch (Hg.): Theorie der Firma: interdisziplinär. Wiesbaden: VS Verlag für Sozialwissenschaften, 29–51.

Minssen, Heiner (2008): Unternehmen. In: Andrea Maurer (Hg.) (2008b), 247–267.

Muniesa, Fabian (2000): Performing prices. The case of price discovery automation in the financial markets. In: Herbert Kalthoff, Richard Rottenburg und Hans-Jürgen Wagener

(Hg.): Facts and figures. Economic representations and practices. Marburg: Metropolis Verlag, 289–312.

Mützel, Sophie (2008): Netzwerkperspektiven in der Wirtschaftssoziologie. In: Andrea Maurer (Hg.) (2008b), 185–206.

Neckel, Sighard (2008): Flucht nach vorn. Die Erfolgskultur der Marktgesellschaft. Frankfurt am Main, New York: Campus.

Neckel, Sighard; Mijić, Ana; von Scheve, Christian; Titton, Monica (Hg.) (2010): Sternstunden der Soziologie. Wegweisende Theoriemodelle des soziologischen Denkens. Frankfurt am Main, New York: Campus.

Nee, Victor (2005): The New Institutionalisms in Economics and Sociology. In: Neil J. Smelser und Richard Swedberg (Hg.) (2005), 49–74.

Nee, Victor; Swedberg, Richard (Hg.) (2005): The Economic Sociology of Capitalism. Princeton, N.J: Princeton University Press.

Nissen, Sylke; Vobruba, Georg (Hg.) (2009): Die Ökonomie der Gesellschaft. Festschrift für Heiner Ganßmann. Wiesbaden: VS Verlag für Sozialwissenschaften.

Norkus, Zenonas (2010): Soziologische Erklärungen wirtschaftlicher Sachverhalte mit Weber. In: Andrea Maurer (Hg.) (2010c), 40–68.

Offe, Claus (2006): Strukturprobleme des kapitalistischen Staates. Aufsätze zur Politischen Soziologie. Veränd. Neuausg. Frankfurt am Main, New York: Campus.

Opp, Karl-Dieter (2005): Methodologie der Sozialwissenschaften. Einführung in Probleme ihrer Theorienbildung und praktischen Anwendung. 6. Aufl. Wiesbaden: VS, Verlag für Sozialwissenschaften.

Orléan, André (2009): La sociologie économique de la monnaie. In: Philippe Steiner und François Vatin (Hg.) (2009b), 209–246.

Pankoke, Eckart (2008): Solidarwirtschaft. In: Andrea Maurer (Hg.) (2008b), 431–450.

Panther, Stephan M.; Nutzinger, Hans G. (2004): Homo oeconomicus vs. homo culturalis. Kultur als Herausforderung der Ökonomik. In: Gerold Blümle u. a. (Hg.) (2004), 287–309.

Parsons, Talcott (1968): Interaction: Social Interaction. In: David L. Sills (Hg.): International Encyclopedia of the Social Sciences, Bd. 7. New York, London: Macmillan, Collier-Macmillan, 429–441.

Parsons, Talcott; Smelser, Neil J. (2010/1956): Economy and Society. A Study in the Integration of Economic and Social Theory. Abingdon, Oxon, New York: Free Press.

Paul, Axel T. (Hg.) (1999): Ökonomie und Anthropologie. Berlin: Berlin Verlag A. Spitz.

Paul, Axel T. (2012): Die Gesellschaft des Geldes. Entwurf einer monetären Theorie der Moderne. 2. Aufl. Wiesbaden: Springer VS.

Paul, Axel T. (2012a): Crisis? What Crisis? Zur Logik der Spekulation oder Warum die Hypotheken-Krise lehrt, dass die nächste Krise kommt. In: Klaus Kraemer und Sebastian Nessel (Hg.) (2012), 181–199.

Pohlmann, Markus (2006): Weber, Sombart und die neuere Kapitalismustheorie. In: Gert Albert, Agathe Bienfait, Steffen Sigmund und Mateusz Stachura (Hg.): Aspekte des Weber-

Paradigmas. Festschrift für Wolfgang Schluchter. Wiesbaden: VS Verlag für Sozialwissenschaften, 169–192.

Polanyi, Karl (1947): Our Obsolete Market Mentality. In: *Commentary* 3 (February), 209–227.

Polanyi, Karl (1978/1944): The Great Transformation. Politische und ökonomische Ursprünge von Gesellschaften und Wirtschaftssystemen. Frankfurt am Main: Suhrkamp.

Polanyi, Karl (1992/1957): The Economy as Instituted Process. In: Mark Granovetter und Richard Swedberg (Hg.) (1992), 31–50.

Pongratz, Hans J. (2008): Eine Gesellschaft von Unternehmern. In: *Berliner Journal für Soziologie* 18 (3), 457–475.

Portes, Alejandro (2010): Economic sociology. A systematic inquiry. Princeton, N.J: Princeton University Press.

Portes, Alejandro; Haller, William (2005): The Informal Economy. In: Neil J. Smelser und Richard Swedberg (Hg.) (2005), 403–425.

Portes, Alejandro; Sensenbrenner, Julia (2001): Embeddedness and Immigration. Notes on the Social Determination of Economic Action. In: Mark Granovetter und Richard Swedberg (Hg.) (2001), 112–135.

Powell, Walter W. (1996): Weder Markt noch Hierarchie: Netzwerkartige Organisationsformen. In: Patrick Kenis und Volker Schneider (Hg.): Organisation und Netzwerk. Institutionelle Steuerung in Wirtschaft und Politik. Frankfurt am Main, New York: Campus, 211–271.

Radkau, Joachim; Hahn, Lothar (2013): Aufstieg und Fall der deutschen Atomwirtschaft. München: oekom.

Richter, Rudolf; Furubotn, Eirik G. (2010): Neue Institutionenökonomik. Eine Einführung und kritische Würdigung. 4. Aufl. Tübingen: Mohr Siebeck.

Rosa, Hartmut (2010): Kapitalismus als Dynamisierungsspirale – Soziologie als Gesellschaftskritik. In: Klaus Dörre, Stephan Lessenich, Hartmut Rosa und Thomas Barth (Hg.): Soziologie – Kapitalismus – Kritik. Eine Debatte. Frankfurt am Main: Suhrkamp, 87–125.

Salais, Robert (2007): Die »Ökonomie der Konventionen«. Eine Einführung mit Anwendung auf die Arbeitswelt. In: Jens Beckert u. a. (Hg.) (2007), 95–112.

Saxenian, AnnaLee (1990): Regional Networks and the Resurgence of Silicon Valley. In: *California Management Review* 33 (1), 89–112.

Schimank, Uwe (2000): Handeln und Strukturen. Einführung in die akteurtheoretische Soziologie. Weinheim, München: Juventa-Verlag.

Schimank, Uwe (2006): Rationalitätsfiktionen in der Entscheidungsgesellschaft. In: Dirk Tänzler, Hubert Knoblauch und Hans-Georg Soeffner (Hg.): Zur Kritik der Wissensgesellschaft. Konstanz: UVK Verlagsgesellschaft, 57–81.

Schimank, Uwe (2010a): Die funktional differenzierte kapitalistische Gesellschaft als Organisationsgesellschaft – eine theoretische Skizze. In: Martin Endreß und Thomas Matys (Hg.): Die Ökonomie der Organisation – die Organisation der Ökonomie. Wiesbaden: VS Verlag für Sozialwissenschaften, Wiesbaden, 33–61.

Schimank, Uwe (2010b): Max Webers Rationalisierungsthese – differenzierungstheoretisch und wirtschaftssoziologisch gelesen. In: Andrea Maurer (Hg.) (2010c), 226–247.

Schimank, Uwe (2011): So viel zu Akteuren! Ein Minimalkonzept zur Beantwortung einer Vorfrage soziologischer Erklärungen. In: Nico Lüdtke und Hironori Matsuzaki (Hg.): Akteur – Individuum – Subjekt. Fragen zu ›Personalität‹ und ›Sozialität‹. Wiesbaden: VS Verlag für Sozialwissenschaften, 23–44.

Schimank, Uwe; Volkmann, Ute (2008): Ökonomisierung der Gesellschaft. In: Andrea Maurer (Hg.) (2008b), 382–393.

Schluchter, Wolfgang (2009a): Grundlegungen der Soziologie. Eine Theoriegeschichte in systematischer Absicht. Bd. I. Tübingen: Mohr Siebeck.

Schluchter, Wolfgang (2009b): Grundlegungen der Soziologie. Eine Theoriegeschichte in systematischer Absicht. Bd. II. Tübingen: Mohr Siebeck.

Schmid, Michael (2004): Rationales Handeln und soziale Prozesse. Beiträge zur soziologischen Theoriebildung. Wiesbaden: VS Verlag für Sozialwissenschaften.

Schmid, Michael (2008): Individuelle Entscheidungsrationalität und soziale Einbettung. Zum Verhältnis von Ökonomie und Wirtschaftssoziologie. In: Andrea Maurer (Hg.) (2008b), 87–108.

Schmid, Michael (2011): Die Erklärungsaufgabe der Soziologie und das Problem der Rationalität. In: Andrea Maurer und Uwe Schimank (Hg.): Die Rationalitäten des Sozialen. Wiesbaden: VS Verlag für Sozialwissenschaften, 215–244.

Schmid, Michael; Maurer, Andrea (2003): Institution und Handeln. Probleme und Perspektiven der Institutionentheorie in Soziologie und Ökonomie. In: Michael Schmid und Andrea Maurer (Hg.): Ökonomischer und soziologischer Institutionalismus. Interdisziplinäre Beiträge und Perspektiven der Institutionentheorie und -analyse. Marburg: Metropolis, 9–46.

Schnädelbach, Herbert (2012): Was Philosophen wissen. Und was man von ihnen lernen kann. München: Beck.

Schumpeter, Joseph A. (1993/1950): Kapitalismus, Sozialismus und Demokratie. 7., erw. Aufl. Tübingen: Francke.

Schütz, Alfred (2010/1953): Wissenschaftliche Interpretation und Alltagsverständnis menschlichen Handelns. In: Alfred Schütz. Zur Methodologie der Sozialwissenschaften. Hg. v. Thomas S. Eberle, Jochen Dreher und Gerd Sebald. Konstanz: UVK Verlagsgesellschaft (Alfred Schütz Werkausgabe, IV), 331–379.

Schütz, Alfred; Luckmann, Thomas (2003): Strukturen der Lebenswelt. Konstanz: UVK Verlagsgesellschaft.

Schwinn, Thomas (2010): Wirtschaftssoziologie als Gesellschaftstheorie? Kritische Anfragen aus einer Weber'schen Perspektive. In: Andrea Maurer (Hg.) (2010c), 199–225.

Simiand, François (1934): La monnaie, réalité sociale. In: *Annales sociologiques, Serie D. Sociologie économique* (Fasc. 1), 1–58.

Simmel, Georg (2000/1907): Philosophie des Geldes. Frankfurt am Main: Suhrkamp.

Simmel, Georg (2002/1903): Soziologie der Konkurrenz. In: Rüdiger Kramme, Angela Rammstedt und Otthein Rammstedt (Hg.): Simmel, Georg: Aufsätze und Abhandlungen. 1901 – 1908; Band 1. Frankfurt am Main: Suhrkamp, 221–246.

Simon, Herbert A. (1993): Homo rationalis. Die Vernunft im menschlichen Leben. Frankfurt am Main, New York: Campus.

Slater, Don; Tonkiss, Fran (2001): Market Society. Markets and Modern Social Theory. Cambridge, U.K, Malden, Mass: Polity Press; Blackwell Publishers.

Smelser, Neil J.; Swedberg, Richard (Hg.) (1994): The Handbook of Economic Sociology. Princeton, New York: Princeton University Press; Russell Sage Foundation.

Smelser, Neil J.; Swedberg, Richard (Hg.) (2005): The Handbook of Economic Sociology. 2. Aufl. Princeton, New York: Princeton University Press; Russell Sage Foundation.

Smith, Adam (2012/1776): Untersuchung über Wesen und Ursachen des Reichtums der Völker. Tübingen: Mohr Siebeck.

Smith, Charles W. (2007): Markets as Definitional Practices. In: *The Canadian Journal of Sociology / Cahiers canadiens de sociologie* 32 (1), 1–39.

Smith-Doerr, Laurel; Powell, Walter W. (2005): Networks and Economic Life. In: Neil J. Smelser und Richard Swedberg (Hg.) (2005), 379–402.

Sombart, Werner (1987): Der moderne Kapitalismus. Historisch-systematische Darstellung des gesamteuropäischen Wirtschaftslebens von seinen Anfängen bis zur Gegenwart. Nachdr. der 2. Aufl. 1916. München und Leipzig. 3 Bände mit je zwei Teilbänden. München: Dt. Taschenbuch Verlag.

Sombart, Werner (1987a/1916): Der moderne Kapitalismus. Das europäische Wirtschaftsleben im Zeitalter des Frühkapitalismus. Bde. II,1 und II,2 aus Werner Sombart (1987).

Sombart, Werner (1987/1927): Der moderne Kapitalismus. Das Wirtschaftsleben im Zeitalter des Hochkapitalismus. Bde. III,1 und III,2 aus Werner Sombart (1987).

Sombart, Werner (1987b/1916): Der moderne Kapitalismus. Die vorkapitalistische Wirtschaft. Bde. I,1 und I,2 aus Werner Sombart (1987).

Stehr, Nico (2003): Wissenspolitik. Die Überwachung des Wissens. Frankfurt am Main: Suhrkamp.

Steiner, Philippe (2007): La sociologie économique. 3. Aufl. Paris: La Découverte.

Steiner, Philippe (2009): Who is right about the modern economy: Polanyi, Zelizer, or both? In: *Theory and Society* 38 (1), 97–110.

Steiner, Philippe; Vatin, François (2009a): Introduction: Le fait économique comme fait social. In: Philippe Steiner und François Vatin (Hg.) (2009b), 1–12.

Steiner, Philippe; Vatin, François (Hg.) (2009b): Traité de sociologie économique. Paris: Presses universitaires de France.

Streeck, Wolfgang (2005): The Sociology of Labor Markets and Trade Unions. In: Neil J. Smelser und Richard Swedberg (Hg.) (2005), 254–283.

Streeck, Wolfgang (2009): Man weiß es nicht genau: Vom Nutzen der Sozialwissenschaften für die Politik. Köln (MPfIG Working Paper, 09/11).

Streeck, Wolfgang (2010): Taking Capitalism Seriously. Toward an Institutionalist Approach to Contemporary Political Economy. Köln (MPIfG Discussion Paper, 10/15).

Streeck, Wolfgang (2012a): Der öffentliche Aufrag der Soziologie. In: *Leviathan* 40 (1), 129–147.

Streeck, Wolfgang (2012b): On Fred Block, Varieties of What? Should we Still be Using the Concept of Capitalism? In: *Political Power and Social Theory* 23, 311–321.

Streeck, Wolfgang; Beckert, Jens (Hg.) (2007): Moralische Voraussetzungen und Grenzen wirtschaftlichen Handelns. Köln (Forschungsberichte aus dem MPIfG, 3).

Streeck, Wolfgang; Thelen, Kathleen (2005): Introduction: Institutional Change in Advanced Political Economies. In: Wolfgang Streeck und Kathleen Ann Thelen (Hg.): Beyond continuity. Institutional Change in Advanced Political Economies. Oxford, New York: Oxford University Press, 1–37.

Strulik, Torsten (2012): Die Gesellschaft der »neuen Wirtschaftssoziologie«. Eine Replik zu Jens Beckerts Artikel »Wirtschaftssoziologie als Gesellschaftstheorie«. In: *Zeitschrift für Soziologie* 41 (1), 58–74.

Swedberg, Richard (1987): Economic Sociology. Past and Present. Part I: The Tradition of Economic Sociology, 1800s-1960s. Part II: Towards a New Economic Sociology, 1960s-? In: *Current Sociology* 35 (1), 1–221.

Swedberg, Richard (2001): Max Weber's Vision of Economic Sociology. In: Mark Granovetter und Richard Swedberg (Hg.) (2001), 77–95.

Swedberg, Richard (2003): Economic Sociology Meets the Economics of Convention. Ithaca. (Vortragsmanuskript, 11.12.2003). Colloque »Conventions et Institutions: Approfondissements Théoriques et Contributions au Débat Politique«, Conference on the Economics of Conventions, Paris.

Swedberg, Richard (2005a): Markets in Society. In: Neil J. Smelser und Richard Swedberg (Hg.) (2005), 233–253.

Swedberg, Richard (2005b): The Economic Sociology of Capitalism. An Introduction and Agenda. In: Victor Nee und Richard Swedberg (Hg.) (2005), 3–40.

Swedberg, Richard (2007): Max Weber's Interpretive Economic Sociology. In: *American Behavioral Scientist* 50 (8), 1035–1055.

Swedberg, Richard (2008): Die Neue Wirtschaftssoziologie und das Erbe Max Webers. In: Andrea Maurer (Hg.) (2008b), 45–61.

Swedberg, Richard (2009): Grundlagen der Wirtschaftssoziologie. Wiesbaden: VS Verlag für Sozialwissenschaften.

Swedberg, Richard (2010): Die Bedeutung der Weber'schen Kategorien für die Wirtschaftssoziologie. In: Andrea Maurer (Hg.) (2010c), 21–39.

Tenbruck, Friedrich H. (1981): Emile Durkheim oder die Geburt der Gesellschaft aus dem Geist der Soziologie. In: *Zeitschrift für Soziologie* 10 (4), 333–350.

Thomas, William I.; Thomas, Dorothy Swaine (2010): Die Definition der Situation. In: Sighard Neckel u. a. (Hg.) (2010), 27–28.

Tilly, Chris; Tilly, Charles (1994): Capitalist Work and Labor Markets. In: Neil J. Smelser und Richard Swedberg (Hg.) (1994), 283–312.

Trigilia, Carlo (2002): Economic Sociology. State, Market, and Society in Modern Capitalism. Oxford, Malden, Mass.: Blackwell.

Trinczek, Rainer (2010): Betriebliche Regulierung von Arbeitsbeziehungen. In: Fritz Böhle u. a. (Hg.) (2010), 841–872.

Türk, Klaus (1987): Einführung in die Soziologie der Wirtschaft. Stuttgart: Teubner.

Uzzi, Brian (1996): The Sources and Consequences of Embeddedness for the Economic Performance of Organizations: The Network Effect. In: *American Sociological Review* 61 (4), 674–698.

Uzzi, Brian (1997): Social Structure and Competition in Interfirm Networks. The Paradox of Embeddedness. In: *Administrative Science Quarterly* 42 (1), 35–67.

Velthuis, Olav (1999): The Changing Relationship between Economic Sociology and Institutional Economics: From Talcott Parsons to Mark Granovetter. In: *American Journal of Economics and Sociology* 58 (4), 629–649.

Vobruba, Georg (2009): Die Gesellschaft der Leute. Kritik und Gestaltung der sozialen Verhältnisse. Wiesbaden: VS Verlag für Sozialwissenschaften, Wiesbaden.

Vollmer, Hendrik (2003): Bookkeeping, Accounting, Calculative Practice: The Sociological Suspense of Calculation. In: *Critical Perspectives on Accounting* 14 (3), 353–381.

Vollmer, Hendrik (2004): Folgen und Funktionen organisierten Rechnens. In: *Zeitschrift für Soziologie* 33 (6), 450–470.

Vormbusch, Uwe (2006): Accounting, Informatisierung und der Calculating Man. In: Andrea Baukrowitz (Hg.): Informatisierung der Arbeit – Gesellschaft im Umbruch. Berlin: Edition Sigma, 145–152.

Vormbusch, Uwe (2007): Die Kalkulation der Gesellschaft. In: Andrea Mennicken und Hendrik Vollmer (Hg.) (2007a), 43–64.

Vormbusch, Uwe (2009): Karrierepolitik. Zum biografischen Umgang mit ökonomischer Unsicherheit. In: *Zeitschrift für Soziologie* 38, 282–299.

Voß, G. Günter (2010): Was ist Arbeit? Zum Problem eines allgemeinen Arbeitsbegriffs. In: Fritz Böhle u. a. (Hg.) (2010), 23–80.

Walker, Eva-Maria (2013): Rationalitätsvorstellungen »nachhaltiger« Aktieninvestoren. Empirische Analyse und Kritik des Verständnisses »sozialer Repräsentationen« in der Finanzsoziologie. Diss. Bielefeld: Fakultät für Soziologie.

Wallerstein, Immanuel (1976): A world-system perspective on the social sciences. In: *British Journal of Sociology* 27 (3), 343–352.

Wallerstein, Immanuel (2004): World-Systems Analysis. An Introduction. Durham: Duke University Press.

Weber, Florence (2009): Le calcul économique ordinaire. In: Philippe Steiner und François Vatin (Hg.) (2009b), 367–407.

Weber, Max (1894): Die Börse. Göttingen: Vandenhoeck & Ruprecht.

Weber, Max (1958/1923): Wirtschaftsgeschichte. Abriß der universalen Sozial- und Wirtschaftsgeschichte. 3. Aufl. Berlin: Duncker & Humblot.

Weber, Max (1973): Gesammelte Aufsätze zur Wissenschaftslehre. Hg. von Johannes Winckelmann. 4. Aufl. Tübingen: Mohr (Paul Siebeck).

Weber, Max (1973a/1922): Die »Objektivität« sozialwissenschaftlicher und sozialpolitischer Erkenntnis. In: Weber (1973), 146–214.

Weber, Max (1973b/1922): Die drei reinen Typen der legitimen Herrschaft. In: Weber (1973), 475–488.

Weber, Max (1973c/1922): Roscher und Knies und die logischen Probleme der historischen Nationalökonomie. In: Weber (1973), 1–145.

Weber, Max (1973d/1922): Soziologische Grundbegriffe. In: Weber (1973), 541–581.

Weber, Max (1973e/1922): Über einige Kategorien der verstehenden Soziologie. In: Weber (1973), 427–474.

Weber, Max (1980/1921): Wirtschaft und Gesellschaft. Grundriß der verstehenden Soziologie. 5. Aufl. Tübingen: Mohr (Paul Siebeck).

Weber, Max (1988/1915): Die Wirtschaftsethik der Weltreligionen. Vergleichende religionssoziologische Versuche. Einleitung. In: Max Weber: Gesammelte Aufsätze zur Religionssoziologie. Band 1, 9. Aufl. Tübingen: Mohr (Paul Siebeck).

Weber, Max (2006/1920): Die protestantische Ethik und der Geist des Kapitalismus. Hg. u. eingeleitet von Dirk Kaesler. 2. Aufl. München: Beck.

Wehler, Hans-Ulrich (2013): Die neue Umverteilung. Soziale Ungleichheit in Deutschland. München: Beck.

Weise, Peter (2004): Kultur und die Vereinheitlichung der Sozialwissenschaften. In: Gerold Blümle u. a. (Hg.) (2004): 427–440.

Weiss, Felix; Klein, Markus (2011): Soziale Netzwerke und Jobfindung von Hochschulabsolventen. Die Bedeutung des Netzwerktyps für monetäre Arbeitsmarkterträge und Ausbildungsadäquatheit. In: *Zeitschrift für Soziologie* 40 (3), 228–245.

White, Harrison C. (1981): Where Do Markets Come From? In: *American Journal of Sociology* 87 (3), 517–547.

White, Harrison C. (2005): Markets from Networks. Socioeconomic Models of Production. 2. Aufl. Princeton, NJ: Princeton University Press.

White, Harrison C.; Godart, Frédéric C. (2007): Märkte als soziale Formationen. In: Jens Beckert u. a. (Hg.) (2007), 197–216.

Windolf, Paul (2005): Was ist Finanzmarkt-Kapitalismus? In: Paul Windolf (Hg.) (2005), 20–57.

Windolf, Paul (Hg.) (2005): Finanzmarkt-Kapitalismus. Analysen zum Wandel von Produktionsregimen. Wiesbaden: VS Verlag für Sozialwissenschaften

Zelizer, Viviana A. (1989): The Social Meaning of Money: »Special Monies«. In: *American Journal of Sociology* 95 (2), 342–377.

Zelizer, Viviana A. (1996): Payments and Social Ties. In: *Sociological Forum* 11 (3), 481–495.

Zelizer, Viviana A. (1997): The Social Meaning of Money. Pin Money, Paychecks, Poor Relief, and Other Currencies. New York, Chichester: Princeton University Press.

Zelizer, Viviana A. (2000): Die Farben des Geldes. Vielfalt der Märkte, Vielfalt der Kulturen. In: *Berliner Journal für Soziologie* 10 (3), 313–332.

Zelizer, Viviana A. (2005): Preis und Wert von Kindern: Die Kinderversicherung. In: Doris Bühler-Niederberger (Hg.): Macht der Unschuld. Das Kind als Chiffre. Opladen: Leske und Budrich, 123–148.

Zukin, Sharon; DiMaggio, Paul (1990): Introduction. In: Sharon Zukin und Paul DiMaggio (Hg.): Structures of Capital. The Social Organization of the Economy. Cambridge, New York: Cambridge University Press, 1–35.

Sach- und Personenregister

Z